Eckert. Die Schriftenreihe

Studien des Georg-Eckert-Instituts
zur internationalen Bildungsmedienforschung

Band 133

Herausgegeben von Simone Lässig

Redaktion
Susanne Grindel, Roderich Henrÿ und Wibke Westermeyer

Die Reihe ist referiert.

Juliane Brauer / Martin Lücke (Hg.)

Emotionen, Geschichte und historisches Lernen

Geschichtsdidaktische und geschichtskulturelle Perspektiven

Mit 12 Abbildungen

V&R unipress

Bibliografische Information der Deutschen Nationalbibliothek

Die Deutsche Nationalbibliothek verzeichnet diese Publikation in der Deutschen
Nationalbibliografie; detaillierte bibliografische Daten sind im Internet über
http://dnb.d-nb.de abrufbar.

ISBN 978-3-8471-0064-5

Gedruckt mit freundlicher Unterstützung des Georg-Eckert-Instituts, Braunschweig, der Freien
Universität Berlin und des Max-Planck-Instituts für Bildungsforschung, Berlin.

Inhalt

IV. Begegnungen mit der Vergangenheit – Medien und Orte

Grußwort

Gefühle sind geschichtsmächtig und geschichtsträchtig. Auf dieser Grundannahme basiert die *Geschichte der Gefühle*, wie sie seit 2008 im gleichnamigen Forschungsbereich am Max-Planck-Institut für Bildungsforschung in Berlin erforscht wird.

Gefühle verknüpfen Menschen miteinander, aber auch mit der Natur und mit Dingen. Sie sind ansteckend und handlungsrelevant, sie stiften Beziehungen oder provozieren Konflikte. Gefühle sind daher bevorzugter Gegenstand von Manipulation und Instrumentalisierung, in politischen und wirtschaftlichen Zusammenhängen ebenso wie im privaten und zivilgesellschaftlichen Bereich. Für die Vergesellschaftung von Menschen übernehmen sie eine tragende Rolle – das allein sollte ihnen einen prominenten Platz in der Geschichtsschreibung garantieren.

Doch auch die Gefühle selbst haben eine Geschichte. Empfindungen und ihr Ausdruck sind kulturell geformt und werden sozial erlernt. Gesellschaften legen emotionale Normen fest. Sie geben vor, was jemand in einer bestimmten Situation oder gegenüber einer anderen Person und Sache fühlen darf. Sie sanktionieren, wie sich Gefühle zeigen sollen, und wirken dank solcher Ausdrucksregeln auf die Art und Weise des Fühlens ein. Diese historische Variabilität von Gefühlen und Gefühlsrepräsentationen gilt es zu bedenken.

Im Sommer 2011 fand im Max-Planck-Institut für Bildungsforschung eine gemeinsam mit dem Arbeitsbereich Didaktik der Geschichte der Freien Universität Berlin organisierte Tagung statt, die neuere Überlegungen zur Geschichte der Gefühle mit Konzepten zum historischen Lernen zusammenbrachte und um eine weitere Perspektive ergänzte. Historisches Lernen, so wie es auf der Tagung diskutiert wurde, ist demzufolge nicht nur ein Lernen *über* die Gefühle in der Geschichte, sondern auch ein Lernen *mit* den eigenen Gefühlen, die in der Begegnung mit Geschichte entstehen.

Der vorliegende Band bündelt, vertieft und erweitert die damaligen Diskussionen zum Verhältnis von Geschichte, Emotionen und historischem Lernen. Damit schafft er die Voraussetzung, die Geschichte der Gefühle in ihrer faszinierenden Variabilität und Komplexität im weiten Feld der Geschichtskultur zu verankern.

Ute Frevert

I. Zur Einführung

Juliane Brauer und Martin Lücke

Emotionen, Geschichte und historisches Lernen. Einführende Überlegungen

Interesse, Langeweile, Neugierde, Irritation, Trauer, Mitleid, Abscheu, Faszination sind nur einige der vielen Gefühlslagen, die unsere Begegnung mit Geschichte begleiten und unser Verständnis von vergangenen Menschen und deren Schicksalen prägen können. Der Besuch von historischen Orten, von Geschichtspräsentationen in Museen, von Gedenkstätten oder Denkmalen, das Anschauen von multimedialen historischen Dokumentationen im Fernsehen oder Internet, aber auch die Arbeit mit vermeintlich »trockenen« Geschichts-(lehr)büchern – all diese Auseinandersetzungen mit Geschichte führen rasch zu der Einsicht, dass Gefühle ein substanzieller Teil von Geschichtskultur sind. Dabei ist ihre Rolle ambivalent. Emotionen können den Zugang zur Vergangenheit öffnen oder verschließen. Manchmal entstehen sie unbewusst während der Begegnung mit Geschichte. Manchmal werden sie in historischen Lernprozessen eigens modelliert oder sogar bewusst unterdrückt. Darüber hinaus sind Gefühle Teil der Vergangenheit selbst: Die Geschichten vergangener Menschen und Zeiten erzählen von Liebe, Hass, Wut, Trauer, Vertrauen oder Zuneigung – Emotionen, die den Lauf historischer Ereignisse offenbar maßgeblich mitbestimmten. Geschichte wird in unserer Gegenwart also auf unterschiedliche Weise emotional rezipiert, präsentiert und erzählt, was zumindest bei den *Professionals* der Geschichts- und Gedenkkultur auf ein gespaltenes Echo trifft.[1]
    Der vorliegende Band begibt sich auf die Suche nach den Funktionen von Emotionen und nach ihrem systematischen Ort in den vielschichtigen Prozessen, in denen sich Individuen vergangene Wirklichkeiten als Geschichte aneignen. Diese Frage ist nicht neu – und dennoch bisher weitgehend unbeantwortet geblieben. Hier sollen Antworten gegeben werden, indem die geistes- und kulturwissenschaftliche Emotionenforschung mit den spezifischen Herausfor-

---

1 Siehe beispielsweise die Dokumentation über das 9. Berlin-Brandenburgische Forum für zeitgeschichtliche Bildung, Juni 2012 im LaG-Magazin 2012; siehe auch die aktuelle Diskussion um das pädagogische Konzept der Gedenkstätte Hohenschönhausen: Neiss 2011 und die Reaktion darauf von den Lehrern der Pädagogischen Arbeitsstelle der Gedenkstätte; Harfst u. a. 2012.

derungen historischen Lernens in einen produktiven Dialog tritt. Historisches
Lernen wird nicht ausschließlich auf den Geschichtsunterricht im Klassenzim-
mer begrenzt. Historisches Lernen verstehen die Herausgeber vielmehr als das
Resultat einer Begegnung mit Geschichte, die an ganz unterschiedlichen Orten,
unter Nutzung vielfältiger Medien und bei Menschen jeden Alters stattfinden
kann: bei der Lektüre von Geschichtscomics oder historischen Romanen ebenso
wie beim Ansehen von Geschichtsdokumentationen im Fernsehen oder der
Interpretation einer historischen Quelle im schulischen Geschichtsunterricht, in
Gedenkstätten, Bibliotheken und Museen genauso wie in den eigenen vier
Wänden.

Genutzt wird hier also das breite Potenzial einer Geschichtsdidaktik, die sich
als die Wissenschaft vom Geschichtsbewusstsein in der Gesellschaft begreift und
dabei »nach den Inhalten, den Funktionen, den Formierungsprozessen und den
Vermittlungsprozessen fragt, welche die jeweils gegenwärtigen Vorstellungen
von Geschichte ausmachen.«[2] Dass Geschichtsbewusstsein »etwas mit Gefühlen
zu tun hat«[3], ist in der Geschichtsdidaktik dabei durchaus *Common Sense*. Wenn
in diesem Band genauer nach Inhalten, Funktionen, Formierungs- und Vermittlungsprozessen eines solchen emotional codierten Geschichtsbewusstseins
gefragt wird, soll sich der Schwerpunkt auf den Bereich der Geschichtskultur
»als kollektives Konstrukt« von Geschichtsbewusstsein in der Gesellschaft er-
strecken, einer Geschichtskultur, die sich »als soziales System« begreifen lässt, in
dem »eine kulturell durchformte Kommunikation, die auf bestimmte Weise
Geschichte als Bedeutung erzeugt« stattfindet.[4] Dementsprechend fokussiert der
Band auf die Funktion und den Ort von Gefühlen, wenn im Rahmen von »kulturell durchformte[r] Kommunikation [...] Geschichte als Bedeutung erzeugt«
wird.

Die Erkenntnis, dass Emotionen bei der Erzeugung von »Geschichte als Bedeutung« eine wichtige Rolle spielen, ist eine alte, wenn auch nicht unumstrit-
tene Erkenntnis, an der sich schon die Gründungsväter der Geschichtswissenschaft gedanklich abarbeiteten. Wilhelm Dilthey, dessen Werk noch immer
einen lohnenden Ausgangspunkt darstellt, kennzeichnete das geisteswissen-
schaftliche Verstehen im Gegensatz zum naturwissenschaftlichen kognitiven
Erklären als einen »Vorgang des Nachbildens dessen, was so in einzelnen Zeichen in die Sinne fällt«[5], also als ein Nacherleben fremder Gefühle:

Unser Handeln setzt das Verstehen anderer Personen überall voraus; ein großer Teil
menschlichen Glückes entspringt aus dem Nachfühlen fremder Seelenzustände; die

---

2 Jeismann 1997, 42.
3 Pandel 2012, 148.
4 Schönemann 2003, 18.
5 Dilthey 1961, 318.

ganze philologische und geschichtliche Wissenschaft ist auf die Voraussetzung gegründet, dass dies Nachverständnis des Singulären zur Objektivität erhoben werden könne.[6]

Das Erkenntnisverfahren der Hermeneutik, das Wilhelm Dilthey hier besonders treffend beschreibt, wird zu Recht als »Gefühlsmethode« bezeichnet.[7] Denn Diltheys Verständnis des »kunstmäßigen Verstehens« und »seelischen Lebens« als Auslegung und Interpretation beruht auf der Gleichartigkeit von eigenem und fremdem Seelenleben.[8] Damit weist Dilthey den Gefühlen im Prozess des Verstehens eine zentrale erkenntnistheoretische Bedeutung zu. Er weitet seine Überlegungen auch auf das Verstehen des zeitlich Fremden aus, also auf den Kern dessen, was man als historisches Verstehen bezeichnen könnte. Nach Dilthey kann eine Brücke des Verstehens über getrennte Epochen hinweg nur dann geschlagen werden, wenn eine »grundsätzliche Gleichartigkeit zwischen Verstehendem und Verstandenem« hergestellt werden kann.[9] Diese Gleichartigkeit würde ein »Hineinversetzen« in fremde Gefühle und deren »Nachbilden« ermöglichen und damit fremde Erfahrungen nacherlebbar machen.

So grundlegend die Dilthey'sche Definition historischen Verstehens als »Gefühlsmethode« ist, verweist sie doch auf enggesteckte Grenzen. So kann ein Nachbilden von Emotionen historischer Menschen einer solchen Lesart zufolge nur dann gelingen, wenn das Fremde vertraut gemacht wird. Dadurch wird ihm dann jedoch die Irritation des Fremdseins, schlechterdings der wesentliche Kern des Erfahrens historischer Alterität, genommen. In der historischen Begegnung können sich Menschen des einundzwanzigsten Jahrhunderts eben nicht in dieselbe verzweifelte Angst der Menschen vor der Pest im Mittelalter oder in die euphorische Freude europäischer Emigrantinnen und Emigranten beim Anblick der Freiheitsstatue vor New York im neunzehnten Jahrhundert hineinversetzen, sondern sich diesen Emotionen mittels ihrer eigenen Erfahrung bestenfalls annähern. Sie können nicht die Wut des römischen Kaisers Augustus nachbilden, der seine Legionen im Teutoburger Wald verlor. Sie sind unter anderen Umständen aufgewachsen, bringen ihr eigenes Paket an persönlichen emotionalen Erinnerungen, verschiedenen Erwartungen, Wissensbeständen und kulturellen Deutungsmustern in solche Begegnungen mit der Vergangenheit ein. Und eben solche Prägungen strukturieren das Verstehen der historischen Ereignisse und ihrer Akteurinnen und Akteure, sie lenken die emotionalen Reaktionen.

---

6 Dilthey 1961, 317.
7 Morat 2008.
8 Dilthey 1961, 332.
9 Morat 2008, 107.

Wilhelm Dilthey legte trotz solcher Einschränkungen, die mit einer »Gefühlsmethode« historischen Verstehens verbunden sind, dennoch eine wichtige Spur, nämlich die der »seelischen Struktur« von Aufmerksamkeit, Wahrnehmung, Erinnerung und Gedenken. Nimmt man ernst, dass Geschichtswissenschaft und überhaupt die Beschäftigung mit Geschichte in unserer Lebenswelt vom hermeneutischen *Verstehen* abhängt, muss Emotionen zwangsläufig ein Platz in der Begegnung mit Geschichte zuerkannt werden. Damit kann Dilthey zu Recht am Beginn eines Nachdenkens darüber stehen, welche Bedeutung Emotionen bei der Begegnung mit Vergangenem und mit Geschichte zukommt.

Bei solchen Begegnungen kann auf einer *Objektebene* erfahren werden, welche Handlungsrelevanz Wut, Angst und Euphorie einst hatten, und auch, wie und warum sich die Bedeutung bestimmter Gefühle im Laufe der Zeit wandelte. Es lässt sich also danach fragen, welche Emotionen auf welche Weise damalige Menschen motivierten, antrieben, ansteckten; welche emotionalen Regeln das soziale Miteinander strukturierten; welche emotionalen Stile in bestimmten Zeiten und Gesellschaften hegemonial wurden oder wie sich Gemeinschaften über das Teilen bestimmter Emotionen ausbildeten. Auf diese Weise bekommt man über das Fragen nach den Emotionen *in der Geschichte* einen Schlüssel in die Hand, der ungewöhnliche und alltagsnahe historische Perspektiven öffnen kann. So ließe sich herausstellen, wie sich die Angst vor Krankheiten im Laufe der Jahrhunderte in verschiedenen Kulturen wandelte, wie diese Emotion medizinischen Fortschritt begründete, aber auch aufhielt. Man könnte sich zum Beispiel überlegen, worin sich Auswanderungserfahrungen damals und heute unterscheiden und was das über vergangene Gesellschaften, aber auch heutige Vorstellungen aussagt. Emotionen können somit Gegenstand von Historizitäts- und Alteritätserfahrungen werden.

Emotionen können jedoch nicht nur Thema und Gegenstand historischen Lernens sein, sondern sind ebenso konstitutiver Teil des Lernprozesses selbst, als Element der *Subjektebene* historischen Lernens. Die Beiträge des vorliegenden Bandes, die sich in ihrer Mehrzahl an der Bedeutung von Emotionen auf eben jener Subjektebene abarbeiten, versuchen unter ganz verschiedenen Perspektiven, den Ort von Emotionen im Lernprozess ausfindig zu machen. Damit werden zum einen alte Fragen in Hinblick auf aktuelle Ergebnisse der multidisziplinären Emotionenforschung neu gestellt, zum anderen neue Dimensionen historischen Lernens beschrieben.

Die bundesdeutsche Geschichtsdidaktik verbannte bis in die 1990er Jahre hinein Emotionen fast vollends aus ihren Konzepten und Modellen. Wilhelm Diltheys Spur verlor sich und tauchte höchstens in einigen wenigen geschichtsdidaktischen Reflexionen auf. Zu nennen sind hier Rolf Schörken und Bodo von Borries. Schörkens Überlegungen zur historischen Imagination etwa knüpften an Dilthey an. Das Konzept des »vorgestellten Lebenszusammenhanges« als historische Imagination verweist auf den intuitiven, emotionalen und konstruktiven Anteil, der in jeglicher Rezeption und Rekonstruktion von Vergangenem enthalten ist.[10] Dieses Verständnis von Imagination speist sich ähnlich wie bei Dilthey aus der »eigenen Lebendigkeit« des Betrachters, das heißt aus seinem Willen und Vermögen, sich den damaligen Lebenszusammenhang anhand vorliegender Information und medialer Mittler vorzustellen. Bodo von Borries reflektierte über emotionale Identifikationen und moralische Gefühle im Geschichtsunterricht.[11]

Warum fanden Emotionen in der bundesdeutschen Geschichtsdidaktik relativ wenig Beachtung? Die Erklärung kann wiederum in der Geschichte selbst gefunden werden: Geschichtsunterricht im Wilhelminischen Kaiserreich, so von Borries, verfolgte mit seinen »herkömmlichen Zielsetzungen« unverhohlen »affirmativ-legitimatorische, ja manipulativ-indoktrinierende« Absichten. »Kognitive Lernprozesse (Verständnis)« würden »zum bloßen Vehikel des Emotionalen (Begeisterung und Liebe)«.[12]Emotionales Lernen wurde aufgrund dieses Erbes, das sich über die Zeit des Nationalsozialismus hinaus rettete, skeptisch beäugt und galt als problematisch. In den 1970er Jahren führte ein Rationalitätsschub in der geschichtsdidaktischen Debatte dazu, völlig auf »asketischen Emotionsverzicht« zu setzen.[13] Dieser Ausklammerung von Emotionen oder auch »Affekten«, wie von Borries sie nannte, lag die Einsicht zu Grunde, dass Emotionen in historischen Lernprozessen zwar irgendwie vorhanden sind und eine erhebliche Rolle spielen können, dass diese jedoch nicht nur schwer zu bestimmen, sondern aufgrund ihrer Fluidität und Unbestimmtheit sogar umstritten seien.[14] Aus dieser Furcht vor einer unkalkulierbaren Wirkung resultierte eine Festschreibung der Dominanz kognitiver Lernprinzipien und -ziele gegenüber den Emotionen, die sich ebenso in historischen Repräsentationen in Museen und Gedenkstätten niederschlug.[15] Der »rationale Diskurs« und die »kognitive Verarbeitung«, so führte Joachim Rohlfes Mitte der 1980er Jahre aus, sollte helfen, »die Gefühle zu begreifen, zu kontrollieren und zu kultivieren. [...] Emotionales Lernen besteht zwar auch im Ausleben und Innewerden von Gefühlen, vor allem aber in deren kognitiver Verarbeitung.«[16]

---

10 Schörken 1994 und 1995.
11 Borries 2004.
12 Borries 1996, 67.
13 Ebd. 73.
14 Rohlfes 1971, 75.
15 Zu Emotionen in Gedenkstätten siehe die Diskussionen um den Beutelsbacher Konsens 1976, in dem sich Politikdidaktiker auf ein Indoktrinierungs- und Überwältigungsverbot und das Gebot der Kontroversität einigten.
16 Rohlfes 2005, 156.

Ein Versuch, diesen Vorbehalten zu begegnen und Emotionen einen Ort in der Geschichtskultur zuzuweisen, fand zu Beginn der 1990er Jahre statt. Am Braunschweiger Georg-Eckert-Institut für internationale Schulbuchforschung sollte 1991 der »Beginn einer geschichtsdidaktischen Kontroverse von grundsätzlichem Rang dokumentiert« werden.[17] Hier fand die vielbeachtete Tagung »Emotionen und Historisches Lernen« statt. Der gleichlautende Tagungsband erschien 1992 und erreichte bis 1996 drei Auflagen.[18] Die Herausgeber stellten fest, dass zwar Emotionen und historisches Lernen parallel zum »Gefühlsboom« im öffentlichen Diskurs größere Beachtung fänden. Dennoch konstatieren sie in der »historisch-politische[n] Bildung« eine »jahrelange Vernachlässigung, wenn nicht gar Tabuisierung« von Emotionalität in Lernprozessen.[19]

Angesichts der steigenden Relevanz mentalitätshistorischer Forschung war es 1991 tatsächlich an der Zeit für neue Reflexionen. Doch altbekannte Diskurse und Vorstellungen dominierten die Beiträge auf jener Konferenz. Kognition und Emotion standen weiterhin additiv neben- und sogar gegeneinander. Es lassen sich zwar Bemühungen erkennen, solche Dichotomien abzuschmelzen, doch das Konzept der Gegensätzlichkeit behielt insgesamt Gültigkeit. Es schien kaum möglich zu sein, über Emotionen im historischen Lernprozess nachzudenken, ohne nicht zugleich die Notwendigkeit einer »Kultivierung der Affekte« betonen zu müssen. Dieses Konzept des Psychologen und Soziologen Alexander Mitscherlich brachte Bodo von Borries in die Debatte ein. Damit sorgte er dafür, dass psychologische Konzepte von Affekten und nicht die Ideen von kulturwissenschaftlich konnotierten Emotionen für die Geschichtsdidaktik erkenntnisleitend werden sollten.[20] Wie das Abschlussresümee der Tagung zeigte, prägte die »Wertungskontroverse«, insbesondere über gesellschaftlich erwünschte/ unerwünschte Emotionen und eine »Kultivierung der Affekte«, die Tagung

---

17 Jeismann 1994.
18 Mütter und Uffelmann 1996a.
19 Mütter und Uffelmann 1996c, 13.
20 Das Konzept der »Kultivierung der Affekte« stammt von dem Psychologen und Soziologen Alexander Mitscherlich. Seine These: »Die Kultur der Affekte ist das eigentliche schwerste Bildungsziel« (Mitscherlich 1963, 41) wurde in der Geschichtsdidaktik intensiv rezipiert; Borries 1996, 88. Es scheint, dass darüber auch der Begriff der Affekte in die geschichtsdidaktische Diskussion Eingang fand. Die Begriffe Gefühle, Emotionen und Affekte werden in der geschichtsdidaktischen Literatur als Synonyme benutzt. Mit dem Begriff Affekte werden in der Neurowissenschaft und Psychologie Gefühle als rein körperliche Reaktionen auf äußere Reize konzeptionalisiert und definiert. Die Begriffe Emotionen und Gefühle hingegen werden mehr im geisteswissenschaftlichen Sprachgebrauch benutzt. Ohne dass eine einheitliche Definition von Gefühl oder Emotion entwickelt wurde, werden beide als etwas verstanden, das in der Schnittmenge von körperlichen Reizreaktionen und Ergebnissen geistiger Verarbeitung liegt. Damit besteht zwischen Affekten und Gefühlen/Emotionen eine Diskrepanz, die ihren synonymen Gebrauch problematisch macht.

entscheidend.[21] Die Organisatoren der Tagung stellten am Ende mutig und weitsichtig heraus, dass »Emotionalität als eine spezifisch geschichtsdidaktische Kategorie« zu werten sei.[22] Ziel, so das Fazit der Tagung, müsse »eine – elastisch verstandene – funktionale Einbindung von Emotionen im gesamten Lernprozess sein.«[23]

Obwohl diese Tagung einen Wendepunkt markieren sollte, blieben die langfristigen Einflüsse auf geschichtsdidaktische Konzepte, gar auf Lernpläne, sehr begrenzt. Blickt man zum Beispiel in das aktuelle *Wörterbuch Geschichtsdidaktik*, fehlt nach wie vor die Anerkennung von Emotionen als geschichtsdidaktische Kategorie, geschweige denn Vorschläge für ein funktionales Einbinden von Emotionen in Lernprozesse.[24] 20 Jahre und einen *emotional turn* in den Geistes- und Kulturwissenschaften später ist es daher an der Zeit für einen neuen Blick auf die Thematik: In den letzten Jahren hat die Geschichte der Emotionen in der Forschung zunehmend an Bedeutung gewonnen. Weltweit gründeten sich Forschungscenter; Zeitschriften, Monografien und Tagungen zur Geschichte der Emotionen belegen die Produktivität und Innovation dieses historischen Forschungszweiges.[25] Emotionen – so die forschungsleitende Idee – sind ansteckend und handlungsrelevant. Sie strukturieren die Kommunikation und den sozialen Raum maßgeblich. Ute Frevert präzisiert:

> Gefühle konstituierten also Individualität und Nähe, ebenso wie sie Menschen verbanden und zusammenfügten. Ihr sicht- und lesbarer Ausdruck in Mimik, Stimme und Körpersprache erlaubte Annäherungen und stiftete Beziehungen zwischen Bekannten und Unbekannten.[26]

Die zahlreichen methodischen Vorschläge des prosperierenden Forschungszweiges der Geschichte der Emotionen können also ein guter Anlass sein, das in den letzten 15 Jahren vernachlässigte Themenfeld von Emotionen und historischem Lernen neu auf die Agenda zu setzen. Dabei lohnt es sich, zunächst den Blick auf ein kulturwissenschaftliches Verständnis von Emotionen zu lenken, das auch für eine Analyse von Geschichtskultur produktiv sein kann.

---

21 Mütter und Uffelmann 1996b, 396.
22 Ebd. 367.
23 Ebd. 382.
24 Mayer u. a. 2009.
25 Siehe dazu Hitzer 2011. Einen aktuellen und umfassenden Einblick in das Forschungsfeld gibt Plamper 2012.
26 Frevert 2011, 269.

Was sind Emotionen?

Der vorliegende Band plädiert dafür, Kognition und Emotion nicht als Gegen-
satzpaar zu definieren, sondern als zusammengehörend und einander ergänzend. Die Frage nach dem, was Emotionen, Gefühle und Affekte sind, stand
bereits auf der Tagung »Emotionen und historisches Lernen« im Jahr 1991 ganz
oben auf der Agenda und fand sich auch im Tagungsfazit als TOP 1 der ver-
bleibenden Forschungsdesiderate. Bis heute konnte sich weder innerhalb der
Geschichtswissenschaften – geschweige denn interdisziplinär – ein Konsens
über die Verwendung einheitlicher Begrifflichkeiten etablieren. Diese begriffliche und konzeptionelle Unschärfe betrachten wir weniger als Problem denn als
Herausforderung. So liegt in der Fluidität und Unbestimmtheit von Emotionen
deren methodische Produktivität. Wir schlagen vor, Emotionen (hier synonym
zu Gefühlen verwendet) weder als rein körperliche Reaktionen auf äußere Reize,
noch als ausschließlich kulturelles Konstrukt zu verstehen. Emotionen seien – so
die Kulturwissenschaftlerin Sara Ahmed – »intentional auf etwas gerichtet«,
entstünden demnach in der Beziehung zu einem realen oder imaginierten Objekt.[27] Sie prägen den Kontakt des Selbst mit dem Anderen und sie sind die
»Markierungen«, die der, die oder das Andere im Körper des Wahrnehmenden
hinterlassen. Somit sind Emotionen die Vermittlerinstanz zwischen Körper/
Geist und Gesellschaft, eine zentrale Dimension von Erfahrung und Erkenntnis.[28] Durch immer wieder neue Qualitäten von Wahrnehmungen und Kontakte
von *innen* nach *außen* und vice versa unterliegen Emotionen ständigen Wandlungen.

In diesen Überlegungen wird die Bedeutung des Körpers besonders deutlich.
Er ist das Medium der Einprägung, aber auch Akteur der Ausprägung von
Emotionen. Monique Scheer plädiert daher, Emotionen – im Sinne von »Doing
Emotions« – als eine Form von Praktik des »wissenden Körpers« zu definieren.[29]
Dabei orientiert sich Scheer am Konzept des *mindful body* von Nancy Scheper-
Hughes und Margaret M. Lock.[30] Dieser »wissende Körper« umfasst den indi-
viduellen Körper als physisches Artefakt, den sozialen Körper als kulturelles
Symbol und den politischen Körper als Symbol für Macht und Kontrolle. Er ist
also ein Produkt biologischer und kultureller Faktoren, die konzeptionelle
Vereinigung von Körper, Geist und Gesellschaft. Emotionen entstehen in den
alltäglichen Praktiken des »wissenden Körpers«; er gestaltet und kommuniziert
Emotionen. Gleichzeitig schreiben sich Wahrnehmungen dem Leib ein, der von

---

27 Vgl. Ahmed 2004, 28: »[E]motions are in the phenomenological sense always intentional,
    and are ›directed‹ towards an object or other«.
28 Frevert und Schmidt 2011, 25.
29 Vgl. Scheer 2012.
30 Scheper-Hughes und Lock 1987. Siehe dazu auch Eitler und Scheer 2009; Scheer 2012.

eingeübten Verhaltensweisen, Haltungen, Denkgewohnheiten und Neigungen geprägt ist; diese werden verkörperlicht und generieren Emotionen.[31] Im Transfer dieser innerlichen Einschreibungen, so Ute Frevert »werden Gefühle gleichsam nach außen gekehrt. Sie konstituieren soziale Praktiken, stiften Beziehungen.«[32] Emotionen sind damit an soziale Kontexte gebunden und unterliegen durch ihre Verflechtung mit der sozialen Welt ganz konkreten Veränderungen. Sie haben Geschichte und machen Geschichte, sie formen Bewusstsein, Wahrnehmung und Erinnerung und sind damit eine zentrale Kategorie des historischen Lernens, der historischen Sinnbildung. Der folgende Abschnitt zeigt konkret an der Frage von Erinnern und Emotion, wie diese Vorstellung des »wissenden Körpers« in den Prozess historischen Lernens integriert werden kann.

Emotionen, Erinnern, Geschichtsbewusstsein und Geschichtskultur

»Anthropologische Grundlage jeder Aktivität des Geschichtsbewußtseins ist die historische Erinnerung«[33], so Jörn Rüsen. Ein analytischer Blick auf das historische Erinnern durch das Brennglas der Emotionen offenbart en détail die enge Verwobenheit von Emotionen und historischem Lernen. Zunächst verrät das Grimm'sche Wörterbuch der deutschen Sprache zwei Bedeutungsebenen des Verbs »erinnern«, die auf wichtige Zusammenhänge mit Gefühlen hinweisen. Erinnern setzt demnach ein »einfaches innern« voraus, wovon das Adjektiv »innerlich« übrig geblieben ist. Dieses wird noch heute mit dem geistig-seelischen Bereich des Menschen in Verbindung gebracht und mit »tiefsinnig«, »nachdenklich«, »empfindlich«, »feinfühlig« konnotiert. Zweitens führt das Wörterbuch »erinnern« im Sinne von »an etwas zurückdenken, sich etwas in das Bewusstsein bringen« auf.[34] Wir schlagen vor, das Erinnern als eine emotionale Praktik zu beschreiben. So setzt ein *Erinnern* im Sinne von »etwas in das Gedächtnis zurückholen« ein *Verinnerlichen* voraus, das heißt, den Abdruck einer Begebenheit oder Wahrnehmung im menschlichen Körper. Darüber hinaus ist das Erinnern eine wiederholte Deutung des Erinnerten, die abhängig ist von den zwischenzeitlich gemachten Erfahrungen des Individuums. Drittens sind Verinnerlichen und Erinnern Praktiken, deren Modus von Emotionen bestimmt wird.

---

31 Scheer 2012.
32 Frevert 2009, 186 – 187.
33 Rüsen 1997, 38.
34 Grimm und Grimm 1984, 858 – 860. Siehe dazu auch Berek 2009, 30 – 31.

Es zeigt sich, dass Erinnerung nicht einfach nur »verinnerlichte Vergangenheit« ist, wie Jan Assmann herausstellt,[35] sondern der emotionale und von punktueller Aufmerksamkeit gelenkte Abdruck einer Wahrnehmung, die sich ins Gedächtnis eingeprägt hat. In neurophysiologischer Perspektive selektiert das Gehirn sinnliche Wahrnehmungen einer Begebenheit, reiht die einzelnen Komponenten aneinander und fügt sie zu einem kohärenten Gesamtbild zusammen, als das sie dann im Gedächtnis abgespeichert werden.[36] Dass dabei Details übersehen werden – man könnte auch sagen, vergessen werden – ist Teil der deutenden Wahrnehmung. Daher geht Verinnerlichen auch immer mit Vergessen einher. Die Kriterien für die selektive Wahrnehmung werden durch Vorannahmen und Hypothesen strukturiert. Die Erinnerung stellt eine sehr subjektive und variable Brücke zwischen Vergangenheit und Gegenwart dar.

Vergangenheit, so die Annahme der konstruktivistischen Theorie der 1990er Jahre, ist stets eine Rekonstruktion von der und für die jeweilige Gegenwart und deshalb auch Wandlungen unterworfen. Das sich in das Gedächtnis zurückholen vergangener Eindrücke und Wahrnehmungen ist begleitet vom strukturierten Erzählen, neuerdings von Fotos oder Videoaufnahmen. Zwischenzeitlich gemachte Erfahrungen beeinflussen das nachträgliche Erzählen, generieren neue Deutungen. Darüber wird das eine oder andere Detail so unbedeutend, dass es unerzählt, das heißt, vergessen bleibt. Im wiederholten Prozess des Erinnerns und Erzählens wird die Erinnerung neu gedeutet, den zwischenzeitlichen Erfahrungen angepasst und überschrieben. Mit Fotografien und Videoaufnahmen existieren digitale Speichermedien der Erinnerungen, deren mediale Eigenschaften zum einen Erinnerung stärker festlegen und sie zum anderen synästhetisch tiefendimensionieren. So treten einerseits neben die sprachliche Deutung das perspektivische Bild, sogar Töne und Geräusche, sowie gesprochener, unveränderlicher Text. Andererseits potenziert sich die Abrufbarkeit und Verfügbarkeit von Erinnerungen durch diverse Web 2.0-Anwendungen. Auf Facebook beispielsweise können Fotos unzähliger, auch weit entfernter »Freunde« gezeigt werden, versehen mit kurzen Bemerkungen. Diese »Freunde« nehmen die Fotos aus ihrem Kontext, verbreiten sie weiter, kommentieren sie, geben ihnen einen neuen Sinnzusammenhang. Die Erinnerung emanzipiert sich vom individuellen *Gedächtnis*. Mithilfe der Speichermedien, die entweder frei flotierend zugänglich oder auch wie im Falle von Archiven institutionalisiert und verwaltet werden, geht Erinnerung vom kommunikativen ins kulturelle Gedächtnis von Gesellschaften über, die ihrerseits festlegen, was wert sei, woran

---

35 Assmann 2007, 75.
36 Singer 2000.

man sich erinnere und die Narrative der Erinnerung institutionalisieren – Jan Assmann nennt das »Mythomotorik«.[37]

Aus diesen Beobachtungen ist Erinnern als emotionale Praktik zu definieren. Praktik meint hier (orientiert am Bourdieu'schen Vokabular) ein habitualisiertes, eingeübtes Verhalten, dem nicht bewusste Entscheidungen oder Deutungen vorgelagert sind. Nach der Praxistheorie Pierre Bourdieus übernimmt deren Steuerung der sogenannte »praktische Sinn«. Dieser kann beschrieben werden, als ein »unbewusstes Gespür« für richtiges Handeln und Verhalten, für geltende Spielregeln und er speist sich aus den Regeln und Normen einer Gemeinschaft, in der der Akteur lebt. Bourdieu nahm dieses »unbewusste Gespür« in seinen Habitusbegriff auf, der ein »System kognitiver und motivierender Strukturen« darstellt oder vielmehr von »dauerhaften und erzeugenden erworbenen Dispositionen«, »Wahrnehmungs-, Denk- und Handlungsschemata« geprägt wird und individuelle und kollektive Praktiken produziert.[38] Mit seinen beiden Bedeutungsebenen des Verinnerlichens und Zurückdenkens beschreibt das Erinnern somit einerseits die geistig-seelische Verarbeitung einer Wahrnehmung und andererseits die wiederholte Deutung des Verinnerlichten und damit eben auch das Zum-Ausdruck-Bringen der verarbeiteten Wahrnehmung. Akteur und Medium dieser emotionalen Praktiken ist der »wissende Körper«. Für diesen ist der menschliche Körper Akteur und Medium des Habitus, denn in ihm sind habitualisierte Verhaltensweisen eingeschrieben, nämlich die Deutungsmuster, Sinnstrukturen und kulturelle Formierungen der jeweiligen Gemeinschaften.[39]

Die Beziehung von Emotionen und historischem Lernen lässt sich aus dem Vorangegangenen systematisch beschreiben. Ein solcher »wissender Körper« ist Bestandteil von Geschichtskultur, also von jedem »kollektive[n] Konstrukt«, das sich »als soziales System« begreifen lässt, in der »eine kulturell durchformte Kommunikation, die auf bestimmte Weise Geschichte als Bedeutung erzeugt« stattfindet.[40] Beim historischen Lernen geht es darum, dass »sich Lernende die jeweils für sie relevante Vergangenheit durch die Kulturpraxis des Erzählens als selbst erzählte Geschichte aneignen.«[41] Ein solches historisches Lernen findet statt, indem sich ein »wissender Körper« erinnert und historisch erzählt, indem sich also das in ihm eingelagerte Wissen über vergangene Wirklichkeiten ständig reproduziert und in (neue, andere) Verhaltensweisen umsetzt. Dieser »wissende Körper« bestimmt demzufolge beim historischen Lernen (als einer systematischen und planvollen Erinnerungsleistung) zunächst die Strukturen

---

37 Assmann 2007, 80–81.
38 Bourdieu 1987, 99–101.
39 Scheer 2012.
40 Schönemann 2003, 18.
41 Lücke 2012, 146.

der Wahrnehmung vergangener Wirklichkeiten, ihre aneignende Verinnerlichung und Kommunikation (zumeist als historisches Erzählen). Lernen ist immer ein Prozess der Veränderung, der identitätsbildend wirkt, der also Strukturen von Verinnerlichungen und Modi der Kommunikation stets auch angreift, aufbricht und fluide werden lässt. Im »wissenden Körper« sind habitualisierte Verhaltensweisen eingeschrieben, Deutungsmuster, Sinnstrukturen und kulturelle Formierungen der jeweiligen Gemeinschaften. Eigen-sinnig und auf diese Weise identitätsbildend kann die Begegnung mit der Vergangenheit dann sein, wenn das individuelle Erinnern eigene Erfahrungen mit und über die Zeit aufgreift, mit Sinnstrukturen und kulturellen Normierungen der jeweiligen Gemeinschaft verknüpft und auf diese Weise dem »wissenden Körper« einen eigenen Platz als historisches (also gewordenes und im Werden begriffenes) Individuum innerhalb einer solchen Gemeinschaft zuweist. Es ist also immer der eigen-sinnige, produktive Umgang mit der Dimension der Emotionalität als Bestandteil von Erfahrung, Wissen und Kommunikation, der historisches Lernen zu einem eigen-sinnigen Aneignungsprozess werden lässt.

Konzeption des Bandes

Daraus ergibt sich eine Agenda, mit deren Abarbeitung in diesem Band zwar begonnen, die aber keinesfalls abgeschlossen werden kann. Wenn Emotionen zentraler Bestandteil der historischen Erfahrungen des »wissenden Körpers« sind, kann das zunächst heißen, dass systematisch nach dem Ort von Emotionen im Geschichtsbewusstsein von Individuen zu suchen ist, einem Geschichtsbewusstsein jedoch, dass sich nicht als ein ausschließlich verinnerlichtes Konstrukt begreift, sondern sich im Sinne der Emotionentheorie von Sara Ahmed an der Schnittstelle zwischen Körper und Gesellschaft bewegt und auf diese Weise das Erinnern des Individuums koordiniert. Sind Emotionen Bestandteil von Begegnungen mit der Geschichte, erfahren die Lernenden, dass Emotionen tatsächlich geschichtsmächtig und geschichtsträchtig sind, indem sie sich im Prozess des Erinnerns auch die Historizität und Alterität von Emotionen bewusst machen. Werden Emotionen dann als Bestandteil kommunikativer (also gesellschaftlich-kultureller) Praktiken dimensioniert, kann systematisch nach der Bedeutung von Emotionen im historischen Erzählen und in Objektivationen von Geschichtskultur gesucht werden.

In der Erarbeitung des Bandes zeigte sich, dass der Vorschlag eines (rein) kulturwissenschaftlichen Konzeptes von Emotionen nicht auf ungeteilte Zustimmung stieß und auch gar nicht stoßen konnte, denn es stellte sich heraus, dass die spezifischen Zugänge, geschichtskulturellen Themen und didaktischen Fragestellungen unterschiedliche Herangehensweisen an den Emotionenbegriff einfordern. Die Beiträge definieren Emotionen daher aus ihren unterschiedlichen disziplinären Standpunkten heraus, wie dem der Pädagogischen Psychologie (Wolfgang Hasberg, Alfons Kenkmann) oder auch der Emotionspsychologie (Carlos Kölbl, Johannes Meyer-Hamme, Bärbel Völkel). Sie basieren auf soziologischen Überlegungen (Berit Pleitner) oder nehmen die Anregungen auf, Emotionen als kulturelle Konstrukte, als diskursiv erzeugte Strukturen zu analysieren (Juliane Brauer, Martin Lücke, Michele Barricelli, Vadim Oswalt, Alina Bothe und Rolf Sperling) oder nähern sich der Thematik aus einer beobachtenden analytischen Perspektive (Matthias Heyl, Bea Lundt). Was all diese Herangehensweisen jedoch leisten, ist, den Dualismus von Emotion und Kognition abzuschmelzen und die Überlegungen mit geschichtskulturellen Erkenntnisinteressen zu verknüpfen.

In den Blick geraten dabei kategoriale Konzepte wie historische Sinnbildung, Empathie, historische Imagination oder Narrativität sowie grundlegende Begriffe wie Geschichtskultur, Geschichtsbewusstsein und historische Identität, Arbeitsfelder wie die empirische geschichtsdidaktische Forschung und die Analyse von Schulgeschichtsbüchern sowie Medien und Orte historischen Lernens, z. B. virtuelle Zeugnisse, Geschichtscomics, Living-History-Darstellungen und Gedenkstätten. Auch die Bedeutung von Emotionen für transkulturelles historisches Lernen findet Beachtung.

Dementsprechend ist der Band nach einführenden Aufsätzen (I. Zur Einführung) gegliedert in theoretische Grundüberlegungen (II. Zum systematischen Ort von Emotionen), die Diskussion von Kategorien und Konzepten (III. Grundbegriffe der Geschichtskultur) sowie analytisch diskutierte Zugänge und Beispiele (IV. Begegnungen mit der Vergangenheit – Medien und Orte).

Bei der Planung des Bandes ergaben sich zahlreiche thematische und gedankliche Überschneidungen und Ergänzungen zwischen den Beiträgen. Dieses betrifft die Begriffe und Konzepte Empathie, Identität, Narration und Imagination. Es zeigt sich, dass sich vor allem in diesen Konzepten die Frage nach dem Zusammenhang von Emotionen und Geschichtskultur immer wieder stellt. Die Autorinnen und Autoren verwenden diese zentralen Konzepte entweder als Hauptthema ihrer Beiträge oder sie kommen aus ihren eigenen Argumentationen und Beispielen auf diese Konzepte zurück.

Auf diese Weise ist ein Band entstanden, der zum einen deutliche Akzente setzt und zum anderen die Heterogenität der gegenwärtigen Emotionenforschung mit den vielfältigen Forschungsfragen zur Geschichtskultur vereint. Er versteht sich als Grundlage für die weitere Diskussion um Emotionen in Begegnungen mit Geschichte und als Anregung, um zukünftig theoretische Überlegungen mit praxisorientierten Beobachtungen zu verzahnen und weiterzuentwickeln.

Am Entstehen dieses Bandes hatten viele Personen Anteil, denen großer Dank gebührt. Wir danken den Autorinnen und Autoren insbesondere für ihre Bereitschaft, sich auf die für viele noch ungewohnte Fragestellung nach den Emotionen einzulassen und die ganz eigenen Forschungsfelder unter dieser Perspektive neu zu überdenken. Ihre Beiträge und Diskussionen auf der Tagung haben uns ermutigt, den hier nun vorliegenden Band zu planen und herauszugeben, der noch einmal weit über das Tagungsgeschehen hinausgeht. Darüber hinaus danken wir dem Georg-Eckert-Institut für internationale Schulbuchforschung in Braunschweig für das Vertrauen in uns und die Chance, die Ergebnisse unseres Crossovers in der renommierten Eckert-Schriftenreihe zu veröffentlichen. Auch für die Finanzierung der Drucklegung danken wir dem Georg-Eckert-Institut sowie der Freien Universität Berlin und dem Max-Planck-Institut für Bildungsforschung, Berlin.

Unser größter Dank gebührt Karola Rockmann vom Max-Planck-Institut für Bildungsforschung. Dank ihres hervorragenden Managements und ihrer unermüdlichen Ausdauer konnte dieser Band nicht nur in kurzer Zeit entstehen, sie übernahm auch mit kritischer Feder und geschultem Blick das Lektorat der Beiträge.

Literatur

Ahmed, Sara. »Collective Feelings: Or, the Impression Left By Others«, in: *Theory, Culture & Society* 21 (2) (2004), 25–42.

Assmann, Jan. *Das kulturelle Gedächtnis. Schrift, Erinnerung und politische Identität in frühen Hochkulturen.* 6. Auflage München: Beck, 2007 (Beck'sche Reihe 1307).

Berek, Mathias. *Kollektives Gedächtnis und die gesellschaftliche Konstruktion der Wirklichkeit. Eine Theorie der Erinnerungskulturen.* Wiesbaden: Harrassowitz, 2009 (Kultur- und sozialwissenschaftliche Studien 2).

Bergmann, Klaus u. a. (Hg.). *Handbuch der Geschichtsdidaktik.* 5., überarbeitete Auflage Seelze-Velber: Kallmeyer, 1997.

Borries, Bodo von. »Von gesinnungsbildenden Erlebnissen zur Kultivierung der Affekte? Über Ziele und Wirkungen von Geschichtslernen in Deutschland«, in: Bernd Mütter und Uwe Uffelmann (Hg.), *Emotionen und historisches Lernen, Forschung – Vermittlung – Rezeption.* 3., unveränderte Auflage Hannover: Verlag Hahnsche Buchhandlung, 1996, 67–92 (Studien zur internationalen Schulbuchforschung 76).

Ders. »Moralische Aneignung und emotionale Identifikation im Geschichtsunterricht. Empirische Befunde und theoretische Erwägungen«, in: Wolfgang Meseth, Matthias Proske und Frank-Olaf Radtke (Hg.), *Schule und Nationalsozialismus. Anspruch und Grenzen des Geschichtsunterrichts.* Frankfurt am Main: Campus, 2004, 268–297 (Wissenschaftliche Reihe des Fritz Bauer Instituts 11).

Bourdieu, Pierre. *Sozialer Sinn. Kritik der theoretischen Vernunft.* Frankfurt am Main: Suhrkamp, 1987.

Dilthey, Wilhelm. »Die Entstehung der Hermeneutik«, in: *Die geistige Welt. Einleitung in die Philosophie des Lebens. Erste Hälfte: Abhandlung zur Grundlegung der Geisteswissenschaften. Gesammelte Schriften, V. Band.* Göttingen: Vandenhoeck & Ruprecht, 1961, 317–338.

Eitler, Pascal und Monique Scheer. »Emotionengeschichte als Körpergeschichte. Eine heuristische Perspektive auf religiöse Konversionen im 19. und 20. Jahrhundert«, in: *Geschichte und Gesellschaft* 35 (2) (2009), 282–313.

Frevert, Ute. »Was haben Gefühle in der Geschichte zu suchen?«, in: *Geschichte und Gesellschaft* 35 (2) (2009), 183–209.

Dies. »Gefühlswissen in der Moderne – Entwicklungen und Ergebnisse«, in: Ute Frevert u. a. (Hg.), *Gefühlswissen. Eine lexikalische Spurensuche in der Moderne.* Frankfurt am Main und New York: Campus, 2011, 263–277.

Frevert, Ute und Anne Schmidt. »Geschichte, Emotionen und die Macht der Bilder«, in: *Geschichte und Gesellschaft* 37 (1) (2011), 5–25.

Grimm, Jacob und Wilhelm Grimm. *Deutsches Wörterbuch. 33 Bände. Nachdruck der Erstausgabe Leipzig 1854–1971.* München: dtv, 1984.

Harfst, Karsten u. a. »Historisches Lernen durch Emotionen? Eine Erwiderung«, in: *Zeitschrift für Geschichtswissenschaft* 60 (2) (2012), 169–170.

Hitzer, Bettina. »Emotionsgeschichte – ein Anfang mit Folgen«, in: *HSoz-u-Kult*, 23. November 2011, http://hsozkult.geschichte.hu-berlin.de/forum/2011-11-001 (zuletzt geprüft am 31. Januar 2013).

Jeismann, Karl-Ernst. »Emotionen und historisches Lernen. Bemerkungen zur Tagung der Konferenz für Geschichtsdidaktik im Oktober 1991«, in: *Geschichte in Wissenschaft und Unterricht* 45 (1994), 164–176.

Ders. »Geschichtsbewußtsein – Theorie«, in: Klaus Bergmann u. a. (Hg.), *Handbuch der Geschichtsdidaktik.* 5., überarbeitete Auflage Seelze-Velber: Kallmeyer, 1997, 42–44.

LaG-Magazin – Sonderausgabe Emotionalität und Kontroversität (11) (2012), http://lernen-aus-der-geschichte.de/Lernen-und-Lehren/Magazin/10805 (zuletzt geprüft am 31. Januar 2013).

Lücke, Martin. »Diversität und Intersektionalität als Konzepte der Geschichtsdidaktik«, in: Michele Barricelli und Martin Lücke (Hg.), *Handbuch Praxis Geschichtsunterricht. Band 1.* Schwalbach/Taunus: Wochenschau-Verlag, 2012, 136–146.

Mayer, Ulrich u. a. (Hg.). *Wörterbuch Geschichtsdidaktik.* 2., überarbeitete und erweiterte Auflage Schwalbach/Taunus: Wochenschau-Verlag, 2009.

Mitscherlich, Alexander. *Auf dem Weg zur vaterlosen Gesellschaft. Ideen zur Sozialpsychologie.* München: Piper, 1963 (Sammlung Piper).

Morat, Daniel. »Verstehen als Gefühlsmethode. Zu Wilhelm Diltheys hermeneutischer Grundlegung der Wissenschaften«, in: Uffa Jensen und Daniel Morat (Hg.), *Rationalisierungen des Gefühls. Zum Verhältnis von Wissenschaft und Emotionen 1880–1930.* Paderborn: Fink, 2008, 101–118.

Mütter, Bernd und Uwe Uffelmann (Hg.). *Emotionen und historisches Lernen: Forschung – Vermittlung – Rezeption.* 3., unveränderte Auflage Hannover: Verlag Hahnsche Buchhandlung, 1996 (Studien zur internationalen Schulbuchforschung 76) (=1996a).

Dies. »Die Emotionsproblematik in der Geschichtsdidaktik. Tagungsfazit und Forschungsperspektiven«, in: Bernd Mütter und Uwe Uffelmann (Hg.), *Emotionen und historisches Lernen: Forschung – Vermittlung – Rezeption.* 3., unveränderte Auflage

Hannover: Verlag Hahnsche Buchhandlung, 1996, 367–385 (Studien zur internationalen Schulbuchforschung 76) (=1996b).

Dies. »Einleitung: Emotionen – Eine neue Debatte der Geschichtsdidaktik?«, in: Bernd Mütter und Uwe Uffelmann (Hg.), *Emotionen und historisches Lernen: Forschung – Vermittlung – Rezeption*. 3., unveränderte Auflage Hannover: Verlag Hahnsche Buchhandlung, 1996, 11–16 (Studien zur internationalen Schulbuchforschung 76) (=1996c).

Neiss, Marion. »Historisches Lernen durch Emotionen? Die Gedenkstätte Hohenschönhausen. Eindrücke«, in: *Zeitschrift für Geschichtswissenschaft* 59 (12) (2011), 1025–1032.

Pandel, Hans-Jürgen. *Geschichtsdidaktik. Eine Theorie für die Praxis*. Schwalbach/Taunus: Wochenschau-Verlag, 2012.

Plamper, Jan. *Geschichte und Gefühl. Grundlagen der Emotionsgeschichte*. München: Siedler, 2012.

Rohlfes, Joachim. *Umrisse einer Didaktik der Geschichte*. Göttingen: Vandenhoeck & Ruprecht, 1971 (Kleine Vandenhoeck-Reihe).

Ders. *Geschichte und ihre Didaktik*. 3., erweiterte Auflage Göttingen: Vandenhoeck & Ruprecht, 2005.

Rüsen, Jörn. »Geschichtskultur«, in: Klaus Bergmann u. a. (Hg.), *Handbuch der Geschichtsdidaktik*. 5., überarbeitete Auflage Seelze-Velber: Kallmeyer, 1997, 38–41.

Scheer, Monique. »Are Emotions a Kind of Practice (and Is That What Makes Them Have a History)? A Bourdieuian Approach to Understanding Emotion«, in: *History and Theory* 51 (2) (May 2012), 193–220.

Scheper-Hughes, Nancy und Margaret M. Lock. »The Mindful Body. A Prolegomenon to Future Work in Medical Anthropology«, in: *Medical Anthropology Quarterly* 1 (1) (1987), 6–41.

Schönemann, Bernd. »Geschichtsdidaktik, Geschichtskultur, Geschichtswissenschaft«, in: Hilke Günther-Arndt (Hg.), *Geschichtsdidaktik. Praxishandbuch für die Sekundarstufe I und II*. Berlin: Cornelsen Scriptor, 2003, 11–22.

Schörken, Rolf. *Historische Imagination und Geschichtsdidaktik*. Paderborn und Zürich: Schöningh, 1994.

Ders. *Begegnungen mit Geschichte. Vom außerwissenschaftlichen Umgang mit der Historie in Literatur und Medien*. Stuttgart: Klett-Cotta, 1995.

Singer, Wolf. »Wahrnehmen, Erinnern, Vergessen. Über Nutzen und Vorteil der Hirnforschung für die Geschichtswissenschaft«. Eröffnungsvortrag des 43. Deutschen Historikertages, 26. September 2000, http://www.brain.mpg.de/fileadmin/user_upload/images/Research/Emeriti/Singer/Historikertag.pdf (zuletzt geprüft am 31. Januar 2013).

Jörn Rüsen

Die Macht der Gefühle im Sinn der Geschichte.
Theoretische Grundlagen und das Beispiel des Trauerns

Es ist eine Sache, Emotionen als Faktoren historischer Prozesse in den Blick zu nehmen, eine ganz andere aber, die Rolle von Emotionen in den mentalen Prozessen des historischen Denkens zu untersuchen. Letzteres werde ich in den folgenden Überlegungen tun. Damit möchte ich ein Element von Selbstreflexion in die neue Sichtweise auf die menschliche Vergangenheit einbringen, in der Emotionen zum Thema der Geschichte werden.[1]

Auf den ersten Blick handelt es sich um etwas höchst Unvereinbares: Denken und Gefühle sind in ganz verschiedenen Bereichen der menschlichen Subjektivität angesiedelt, und wenn es um rationales Denken geht, also um das akademische Metier der professionellen Historie, dann scheint es sich sogar um Gegensätze zu handeln. Kognition und Emotion stehen in einem sehr komplexen Verhältnis zueinander. In aller Unterschiedlichkeit bedingen und beeinflussen sie sich. Das gilt auch dann, wenn es um die besondere Erkenntnisweise geht, die man wissenschaftlich nennt. Hier freilich wird die emotionale Komponente wegen der besonderen Geltungsansprüche dieser Erkenntnis in der Regel nicht wahrgenommen und schon gar nicht thematisiert und systematisch reflektiert.

Es lässt sich kaum bestreiten, dass Gefühle eine Rolle im historischen Denken spielen, und auch nicht, dass diese Rolle mehr ist als emotionale Begleitmusik zu einem kognitiven Vorgang, der fern von emotionaler Betroffenheit ganz seiner eigenen Logik sachlichen Denkens folgt. Dafür möchte ich ein eindrucksvolles Zeugnis zitieren. Es stammt aus dem Bereich klassisch gewordener Historiographie im Kontext der fachlich etablierten Geschichtswissenschaft. Leopold von Ranke begann seine Vorlesungen im Sommersemester 1847 über »Neuere Geschichte, seit dem Westfälischen Frieden« mit einer Einleitung, in der er seinen »Standpunkt« darlegte, den er als Dozent »im Reiche der allgemeinen Gedanken, dem Konflikt der leitenden Meinungen, die seine Wissenschaft bewegen, einnimmt oder einzunehmen glaubt.«[2] Er beginnt mit dem Anblick, den

---

1 Ich beziehe mich dabei auf eine frühere Arbeit zum gleichen Thema (Rüsen 2008a).
2 Ranke 1975, 185.

die menschliche Vergangenheit in der reinen Äußerlichkeit überlieferter Geschehnisse bietet:

> Die Überlieferungen sind unsicher; die Masse der Tatsachen unübersehbar; der Eindruck unendlich trostlos. Man sieht nur immer, wie der Stärkere den Schwächeren überwindet, bis wieder ein Stärkerer über ihn kommt und ihn vernichtet; bis dann zuletzt die Gewalten unserer Zeit gekommen, denen es ebenso ergehen wird. [...] Es bleibt nichts übrig als das Gefühl der Nichtigkeit aller Dinge und ein Widerwillen gegen die mancherlei Frevel, mit denen sich die Menschen befleckt haben. Man sieht nicht, wozu alle diese Dinge geschahen, alle diese Männer waren und lebten; selbst der innere Zusammenhang wird verdeckt.[3]

Es ist dieser hoch emotionale Eindruck, mit dem Ranke fertigwerden muss, wenn er begreifen will, was es mit dieser Vergangenheit wirklich auf sich hat, warum sie zum Gegenstand gegenwärtiger Erkenntnisbemühungen gemacht werden muss und wieso diese Erkenntnis zu einem zentralen Bestandteil der Kultur seiner Gegenwart werden kann und muss. »Darum hat man in der Geschichte schon lange ein Höheres zu erreichen und zu geben versucht«[4], und um ein solches »Höheres« geht es ihm natürlich auch. Wir können dieses »Höhere« nicht hinreichend verstehen, wenn wir es nicht als Antwort auf die emotionsgeladene Erfahrung historisch evidenter menschlicher Hinfälligkeit wahrnehmen.

Dieses Beispiel zeigt einen inneren Zusammenhang zwischen Emotionen und kognitiven Faktoren und Elementen des historischen Denkens auf der Ebene grundlegender Deutungsmuster. Im Hinblick auf diesen inneren Zusammenhang können wir Rankes Geschichtskonzept als einen Versuch verstehen, eine fundamentale historische Erfahrung vom menschlichen Leiden zu überwinden, denn die Geschehnisse der Vergangenheit bergen in ihrer zeitlichen Folge einen tieferen Sinn in sich, der etwas geradezu Göttliches hat.[5] Die kognitive Arbeit des Historikers dient nicht so sehr dazu, eine primäre und verstörende Wahrnehmung von Leid und Schmerz aufzulösen, sondern sie zu marginalisieren und zu

---

3 Ebd. 185–186. Dass es sich hier nicht um eine eher beiläufige, dem Augenblick geschuldete Formulierung handelt, zeigen ähnliche Formulierungen seiner Vorlesung im Wintersemester 1835/36 über Neueste Geschichte: »Wenn wir die Geschichte betrachten in ihrem äußeren Verlauf, wie stets ein Volk das andere vernichtet und hinstürzt, dann selbst sich erhebt und untergeht, so sehen wir die Geschichte und in ihr die Menschheit von ihrer traurigen Seite, in ihrer Hinfälligkeit. Diese war es, die selbst im Moment des höchsten Glücks dem Geiste sich aufdrängt, so wehklagt Priamus über Troja, Marius weint auf den Ruinen Karthagos, alles bedeckt das Gewebe der Spinne, war Mohammeds Gedanke, als er in Konstantinopel einzog.« Ebd. 124.

4 Ebd. 124.

5 Siehe ebd. 188, wo Ranke seinem Glauben »an die wesentlich unsterbliche Natur des individuellen Menschen, an den lebendigen Gott und an den lebendigen Menschen« Ausdruck gibt; siehe dazu Hardtwig 1991.

unterdrücken. Rankes Denken kann nicht hinreichend verstanden und gewürdigt werden, wenn man diese emotionale Komponente übersieht.

Das Beispiel Rankes ist kein Ausnahmefall. Im Gegenteil: seine Transformation einer emotional zerstörerischen Geschichtserfahrung in eine kognitive, aufbauende Interpretation dürfte sogar typisch sein für die Ursprünge des modernen historischen Denkens in der frühen Geschichtsphilosophie (wenn nicht gar für das westliche historische Denken insgesamt). Kein Geringerer als Immanuel Kant hat diesem Zusammenhang zwischen emotionalem Widerwillen und Erkenntnisstreben in seiner Geschichtsphilosophie eine große Bedeutung zugesprochen:

> Man kann sich eines gewissen Unwillens nicht erwehren, wenn man ihr [der Menschen] Thun und Lassen auf der großen Weltbühne aufgestellt sieht und bei hin und wieder anscheinender Weisheit im Einzelnen doch endlich alles im Großen aus Thorheit, kindischer Eitelkeit, oft auch aus kindischer Bosheit und Zerstörungssucht zusammengewebt findet: wobei man am Ende nicht weiß, was man sich von unserer auf ihre Vorzüge so eingebildeten Gattung für einen Begriff machen soll.[6]

Genau um diesen »Begriff« der Menschheit ging es in der Geschichtsphilosophie, die am Ende des achtzehnten und zu Beginn des neunzehnten Jahrhunderts die neue Logik des modernen historischen Denkens erarbeitete.

Eine ähnliche Argumentation findet sich auch bei Johann Gottfried Herder,[7] der dann jedoch weiter ausführt, dass das historische Denken fähig ist, diese Oberfläche der historischen Erfahrung zu durchdringen und die sinnträchtige Tiefe der Universalgeschichte ans Licht zu bringen:

> Indessen sehen wir bei allen *Ein Principium* wirken, nämlich *eine Menschenvernunft,* die aus Vielem Eins, aus der Unordnung Ordnung, aus einer Mannichfaltigkeit von Kräften und Absichten ein Ganzes mit Ebenmaas und daurender [sic] Schönheit hervorzubringen sich bestrebet.[8]

Schließlich war es dann Hegel, der die Weltgeschichte als »Schlachtbank« charakterisierte, »auf welcher das Glück der Völker, die Weisheit der Staaten und die Tugend der Individuen zum Opfer gebracht worden.« Auch Hegel gibt dieser Erfahrung gegenüber bewegenden Gefühlen Ausdruck:

> [W]enn wir auf die Individuen mit tiefstem Mitleid ihres namenlosen Jammers blicken, so können wir nur mit Trauer über diese Vergänglichkeit überhaupt, und indem dieses Untergehen nicht nur ein Werk der Natur, sondern des Willens der Menschen ist, noch mehr mit moralischer Trauer, mit der Empörung des guten Geistes, wenn ein solcher in uns ist, über solches Schauspiel enden.[9]

---

6 Kant 1784, 387 – dazu Rüsen 2006.
7 Herder 2002, 577 und 579.
8 Ebd. 598 – H.i.O.
9 Hegel 1955, 79–80.

Hegel transformiert dann dieses Gefühl der »tiefsten, ratlosesten Trauer« zur
Vernunfteinsicht in den Sinn der Geschichte als Fortschritt im Bewusstsein der
Freiheit. Diese Einsicht lässt den emotionalen Schrecken der Vergangenheit zu
Gunsten der kognitiven Freude an der Vernunftfähigkeit des historischen
Denkens in den Schatten treten: Das menschliche Leiden macht bei ihm be-
kanntlich Sinn als »List der Vernunft« im Kern des zeitlichen Geschehens der
menschlichen Welt.

Es lässt sich unschwer zeigen, in welchem Ausmaß und in welcher Form
Emotionen den geistigen Prozess der historischen Sinnbildung beeinflussen.
Dieser Prozess transformiert das Geschehen der Vergangenheit in eine sinn- und
bedeutungsvolle Geschichte für die Gegenwart und in handlungsleitende Zu-
kunftsperspektiven. Es ist verführerisch und sicher notwendig für das Verständnis dessen, was Historikerinnen und Historiker tun, wenn man in der
Geschichte des historischen Denkens diese Transformation von Gefühlen in
Erkenntnis verfolgt und analysiert. Es waren (immer auch) Emotionen, die die
Wahrnehmung dessen, wie es gewesen war, zu der Einsicht dessen herausfor-
derten, »wie es *eigentlich* gewesen« war.[10] Die Sachhaltigkeit methodisch ge-
wonnener historischer Erkenntnis mit strengen Geltungsansprüchen ist gerade
nicht emotionsfrei. Eine Bedingung dafür, dass das historische Verstehen solche
Geltungsansprüche kognitiv erheben kann, dürfte darin liegen, dass alles
menschliche Verstehen empathisch konstituiert ist. Diese Empathie liegt allem
Denken als Bedingung der Möglichkeit seiner kommunikativen Begründung
zugrunde.

Aber eine solche historische Analyse ist nicht die Absicht der folgenden
Überlegungen. Ich möchte stattdessen einige geschichtstheoretische Argumente
entwickeln, die die konstitutive Bedeutung von Emotionen für das historische
Denken betreffen. Anschließend möchte ich am Beispiel des historischen
Trauerns zeigen, wie aus emotionalen Qualitäten des menschlichen Geistes
kognitiv höchst belangvolle Erkenntnisse generiert werden können.

An den Anfang möchte ich einige allgemeine und grundsätzliche erkenntnistheoretische, ja sogar metaphysische Überlegungen stellen, die den Zusammenhang zwischen Fühlen und Denken, zwischen Emotion und Kognition betreffen. Wissenschaftler pflegen (natürlich mit Recht) die Bedeutung des Denkens und Argumentierens mithilfe von Begriffen und Theorien hervorzuheben.
Wenn dabei Gefühle eine Rolle spielen, dann werden sie als etwas Marginales,
Unwesentliches angesehen. Diese Auffassung von der Rolle der Emotionen in der
menschlichen Erkenntnis ist aber völlig irreführend. Es gibt eine Emotionalität
des menschlichen Geistes, die sogar seine Vernunft konstituiert oder zumindest
wesentlich dazu beiträgt, dass die Vernunft ihre kognitive Kraft entfalten kann.

---

10 Ranke 1855, VIII – H.d.V.

Dafür stand in alten Gesellschaften der religiöse Glaube. In der säkularen Kultur der modernen Zivilgesellschaft wird der Kunst eine solche präkognitive Ermöglichung von Einsicht zugeschrieben. Dafür steht paradigmatisch die »Kritik der Urteilskraft« von Kant.[11]

Als schlagendes Beispiel für eine literarische Darstellung, dass und wie der menschlichen Geist zur Einsicht in die Welt und in sich selbst emotional geöffnet werden kann, möchte ich auf die Beschreibung eines Gefühls verweisen, die in Marcel Prousts Roman *Auf der Suche nach der verlorenen Zeit* (1913) geradezu eine Schlüsselrolle spielt. Es handelt sich um die Empfindung, die der Erzähler erlebt, als er kleine Madeleine-Kuchen in eine Teetasse tunkt:

> In der Sekunde nun, als dieser mit dem Kuchengeschmack gemischte Schluck Tee meinen Gaumen berührte, zuckte ich zusammen und war wie gebannt durch etwas Ungewöhnliches, das sich in mir vollzog. Ein unerhörtes Glücksgefühl, das ganz für sich allein bestand und dessen Grund mir unbekannt blieb, hatte mich durchströmt. Mit einem Schlage waren mir die Wechselfälle des Lebens gleichgültig, seine Katastrophen zu harmlosen Missgeschicken, seine Kürze zu einem bloßen Trug unsrer Sinne geworden; es vollzog sich damit in mir, was sonst die Liebe vermag, gleichzeitig aber fühlte ich mich von einer köstlichen Substanz erfüllt: oder diese Substanz war vielmehr nicht in mir, sondern ich war sie selbst. [...] Es ist ganz offenbar, daß die Wahrheit, die ich suche, nicht in ihm [dem Trank] ist, sondern in mir. Er hat sie dort geweckt, aber er kennt sie nicht und kann nur auf unbestimmte Zeit und mit schon schwindender Stärke seine Aussage wiederholen, die ich gleichwohl nicht zu deuten weiß und die ich wenigstens wieder von neuem aus ihm herausfragen und unverfälscht zu meiner Verfügung haben möchte, um entscheidende Erleuchtung daraus zu schöpfen. Ich setze die Tasse nieder und wende mich meinem Geiste zu. Er muß die Wahrheit finden. [...] Er steht vor einem Etwas, das noch nicht ist, und das doch nur er in seiner Wirklichkeit erfassen und dann in sein eigenes Licht rücken kann.[12]

In dieser Beschreibung übersteigt das Gefühl die Erkenntnis und erschließt eine Einsicht in die Wirklichkeit, die das fühlende Subjekt einschließt und die durch kognitive Erkenntnisverfahren nicht erreicht werden kann. Aber das heißt gerade nicht, dass dieses Gefühl irrational wäre. Im Gegenteil: Es gewährt eine erkenntnisträchtige Erleuchtung, eine Aufklärung im buchstäblichen Sinne des Wortes, die sich der denkende Geist erst nachträglich zu eigen zu machen bemüht ist. Diese fundamentale überwältigende Wahrnehmung – die wir, wenn wir

---

11 Ich kann nur beiläufig auf die lange Tradition des abendländischen Denkens verweisen, in der die Liebe als Grund der Erkenntnis angesehen wurde. Diese Tradition wird durch die Namen Augustinus, Pascal, Hegel (in den Jugendschriften) und Max Scheler markiert. Pascal hat es so formuliert: »Wir erkennen die Wahrheit nicht nur durch die Vernunft, sondern auch durch das Herz; in der Weise des letzteren kennen wir die Grundprinzipien, und vergeblich ist es, dass die Vernunft, die hieran nicht beteiligt ist, sie zu bekämpfen versucht.«; Pascal 1946, 144.
12 Proust 1981, 63 – 64.

wollen, *absolut* nennen können – wird durch die Kraft des Gefühls getätigt, und sie geschieht als Ermöglichung und Ziel der Erkenntnis zugleich. Im Lichte dieser Wahrnehmung erscheinen Denken und Erkenntnis nur noch als Suche nach einer verlorenen Emotion – eine Suche, die nie an ein Ende kommt.

Natürlich handelt es sich bei dem Gefühl, das Marcel Proust beschreibt, nicht gerade um etwas Alltägliches, sondern um etwas ganz und gar Ungewöhnliches, Außerordentliches. Als Extremfall ist es aber geeignet, das Verhältnis von Emotion und Kognition, ihre Differenz und ihren Zusammenhang zu verdeutlichen.

Von diesem Sonderfall her lässt sich die Rolle analysieren, die Emotionen im Erkenntnisprozess spielen. Ihnen kommt eben nicht die Rolle einer beiläufigen mentalen Bewegung zu, sondern sie gehören wesentlich zur Dynamik jedes Erkenntnisprozesses selber. Um das zu veranschaulichen, möchte ich ein einfaches Schema der mentalen Operationen vorstellen, in denen und durch die die kulturellen Sinnbildungen erfolgen, die Menschen immer und überall vollbringen müssen, um sich in der Welt und bei sich selbst und mit den andern zurecht zu finden, also schlicht: leben zu können. Diese mentalen Operationen bestehen in vier verschiedenen Vorgängen und vollziehen sich im Wechselverhältnis zwischen ihnen. In einer sehr abstrakten Sichtweise kann man sagen, dass Sinnbildung mit der *Wahrnehmung* beginnt, zur *Deutung* des Wahrgenommenen fortschreitet, dann die gedeutete Wahrnehmung in die Deutungsmuster der kulturellen *Orientierung* einbringt und schließlich die absichtsleitenden Orientierungen in die *Motivation* des Willens einbringt. Der Vorgang der Orientierung kann (natürlich in künstlicher Trennung) in zwei Operationen unterteilt werden: eine (äußere) Orientierung der Menschen im Kontext ihrer Welt und eine (innere) Orientierung der Menschen im Bereich ihrer eigenen Subjektivität. Hier spielt der Faktor der Identität eine sehr wichtige Rolle. Alle diese verschiedenen Prozeduren beruhen auf einem gemeinsamen Sinnprinzip, das sie zusammenhält und für die Kohärenz ihrer Wechselverhältnisse einsteht (siehe Abb. 1).

Mit diesem Schema können die spezifischen Prozeduren der *historischen* Sinnbildung erläutert werden. Sie beginnen mit der Wahrnehmung der Vergangenheit. Hier spielen Gefühle eine äußerst wichtige Rolle. Die Vergangenheit wird als etwas wahrgenommen, das danach drängt, als Geschichte interpretiert und verstanden zu werden. Zumeist sind es Gefühle, die den Erfahrungsbereich der Vergangenheit öffnen und die Erkenntnis des Erfahrenen anregen. Das Wort Wahrnehmung enthält bereits diesen Impuls für das Denken und dessen Grundbestimmung, *wahr* zu sein. Es ist eine psychologische Trivialität, dass bereits jede sinnliche Wahrnehmung schon ein Element des Verstehens, der Bedeutung enthält, bevor die eigentlichen Denkprozesse in Gang gesetzt werden. Heidegger hat diese vorgängige Offenheit des menschlichen Geistes für die Welt,

Abb. 1: Die vier mentalen Operationen der Sinnbildung

in der er lebt, mit dem einprägsamen Wort »Lichtung« bezeichnet. Das Licht von Sinn und Bedeutung scheint bereits in der Wahrnehmung der Welt auf, und dieses Aufscheinen teilt sich in seiner Sinnlichkeit immer auch durch Gefühle mit, genauer gesagt: teilt sich in einer untrennbaren Einheit von Gefühl und Denken mit. Gefühle präfigurieren die kognitive Interpretation des Wahrgenommenen. Sie transportieren im Prozess der Wahrnehmung die Erfahrung gleichsam in die Deutungsarbeit des Geistes hinein und geben ihr dabei bereits eine Bedeutung, mit der die kognitiven Kräfte des Geistes in Gang gesetzt, wenn nicht gar herausgefordert werden.

Die historische Interpretation transformiert diese vorgängige, präkognitive »Erschlossenheit« der Erfahrung der Vergangenheit in die kognitiven Gebilde des historischen Wissens. Historische Erkenntnis – das Ergebnis dieser Interpretation – kann ihre Orientierungsfunktion im praktischen Leben nur dann erfüllen, wenn sie repräsentiert wird. Historische Repräsentation, wie sie zumeist in und durch Historiographie erfolgt, spricht nicht nur den kognitiven Bereich des menschlichen Geistes an, sondern den menschlichen Geist insgesamt, also auch seine emotionalen und willensmäßigen Dimensionen.

Diese geschichtsträchtige Form der historischen Repräsentation lässt sich leicht im Hinblick auf die innere Orientierung der menschlichen Subjektivität durch historische Erkenntnis demonstrieren. Der mentale Rahmen der lebenspraktischen Orientierung durch Geschichte in diesem unsichtbaren Bereich der menschlichen Subjektivität lässt sich als historische Identität beschreiben.

Niemand kann die Macht der Gefühle im mentalen Prozess der Identitätsbildung durch historische Repräsentation leugnen. Dabei sollte stets im Auge behalten werden, dass diese Gefühle untrennbar mit Wissen und Denken verbunden sind. In diesem Vorgang der Orientierung durch Repräsentation werden Gefühle in der ästhetischen und rhetorischen Form des historischen Wissens manifest.[13]

Die Einheit von beidem, von Emotion und Kognition, wird mental realisiert durch das Erzählen einer Geschichte. Wird die Geschichte so erzählt, dass sich in ihr und mit ihr die lebensnotwendige Kohärenz des menschlichen Selbstverhältnisses im Wandel der Zeit (so ließe sich historische Identität abgekürzt definieren) zur Sprache bringt, dann tritt sie als überzeugungsstarke *Meistererzählung* auf. Sie bezieht sich nicht nur auf eine einzelne Person (deren autobiografisches Selbstverhältnis), sondern auch auf Gemeinschaften, deren innerer Zusammenhalt stets durch gemeinsame Geschichten ausgedrückt, bestätigt, aber auch diskutierbar gemacht wird.

Der letzte Vorgang im Schema der historischen Sinnbildung betrifft die Motivation des menschlichen Handelns. Hier können Geschichten den treibenden Kräften des menschlichen Willens durch Zielsetzung eine Richtung geben. Damit erfüllen sie die Rolle von Ideen in der Beeinflussung des menschlichen Handelns, die Max Weber als »Weichenstellung« charakterisiert hat.[14] Die emotionale Kraft, die die historische Orientierung in dieser Weichenstellung entfaltet, kann nicht übersehen werden. Wir alle wissen, dass Menschen andere Menschen töten können, indem sie einer national oder ethnisch verfassten Meistererzählung folgen, die sich tief in ihre Mentalität eingeschrieben hat. Natürlich beruhen die obigen Ausführungen über die Rolle von Gefühlen im Prozess der historischen Sinnbildung auf einer künstlichen Trennung der emotionalen von den kognitiven Faktoren (von den volitiven ganz zu schweigen). Ohne kognitive Elemente könnten die emotionalen Kräfte des menschlichen Geschichtsbewusstseins ihre Wirkungen gar nicht entfalten. *Sinn* ist immer beides zugleich: etwas für die Sinne und damit immer auch emotional bestimmt und ausgerichtet, und zugleich etwas Geistiges, etwas, das *Sinn macht*. Der kognitive Charakter, der das historische Wissen auszeichnet und den sich natürlich die Geschichtswissenschaft auf ganz besondere Weise angelegen sein lässt, beruht auf Letzterem. Die Geschichtswissenschaft gibt ihm eine eigene Ausprägung: Sie produziert historisches Wissen durch Forschung. Gegenüber der Emphase, mit der heute im Bereich der Geschichtstheorie die ästhetischen (poetischen) und rhetorischen Faktoren und Elemente des historischen Denkens betont werden, sollte nicht übersehen werden, dass die historische Interpretation immer mehr ist, als sich im Rahmen einer Ästhetik und Rhetorik der

---

13 Siehe dazu Rüsen 2008b.
14 Weber 1922, 252.

historischen Repräsentation darlegen lässt: Sie ist stets auch eine methodische Herausforderung der historischen Forschung.[15]

Nichtsdestoweniger aber hat die rational-kognitive Seite des historischen Denkens ihre Grenzen, die überschritten werden müssen (und auch immer im Prozess der Sinnbildung überschritten werden), um zur Wirkung in der Geschichtskultur ihrer Zeit zu gelangen. Dabei spielen präkognitive Faktoren, zu denen auch Gefühle gehören, eine entscheidende Rolle. Um das zu verdeutlichen, möchte ich auf das Beispiel der Gefühle zurückkommen, die Marcel Proust beschrieben hat. Es gibt nämlich eine eigene Dimension der historischen Sinnbildung, die dem sehr nahe kommt, worauf Proust verweist. Es lässt sich in ihr eine präkognitive Dimension ausmachen, die jenseits (genauer: diesseits) aller Möglichkeiten liegt, in die kognitive Dimension hineingeholt zu werden, und ohne die zugleich die kognitive Dimension nicht hinreichend bedacht werden kann. Sie lässt sich geradezu als äußerste Erfüllung der historischen Sinnbildung beschreiben, auf die alles Denken ausgerichtet ist und die es doch nie erreichen kann.

Um das zu verdeutlichen, möchte ich drei Ebenen der historischen Sinnbildung unterscheiden. Die erste Ebene ist diejenige des *praktischen Lebens* (in Abb. 2: A): Hier erfüllt das historische Denken seine Orientierungsfunktion im Felde der Geschichtskultur. Sie hat funktionalen Charakter; Geschichte als Deutungsgebilde geschieht hier im Prozess des menschlichen Handelns und Leidens. Geschichte ist hier eine kulturelle Tatsache im sozialen Leben. Sie ist gegeben (oder: wirklich) in sozialen Aktivitäten. Hier ist die Vergangenheit sinnträchtig immer schon da und wirksam – als Gewohnheit, als kulturelle Vorgabe menschlicher Selbstverständigung, als Tradition und in vielen anderen Manifestationen. Heute scheint es ein Allgemeinplatz geschichtstheoretischer Einsicht zu sein, dass Geschichte nichts anderes ist als eine nachträgliche Konstruktion von Sinn und Bedeutung der Vergangenheit für die Gegenwart und ihre Zukunft. Dieser Konstruktivismus übersieht völlig, dass die Konstrukteure ihrerseits durch kulturelle Vorgaben bedingt und bestimmt sind, in denen die Vergangenheit als Ergebnis einer Entwicklung immer schon gegenwärtig ist. Man kann also sagen, dass die Konstrukteure ihrerseits schon konstruiert sind. Historische Sinnbildung geschieht nur als Wechselspiel zwischen beidem: Konstruktion und Konstruiertsein.

Damit ist die zweite Ebene (in Abb. 2: C) schon angesprochen: Es handelt sich um die Ebene, wo solche Konstruktionen stattfinden. (Gegenüber dem funktionalen Charakter der ersten Ebene kann man sie als *theoretisch-reflexiv* charakterisieren.) Hier finden die absichtsvollen Aktivitäten des menschlichen

---

15 Siehe dazu Rüsen 2011.

Geistes statt, hier wird historisch Sinn gebildet, hier machen die Historiker ihre Arbeit.

Die dritte Ebene (in Abb. 2: B) vermittelt zwischen der ersten und der zweiten Ebene. Ich würde sie als Ebene der *pragmatischen Reflexion* oder *Interferenz* bezeichnen. Hier werden die Ergebnisse der konstruktiven Arbeit der Historiker auf das praktische Leben bezogen und mit ihm vermittelt. Hier finden politische Kämpfe um historische Deutungen statt. Hier wird historische Identität *verhandelt*, und hier geht es auch um die Institutionalisierung der historischen Bildung.

(A)
Funktionale Ebene
der Lebenspraxis

Geschichte ist als Gegenwart der Vergangenheit eine Tatsache in den Umständen des menschlichen Lebens. Sie wirkt als Resultat vergangener Entwicklungen in der Form vorgegebener Dispositionen der kulturellen Sinnbildung. Sie »konstruiert« mit solchen Vorgaben das Werk der Historiker.

(B)
Vermittelnde Ebene
der pragmatischen
Interferenz und
Reflektion

Geschichte wird hier als kulturelle Vorgabe aufgegriffen und im Rückgriff auf »konstruktive« Deutungen diskursiv in die Geschichtskultur ihrer Gegenwart eingebracht. Die kognitiven Leistungen des historischen Denkens (Ebene C) werden ins praktische Leben überführt. Die dort schon wirksam vorgegebenen Faktoren der »Geschichtskultur« werden aufgegriffen und verhandelt.

(C)
Ebene der
theoretischen
Reflektion

Geschichte ist hier das Ergebnis absichtsvoller Deutungen der Erfahrung der menschlichen Vergangenheit.

Abb. 2: Ebenen der historischen Sinnbildung

Mein entscheidendes Argument ergibt sich aus der Analyse des Zusammenhangs, in dem diese drei Ebenen stehen. Die auf der *funktionellen* Ebene (A) des praktischen Lebens als Sinn-Vorgabe wirksame Geschichte fordert stets zur Thematisierung und Reflexion auf, da ihre Sinnvorgaben immer prekär sind und im Kontext sich verändernder Lebensumstände immer wieder neu bedacht werden müssen. Historischer Sinn ist in sozialer Realität immer schon vorgegeben, aber nur in der Weise, dass er aufgegriffen, durchgearbeitet, vervollständigt, auch zurückgewiesen und verändert werden muss. Das geschieht auf der dritten *theoretisch-reflexiven* Ebene (C). Die dort erarbeiteten Deutungen werden dann von der zweiten Ebene der *pragmatischen Reflexion* (B) zurückvermittelt in die erste.

Denkt man nun den inneren Zusammenhang der drei Ebenen als einen umfassenden zeitlichen Prozess, dann gehört er zum lebendigen Vollzug der inneren Zeitlichkeit und Historizität des menschlichen Lebens selber. Es geschieht oder ereignet sich ein zeitlicher Vorgang, der später, im Rückblick, als Geschichte (des historischen Denkens) verstanden und vergegenwärtigt werden kann. Im Vollzug dieses zeitlichen Prozesses der historischen Sinnbildung ist historischer Sinn in der Realität unmittelbar gelebten menschlichen Lebens lebendig, gegenwärtig, wirksam. Erkennen und explizieren lässt er sich in dieser Lebendigkeit und Wirksamkeit nicht. Denn in dem Augenblick, wo diese zeitliche Prozessualität des menschlichen Lebens, in der die historische Sinnbildung geschieht, bedacht, reflektiert und analysiert wird, ist sie bereits vergangenen, hat sie ihre Lebendigkeit verloren, ist sozusagen ins Schattenreich historischer Gegenständlichkeit gerückt, wo sie dann als historische Erfahrung zur deutenden Bearbeitung ansteht. Die wahre Wirklichkeit, die eigentliche Lebendigkeit des historischen Prozesses, in dem menschliches Leben geschieht, findet – erkenntnistheoretisch gesehen – im blinden Fleck des historischen Denkens statt. Das historische Denken beruht auf diesem Prozess, wird von ihm getragen und inspiriert; es ist seiner aber nicht mächtig. Diese Geschichte ist als Lebensvollzug unvordenklich. Genau dort aber, wo das, was in einer späteren Reflexion *Geschichte* genannt und narrativ präsentiert wird, seine eigentliche Lebendigkeit und Gegenwärtigkeit hat, kann es als Grund der Erkenntnis nicht erkannt werden.

Ich möchte nun behaupten, dass diese Unvordenklichkeit der lebendigen Geschichte dem menschlichen Bewusstsein nicht schlechthin entzogen ist, sondern in dem emotionalen Modus erfahren (besser: gelebt) werden kann, den Marcel Proust beschrieben hat. Die Eigenart dieses Gefühls besteht ja darin, dass es ebenfalls unvordenklich ist und zugleich als Intuition alles Denken inspiriert.

Abschließend möchte ich am Phänomen des Trauerns die produktive Rolle illustrieren, die eine anthropologisch universale und stark gefühlsbeladene mentale Aktivität im historischen Denken spielen kann.

Trauern ist ein mentaler Prozess, in dem eine identitätsbedrohende Verlusterfahrung so bewältigt wird, dass sich die bedrohte Identität zurückgewinnen
lässt und zugleich das Verlorene als Verlorenes sinnhaft gegenwärtig gemacht
werden kann. Im Unterschied zur immer wieder herangezogenen Theorie des
Trauerns von Sigmund Freud[16] geht es nicht darum, sich aus der inneren Verbindung mit dem Verlorenen dadurch zu lösen, dass man es verloren gibt,
sondern sich so von ihm zu lösen, dass es nicht im Orkus des Vergessens ver-
schwindet oder in irgendwelchen Archiven abgelagert werden kann, sondern in
seiner Abwesenheit sinnträchtig anwesend wird.

In den archaischen Kulturen haben wir dafür ein eindrückliches ethnologi-
sches Paradigma: Durch Trauern wird ein Toter zu einem lebendigen Ahnen; in
gewisser Weise wird er lebendiger als er es war, bevor er starb. Ich plädiere
natürlich nicht für die Wiederkehr des Ahnenkults, obwohl unserer Kultur ein
lebendiges Totengedenken gegen die kollektive Verdrängung des Todes gut täte.
Nein, mir geht es um die Verwandlung des Abwesenden in eine Anwesenheit, die
als Gedächtnis lebensdienlich sein kann und soll.

Mit dem Thema Trauer stellt sich unmittelbar auch das Thema der Emotionen
als motivierende Kräfte des historischen Denkens. Wir sind geneigt, der Trauer
eine nur emotionale Rolle im geistigen Haushalt unserer Kultur zuzusprechen.
Aber das ist ein Irrtum. Man kann auch mit Denken und Erkenntnis trauern, und
genau darum soll es mir mit meinen geschichtstheoretischen Überlegungen
gehen: um die kognitive Substanz der Emotion des Trauerns.

Wenn man diese kognitive Dimension des Trauerns expliziert, ist man aber
noch nicht bei der Geschichte angekommen. Wie lässt sich das Trauern als
Element einer spezifisch historischen Sinnbildung begreifen?[17] Dazu müsste
zunächst die Besonderheit einer historischen Dimension des Trauerns freigelegt
und aufgezeigt werden. Sie liegt zwischen der persönlichen Verlusterfahrung bei
einem Trauerfall und der allgemeinen Ontologie eines Weltverhältnisses, die
ausgehend von Defiziterfahrungen die Welt im Ganzen auslegt und den Entzug
oder die Verborgenheit von Sinn zum melancholischen Schicksal des Menschen
schlechthin erklärt.

Spezifisch historisch wird das Trauern dann, wenn es sich auf konkrete
Vorgänge der Vergangenheit bezieht, die dem unmittelbaren Lebenszusammenhang der Gegenwart schon entrückt sind, also zu einer von ihr abständigen
Vergangenheit gehören, zugleich aber über den Zeitabstand hinaus (besser:
durch ihn hindurch) noch bedeutungsvoll und sinnträchtig geblieben sind oder

---

16 Freud 2000.
17 Im Folgenden greife ich auf Formulierungen eines einschlägigen Textes von mir zurück
(Rüsen 2001); siehe auch Liebsch und Rüsen 2001; ferner die Ausführungen von Christian
Schneider zur Trauer über die Menschheitsverbrechen des Nationalsozialismus in Jureit und
Schneider 2010; dazu auch Brumlik 1992 und 1997.

erneut werden können. Die existentielle Unmittelbarkeit des Trauerns wird zeitlich gedehnt und vermittelt. Das Trauern wird *nachträglich*.

Mit dieser historischen Nachträglichkeit gewinnt der Trauerprozess genau die zeitliche Tiefe, die das menschliche Selbst in den Zügen seiner historischen Identität aufweist.[18] Es verlängert seine Erstreckung in Vergangenheit und Zukunft über die Grenzen der eigenen Lebensspanne hinaus in den Zeitverlauf einer Geschichte hinein, die seine Zugehörigkeit zu und seinen Unterschied von anderen bestimmt, und mit der der Mensch sein Handeln, Unterlassen und Leiden orientieren und Anderen verständlich machen kann.

Je nach der inhaltlichen Ausrichtung der eigenen Identität handelt es sich um verschiedene Zeitverläufe. Sie sind alle ineinander verwoben, so wie Identität ja nichts anderes ist als eine reflexive Verhältnisbestimmung des eigenen Ich zu unterschiedlichen anderen Subjekten und Dingen. Das Ich lebt in einem historischen Beziehungsnetz; zu ihm gehören u. a. eine Generationenfolge, eine nationale Geschichte, regionale und lokale Bezüge, kulturelle Traditionen und Entwicklungen, und schließlich lebt es auch – wenn es um sein Menschsein schlechthin geht – im Netz einer Universalgeschichte der Menschheit.

Ich greife einen Strang des historischen Gewebes der menschlichen Identität heraus, um an ihm den Modus des historischen Trauerns in der Auseinandersetzung mit der sinnverzehrenden historischen Erfahrung des Holocaust zu erläutern: die Menschheitsdimension.

Menschheit ist als identitätsträchtige Kategorie des historischen Denkens zugleich empirisch und normativ bestimmt.[19] Empirisch bezieht sie sich auf die durch Kultur bestimmten Lebensformen unserer Gattung im Wandel der Zeit, und normativ meint sie eine Auszeichnung des Menschseins gegenüber allen anderen Lebewesen durch seine Kulturfähigkeit. Dazu gehört z. B. die Fähigkeit, zwischen Gut und Böse unterscheiden zu können und sich zu anderen Menschen empathisch verhalten zu können, ja zu müssen.[20] In archaischen Gesellschaften ist die normative Qualität des Menschseins nur der eigenen Bezugsgruppe, der eigenen Kultur vorbehalten. Sie wird ethnozentrisch definiert, so dass die Anderen, die jenseits der Grenzen der eigenen Welt leben, keine Menschen oder nur Menschen minderer Qualität sind. Das Menschsein als kulturelle Lebensform lädt sich also im Lauf der Zeit mit Universalitätsansprüchen auf, die durchaus ambivalente Folgen haben können: In ihr sind Anerkennungschancen im Verhältnis zum Anderssein der Anderen ebenso beschlossen wie die Übersteigerung des Wertgefühls der eigenen (und damit immer partikularen) Zugehörigkeit mit dem Pathos, die eigene Kultur stehe stellvertretend für die ganze

---

18 Vgl. Straub 1998.
19 Siehe Rüsen und Jordan 2008.
20 Siehe Antweiler 2011.

Menschheit. In beiden Fällen aber gewinnt das Wir-Selbst der kollektiven Zugehörigkeit eine entschiedene Ausprägung: Es gründet sich auf dem Universalismus des Menschseins als zentralem Wert und oberstem kulturellen Regulativ politischer und sozialer Lebensverhältnisse. Das Pathos dieses Universalismus durchzieht die Geschichte kollektiver Identitätsbildung in der Moderne und gehört heute zu den zentralen Topoi der politischen Rhetorik im Innen- und im Außenverhältnis moderner Gesellschaften.

Menschheit als Bezugspunkt der eigenen Identitätsbildung geht dann verloren, wenn in den identitätsbildenden Bezügen auf die historische Erfahrung eine Menschengruppe einer anderen den mit dem Menschsein verbundenen Wert grundsätzlich abspricht und daraus genozidales Handeln legitimiert. Dieser historische Selbstverlust einer sich universalistisch-menschheitlich verstehenden Subjektivität ist dann besonders radikal, wenn (wie bei uns, den Deutschen) diese Negation des Menschheitskriteriums im Zusammenhang der eigenen (partikularen) Geschichte geschieht; denn dann hat sie sich nicht außerhalb der eigenen Genese, sondern in ihr ereignet (obwohl es – streng genommen – im menschheitlichen Aspekt modernen Geschichtsdenkens gar kein Außerhalb mehr gibt.)

Dieser historischen Erfahrung ins Auge sehen – was heißt das? Zunächst und vor allem: Einsicht in den Verlust der bis dahin kulturell dominanten Sinnkriterien historischer Selbstverständigung, insofern in ihnen der Sinnfaktor Mensch eine zentrale Rolle spielt (und das ist im modernen historischen Denken der Fall). Verlust meint aber nicht Preisgabe, sondern das Gegenteil: Es geht um die Einsicht in einen Verlust mit der Absicht eines Wiedergewinns.

Anerkennung eines Verlustes ohne Preisgabe des Verlorenen – das ist nichts anderes als Trauern. Trauer besteht in einem ersten Schritt darin, das Verlorene *als* Verlorenes anzuerkennen. Das meint zweierlei: Einmal das Eingeständnis, dass Menschheit als normatives Konzept in der historischen Erfahrung verloren gehen kann. In einem zweiten Schritt, der sich vom ersten natürlich zeitlich gar nicht trennen lässt, sondern nur logisch, geht es dann darum, einzusehen und erkennend zu realisieren, dass das Verlorene durch diesen Verlust hindurch ein Eigenes bleibt (oder besser: neu und anders wird).

Was bedeutet das für das Menschheitskriterium der historischen Identität? Es wird als mentale Ausprägung des eigenen Selbst in der historischen Erfahrung von Verbrechen gegen die Menschlichkeit prekär; es stirbt einen historischen Tod. In diesen Tod geht das eigene Selbst in seiner menschheitlichen Ausrichtung mit ein. (Die Postmoderne hat daraus eine melancholische Konsequenz gezogen: Sie hat die menschheitliche Ausrichtung moderner Subjektivität preisgegeben und erschöpft sich in der intellektuellen Realisierung dieser Preisgabe.)

Historische Trauer ist im Unterschied zu einer solchen Melancholie eine kulturelle Leistung, durch die das Subjekt seine eigene menschheitliche Dimension aus dem historisch erfahrenen Zivilisationsbruch in der eigenen Genese wiedergewinnt. Der innere Humanismus menschlicher Selbstverständigung in der Moderne, der in Verlusterfahrungen wie derjenigen des Holocaust verloren geht, wird mit dem Eingeständnis dieses Verlustes doch und erst recht wirksam und lebendig. Dieser Humanismus gewinnt aus der Erinnerungsleistung der historischen Trauer die Kraft, sich als wirksamer Stimulus, ungebrochen, energisch und geduldig, mit Leidenschaft und Augenmaß Geltung zu verschaffen.

Was ist unter der verlorenen Menschheit zu verstehen, die durch Trauer wieder angeeignet, als abwesend anwesend ist? Menschheit ist kein vorgegebenes, gleichsam naturhaft begründetes Wertefundament menschlichen Handelns mehr. Menschheit ist in diesem durch Trauer erreichten Modus historischer Selbstverständigung buchstäblich utopisch geworden. Sie hat keinen festen und unerschütterlichen Ort mehr in der Welt realer Lebensverhältnisse und kann auch in ihrer Ortlosigkeit nicht mehr als Plan einer zu schaffenden Welt angesehen werden. Als Utopie aber hätte die Menschheit einen überragenden Status, ginge über die Grenzen zivilisatorischer Realität hinaus. Sie wäre zum Maßstab ihrer Kritik geworden, zur Unruhe des Nichtgenügens an Errungenschaften der Zivilisierung.

Was aber heißt dann Anwesenheit des Abwesenden? Ist es mehr als ein Schatten, eine Vorstellung, wie es sein könnte, aber leider (weil die Menschen nun mal so geartet sind) nicht ist? Abwesend kann die Menschheit zum »als ob« menschlicher Weltdeutung und Selbstverständigung wieder anwesend werden. Sie wirkt in dieser Form als mentale Triebkraft menschlichen Handelns, als eine regulative Idee, die sich handelnd nicht einholen, wohl aber handelnd vollziehen lässt. Das gilt natürlich auch für das historische Denken. Hier kann und sollte die Idee der Menschheit im Rahmen einer geschichtsphilosophischen Grundlegung mit praktischen Folgen für die historische Orientierungsleistung der Geschichtskultur wirksam gemacht werden. Menschheit würde nicht jenseits der Geschichte, sondern als Bewegung in ihr wirksam gedacht, als werthaftes Medium handlungsstimulierender Sinnbestimmungen. Der Geschichtskultur kommt dabei eine wichtige Rolle zu: Sie muss dieser Sinnhaftigkeit des menschlichen Handelns eine zeitliche Richtung geben, die in der historischen Erfahrung verankert ist. Auf diese Weise wird die verlorene Menschheit in der Gestalt eines Maßstabes und einer Richtungsbestimmung von Zivilisationsgewinn wieder angeeignet. Die Abwesenheit ihrer geleisteten Verwirklichung würde als drängende Aufgabe anwesend. Die verlorene Sicherheit eines verlässlichen Besitzes gültiger und wirksamer Normen wird als Unruhe von Kritik und Utopie und als Motivation wiedergewonnen, die eigene Welt in einer Bewegung zu halten, die diesen Normen geschuldet ist.

Das historische Denken als Motor dieser Bewegung kann hinreichend Gründe dafür angeben, diesen humanistischen Überschwang, diese Utopie nicht für unrealistisch zu halten. Wenn es keinen kulturell überschwänglichen Humanismus gegeben hätte (übrigens nicht nur in der westlichen Kultur[21]), dann gäbe es auch gar keinen Grund, über eine verlorene Humanität zu trauern. Nein, vor dem Hintergrund einer Leidensgeschichte des Menschseins erscheinen auch die Lichtpunkte einer Humanisierung, die überhaupt erst den Schatten der Inhumanität wahrnehmbar machen.[22] Trauerarbeit mit der Kraft identitätsbildender Emotionen im historischen Erkenntnisprozess macht die Schatten sichtbar und stärkt das Licht.

Am Phänomen der Trauer lässt sich also aufweisen, dass Gefühle auch im Bereich der historischen Sinnbildung eine bedeutende Rolle spielen (können). Diese Rolle beschränkt sich natürlich nicht auf dieses besondere Phänomen, sondern es gilt generell, dass das historische Denken nie unabhängig von Gefühlen erfolgt, ja dass seine kognitive Substanz ohne inspirierende Gefühle gar nicht hinreichend ausgemacht werden kann. Denken und Erkenntnis gehen natürlich über das Fühlen hinaus und vollziehen sich in einem eigenen mentalen Bereich, in demjenigen des diskursiven und argumentativen Denkens. Aber dieses Denken sollte sich eingedenk seiner emotionalen Fundierung und Bedingtheit so formieren, dass es durch emotionale Inspiration an Denkkraft und Einsicht gewinnt.

Literatur

Antweiler, Christoph. *Muster im Meer der Vielfalt – Kulturuniversalien und Humanität – Der Mensch im Netz der Kulturen.* Bielefeld: Transcript, 2011 (Humanismus in der Epoche der Globalisierung 10).

Brumlik, Micha. »Trauer, Rituale und politische Kultur nach der Shoah in der Bundesrepublik«, in: Hanno Loewy (Hg.), *Holocaust, die Grenzen des Verstehens.* Reinbek: Rowohlt, 1992, 191–212.

Ders. »Trauerarbeit an der Moderne und melancholischer Messianismus«, in: Ludger Heidbrink (Hg.), *Entzauberte Zeit – Der melancholische Geist der Moderne.* München: Hanser, 1997, 210–230.

Cancik, Hubert. *Europa – Antike – Humanismus. Humanistische Versuche und Vorarbeiten.* Herausgegeben von Hildegard Cancik-Lindemaier. Bielefeld: Transcript, 2011.

---

21 Siehe dazu Huang 2010; Meinert 2010; Meinert und Zöllner 2010; Rüsen und Laass 2009.
22 Siehe dazu Cancik 2011; Rüsen 2010.

Freud, Sigmund. »Trauer und Melancholie«, in: *Psychologie des Unbewußten (Studienausgabe – Band III)*. Frankfurt am Main: Fischer Taschenbuch Verlag, 2000, 197 – 212.

Hardtwig, Wolfgang. »Geschichtsreligion – Wissenschaft als Arbeit – Objektivität. Der Historismus in neuerer Sicht«, in: *Historische Zeitschrift* 252 (1) (1991), 1 – 32.

Hegel, Georg Wilhelm Friedrich. *Vorlesungen über die Philosophie der Weltgeschichte – Die Vernunft in der Geschichte*. Herausgegeben von Johannes Hoffmeister. 5. Auflage Hamburg: Meiner, 1955 (Philosophische Bibliothek 171a).

Herder, Johann Gottfried. *Ideen zur Philosophie der Geschichte der Menschheit – Werke III/ I*. Herausgegeben von Wolfgang Pross. München und Wien: Hanser, 2002.

Huang, Chun-Chieh. *Humanism in East Asian Confucian Contexts*. Bielefeld: Transcript, 2010 (Der Mensch im Netz der Kulturen – Humanismus in der Epoche der Globalisierung / Being Human: Caught in the Web of Cultures – Humanism in the Age of Globalization 9).

Jureit, Ulrike und Christian Schneider. *Gefühlte Opfer – Illusionen der Vergangenheitsbewältigung*. Stuttgart: Klett-Cotta, 2010.

Kant, Immanuel. »Idee zu einer allgemeinen Geschichte in weltbürgerlicher Absicht«, in: *Berlinische Monatsschrift* 2 (November) (1784), 385 – 411.

Liebsch, Burkhard und Jörn Rüsen (Hg.). *Trauer und Geschichte*. Köln, Weimar und Wien: Böhlau, 2001 (Beiträge zur Geschichtskultur 22).

Meinert, Carmen (Hg.). *Traces of Humanism in China – Tradition and Modernity*. Bielefeld: Transcript, 2010 (Der Mensch im Netz der Kulturen – Humanismus in der Epoche der Globalisierung / Being Human: Caught in the Web of Cultures – Humanism in the Age of Globalization 6).

Meinert, Carmen und Hans-Bernd Zöllner (Hg.). *Buddhist Approaches to Human Rights – Dissonances and Resonances*. Bielefeld: Transcript, 2010.

Pascal, Blaise. *Über die Religion und über einige andere Gegenstände (Pensées)*. Übersetzt und herausgegeben von Ewald Wachsmuth. Heidelberg: Lambert Schneider, 1946.

Proust, Marcel. *In Swanns Welt – Auf der Suche nach der verlorenen Zeit – Erster Teil*. Frankfurt am Main: Suhrkamp, 1981.

Ranke, Leopold von. *Geschichten der romanischen und germanischen Völker von 1494 – 1514 – Sämtliche Werke 33*. Leipzig: Duncker & Humblot, 1855.

Ders. *Vorlesungseinleitungen – Aus Werk und Nachlaß 4*. Herausgegeben von Volker Dotterweich und Walther Peter Fuchs. München: Oldenbourg, 1975.

Rüsen, Jörn. »Historisch trauern – Idee einer Zumutung«. Kapitel 10 in *Zerbrechende Zeit – Über den Sinn der Geschichte*. Köln, Weimar und Wien: Böhlau, 2001, 301 – 324.

Ders. »Kant folgen – Europäische Idee einer allgemeinen Geschichte in interkultureller Absicht«, in: *Kultur macht Sinn – Orientierung zwischen Gestern und Morgen*. Köln, Weimar und Wien: Böhlau, 2006, 7 – 20.

Ders. »Emotional Forces in Historical Thinking – Some Metahistorical Reflections and the Case of Mourning«, in: *Historein – A Review of the Past and Other Stories* 8 (2008), 41 – 53 (=2008a).

Ders. »Die Rhetorik des Historischen«. Kapitel 3 in *Historische Orientierung – Über die Arbeit des Geschichtsbewusstseins, sich in der Zeit zurechtzufinden*. 2. Auflage Schwalbach/Taunus: Wochenschau-Verlag 2008, 46 – 59 (=2008b).

Ders. (Hg.). *Perspektiven der Humanität – Menschsein im Diskurs der Disziplinen*. Bielefeld: Transcript, 2010.

Ders. »Topik und Methodik – Narrative Struktur und rationale Methode in der Geschichtswissenschaft«, in: *Internationales Archiv für Sozialgeschichte der deutschen
Literatur (IASL)* 36 (1) (2011), 119–127.

Rüsen, Jörn und Stefan Jordan. »Mensch, Menschheit«, in: Friedrich Jaeger (Hg.), *Enzyklopädie der Neuzeit – Band 8: Manufaktur-Naturgeschichte*. Stuttgart: Metzler, 2008,
327–340.

Rüsen, Jörn und Henner Laass (Hg.). *Interkultureller Humanismus – Menschlichkeit in der
Vielfalt der Kulturen*. Schwalbach/Taunus: Wochenschau-Verlag, 2009.

Straub, Jürgen (Hg.). *Erzählung, Identität und historisches Bewußtsein – Die psychologische Konstruktion von Zeit und Geschichte*. Frankfurt am Main: Suhrkamp, 1998 (Erinnerung, Geschichte, Identität 1).

Weber, Max. »Die Wirtschaftsethik der Weltreligionen – Einleitung«, in: *Gesammelte
Aufsätze zur Religionssoziologie – Band 1*. Tübingen: Mohr Siebeck, 1922, 237–252.

II. Zum systematischen Ort von Emotionen

Wolfgang Hasberg

Emotionalität historischen Lernens.
Einblicke in und Ausblicke auf empirische Forschung

Bereits vor einigen Jahren konnten Naturwissenschaftler vom University College London nachweisen, dass nicht nur Erinnerungen Gerüche, sondern auch Gerüche Erinnerungen evozieren können.[1] Sinneseindrücke vermögen also Erinnern und folglich auch historisches Denken/Lernen in Gang zu setzen, wobei Gerüche, die Erinnerungen hervorrufen, vom erkennenden Subjekt aktiv erworben sein müssen.[2] So erinnert der Geruch nach Bohnerwachs den Verfasser an Schulgebäude. Dieser Geruch ruft in ihm Erinnerungen an die eigene Schulzeit wach, die er ganz offenkundig auf Schulgebäude an sich verallgemeinert. Auch können Gefühle auf Erinnerungen beruhen. Schließlich mag die Angst vor Hunden im Allgemeinen durch die Erinnerung an einen in der Vergangenheit erlittenen Biss herrühren. Und schließlich vermögen auch Gefühle, Erinnerung zu befördern. So wenn beispielsweise der Wetterschmerz einer verheilten Wunde an das Unfallereignis gemahnt.

Alle diese im trivialen Alltag angesiedelten Fälle haben ein Merkmal gemeinsam. Die Erinnerungen, die durch Perzeption oder Gefühle ausgelöst werden, beziehen sich auf die biographische Vergangenheit; denn sie haben zur Voraussetzung, dass der Sinnes- oder Gefühlseindruck sich beim Erinnernden selbst eingestellt hat. Wendet man den Blick auf die vorbiographische Vergangenheit, ist zu konstatieren, dass diese weder sinnlich wahrgenommen, noch emotional erlebt werden kann. Gleichwohl wird deren Rezeption, ob aus Quellen oder über Historiographie, mit den Sinnen vollzogen und von emotionalen Befindlichkeiten begleitet, die nicht ohne Folgen für die Qualität des Rezipierten bleiben. Nur von diesen Emotionen, die den Prozess des Umgangs mit Vergangenheit/Geschichte begleiten, kann an dieser Stelle die Rede sein, obzwar Emotionen gleichwohl zum Inhalt historischen Denkens werden können – ob als Gegenstand der Erkenntnis oder als Kategorie für die Explikation vergangenen

---

1 Siehe den ddp-Bericht mit Bezug auf einen Aufsatz in der Fachzeitschrift *Neuron* (Gottfried u. a. 2004).
2 Vgl. zu diesen einführenden Überlegungen insbesondere Gies 1996, 28 und 32.

Verhaltens respektive vergangener Verhältnisse – und als solche leicht mit den Gefühlsdispositionen der Gegenwart identifiziert werden.[3] Als solche sind sie in der Geschichtswissenschaft neuerlich ins Blickfeld getreten, seit die Geschichte der Gefühle – oder besser: die von Gefühlskonzepten – im kulturwissenschaftlichen Kontext neue Aufmerksamkeit erfahren hat.

Es bedarf folglich eines differenzierten Begriffs von Emotionen bzw. Emotionalität, um deren Stellung in der Geschichtswissenschaft auszumachen und darüber ein Raster zu kreieren, mit dessen Hilfe sich die empirischen Bemühungen systematisch erfassen lassen, die zur Emotionalität historischen Lernens angestellt wurden.

1. Emotionalität als geschichtsdidaktische Kategorie

An der Aufgabe einer konzisen begrifflichen Fassung der Rolle und Funktion von Emotionen beim historischen Lernen ist allerdings bereits die Konferenz für Geschichtsdidaktik gescheitert, als sie 1991 meinte, »nach jahrelanger Vernachlässigung, wenn nicht gar Tabuisierung« dem Umstand nicht länger ausweichen zu können, »dass Emotionalität nicht nur zunehmend die Identitätssuche der jungen Generation bestimmt, sondern auch als theoretische Kategorie verstärkt ins gesellschaftliche Bewusstsein dringt.«[4] In dem Bemühen um eine Konturierung des Forschungsfeldes stellte Horst Gies zunächst fest, wie wenig trennscharf einerseits Begriffe wie Emotionen, Affekte, *feelings/emotions* sind und wie schwer sich in moralischen Urteilen und Einstellungen emotionale und rationale Komponenten trennen lassen. Um Emotionalität dennoch als (geschichtsdidaktische) Kategorie heuristisch fruchtbar zu machen, versuchte er das Forschungsterrain abzustecken.[5] Ausgehend von seinen Überlegungen, ergänzt um Carlos Kölbls begriffliche Präzisierungen,[6] kann das im Folgenden entwickelte Raster den Anspruch erheben, alle Aspekte der Emotionalität abzudecken, die sich beim Umgang mit Vergangenheit/Geschichte ergeben (Tab. 1).

---

3 Vgl. etwa die Beispiele in dem Sammelband Benthien, Fleig und Kasten 2000.
4 Mütter und Uffelman 1996a, 13.
5 Gies 1996, 35–39.
6 Siehe Beiträge von Kölbl und Meyer-Hamme in diesem Band; vgl. auch Ulrich Raulff, der bemerkt: »Für die Historie hat sich mithin das Problem der Emotion immer auf drei verschiedenen Ebenen gestellt: als *Objekt* der historischen Forschung, als *Medium* der Erkenntnis und im Problem der *Darstellung*.« Raulff 2004, 119 – H.i.O.

Tab. 1: Dimensionen historischer Emotionalität

Objektdimension der Emotionalität Emotionen in Vergangenheit/Geschichte	Subjektdimension der Emotionalität Emotionen des erkennenden Subjekts
1. Emotionen in Vergangenheit/Geschichte a) Gefühle historischer Akteure b) Gefühle als explanative Faktoren c) Gefühlskonzepte in der Vergangenheit als Ausdruck zeitlicher Verlaufsvorstellungen d) Historizität von Gefühlen	2. Emotionen beim Umgang mit Vergangenheit/Geschichte a) Gefühle als (emotionale) Folie historischen Denkens b) Gefühle in Bezug auf geschichtliche Phänomene und ihre mediale Darstellung c) Gefühle in Bezug auf kognitive Operationen im Umgang mit Vergangenheit/Geschichte
3. Einfluss von Emotionen auf Vermittlung und Rezeption, Lehren und Lernen, von Vergangenheit/Geschichte	

Evident erscheint, dass auf dem Feld der Vermittlung und Rezeption objektive und subjektive Aspekte der Emotionalität sich vereinen, und zwar sowohl auf Seiten der Lernenden wie der Lehrenden.

Da der Fokus dieses Beitrags allein auf die Objektseite gerichtet ist und folglich Emotionen als Inhalte historischen Denkens außer Betracht bleiben können – soweit sie keine Emotionalität auf der Subjektseite evozieren –, liegt damit ein Schema vor, das zunächst für die Bestandsaufnahme empirischer Forschungen zur Emotionalität historischen Lernens (Kapitel 2), sodann für den Ausblick auf die Forschungsdesiderate und die Perspektiven ihrer Überwindung dienen kann (Kapitel 3 und 4). Eine Präzisierung erfordert das Schema allerdings in Hinsicht auf die domänenunspezifischen Emotionen (2a in Tab. 1), die gleichwohl eine nachhaltige Rolle bei Lehr-Lernprozessen an unterschiedlichen Lernorten spielen.

In der Pädagogischen Psychologie, die ihre Forschung zumeist unmittelbar auf den Unterricht bezieht, werden Emotionen als interne Bedingungen, mit anderen Worten: Dispositionen der Lernenden (und Lehrenden), betrachtet, die einen zunächst unbestimmten Einfluss auf das Lernen nehmen. Sie lassen sich einerseits danach klassifizieren, welche Aktivität angesprochen ist:
- topic emotions = gegenstandsbezogene Gefühle
- academic emotions = leistungsbezogene Gefühle[7]
- epistemic emotions = z. B. Neugier, Abneigung[8]
- social emotions = soziale Gefühle

---

7 Vgl. Pekrun u. a. 2002; Pekrun, Elliot und Maier 2009; Goetz u. a. 2008.
8 Meier, Cada und Pekrun 2012.

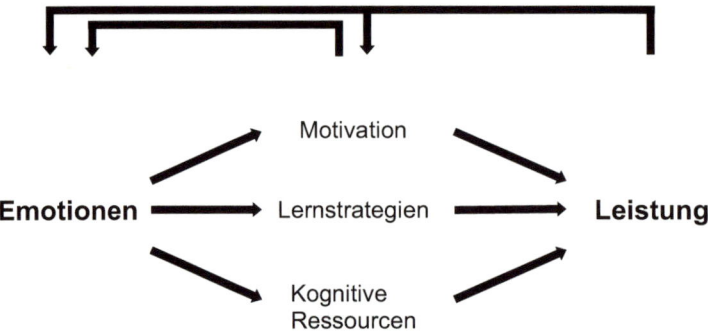

Abb. 1: Wirkungen von Emotionen nach Reinhard Pekrun (übernommen aus Pekrun 2007, 14)

Wenn Emotionen – wie im Modell von Reinhard Pekrun (Abb. 1) – Lernleistungen beeinflussen, dann lassen sie sich zudem danach kategorisieren, inwieweit sie in der Lage sind, diese zu aktivieren. Es sind folglich solche Emotionen voneinander zu trennen, die positiven Einfluss (Lernfreude, Hoffnung, Vorfreude, Ergebnisfreude, Erleichterung, Stolz, Dankbarkeit, Empathie, Bewunderung, Sympathie) respektive negativen Einfluss (Langweile, Angst, Hoffnungslosigkeit, Traurigkeit, Enttäuschung, Scham/Schuld, Ärger, Neid, Verachtung, Antipathie) nehmen.[9]

Andererseits lassen sie sich danach unterscheiden, welche Qualität und Intensität der Aktivierung sie entfalten (vgl. Abb. 2):

Wenn es im folgenden Abschnitt darum geht, die empirischen Forschungen zu sichten, die in Bezug auf die Emotionalität historischen Lernens bislang angestellt wurden, dann gilt es, den Sektor der domänenunspezifischen Emotionen insofern einzubeziehen, als Studien vorliegen, die sich mit emotionalen Aspekten von Lehr-Lernprozessen historischen Inhalts befassen.

2.   Empirische Forschung zur Emotionalität historischen Lernens

Als Ausgangspunkt einer Bestandsaufnahme kann der Aufsatz von Bodo von Borries dienen, in dem er 1991 die empirischen Bemühungen zur Emotionalität historischen Lernens zusammengetragen hat, wenngleich ohne Anspruch auf Vollständigkeit und Systematik. Dabei gelangt er zu der Feststellung: »Empirische Erhebungen mit modernen Methodenansprüchen fehlen bis in die frühe Phase der Bundesrepublik.«[10] Dieser Umstand erscheint umso dramatischer, als

---

9 Pekrun 1998, insbesondere 6.; vgl. auch Linnenbrink 2007.
10 Borries 1996b, 71.

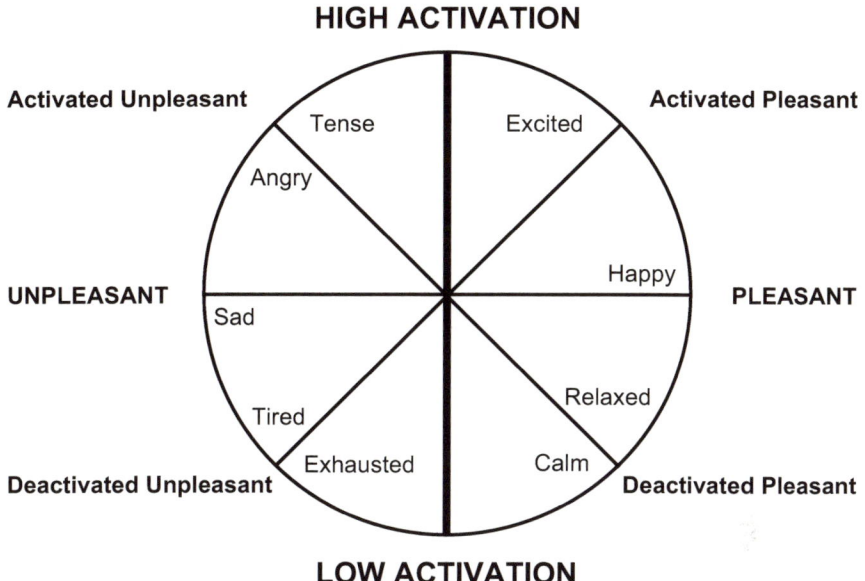

Abb. 2: Effekte von Emotionen auf Lernaktivität (Felmann und Russell 1998, übernommen in der modifizierten Form von Linnenbrink 2007, 109)

noch bis zur demokratischen Erneuerungsdebatte der 1970er Jahre der Aufbau von (politischen) Werthaltungen durch das Schüren von emotionalen Befindlichkeiten zum üblichen Zielrepertoire des Geschichtsunterrichts gehörte. Seitdem – so führt von Borries weiter aus – sei ein Verzicht auf Faszination und Emotionalisierung im Geschichtsunterricht zu verzeichnen, was zur Verleugnung der emotionalen Anteile des historischen Lernens geführt habe, anstatt zu einer »Kultivierung der Affekte«, wie sie von ihm präferiert und auf der Tagung von 1991 ebenso vielstimmig wie ambivalent diskutiert wurde. Dabei wurden nicht zuletzt Stimmen laut, die grundsätzlich in Abrede stellten, dass emotionale Aspekte historischen Lernens überhaupt mit empirisch-sozialwissenschaftlichen Methoden gemessen werden könnten.[11]

Ein solches Unterfangen hängt nicht zuletzt von der Definition ab, mit der man auf Emotionen zugreift. Werden sie im geschichtsdidaktischen Diskurs einerseits auf motivationale Aspekte reduziert (Walter Fürnrohr), finden sie sich andererseits unter der Hand mit Gefühlen und Normen vernetzt, die es rational zu bewältigen gelte, indem die Schüler »zu einer Reflexion der Sympathie- und Zugehörigkeitsgefühle, denen sie selbst unterliegen, befähigt werden« (Rolf

---

11 So die zusammenfassende Bemerkung von Mütter 1996, 124.

Schörken).[12] Folgt man schließlich der Pädagogischen Psychologie mit ihrer Unterscheidung nach akademischen, epistemischen, inhaltsbezogenen und sozialen Emotionen, erweitert sich das Feld potenzieller Forschungsbemühungen beträchtlich, zumal wenn man nicht nur die expliziten, sondern zugleich die impliziten Forschungsbemühungen in Betracht ziehen würde. Dabei tut sich indes zugleich die Schwierigkeit auf, die Reichweite des Emotionsbegriffs zu begrenzen. Ohne Zweifel lassen sich Affekte und Motivationen als Emotionen begreifen, wenngleich eine Zuordnung zu dem von der Pädagogischen Psychologie vorgeschlagenen Raster nicht leicht fällt. Aber zählt auch das Interesse dazu, dass die Lernenden oder Lehrenden einem Gegenstand entgegenbringen? Und wie verhält es sich mit Einstellungen und Haltungen? Sind sie als Affekte zu betrachten? Schnell sprengt eine solche Gegenstandserweiterung die Grenzen eines auch nur vage abgesteckten Begriffshofs, der mit dem Terminus *Emotion* verbunden ist. Eine begriffliche Feinjustierung ist auf Seiten der Geschichtsdidaktik allemal erforderlich, will man sich nicht ungeschützt der neuerlichen Konjunktur der Emotionsforschung in der Geschichtswissenschaft ausliefern,[13] die gelegentlich der Versuchung zu erliegen scheint, Emotionen und Gefühle als zentrale, andere Kategorien überdeckende Größe zu betrachten.[14]

So sehr man den Gegenstandsbereich allerdings auch erweitern mag, eine Bestandsaufnahme der empirischen Forschung zur Emotionalität historischen Lernens fördert eine durchaus begrenzte Zahl einschlägiger Studien zutage. Gleichwohl kann im Folgenden nicht der Versuch unternommen werden, die empirische Forschung zur Emotionalität erschöpfend auszubreiten. Vielmehr sollen exemplarisch einschlägige Forschungsbemühungen in den Blick gerückt werden, um abschließend ermessen zu können, inwiefern weitere Forschungsanstrengungen zur Emotionalität historischen Lernens innerhalb und außerhalb der Didaktik der Geschichte vonnöten erscheinen. Um die Vielgestaltigkeit der bislang vorliegenden Forschungen einfangen zu können, empfiehlt es sich, nicht nur die Untersuchungen einzubeziehen, in denen Emotionen im Zusammen-

---

12 Schörken 1978, 97; kritisch dazu Borries 1996b, 74–75.

13 Bekanntlich waren die diesbezüglichen Bemühungen der Konferenz für Geschichtsdidaktik 1991 nicht von überzeugendem Erfolg gekrönt. In der Folgezeit aber blieben theoretische Versuche einer Präzisierung gänzlich aus, wie überhaupt festgestellt werden muss, dass die Initiative von 1991 weitgehend verpuffte.

14 Vgl. Ute Frevert, die den Kulturwissenschaften zur Aufgabe macht, den »kulturell überformten Ausdruck« von Gefühlen zu erkunden, während Psychologie und Neurowissenschaften den »wahren Gefühlen« auf die Spur zu kommen hätten. Geschichtswissenschaftlich seien mithin einerseits das »Ausdrucksverhalten« der Individuen, andererseits die Konventionen der Gesellschaft zu erkunden; Frevert 2009, 205. Beides ist emotional infiziert; aber weder sind (Ausdrucks)Verhalten und Konventionen die Gefühle selbst, noch erschöpfen sie sich in ihrer emotionalen Prägung, vielmehr sind sie zugleich kognitiv durchdrungen. Im Rahmen der Emotionskonjunktur in der Geschichtswissenschaft droht diese diffuse Gemengelage aus dem Blick zu geraten.

hang mit historischem Lernen explizit zum Gegenstand erhoben wurden, sondern auch diejenigen, bei denen emotionale Aspekte historischen Lernens eher randständig Berücksichtigung gefunden haben.

2.1   Explizite Erkundungen zur Emotionalität historischen Lernens

Der im Folgenden unternommene Versuch einer Bestandsaufnahme bewegt sich vornehmlich im deutschsprachigen Raum.[15] Allerdings erweist eine Stichprobe der englischsprachigen Literatur, dass auch auf ihrem Sektor, in dem sich deutlich mehr Bildungswissenschaftler und Psychologen mit geschichtsdidaktischer Forschung befassen, die Emotionalität nicht zu den bevorzugt behandelten Aspekten zählt.[16] Wirft man beispielsweise einen Blick auf die Kategorie Empathie, zeigt sich zum einen, dass diese im anglo-amerikanischen Diskurs zum historischen Lernen zum einen wesentlich breitere Spuren hinterlassen hat als im deutschsprachigen Bereich, in dem nicht zuletzt geschichtstheoretische Traditionen dergleichen verhindert haben mögen.[17] Zum anderen aber lassen sich einschlägige und aussagekräftige empirische Untersuchungen zur *historical empathy* nicht nachweisen.[18]

---

15 Grundlegend wurden verwendet die Sekundäranalysen von Günther-Arndt 1975; Hasberg 2001 und 2007, sowie umfassenden Forschungsberichte von Spezialstudien wie Kölbl 2004, 41–92 und Zülsdorf-Kersting 2007, 35–121, um nur zwei zu nennen. Neben den empirischen Forschung gewidmeten Themenheften der Zeitschriften *Geschichte in Wissenschaft und Unterricht* 54 (5/6) (2003) und *Yearbook International Society for the Didactics of History* (2010) wurden die Dokumentationen verschiedener Empirie-Tagungen in die Betrachtung einbezogen, so Günther-Arndt und Sauer 2006; Hodel und Ziegler 2009 und 2011.

16 Siehe neben dem instruktiven Bericht von Pleitner 2007; Shemilt 1980; Carretero und Voss 1992; Voss und Carretero 1998; Rosenzweig und Thelen 1998; Stearns, Seixas und Wineburg 2000; Dickinson, Gordon und Lee 2001; Levstik und Barton 2008.

17 Baring 2011; vgl. in Umrissen schon Baring 2004. Dabei sollte nicht übersehen werden, dass Multiperspektivität, für die Empathie als Voraussetzung betrachtet wird, keine Darstellungsform des Geschichtsunterrichts, sondern ein bereits in der Aufklärung (Johann Martin Chladenius) erkanntes geschichtstheoretisches Prinzip ist. Das wurde in der deutschen Geschichtsdidaktik frühzeitig erkannt, weshalb wenig überzeugend erscheint, nunmehr auf den anglo-amerikanischen Diskurs zurückzugreifen, in dem die Empathie über Sozial- und Kognitionspsychologie rezipiert und am Beispiel der *Holocaust Education* (einem Sonderfall historischen Lernens) auf historisches Lernen übertragen wurde. Ob das Begehen eines solchen Umwegs für die deutschsprachige Geschichtsdidaktik von Nutzen sein kann, wie Frank Baring empfiehlt, mag füglich bezweifelt werden. Auf entsprechende Modelle, wiederum der Perspektivübernahme von Robert L. Selman, wurde im Übrigen auch im deutschsprachigen Raum frühzeitig zurückgegriffen, siehe Bergmann 1988, 8.

18 Die Untersuchungen, auf die Baring 2011, 78–88 und 100–105 rekurriert, zielen zum einen in keinem Fall explizit auf die Untersuchung historischer Empathiefähigkeit ab; zum anderen handelt es sich bei den wenigen einzelne Aspekte der Empathie untersuchenden Studien um explorative Unternehmen, die daher letztlich nicht belastbar sind. Zudem liegt

Beliebtheit – Interesse – Motivation

Unternimmt man den Versuch, die Forschungsgegenstände zu sichten, die mit empirischen Mitteln angegangen wurden, so ragt ein monolithischer Block deutlich hervor. Von Beginn an und immer wieder in das Blickfeld getreten sind verständlicherweise die *topic emotions* in Form von Untersuchungen zur Beliebtheit von und Motivation respektive Interesse für Geschichte und Geschichtsunterricht.

In den Anfängen dieser bereits gegen Ende des neunzehnten Jahrhunderts aufgenommenen Bemühungen stehen Untersuchungen von Psychologen wie William Stern, dem Begründer der Differentiellen Psychologie, die zunächst die Beliebtheit der Schulfächer untersuchten, um auf diesem Wege unter anderem zum Vorschein zu bringen, dass der Geschichtsunterricht durchgängig zu den bevorzugten Unterrichtsgegenständen zählte, insbesondere bei den Jungen.[19] Rasch begann man auch das historische Interesse zum Gegenstand der Forschung zu machen, um dabei festzustellen, dass zum einen das historische Interesse keineswegs mit der Beliebtheit des Schulfaches Geschichte positiv korreliert und zum anderen die Interessen der Geschlechter unterschiedlich verteilt sind.[20] Ohne auf die wegen ihrer methodischen Mängel heute nicht mehr haltbaren Befunde im Einzelnen einzugehen, ist festzuhalten, dass nicht das Interesse für Geschichte die Beliebtheit des Geschichtsunterrichts evoziert.[21] Nicht minder brisant sind die Motive, die für die Bevorzugung des Geschichtsunterrichts seit 1913 erhoben wurden. In den unmittelbar wiedergegeben Schüleräußerungen klingt das folgendermaßen: »Ich höre gerne vom Krieg; weil wir von den Kriegen erzählt bekommen; weil man sich schöne Bilder im Geiste denken (vorstellen) kann; weil man im Denken ausgebildet wird; weil man erfährt, wie es früher war; weil man Geschichten hört; wegen des Erzählens.«[22] Solche Äußerungen, die sicher nicht den Wortlaut wiedergeben, finden sich in anderen Studien bestätigt. Sie geben ein Doppeltes zu erkennen: Zum einen sind es unterrichtsmethodische Gesichtspunkte, die den Schülerinnen und Schülern den Geschichtsunterricht attraktiv erscheinen lassen, nämlich seine erzählende

---

ihnen keineswegs ein elaborierter Begriff von Empathie zugrunde, vielmehr untersuchen sie – nicht immer historisch – Perspektivenwahrnehmung, Urteilskompetenz u. a. oder erkunden, inwieweit die Schüler in der Lage sind, Handlungsmotive in der Vergangenheit zu erkennen (so bspw. die CHATA von Ashby, Lee und Dickinson 1997). Letzteres entspricht der bereits vor der Aufklärung einsetzenden pragmatischen Geschichtsbetrachtung, die spätestens seit Anfang der 1970er Jahre Eingang in die deutsche Geschichtsdidaktik gefunden hat.

19 Hasberg, 2001, 1:216–233.
20 Ebd. 1:231.
21 Deuchler 1917, 15–19 sowie Dück 1911, 483; vgl. Hasberg 2001, 1:220.
22 Lode 1913, 295; vgl. zum Umfeld sowie zu weiteren Befunden Hasberg 2001, 1:228–233.

Unterhaltsamkeit bei zuhörender Passivität auf Schülerseite. Zugleich lässt sich erkennen, wie sich in den Schüleraussagen inhaltliche Momente mit ästhetischen und unterrichtsmethodischen verquicken. Geschichtsunterricht, der hier bevorzugt wird, ist offenkundig ein emotionales Anmutungserlebnis. Geschichtsunterricht, der immer wieder als beliebt eingeschätzt wurde, war es – wenngleich man die vorliegenden Befunde aus unterschiedlichen Gründen nicht überstrapazieren sollte – immer auch wegen seiner emotional ansprechenden Qualität, wobei die Motive weniger auf ein sachgebundenes Interesse als auf die unterrichtsmethodische Praxis zurückgehen.[23] Zu berücksichtigen ist dabei die Begrenzung auf den Volksschulbereich. Zu keinem Zeitpunkt vor 1945 wurden Probanden aus dem gymnasialen Bereich in die Beliebtheitsuntersuchungen einbezogen.

Ohne dass der Faden je abgerissen wäre, erhielten die Interessensuntersuchungen in Bezug auf Geschichte und Geschichtsunterricht im Rahmen der unterrichtspsychologischen Forschung der 1950er und 1960er Jahre neuen Auftrieb. Bekannt sind vor allem die Befunde von Waltraud Küppers, die bekanntlich einen doppelten epochalen Einbruch des Geschichtsinteresses konstatierte.[24] Zum einen stellte sie fest, dass der Geschichtsunterricht in den 1950er Jahren deutlich an genereller Beliebtheit eingebüßt hatte; zum anderen machte sie – wie nachfolgend mehrfach repliziert wurde – einen Einbruch des Interesses an historischen Gegenständen im Übergang zur Jahrgangsstufe 10 aus, den sie entwicklungspsychologisch zu erklären versuchte. Zudem unterschied sie aufgrund ihrer Befunde zwischen affinen und diffugen Stoffen, das heißt solchen, die von den Schülerinnen und Schülern bevorzugt oder abgelehnt werden, weil sie – so Küppers Interpretation – sich entweder in den Verstehenshorizont der Schülerinnen und Schüler einfügen oder nicht. Soweit diese Befunde auch rezipiert wurden, so fragil erweisen sie sich bei genauerer Betrachtung. Weder hält der rapide Niedergang der Beliebtheit des Geschichtsunterrichts im Vergleich zu früheren Jahrzehnten einer kritischen Prüfung stand, noch erwiesen sich die inhaltlichen Interessen in zeitnahen Replikationen als stabil.[25] Einzig der lebens- bzw. lerngeschichtliche Einbruch des Interesses bei den 13/14-Jährigen wurde mehrfach bestätigt.

Gleichwohl zogen die Unterrichtspsychologen weitreichende Schlüsse, wenn etwa Heinrich Roth feststellte, historische Besinnung setze da ein, wo »durch Mitleben in dem Vergegenwärtigten ein Verstehen aufleuchtet« und deshalb der Besinnung als Stufe des Unterrichts die der Vergegenwärtigung in Form eines

---

23 Vgl. im Ganzen die Übersicht bei Hasberg 2001, 1:215–233.
24 Küppers 1966.
25 Siehe Hasberg 2001, insbesondere 1:372–374 und schon Marienfeld 1974, 130.

emotionalen Anmutungserlebnisses vorauszuschalten sei.[26] Ebenso wenig wie diese unterrichtsmethodische Konsequenz sind die Voraussetzungen empirisch gesichert, wenn Waltraud Küppers »[d]as Erlebnis des Vorbildes, das Erlebnis der Aktion, das Erlebnis der Veränderung und das Erlebnis des Mythischen und Religiösen [...] als auslösende Faktoren für den Zugang zum Geschichtlichen« beschreibt.[27] Anstatt solche Aussagen zu prüfen, wurde unbeirrt daran festgehalten, historisches Interesse sei Voraussetzung für historisches Lernen.

Die Untersuchung, die Wolfgang Marienfeld 1969/70 durchführte, steht bereits im Umkreis der Motivationsforschung, wie sie in den 1970er Jahren in Deutschland von Heinz Heckhausen vorangetrieben wurde. Gleichwohl verweilt er bei den herkömmlichen Methoden, untersucht die Beliebtheit des Geschichtsunterrichts, das historische Interesse in verschiedenen Schattierungen (Epochen, Personen usw.) sowie unterrichtliche Verfahrensweisen. Darüber gelangt er zu dem ernüchternden Ergebnis, dass sich »über den Anteil der am geistigen Entwicklungsprozeß beteiligten Faktoren [...] im Blick auf das geschichtliche Bewußtsein bei dem derzeitigen Forschungsstand nichts genaues aussagen« lässt.[28] Das verdeutlicht, mit welchem Ziel derartige Erhebungen betrieben wurden: Emotionale Befindlichkeiten wurden als Ausgangsbedingungen und Grundlage rationaler Bildungsprozesse erforscht. Dabei gelangte man nicht über das Feststellen entsprechend artikulierter Selbstaussagen hinaus und verblieb folglich auf deskriptiver Ebene, ohne in die Emotionalität des historischen Denkens einzudringen.[29]

Assoziationen gegenüber historischen Inhalten

Das Assoziieren, das bewusste oder unbewusste Verknüpfen von Gedanken zu neuen, erscheint eine angemessene Form, um historische Einstellungen zu erheben. Schon Heinrich Roth stützte sich im Eingangskapitel seiner legendären Studie auf dieses Verfahren, um »theoretische Vorüberlegungen beiseite« zu lassen und »möglichst nah ›am Kind zu bleiben‹«.[30] Frei assoziierte Schüleräußerungen auszuwerten, stellt allerdings eine besondere Herausforderung dar. Einen möglichen Weg, die Schwierigkeiten einer Kategorisierung des erhobenen Materials zu umgehen, schlägt Bodo von Borries in zahlreichen seiner quantitativen Studien ein, indem er den Probanden vermittels von Likert-Skalen unterschiedliche Assoziationsangebote unterbreitet. Nur an einem inhaltlichen

---

26 Roth 1968, 108–114, Zitat 108.
27 Küppers 1966, 121.
28 Marienfeld 1974, 151.
29 Das gilt auch für die methodisch innovative Untersuchung von Anwander und Timmermann 1976.
30 Roth 1968, 17.

Beispiel sei veranschaulicht, auf welche Weise sich darüber Einsichten in das historische Lernen erzielen lassen. So legte das Hamburger Forscherteam um von Borries in verschiedenen Studien den Probanden Statements zum Mittelalter vor, durch deren Auswahl sie die Epoche einschätzen sollten. Trotz variierender Erhebungssituationen zeigte sich in den Untersuchungen von 1988, 1992 und 1994/95 dieselbe Tendenz: Statements, die das Zeitalter in ein positives Licht rücken, indem sie prunkvolle Kirchenbauten, starken Glauben und romantisches Rittertum akzentuieren, erhalten mit steigendem Alter der Probanden abnehmende Zustimmung. Umgekehrt erzielen kritische Mittelalterbilder in höheren Klassenstufen zunehmende Zustimmung. Dagegen rückt das romantisch-nationalistische Konzept, wonach die Epoche durch den Kaiser-Papst-Konflikt bestimmt oder Ausgangspunkt deutscher Nationalstaatlichkeit ist, stark in den Hintergrund.[31] Darüber lässt sich auf eine Übernahme konventioneller Deutungen mit zunehmendem Lernalter schließen. Im Umkehrschluss bedeutet das ein Verlernen affirmativer Geschichtsbefassung, die infolge intentionaler Belehrung durch den Geschichtsunterricht, aber auch durch eine – zumindest in Grundzügen – dem Impetus der Geschichtswissenschaft verpflichteten Geschichtskultur bewirkt wird. Man mag dies – ohne es bewerten zu wollen – als rationale Kultivierung eines emotional gesteuerten Umgangs mit Vergangenheit/Geschichte betrachten.

Einstellungen als Voraussetzungen historischen Lernens

Insofern Einstellungen oder Haltungen als aus der Erfahrung erworbene psychische Dispositionen verstanden werden, lassen sie sich weder als emotionslos noch als wertneutral erachten. Vielmehr stellen sie Werthaltungen dar, die lebensgeschichtlich erworben, unweigerlich auch emotional konnotiert sind und als solche auf neue Erfahrungen, so auch auf den Umgang mit Vergangenheit/Geschichte zurückwirken. Es lässt sich indes kaum der emotionale Anteil bestimmen, der in Einstellungen und Haltungen eingeht, ebenso wie der, der auf rational reflektierte und unreflektierte Erfahrungen zurückgeht. Wie beispielsweise setzt sich Stolz aus diesen Komponenten zusammen? Dass er Einfluss auf historisches Lernen nimmt, ist offenkundig, insofern er mit historischer Affirmation und Unterhaltswunsch als auch mit ungebrochener Vergangenheitsidentifikation korreliert.[32] Das aber sagt noch nichts darüber aus, inwieweit Stolz als Haltung oder auch die Religionsbindung, die ebenso nachhaltig den Umgang mit Geschichte bestimmt, emotional oder rational begründet sind. Vermutlich

---

31 Borries und Lehmann 1991, 139; vgl. Borries 1995, 53–60; zum Zusammenhang siehe
    Hasberg 2002.
32 Borries 1995, 370.

sind sie beides. Wie aber lassen sich die Komponenten analytisch trennen, um sie gezielt empirisch erforschen zu können?

Einstellungen als Effekte historischen Lernens oder Lernerleben im Geschichtsunterricht

Emotionale Einstellungen sind nicht allein Voraussetzungen, sondern gehören auch zu den Effekten historischen Lernens. Insofern der Geschichtsunterricht (politische) Haltungen zu seinen Zielen rechnet, intendiert er affektiv-emotionale Lernziele, wie zu Beginn der 1980er Jahre der Saarbrücker Pädagoge Norbert Seel konstatierte, um sogleich festzustellen, dass entsprechende Wirkanalysen in keiner Weise vorliegen.[33] Seine experimentelle Untersuchung setzt beim Lernerleben an. Anknüpfend an Heinz Heckhausen geht er von der Prämisse der Kausalattribuierung aus, wonach die Demotivation der Lernenden darauf zurückzuführen ist, dass ihnen Lernanstrengungen entweder explizit als aussichtslos mitgeteilt werden oder permanente Misserfolgserlebnisse ihnen diese Auffassung suggerieren. Dem Geschichtsunterricht unter anderem infolge der Verfrühungsthese leistungsmotivationspsychologische Defizite unterstellend, schickt er sich an, die Möglichkeiten des Geschichtsunterrichts hinsichtlich der Ausbildung affektiver Haltungen zu untersuchen. In seiner experimentellen Unterrichtsforschung an 14 Hauptschulen des Saarlandes setzt Norbert Seel – den Zeichen der Zeit entsprechend – ein lehrzielorientiertes Lehrprogramm (programmierte Unterweisung) ein, um die Varianz der Instruktion möglichst gering zu halten. Im Ergebnis ist festzustellen, dass die vorempirische Vermutung, durch die Bewertung historischer Sachverhalte ließen sich affektive Einstellungen nicht nur in Bezug auf den konkreten Sachgegenstand beeinflussen, sondern der Geschichtsunterricht vermöge zudem zur Realisierung allgemeiner, übergreifender Lehrziele im politisch-ethischen Bereich beitragen, sich empirisch bestätigt findet.[34] Denn es wird belegt, dass einseitig wertende Darstellungen Effekte in der Form hervorbringen, dass diese Wertungen von den Schülerinnen und Schülern sowohl hinsichtlich der speziellen Inhalte als auch in Bezug auf nicht dargestellte Sachverhalte übernommen werden.

Betrachtet man im Vergleich dazu die Befunde des 1987 von einem Forscherteam um Karl-Ernst Jeismann durchgeführten Unterrichtsexperiments zur Deutschen Frage, ist die Diskrepanz groß. Denn das Ergebnis lautete, dass Werturteile durch Unterricht kaum revidierbar sind.[35] Ein nur begrenztes Maß

---

33 Seel 1980. Als Lernleistungen werden »Gefühle und Empfindungen (= emotionale Reaktionen) auf die Schule, den Unterricht und damit verbundene Aktivitäten« definiert, ebd. 3.
34 Seel 1979, 153 ff. Zum weiter reichenden Forschungszusammenhang siehe Hasberg 2001,1: 508–519.
35 Jeismann u. a. 1988.

an Einfluss des Geschichtsunterrichts auf die Werturteile der Schüler belegt auch
die in den letzten Jahren von Frankfurter Pädagogen mit großem Aufwand be-
triebene Untersuchung zum Nationalsozialismus, der allerdings mit seinen gesellschaftlich speziellen Konnotationen einen für die Erforschung historischen
Lernens ungünstigen Fall darstellt.[36] Ein Widerspruch zu den Befunden Norbert
Seels ergibt sich indes deshalb nicht, weil die Form der Instruktion jeweils
variierte, sodass womöglich einiges dafür spricht, dass die Vermittlung fest
gefügter Einsichten, denen im Unterricht faktische Qualität zugemessen wird,
erfolgreich ist, während über einen erarbeitenden respektive fragend-entwi-
ckelnden Unterricht die reflektierte Werturteilskompetenz deutlich schwerer zu
erzielen ist.

Empathie oder Emotionen als Komponenten historischer Urteilsbildung

Als im Umfeld von Jörn Rüsen im Jahr 1988 Abiturienten im Ruhrgebiet befragt
wurden, knüpfte das Erhebungsinstrument vordergründig an die Interessensuntersuchungen an, wie sie bis in die 1970er Jahre zahlreich betrieben wurden;
andererseits enthielt es vermehrt offene Aufgabenstellungen, welche die Probanden zu möglichst ungelenkten Aussagen zur Geschichte veranlassen sollten.[37] Aufgrund der Charakteristik des so erhobenen Materials und wegen des
auf das historische Bewusstsein gerichteten Forschungsinteresses wurden mit
Varianz- und Clusteranalyse Methoden für die Auswertung verwendet, die in die
Tiefendimensionen vorzudringen erlauben. In der Tat gelang es auf diesem Weg,
nicht nur inhaltliche Präferenzen, sondern Operationen, Dimensionen und
Topoi des Geschichtsbewusstseins auszumachen, die darauf hinweisen, dass die
Abiturienten historisches Denken als aktiven Prozess betrachten. Darüber
hinaus wurde jedoch – was im vorliegenden Zusammenhang von Bedeutung ist –
ebenso deutlich ein Mangel an zeitlicher Tiefe und Alterität im historischen
Denken der Jugendlichen festgestellt, was unter anderem daran zu erkennen ist,
dass die Veränderlichkeit bzw. Historizität der Triebkräfte für zeitliche Veränderung nicht erkannt, vielmehr für die Vergangenheit dieselben Kräfte wie in der
Gegenwart am Werk gesehen werden. Folglich moniert das Forscherteam eine
mangelnde Empathiefähigkeit im Geschichtsbewusstsein der Abiturienten,
deren Ursache sie in einem exemplarischen Zugang zur Vergangenheit vermuten, der im Geschichtsunterricht dominant sei und bei dem Vergangenes in
Kategorien und nach Maßstäben der Gegenwart eingeschätzt würde, um die

---

36 Siehe Meseth, Proske und Radtke 2004.
37 Rüsen u. a. 1991.

Übertragbarkeit zu gewährleisten, das heißt um aus der Geschichte für die Gegenwart zu lernen.[38]

Fremdverstehen oder Empathie fanden im geschichtsdidaktischen Diskurs durchaus Widerhall.[39] Und auch außerhalb desselben wurde historische Empathie etwa im Zusammenhang mit der Begründung eines bilingualen Geschichtsunterrichts erforscht.[40] Die anfänglich hochfahrenden Erwartungen, der bilinguale Unterricht fördere in besonderer Weise das historische Fremdverstehen, musste dabei eine deutliche Ernüchterung erfahren, nicht zuletzt, weil zunächst die diachrone Ebene des Fremdverstehens, die Alterität, vernachlässigt worden war.[41] Empathie wird in diesen Fällen allerdings ganz allgemein als das Verstehen der Andersartigkeit einer vergangenen Zeit verstanden, nicht als Versuch, über die Gefühlswelt eine Brücke des Verstehens von der Gegenwart in die Vergangenheit zu schlagen.[42]

In einem der wenigen Beiträge, die sich explizit dazu bekennen, die Rolle von Emotionen beim historischen Lernen zu beleuchten, wählte ein Arbeitskreis des Niedersächsischen Geschichtslehrerverbandes als Ausgangspunkt das bekannte Foto aus dem Stroop-Bericht (Abb. 3) aus, auf dem ein neben einer Frau stehender Junge mit Mütze seine Arme angesichts bewaffneter Wehrmachtsoldaten erhebt. Angelehnt an das von Peter Knoch oder Frieder Stöckle vorgeschlagene Verfahren der Imagination,[43] werden die dabei entstehenden »Geschichtsgeschichten«[44] einer Analyse unterzogen.[45] Darüber lassen sich verschiedene Typen des Umgangs mit derartigen emotional-historischen Zumutungen ausmachen, die von der totalen Verweigerung der emotionalen Anrührung bis zur völligen Identifikation mit den Opfern reichen. Wenn Emotionen dabei mit Empathie gegenüber Anderen gleichgesetzt werden, dann spricht daraus ein

---

38 Ebd. 344. Exemplarisch wird hier im Sinne von Jörn Rüsens Sinnbildungsstufen verstanden.
39 Vgl. den Tagungsband Alavi und Henke-Bockschatz 2004 sowie neuerdings Baring 2011.
40 Lamsfuß-Schenk 2008; Clemen und Sauer 2007.
41 Vgl. Hasberg 2009, 57.
42 Vgl. Baring 2009 und 2011, 309–320, dessen begriffliche Überlegungen deshalb nicht zu überzeugen vermögen, weil sie verschiedene Dimensionen gleichgewichtig nebeneinander stellen und folglich nicht zur Kenntnis nehmen, dass historisches Denken/Lernen per se »Fremdverstehen« und »interkulturell« ist. Zudem verkürzt er historisches Lernen auf eine »methodische Zugangsweise« und in Bezug auf Empathie auf den Umgang mit Perspektivität, was im deutschsprachigen Bereich längst etabliert ist, siehe neben Bergmann 1972 und 2000 den offenkundig wenig bekannten Band von Dovermann 1995. Zur begrifflichen Präzisierung vgl. den Beitrag von Brauer in diesem Band. Ob dem Empathie-Begriff in der Geschichtsdidaktik tatsächlich eine derart zentrale Rolle zukommt, wie dabei behauptet wird, muss deshalb zweifelhaft erscheinen, weil das mit ihm Bezeichnete im geschichtsdidaktischen Diskurs in anderer Begrifflichkeit (bspw. historische Urteilsfähigkeit u. a.) substanziell längst etabliert ist.
43 Knoch 1990b, 1990a und 1996 sowie Stöckle 1996.
44 So der von Volkhard Knigge geprägte Begriff, Knigge 1988.
45 Thunich 1997.

Emotionalität historischen Lernens 61

Abb. 3: Stroop-Bericht, Bildteil Tafel 15

unhistorisches Empathieverständnis, das die Historizität emotionaler Befindlichkeiten, die Distanz zwischen historischem Akteur und historisch Erken-
nendem nicht hinreichend ins Kalkül zieht. Dagegen wird erkannt, dass der
Geschichtsunterricht auf seiner synchron-sozialen Ebene eine emotionale Ei-
gendynamik entfaltet, die indes aufgrund alltäglicher Erfahrung vermutet, jedoch nicht empirisch induziert oder evaluiert wird. Ob tatsächlich die Möglichkeit besteht, durch das Nacherleben authentischer Erfahrungen, wie es Peter
Knoch mehrfach vorgeschlagen hat, auf der Ebene eines emotionalen Vergleichs
also, historisches Lernen zu befördern, muss aufgrund der mangelnden empirischen Verifikation einstweilen fraglich bleiben (vgl. Abb. 4). Deutlich wird
indes, wie zwar durchaus unterrichtsmethodische Verfahren entwickelt und an
schmalen Samples erprobt wurden, um emotionale Aspekte zum Gegenstand
oder zum Medium historischen Lernens zu machen, dass aber eine empirisch
reliabele Grundlagenforschung zur Rolle der Emotionalität beim historischen
Lernen einstweilen Desiderat bleibt.

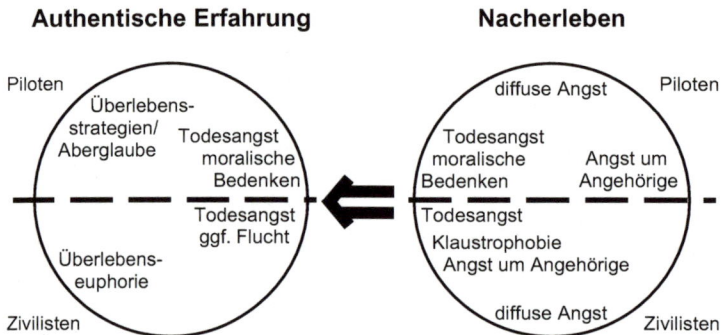

Abb. 4: Nacherleben authentischer Erfahrung nach Peter Knoch (Knoch 1990a)

Historische Imagination

Imagination ist nicht mehr als eine Umschreibung für das Bilden von Vorstellungen.[46] Das Bilden von Vorstellungen über die Vergangenheit geschieht – wie Rolf Schörken an plastischen Beispielen plausibel macht – keineswegs bewusst, sondern wird durch »passive Synthesen« bewirkt, bei denen in der Sozialisation erworbene Vorstellungen auf historische Sachverhalte übertragen werden. Diese passiven Synthesen eröffnen zum einen irrationalen Phantasien die Möglichkeit, Einfluss zu gewinnen, zum anderen dürften sie – ohne dass dies hinreichend erforscht worden wäre – stark emotionalen Einflüssen unterliegen. Denn die vorgängig erworbenen Vorstellungsbilder, die bei der Beschäftigung mit Vergangenheit/Geschichte zur Konstruktion neuer Vorstellungsbilder hervorgerufen werden, dürften eine stark affektive Ladung aufweisen – selbst dann, wenn sie in rationalen Prozessen auftreten! Der historischen Imagination fällt damit eine höchst bedeutsame Rolle beim Umgang mit Vergangenheit/Geschichte zu, gleichwohl wurde sie in geschichtsdidaktischen Zusammenhängen bislang kaum erforscht.[47]

Das Verdienst, sich mit der Rolle von Imaginationen auseinandergesetzt zu haben, kommt Bodo von Borries zu, der bereits frühzeitig begann, sich mit dem »triebhaften Geschichtsbedürfnis« zu befassen, indem er über Interviews mit Kindern und Jugendlichen zu ergründen suchte, wie sich Imagination und Faszination von Geschichte lebensgeschichtlich verändern.[48] Wie sehr die über Imagination entstehende Faszination Ausgangspunkt rationaler Geschichtsbe-

---

46 Grundlegend für geschichtsdidaktische Belange noch immer Schörken 1994; vgl. auch Henke-Bockschatz 2000.
47 Neben den in den vorstehenden Anmerkungen genannten Ansätzen siehe den Sammelband Fauser und Wulffen 1999 sowie die grundlegenden Überlegungen zur Imagination bei Assmann und Brauer 2011, insbesondere 76 – 80.
48 Borries 1988.

fassung sein kann, zeigte er durch die Analyse von Autobiographien. Zugleich wird an diesem Schriftgut auch deutlich, wie sehr Geschichte selbst bei professionalisierten Historikerinnen und Historikern die Funktion der Triebabfuhr übernehmen kann, indem Geschichte projektiv benutzt wird.[49] In seinen quantitativen Untersuchungen zum Geschichtsbewusstsein stellte von Borries im Verlauf der schulischen Sozialisation fest, dass die ursprünglich ungebrochene projektive Wertschätzung verlernt würde zugunsten eines Konventionslernens, das Inhalte wie Zugangsweisen des Geschichtsbewusstseins erfasst.[50] Gleichwohl gehört die emotionale im Verein mit der moralischen Auseinandersetzung durchgängig zu den Grunddimensionen historischen Denkens, wie statistisch aufgewiesen werden konnte.[51] Mit anderen Worten: Moralische Bewertung und emotionaler Zugang sind ebenso fundamental wie der rationale Zugang zur Geschichte. Es kann geradezu von einem Unterhaltungsbedürfnis gesprochen werden, das mit zunehmendem Lebensalter und Bildungsfortschritt zurückgeht, vermutlich also verlernt wird.[52]

2.2   Implizite Erkundungen zur Emotionalität historischen Lernens

Es konnte und sollte an dieser Stelle kein umfassender Überblick über die empirischen Bemühungen zur Emotionalität historischen Lernens gegeben werden. Vielmehr sollte Einblick gewährt werden, auf welche Weise Aspekte, die im weitesten Sinne emotionale Momente des historischen Lernens tangieren, erfahrungswissenschaftlich erkundet worden sind. Der skizzenhafte Abriss hat zu erkennen gegeben, dass man schon einen denkbar weiten Emotionsbegriff zugrunde legen muss, um überhaupt Studien zum historischen Lernen zu finden, die sich mit Gesichtspunkten wie Interesse, Motivation, Assoziationen, Einstellungen, Imagination und Empathie auseinandersetzen. Obwohl die Konferenz für Geschichtsdidaktik 1991 durchaus eine Basis gelegt zu haben schien, lassen sich daran anknüpfende Forschungsbemühungen kaum ausmachen.

Allerdings – so muss einschränkend hinzugefügt werden – umfasst die vorstehende Analyse, die nur in ihren Umrissen exemplarisch nachgezeichnet werden konnte, nur zu einem geringen Teil die empirischen Studien, die, andere Erkenntnisinteressen verfolgend, auch emotionale Aspekte des historischen Lernens berühren. Eine umfassende und systematisch angelegte Sekundäranalyse der vorliegenden Studien nationaler als auch internationaler Provenienz

---

49 Borries 1990; umfassender die Studie von Borries 1996a.
50 Borries 1995, insbesondere 220–231 und 400–401.
51 Ebd. 215–219.
52 Borries 2007, 89.

steht aus. Ob eine solche allerdings grundlegend neue Einsichten zutage fördern würde, mag dahingestellt bleiben. Denn die Ursachen für das Ausbleiben einer Forcierung der empirischen Forschungen zur Emotionalität historischen Lernens scheinen kaum darin begründet zu liegen, dass die Dringlichkeit nicht erkannt worden wäre. Immer wieder wurde an verschiedenen Stellen darauf aufmerksam gemacht, dass die Emotionalität weder aus dem Geschichtsunterricht noch aus dem historischen Denken überhaupt ausgeklammert werden könne, dass sie vielmehr eine unhintergehbare Komponente des Umgangs mit Vergangenheit/Geschichte und schon deshalb nicht nur in ihrem Verhältnis zur Rationalität historischen Denkens empirisch zu erforschen sei.[53] Von daher stellt sich die Frage, warum entsprechende Forschungsbemühungen einstweilen kaum zu verzeichnen sind.

3.   Mangelnde Erforschung der Emotionalität historischen Lernens

Knüpft man ein weiteres Mal an die Konferenz von 1991 an, so lässt sich feststellen, dass es – analog zum Konzept einer Kultivierung der Affekte – zu einer Kultivierung der empirischen Forschung zur Emotionalität historischen Lernens seitdem nicht gekommen ist. Das erstaunt umso mehr, als das Konzept des Geschichtsbewusstseins, das den geschichtsdidaktischen Diskurs dominiert, geradezu aus der Einsicht entstanden ist, dass Geschichte im Alltag in der Regel zur Identifikationsvergewisserung verwandt wird, wobei emotionale Komponenten eine nachhaltige Rolle spielen.[54] Ausdruck findet das in der bekannten Definition des Geschichtsbewusstseins von Karl-Ernst Jeismann, wonach dieses »das Insgesamt der unterschiedlichsten Vorstellungen von und Einstellungen zur Vergangenheit« ist.[55] Dass dennoch der Impuls der Konferenz von 1991 nicht fruchtete, mag in zwei Umständen begründet liegen.

Zum einen mag die fulminante Kritik von Jeismann nicht ohne Wirkung geblieben sein, der sich 1994 skeptisch dazu äußerte, Emotionen zum Inhalt

---

53 Vgl. bspw. Huhn 1996, 354: »Naiv und gefährlich wäre es, bei der Gewichtung von Fühlen und Denken von einer Dominanz der Rationalität auszugehen. Gerade wer an der aufklärerischen Funktion von Geschichtswissenschaft und Geschichtsdidaktik festhalten will, muß den Einfluß von Emotionen auf unser Denken akzeptieren. Gefühle sind weder durch Ignoranz noch durch Argumente zu beseitigen. Ihre differenzierende Wahrnehmung kann aber schon der erste Schritt zur Reflexion und damit zu einer Distanzierung sein, eine Voraussetzung der Balance ist ein erster Schritt also, einen Zustand unreflektierten Ausgeliefertseins an die eigenen Gefühle zu überwinden.«
54 Schörken 1978.
55 Jeismann 1977, 13.

historischen Lernens zu machen respektive historische Inhalte emotional auf-
zuladen. Seine Argumentation ist zunächst (1) disziplinhistorisch, wenn er
darauf hinweist, dass die augenscheinliche Rationalisierungstendenz innerhalb
des geschichtsdidaktischen Diskurses wissenschaftsgeschichtlich erklärbar sei,
da lange Zeit die Tendenz einer emotionalen Überwältigung vorherrschend
gewesen sei. Zudem (2) hebt er hervor, dass »Gefühle an sich [...] dem Diskurs
nicht zugänglich« seien, »sobald er einsetzt, lösen sie sich auf im Medium der
Sprache.«[56] Schließlich (3) befürchtet er, in Lehr-Lernprozessen historischen
Inhalts könnten Emotionen angeregt oder ausgelöst werden, die sich allerdings
verselbständigen und der unterrichtlichen respektive rationalen Kontrolle entziehen könnten, das heißt sie können nicht wieder eingeholt werden. Die dezi-
dierte Stellungnahme eines Altmeisters der Geschichtsdidaktik mag allzu ge-
wichtig gewesen sein, als dass die Disziplin sich vorbehaltlos auf den Vorstoß der
Konferenz für Geschichtsdidaktik hätte einlassen können.

Zum anderen – und das scheint die nachhaltigere Ursache gewesen zu sein –
mag die offenkundig mangelnde Operationalisierung des Emotionsbegriffs
Grund dafür gewesen zu sein, dass den Emotionen nach 1991 keineswegs die
verstärkte Aufmerksamkeit zuteil geworden ist, die ihnen die Braunschweiger
Tagung verschaffen wollte. In die Richtung einer solchen Vermutung weist nicht
zuletzt Bernd Mütter, der 1999 wiederholte, dass »[d]ie Frage, wie sich Emotionen plausibel und operationalisierbar definieren lassen, [...] an der ersten
Stelle des Leitfragenkatalogs« stehe, »ein konsens- und allgemein verwen-
dungsfähiger geschichtsdidaktischer Emotionsbegriff [...] aber noch nicht in
Sicht« sei.[57] Dieser Befund gilt bis heute. Denn obwohl allenthalben die Rolle
emotionaler Komponenten des historischen Denkens und Lernens beschworen
wird, mangelt es sowohl an theoretischen Überlegungen als auch – wohl nicht
zuletzt als Folge der theoretisch unzulänglichen Erschließung – an empirischen
Untersuchungen zur Emotionalität historischer Lernens.

Eine systematische Erschließung der Emotionalität als epistemischer Begriff
der Geschichtsdidaktik ist weder vor noch nach 1991 angegangen worden.
Vielleicht würde seine begriffliche Durchdringung die Möglichkeit verschließen,
ihn weiterhin als Gegenbegriff zu einer rationalistischen Umgangsweise mit
Geschichte zu verwenden, vielleicht verschließen sich aber auch die Haltungen,
Einstellungen, Gefühle, Affekte, Triebe, Bedürfnisse, Feelings oder was auch
immer man mit Emotionen bezeichnen möchte einer definitorischen oder
empirischen Engführung. Vielleicht ist es die unbestimmbare Gemengelage, die
ihre suggestive Kraft konstituiert. Und womöglich führte die begriffliche Fas-

---

56 Jeismann 1994, 166.
57 Mütter 1999, 343.

sung dessen, was man als Emotionen betrachtet, zu einer analytischen Trenn-
schärfe, die keine Erklärungskraft mehr besäße.

Das alles muss dahingestellt bleiben. Wie auch immer! Was feststeht ist, dass
der Umgang mit Vergangenheit/Geschichte – in welcher Form auch immer –
emotional konnotiert ist und bei der Konstituierung des Gegenstandes im
Vollzug des historischen Denkens immer auch Gefühle im Spiel sind. Das gilt für
die individuelle Befassung mit Geschichte (wenngleich sie stets gesellschaftlich
umfasst ist); das gilt vor allem aber für intentionale Lehr-Lernprozesse, in denen
dem Einzelnen Geschichte immer auch als emotionale Zumutung entgegentre-
ten wird. Schon deshalb kann die Geschichtsdidaktik sich der Aufgabe nicht
entziehen, die Rolle der Emotionen für das historische Lernen genauer zu bestimmen.

4.   Ausblick

Am Ende dieser kursorischen, gleichwohl ernüchternden Umschau über die
empirische Forschung zur Emotionalität historischen Lernens gilt es, den Blick
in die Zukunft zu richten, um Anhaltspunkte zu benennen, an denen sich die
künftigen Bemühungen ausrichten können. Vorbedingung dazu ist allerdings,
den systematischen Ort der Emotionalität im Kategoriengefüge der Didaktik der
Geschichte genauer zu bestimmen als dies bislang geschehen ist. Das fällt
schwer, weil – wie bereits angedeutet – eine theoretische Debatte um die Emotionalität historischen Lernens auch nach 1991 nicht in Gang gekommen ist.

Es erscheint daher ebenso müßig wie angesichts der aufbrandenden Emoti-
onsdebatte in der Geschichtswissenschaft erforderlich, eine solche anzumah-
nen. Nicht vor allem um einzelne Emotionen in ihrer Beziehung zum historischen Lernen zu erforschen, sondern um die Emotionalität des historischen
Denkens als Ganzes in den Blick zu nehmen. In diesem Punkt sollte die Diskussion nicht hinter den bereits 1991 erzielten Stand zurückfallen. Eine solche
Sichtweise nämlich vermag den Blick dafür zu öffnen, dass
- Emotionen integraler Bestandteil des historischen Bewusstseins sind, die
  sowohl Einfluss auf die »Vorstellungen von« als auch auf die »Einstellungen
  zur Vergangenheit« (Karl-Ernst Jeismann) nehmen und
- Emotionalität historischen Denkens/Lernens ein ganzes Bündel von emotionalen Dispositionen umfasst, die in einer unlöslichen Verwobenheit mit
  rationalen Strängen des historischen Denkens stehen, weshalb
- »Rationalität versus Emotionalität« eine dichotomische Redeweise ist, welche
  die Forschung auf eine durchaus falsche Fährte führen würde.[58]

---

58 Vgl. dazu den einleitenden Beitrag von Brauer und Lücke in diesem Band. Allerdings darf

Wendet man sich der Problematik der empirischen Griffigkeit eines derartigen Begriffs von *Emotionalität historischen Denkens* zu, dann gilt es in Hinsicht auf das historische Lernen zunächst zwischen zwei Sektoren zu unterscheiden: zum einen die innere Seite, die des historischen Bewusstseins, in dem die von außen eindringenden Vorstellungen von und Einstellungen zur Vergangenheit einer subjektiven Verarbeitung unterzogen werden. Zum anderen ist es die äußere Seite, die soziale Kommunikation, in der Vorstellungen von und Einstellungen zur Vergangenheit erworben, verhandelt, modifiziert und angewendet werden, die es zu erkunden gilt. Denn diese äußere Situation selbst weist emotionale Konnotationen auf, die auf den Inhalt der Kommunikation nicht ohne Einfluss bleiben. Die emotionale Ladung der äußeren Situation, in der Vorstellungen von und Einstellungen zur Vergangenheit aufeinander treffen, gilt es daher in ihren emotionalen Bezügen transparent zu machen. Dabei dürfte der Geschichtsunterricht als eine spezifische Kommunikationsform durchaus leichter empirisch greifbar sein als andere geschichtskulturelle Begegnungsstätten. Beide Seiten gilt es erfahrungswissenschaftlich zu erkunden, wobei auf beiden Sektoren durchaus Ansätze ausgemacht werden konnten, die es weiter zu verfolgen gilt.

So haben in Bezug auf die Erforschung der emotionalen Anteile des historischen Bewusstseins sich sowohl die qualitativen als auch die quantitativen Bemühungen als durchaus fruchtbar erwiesen, die vor allem Bodo von Borries in immer wieder neuen Anläufen unternommen hat. Zwar hat sich gezeigt, dass die heuristisch zum Einsatz gebrachten Konzepte von Emotionen (Assoziationen, Einstellungen, Empathie usw.) noch allzu wenig elaboriert und die empirisch gefundenen Kategorien dementsprechend wenig differenziert sind; allerdings sind auf diesem Wege bereits einige offenkundig stärker emotional als rational geladene Größen herausfiltriert worden, ohne dass indes bereits das Mischverhältnis von rationalen und emotionalen Einflüssen auf die Bildung psychischer Dispositionen auszumachen wäre. Experimentelle Forschungen – soweit sie im Bereich der Emotionalität forschungsethisch zu vertreten sind – vermochten diesbezüglich durchaus aufschlussreich zu sein, wie die in Vergessenheit geratenen Ansätze von Norbert Seel nahelegen.

In Bezug auf die äußere Seite, speziell in Bezug auf den Geschichtsunterricht, erscheint es als Gebot der Stunde, stärker als bislang den Anschluss an die in

---

dies nicht zu dem Umkehrschluss führen, Verstehen ausschließlich oder vornehmlich als Gefühlsmethode zu charakterisieren, wie Daniel Morat nahelegt, der selbst allerdings sehr wohl bemerkt, dass Wilhelm Diltheys lebensphilosophische Hermeneutik ein dezidierter Gegenentwurf zu den rationalistischen Verengungen der Aufklärer oder den realitätsverhafteten der Positivisten war; vgl. Morat 2008. Denn dass die Objektivationen vergangenen Seelenlebens, die es hermeneutisch zu durchdringen gilt, auch kognitive Prägungen aufweisen, lässt sich ebenso schwerlich bestreiten wie die kognitive Komponente des hermeneutischen Verstehens.

diesem Bereich bereits weit vorangeschrittene Pädagogische Psychologie wieder aufzunehmen, der mit der realistischen Wende oder im Gefolge des paradigmatischen Wandels der Geschichtswissenschaft in den 1970er Jahren verloren gegangen ist. Sie hat – wie eingangs dargelegt – ein Instrumentarium hervorgebracht, das es auch für die Erforschung der Emotionalität historischen Lernens im Geschichtsunterricht fruchtbar zu machen gilt. Da sich das geschichtsdidaktische Forschungsinteresse letztlich nicht darin erschöpfen kann, die emotionalen Momente des Unterrichts in ihrer Bedeutung für das historische Lernen wahrzunehmen, sondern festzustellen, wie sich die Emotionalität der äußeren Situation in den Vorstellungen von und Einstellungen zur Vergangenheit niederschlägt, müssen hinsichtlich des Geschichtsunterrichts (und anderen Lernorten) letztlich beide Stränge wieder zusammengeführt werden. Nur in Kooperation von Experten für das Lernen und von Experten für das historische Lernen erscheint ein solches Unterfangen letztlich durchführbar. Im Blick auf die Vergangenheit erscheinen die Chancen für eine solche Zusammenarbeit wenig günstig. Aber sofern das Beste, was die Geschichte hervorzubringen vermag, der Enthusiasmus ist (Johann Wolfgang von Goethe), bleibt für die Zukunft auf eine Intensivierung der Kooperation zu hoffen.

Literatur

Alavi, Bettina und Gerhard Henke-Bockschatz (Hg.). *Migration und Fremdverstehen. Geschichtsunterricht und Geschichtskultur in der multiethnischen Gesellschaft.* Idstein: Schulz-Kirschner, 2004 (Schriften zur Geschichtsdidaktik 16).

Anwander, Gerhard und Johannes Timmermann. *Geschichtliches Interesse und politische Bildung Jugendlicher. Eine psychologische Untersuchung in Münchner Schulen.* 2., erweiterte Auflage München: Sturmberger, 1976 (Geschichtsdidaktik und Curriculumentwicklung 3).

Ashby, Rosalyn, Peter Lee und Alaric Dickinson. »How Children Explain the ›Why‹ of History – The Chata Research Project on Teaching History«, in: *Social Education* 61 (1) (1997), 17–21.

Assmann, Aleida und Juliane Brauer. »Bilder, Gefühle, Erwartungen. Über die emotionale Dimension von Gedenkstätten und den Umgang von Jugendlichen mit dem Holocaust«, in: *Geschichte und Gesellschaft* 37 (1) (2011), 72–103.

Baring, Frank. »Internationale Geschichtsdidaktische Perspektiven – Multiperspektivität, Empathie, und Perspektivübernahme in den USA und Großbritannien«, in: Saskia Handro und Bernd Schönemann (Hg.), *Geschichtsdidaktische Lehrplanforschung. Methoden – Analysen – Perspektiven.* Münster: LIT, 2004, 203–214.

Ders. »Empathie«, in: Ulrich Mayer u. a. (Hg.), *Wörterbuch Geschichtsdidaktik.* 2., überarbeitete und erweiterte Auflage Schwalbach/Taunus: Wochenschau-Verlag, 2009, 51–52.

Ders. *Empathie und historisches Lernen. Eine Untersuchung zur theoretischen Begründung und Ausformung in Schulgeschichtsbüchern.* Frankfurt am Main: Lang, 2011 (Europäische Hochschulschriften Reihe 3, Geschichte und ihre Hilfswissenschaften 1089).

Benthien, Claudia, Anne Fleig und Ingrid Kasten (Hg.). *Emotionalität – Zur Geschichte der Gefühle.* Köln, Weimar und Wien: Böhlau Verlag, 2000.

Bergmann, Klaus. *Personalisierung im Geschichtsunterricht – Erziehung zu Demokratie?* Stuttgart: Klett, 1972.

Ders. »Die anderen«, in: *Geschichte lernen* (3) 1988, 5 – 11.

Ders. *Multiperspektivität. Geschichte selber denken.* Schwalbach/Taunus: Wochenschau-Verlag, 2000.

Borries, Bodo von. »Von Imagination und Faszination zu Identitätserweiterung und Zukunftsverantwortung? Über die Genese von Geschichtsbewußtsein (aus Interviews mit Kindern und Jugendlichen)«, in: Bodo von Borries (Hg.), *Geschichtslernen und Geschichtsbewußtsein. Empirische Erkundungen zu Erwerb und Gebrauch von Historie.* Stuttgart: Ernst Klett, 1988, 136 – 175.

Ders. »Subjektbezogene Betrachtungen – triebhaftes Geschichtsbedürfnis oder rationale Geschichtsdeutung? Zu lebensweltlichen Wurzeln historischer Interessen und Fragen«, in: Bodo von Borries (Hg.), *Geschichtsbewußtsein als Identitätsgewinn? Fachdidaktische Programmatik und Tatsachenforschung.* Hagen: Margit Rottmann, 1990, 111 – 120 (Beiträge zur Geschichtskultur 3).

Ders. *Das Geschichtsbewußtsein Jugendlicher.* München: Juventa, 1995.

Ders. *Imaginierte Geschichte. Die biografische Bedeutung historischer Fiktion und Phantasien.* Köln, Weimar und Wien: Böhlau Verlag, 1996 (Beiträge zur Geschichtskultur 11) (=1996a).

Ders. »Von gesinnungsbildenden Erlebnissen«, in: Bernd Mütter und Uwe Uffelmann (Hg.), *Emotionen und historisches Lernen: Forschung – Vermittlung – Rezeption.* 3. Auflage Hannover: Verlag Hahnsche Buchhandlung, 1996, 67 – 92 (Studien zur internationalen Schulbuchforschung 76) (=1996b).

Ders. »Fiktion und Fantasie im Prozess historischen Lernens. Befunde aus qualitativen und quantitativen Studien«, in: Judith Martin und Christoph Hamann (Hg.), *Geschichte – Friedensgeschichte – Lebensgeschichte. Festschrift für Peter Schulz-Hageleit.* Herbolzheim: Centaurus, 2007, 79 – 100.

Borries, Bodo von und Rainer H. Lehmann. »Geschichtsbewußtsein Hamburger Schülerinnen und Schüler 1988. Empirische Befunde einer quantitativen Pilotstudie«, in: Bodo von Borries, Hans-Jürgen Pandel und Jörn Rüsen (Hg.), *Geschichtsbewußtsein empirisch.* Paffenweiler: Centaurus, 1991, 121 – 220 (Geschichtsdidaktik: Studien, Materialien. Neue Folgen 7).

Borries, Bodo von, Hans-Jürgen Pandel und Jörn Rüsen (Hg.). *Geschichtsbewußtsein empirisch.* Paffenweiler: Centaurus, 1991 (Geschichtsdidaktik: Studien, Materialien. Neue Folgen 7).

Carretero, Mario und James F. Voss (Hg.). *Cognitive and Instructional Processes in History and the Social Sciences.* Hillsdale, NY: Lawrence Erlbaum Associates, 1992.

Clemen, Franziska und Michael Sauer. »Förderung von Perspektivdifferenzierung und Perspektivenübernahme? Bilingualer Geschichtsunterricht und historisches Lernen – eine empirische Studie«, in: *Geschichte in Wissenschaft und Unterricht* 58 (12) (2007), 708 – 723.

ddp. »Nachhaltige Wirkung eines Dufts«, in: *Kölner Stadt-Anzeiger,* 8. Juni 2004, 28.

Deuchler, Georg. »Der gegenwärtige Stand der Beliebtheitsuntersuchungen«, in: *Die Lehrerfortbildung* 2 (1917),12 – 19, 70 – 77 und 129 – 144.

Dickinson, Alaric, Peter Gordon und Peter Lee (Hg.). *Raising Standards in History Education*. London und Portland: Woburn Press, 2001 (International Review of History Education 3).

Dovermann, Ulrich (Hg.). *Vergangenes sehen. Perspektivität im Prozeß historischen Lernens. Theorie und Unterrichtspraxis von der Grundschule bis zur Sekundarstufe II*. Bonn: Bundeszentrale für Politische Bildung, 1995 (Arbeitshilfen für die politische Bildung).

Dück, Johannes. »Das historische Interesse der Schüler«, in: *Zeitschrift für pädagogische Psychologie und experimentelle Psychologie* 12 (1911), 483 – 486.

Fauser, Peter und Dorothee von Wulffen (Hg.). *Einsicht und Vorstellung. Imaginatives Lernen in Literatur und Geschichte*. Seelze-Velber: Kallmeyer, 1999.

Felmann, Barrett L. und J. A. Russell. »Independence and Bipolarity in the Structure of Current Affect«, in: *Journal of Personality and Social Psychology* 74 (4) (1998), 967 – 984.

Frevert, Ute. »Was haben Gefühle in der Geschichte zu suchen?«, in: *Geschichte und Gesellschaft* 35 (2) (2009), 183 – 208.

Gies, Horst. »Emotionalität versus Rationalität«, in: Bernd Mütter und Uwe Uffelmann (Hg.), *Emotionen und historisches Lernen: Forschung – Vermittlung – Rezeption*. 3., unveränderte Auflage Hannover: Verlag Hahnsche Buchhandlung, 1996, 27 – 40 (Studien zur internationalen Schulbuchforschung 76).

Goetz, Thomas u. a. »Antecedents of Academic Emotions: Testing the Internal/External Frame of Reference Model for Academic Enjoyment«, in: *Contemporary Educational Psychology* 33 (2008), 9 – 33.

Gottfried, Jay A. u. a. »Remembrance of Odors Past – Human Olfactory Cortex in Cross-Modal Recognition Memory«, in: *Neuron* 42 (4) (2004), 687 – 695.

Günther-Arndt, Hilke. »Empirische Forschung und Geschichtsdidaktik«, in: *Aus Politik und Zeitgeschichte* (B-33) (1975), 25 – 37.

Günther-Arndt, Hilke und Michael Sauer (Hg.). *Geschichtsdidaktik empirisch. Untersuchungen zum historischen Denken und Lernen*. Berlin: LIT, 2006.

Hasberg, Wolfgang. *Empirische Forschung in der Geschichtsdidaktik. 2 Bände*. Neuried: Ars Una, 2001.

Ders. »Das Mittelalter – Quellgrund der Moderne für den (post-) modernen Schüler?«, in: Wolfgang Hasberg und Uwe Uffelmann (Hg.), *Mittelalter und Geschichtsdidaktik. Zum Stand einer Didaktik des Mittelalters*. Neuried: Ars Una, 2002, 227 – 258.

Ders. »Im Schatten von Theorie und Pragmatik. Methodologische Aspekte empirischer Forschung in der Geschichtsdidaktik«, in: *Zeitschrift für Geschichtsdidaktik* 6 (2007), 9 – 40.

Ders. »Sprache(n) und Geschichte. Grundlegende Annotationen zum historischen Lernen in bilingualer Form«, in: *Zeitschrift für Geschichtsdidaktik* 8 (2009), 52 – 72.

Henke-Bockschatz, Gerhard. »Überlegungen zur Rolle der Imagination im Prozess des historischen Lernens«, in: *Geschichte in Wissenschaft und Unterricht* 51 (2000), 418 – 429.

Hodel, Jan und Béatrice Ziegler (Hg.). *Forschungswerkstatt Geschichtsdidaktik 07. Beiträge zur Tagung ›geschichtsdidaktik empirisch 07‹.* Bern: h.e.p. Verlag, 2009 (Geschichtsdidaktik heute 2).

Dies. (Hg.). *Forschungswerkstatt Geschichtsdidaktik 09. Beiträge zur Tagung ›geschichtsdidaktik empirisch 09‹.* Bern: h.e.p. Verlag, 2011 (Geschichtsdidaktik heute 3).

Huhn, Jochen. »Zusammenfassung und Auswertung der Diskussion«, in: Bernd Mütter und Uwe Uffelmann (Hg.), *Emotionen und historisches Lernen: Forschung – Vermittlung – Rezeption.* 3., unveränderte Auflage Frankfurt am Main: Diesterweg, 1996, 353 – 363 (Studien zur internationalen Schulbuchforschung 76).

Jeismann, Karl-Ernst. »Didaktik der Geschichte. Die Wissenschaft von Zustand, Funktion und Veränderung geschichtlicher Vorstellungen im Selbstverständnis der Gegenwart«, in: Erich Kosthorst (Hg.), *Geschichtswissenschaft. Didaktik, Forschung, Theorie.* Göttingen: Vandenhoeck & Ruprecht, 1977, 9 – 33.

Ders. »Emotionen und historisches Lernen«, in: *Geschichte in Wissenschaft und Unterricht* 45 (1994), 164 – 176.

Jeismann, Karl-Ernst u. a. *Die Teilung Deutschlands als Problem des Geschichtsbewusstseins. Eine empirische Untersuchung über Wirkungen von Geschichtsunterricht auf historische Vorstellungen und politische Urteile.* 2. Auflage Paderborn u. a.: Schöningh, 1988 (Geschichte, Politik: Studien zur Didaktik 4).

Knigge, Volkhard. *›Triviales‹ Geschichtsbewusstsein und verstehender Geschichtsunterricht.* Pfaffenweiler: Centaurus, 1988 (Geschichtsdidaktik: Studien, Materialien. Neue Folgen 3)

Knoch, Peter. »Phantasie und historisches Verstehen. Versuche und Erfahrungen«, in: Hans-Jürgen Pandel (Hg.), *Verstehen und Verständigen.* Pfaffenweiler: Centaurus, 1990, 99 – 114 (Jahrbuch für Geschichtsdidaktik 1990) (=1990a).

Ders. (Hg.). *Spurensuche Geschichte. Anregungen für einen kreativen Geschichtsunterricht. Band 1 Von der Vorgeschichte zum Frühmittelalter.* Stuttgart: Klett, 1990 (=1990b).

Ders. »Luftkrieg 1940 – 1945. Massenvernichtung im Erlebnis von Zeitzeugen und im Nacherleben von Jugendlichen heute«, in: Bernd Mütter und Uwe Uffelmann (Hg.), *Emotionen und historisches Lernen: Forschung – Vermittlung – Rezeption.* 3., unveränderte Auflage Hannover: Verlag Hahnsche Buchhandlung, 1996, 255 – 279, (Studien zur internationalen Schulbuchforschung 76).

Kölbl, Carlos. *Geschichtsbewußtsein im Jugendalter. Grundzüge einer Entwicklungspsychologie historischer Sinnbildung.* Bielefeld: Transcript, 2004.

Küppers, Waltraud. *Psychologie des Geschichtsunterrichts. Eine Untersuchung über Geschichtswissen und Geschichtsverständnis bei Schülern.* 2., ergänzte Auflage Bern und Stuttgart: Hans Huber/Ernst Klett, 1966 (Abhandlungen zur Pädagogischen Psychologie 3).

Lamsfuß-Schenk, Stefanie. *Fremdverstehen im bilingualen Geschichtsunterricht. Eine Fallstudie.* Frankfurt am Main: Peter Lang, 2008 (Mehrsprachigkeit in Schule und Unterricht 8).

Levstik, Lind und Keith C. Barton. *Researching History Education.* New York und London: Routledge, 2008.

Linnenbrink, Elizabeth A. »The Role of Affect in Student Learning: A Multi-Dimensional Approach to Considering the Interaction of Affect, Motivation and Engagement«, in: Paul A. Schutz und Reinhard Pekrun (Hg.), *Emotion in Education.* Amsterdam u. a.: Academic Press (Elsevier), 2007, 107 – 124.

Lode, Artur. »Die Unterrichtsfächer im Urteil der Schulkinder«, in: *Zeitschrift für pä-dagogische Psychologie* 14 (1913), 291–296, 320–326 und 359–369.

Marienfeld, Wolfgang. »Geschichtliches Interesse bei Kindern und Jugendlichen«, in: Karl Filser (Hg.), *Theorie und Praxis des Geschichtsunterrichts*. Bad Heilbrunn/Oberbayern: Julius Klinkhardt, 1974, 126–151 (Texte zur Fachdidaktik).

Meier, E., J. Cada und Reinhard Pekrun. *The Impact of Epistemic Emotions on Knowledge Generation*. Vortrag gehalten auf dem »Annual Meeting of the Society for Personality and Social Psychology«, in San Diego, CA, 26. – 28. Januar 2012.

Meseth, Wolfgang, Matthias Proske und Frank-Olaf Radtke. *Schule und Nationalsozia-lismus. Anspruch und Grenzen des Geschichtsunterrichts*. Frankfurt am Main: Campus, 2004 (Wissenschaftliche Reihe des Fritz Bauer Instituts 11).

Morat, Daniel. »Verstehen als Gefühlsmethode. Zu Wilhelm Diltheys hermeneutischer Grundlegung der Geisteswissenschaften«, in: Uffa Jensen und Daniel Morat (Hg.), *Rationalisierungen des Gefühls. Zum Verhältnis von Wissenschaft und Emotionen 1880–1930*. Paderborn und München: Fink, 2008, 101–117.

Mütter, Bernd. »Zusammenfassung und Auswertung der Diskussion«, in: Bernd Mütter und Uwe Uffelmann (Hg.), *Emotionen und historisches Lernen: Forschung – Vermitt-lung – Rezeption*. 3., unveränderte Auflage Hannover: Verlag Hahnsche Buchhand-lung, 1996, 123–131 (Studien zur internationalen Schulbuchforschung 76).

Ders. »Emotionen und historisches Lernen«, in: *Geschichte in Wissenschaft und Unterricht* 50 (1999), 340–355.

Mütter, Bernd und Uwe Uffelmann. »Einleitung: Emotionen – Eine neue Debatte der Geschichtsdidaktik?«, in: Bernd Mütter und Uwe Uffelmann (Hg.), *Emotionen und historisches Lernen: Forschung – Vermittlung – Rezeption*. 3., unveränderte Auflage Hannover: Verlag Hahnsche Buchhandlung, 1996, 11–16 (Studien zur internationalen Schulbuchforschung 76) (=1996a).

Dies. (Hg.). *Emotionen und historisches Lernen: Forschung – Vermittlung – Rezeption*. 3., unveränderte Auflage Hannover: Verlag Hahnsche Buchhandlung, 1996 (Studien zur internationalen Schulbuchforschung 76) (=1996b).

Pekrun, Reinhard. »Schüleremotionen und ihre Förderung: Ein blinder Fleck der Unter-richtsforschung«, in: *Regensburger Beiträge zur Lehr-Lern-Forschung* (2) (1998).

Ders. »Emotionen im Lern- und Leistungskontext«, in: *Katechetische Blätter* 132 (2007), 13–19.

Pekrun, Reinhard, Andrew J. Elliot und Markus A. Maier. »Achievement Goals and Achievement Emotions: Testing a Model of Their Joint Relations With Academic Performance«, in: *Journal of Educational Psychology* 101 (1) (2009), 115–135.

Pekrun, Reinhard u. a. »Academic Emotions in Students' Self-Regulated Learning and Achievement: A Program of Qualitative and Quantitative Research«, in: *Educational Psychologist* 37 (2) (2002), 91–105.

Pleitner, Berit. »Knowledge, Understanding, Identity. Empirische geschichtsdidaktische Forschung in England. Ein Überblick«, in: *Zeitschrift für Geschichtsdidaktik* 6 (2007), 41–59.

Raulff, Ulrich. »Geschichte und die Erziehung des Gefühls«, in: Ulrich Borsdorf, Heinrich Theodor Grütter und Jörn Rüsen (Hg.), *Die Aneignung der Vergangenheit. Museali-sierung und Geschichte*. Bielefeld: Transcript, 2004, 105–123 (Zeit – Sinn – Kultur).

Rosenzweig, Roy und David Thelen. *The Presence of the Past. Popular Uses of History in American Life.* New York: Columbia University Press, 1998.

Roth, Heinrich. *Kind und Geschichte. Psychologische Voraussetzungen des Geschichtsunterrichts in der Volksschule.* 5., ergänzte Auflage München: Kösel, 1968 (Psychologie der Unterrichtsfächer der Volksschule).

Rüsen, Jörn u. a. »Untersuchungen zum Geschichtsbewußtsein von Abiturienten im Ruhrgebiet«, in: Bodo von Borries, Hans-Jürgen Pandel und Jörn Rüsen (Hg.), *Geschichtsbewußtsein empirisch.* Paffenweiler: Centaurus, 1991, 221 – 344 (Geschichtsdidaktik: Studien, Materialien. Neue Folgen 7).

Schörken, Rolf. »Geschichtsdidaktik und Geschichtsbewußtsein«, in: Hans Süssmuth (Hg.), *Geschichtsunterricht ohne Zukunft? Zum Diskussionsstand der Geschichtsdidaktik in der Bundesrepublik Deutschland.* 3. Auflage Stuttgart: Ernst Klett Verlag, 1978, 87 – 101 (Anmerkungen und Argumente zur historischen und politischen Bildung 7,1).

Ders. *Historische Imagination und Geschichtsdidaktik.* Paderborn und Zürich: Schöningh, 1994.

Seel, Norbert. *Wertungen im Geschichtsunterricht. Experimentelle Analyse der Effekte wertender Stellungnahmen zu geschichtlichen Sachverhalten und Schülerantworten in programmierter Unterweisung auf Kenntnisse und Einstellungen der Lernenden.* München: Minerva, 1979.

Ders. *Lernerleben im Geschichtsunterricht der Sekundarstufe I. Eine experimentelle Analyse.* München: Minerva, 1980.

Shemilt, Denis. *History 13 – 16. Evaluation Study.* Edinburgh: Holmes McDougall, 1980.

Stearns, Peter N., Peter Seixas und Samuel Wineburg (Hg.). *Knowing, Teaching, and Learning History. National and International Perspectives.* New York und London: New York University Press, 2000.

Stöckle, Frieder. »Der Dreißigjährige Krieg im Geschichtsunterricht. Wahrnehmung und Verarbeitungsmuster bei Schülerinnen und Schülern«, in: Bernd Mütter und Uwe Uffelmann (Hg.), *Emotionen und historisches Lernen. Forschung – Vermittlung – Rezeption.* 3., unveränderte Auflage Hannover: Verlag Hahnsche Buchhandlung, 1996, 215 – 239 (Studien zur internationalen Schulbuchforschung 76).

Thunich, Martin. »Emotionen und Geschichtsunterricht«, in: *Geschichte/Politik und ihre Didaktik* 25 (1997), 189 – 196.

Voss, James F. und Mario Carretero (Hg.). *Learning and Reasoning in History.* London und Portland: Wobourn Press, 1998 (International Review of History Education 2).

Zülsdorf-Kersting, Meik. *Sechzig Jahre danach: Jugendliche und Holocaust. Eine Studie zur geschichtsdidaktischen Sozialisation.* Münster: LIT, 2007 (Geschichtskultur und historisches Lernen 2).

Juliane Brauer

Empathie und historische Alteritätserfahrungen

1.   Empathie als Königsweg?

Am 8. Juni 2012 tagte das 9. Berlin-Brandenburger Forum für zeitgeschichtliche
Bildung zum Thema *Emotionalität und Kontroversität in der historisch-politischen Bildungsarbeit* in der Potsdamer Gedenk- und Begegnungsstätte Leisti-
kowstraße.[1] Der Staatssekretär im Brandenburger Ministerium für Bildung,
Jugend und Sport, Burkhard Jungkamp, begrüßte die anwesenden Lehrerinnen
und Lehrer, Gedenkpädagoginnen und -pädagogen und Vertreter außerschulischer Bildungseinrichtungen mit einer klaren Forderung: »Kinder und Jugendliche müssen Emotionalität und Empathie lernen – auch im Geschichtsunterricht.«[2] Die außerschulischen Bildungseinrichtungen stellten im Laufe des
Tages ihre pädagogischen Konzepte zur Diskussion, in denen vor allem eines
deutlich wurde: Empathie avanciert zum Schlüsselbegriff des pädagogischen
Diskurses. Es schien kein Sprechen über emotionales Lernen geben zu können,
ohne nicht gleichzeitig den Begriff Empathie im Munde führen zu müssen.
Empathie – darauf verweist das Eingangszitat am deutlichsten – gilt als der
gefühlte Königsweg in der Erziehung und Bildung von Kindern und Jugendlichen. Dem zu Grunde liegt jedoch ein bedenkenswertes Verständnis von Emotionen. Es war die Rede von einer nicht näher spezifizierten »Sogkraft«, die es zu
vermeiden gelte (»emotionale Betroffenheit«) oder die im Lernprozess operationalisierbar gemacht werden müsse (»Emotionen nicht als Problem, sondern
als Chance sehen«). Es wurde von der »emotionalen Energie« der Geschichte
gesprochen oder von emotionaler »Berührtheit« der Lernenden, die erstrebenswert wäre.[3]

Unter dem Lernziel *Entwicklung einer empathischen Grundhaltung* lassen
sich folgerichtig die meisten der auf dem Forum vorgestellten pädagogischen

---

1 Dokumentation siehe LaG-Magazin 2012.
2 Jungkamp 2012.
3 Wortlaut nach eigenen Mitschriften.

Angebote in NS-Gedenkstätten oder Orten zur DDR-Geschichte einordnen, wenn auch die vorgeschlagenen Methoden und Wege zum Teil weit auseinander gehen, oder sogar konträr zueinander stehen. Diese Angebote begründen sich in einem recht positivistischen Verständnis von Empathie, das einer näheren Definition vom Wesen und Wirken der Empathie anscheinend nicht bedarf. Damit steht dieses Forum beispielhaft für einen aktuellen Diskurs, der vor allem an außerschulischen Lernorten beheimatet ist.

Empathie soll hier zunächst definiert werden als »eine Form der [emotionalen] Perspektivübernahme, die uns ermöglicht zu ergründen, was in unserem Gegenüber vorgeht«[4], als ein zeitweiliges Sich-in-den-Anderen-hineindenken, In-den-Schuhen-des-Anderen-Gehen, wie es häufig bildlich umschrieben wird; oder, wie es der Germanist Fritz Breithaupt charakterisiert: »Zumindest haben wir immer wieder das Gefühl, dass wir andere Menschen und Wesen verstehen, dass wir fühlen, was sie empfinden und dass wir ihre Intentionen erraten können.«[5]

Diese vorläufige Definition hat den Vorteil, dass sie bereits auf den emotionalen Anteil in der Begegnung des Selbst mit dem Anderen verweist. Denn Ziel dieses Aufsatzes ist es, Empathie als eine emotionale Praktik zu beschreiben sowie zu diskutieren und zu ergründen, wie sich Empathie und Alteritätserfahrungen im Prozess historischen Lernens zueinander verhalten. Dafür wird Empathie nicht als ein bloßes Nachbilden oder Nachempfinden von fremden Gefühlen oder ein Hineinversetzen in fremde Erfahrungen begriffen, sondern als Wahrnehmung fremden Seelenlebens, verbunden mit dem Akt Des-sich-selbst-ins-Verhältnis-dazu-Setzens. Gerade dem letztgenannten Aspekt wird besondere Aufmerksamkeit gewidmet, denn er verweist darauf, wie aktiv der Beobachter in die empathische Wahrnehmung integriert ist und wie diese ihn prägen kann.

Im Folgenden wird Empathie zunächst als moralisches Konzept vorgestellt, die Implikationen eines solchen Empathieverständnisses aufgezeigt sowie kritisch diskutiert. Weiterführend gilt zu klären, was Empathie mit Emotionen zu tun hat und in welchem Verhältnis sie zur historischen Imagination steht. Daran schließt sich die Frage an, wie Empathie im Prozess historischen Lernens zu bewerten ist. Ist die Erziehung zur Empathie tatsächlich der Königsweg, als der er gepriesen wird?

---

4 Frevert und Singer 2011, 135.
5 Breithaupt 2009, 18; siehe weiterhin den Beitrag von Hasberg in diesem Band.

2.   Empathie als moralisches Konzept

Warum gilt für Burkhard Jungkamp der Geschichtsunterricht als zentrale Instanz für das Lernen von Empathie? Eine wichtige Begründung für diese Wahrnehmung lieferte der Staatsekretär in seiner Rede gleich mit: Geschichtsunterricht sei Werteunterricht. Gerade NS-Gedenkstätten und Orte, die an DDR-Unrechtsgeschichte erinnern, sollen nicht mehr nur allein historisch informieren, sondern zumindest historisch-politisch bilden, wenn nicht gar einen Beitrag zu Menschenrechts-, Demokratie- und Friedenserziehung leisten.[6] Die pädagogischen Protagonisten selbst verweisen in ihren Konzepten darauf, dass Empathie die Voraussetzung für die Herausbildung eines politischen Bewusstseins ist.[7] Empathie – so die zu Grunde liegende Annahme – unterstützt im Besonderen moralisches Lernen und sei daher im Schnittfeld von Gedenkstättenpädagogik, Zeitgeschichte und historischem Lernen unverzichtbar. Doch die Frage, wie und warum Empathie auf diese Weise wirkt, wird systematisch ausgelassen.

Ein Blick in die angloamerikanische, aber auch die deutschsprachige multi-disziplinäre Forschungsliteratur unterstreicht den Eindruck eines gewissen Empathie-Hypes als Königsweg moralischer Erziehung, der sich nicht zuletzt aus der Entdeckung der Spiegel-Neuronen durch Giacomo Rizzolatti und Vittore Gallese speist.[8] Empathie, so die sozialpsychologischen und pädagogischen Überlegungen, fördere prosoziales, altruistisches Verhalten und reduziere destruktive Fühl-, Denk- und Handlungsweisen. Das rechte Maß an Empathie scheine somit Gesellschaften sozialer zu machen, und unterstütze Friedfertigkeit und Solidarität.[9] Empathie ist verbunden mit der sehr bestimmten Hoffnung, sozial und moralisch erwünschtes Verhalten zu steuern, zu bilden, zu etablieren, wie die Verwendung des Begriffes von Empathie durch Ethik- oder Religionspädagogen nahelegt. So wird in entsprechenden Lehrplänen häufig in einem Atemzug von Empathie, Toleranz, Konfliktfähigkeit und Zivilcourage gesprochen.[10]

Ihren Ursprung hat diese Deutung von Empathie als moralisches Konzept in Adam Smiths Überlegungen zu *fellow-feeling* und *moral sentiments,* wie Ute Frevert und Tania Singer herausarbeiteten:

---

6 Siehe dazu Baricelli und Lücke 2011.
7 Gaede 2000, 185.
8 Dazu siehe ausführlicher Iacoboni 2009.
9 Gassner 2007, 25.
10 Zum Beispiel Bayerisches Staatsministerium für Unterricht und Kultus 2004, 2.

Was zählte, war die allgemein-menschliche Befähigung, sich erstens vorzustellen, wie sich eine andere Person in einer gegebenen Situation fühlte, und diese Gefühle zweitens selbst zu empfinden. Daraus resultierte dann das, was Smith *moral sentiments* nannte: die Fähigkeit und Bereitschaft, die eigenen Gefühle und Leidenschaften zum Nutzen Dritter zu modellieren.[11]

Heutige neuropsychologische Studien zu Empathie unterstützen diesen Befund. So ließ sich im Labor zeigen, dass die Wahrnehmung des emotionalen Zustandes einer anderen Person Repräsentationen desselben Zustandes im Zuschauer auslösen und prosoziales Verhalten motivieren kann. Dennoch sind eben auch Einschränkungen und Abstufungen zu verzeichnen. So unterstützt wahrgenommene Gruppenzugehörigkeit die Ausbildung von Empathie. In einer Laborstudie beispielsweise ging es um die Zugehörigkeit zu einem Fußballclub. Die gescannten Probanden wurden aufgefordert zuzusehen, wenn Mitglieder des eigenen Clubs und andere Fußballer gefoult werden. Die Probanden zeigten deutlich mehr empathische Reaktionen im Schmerzempfinden bei Mitgliedern ihres eigenen Clubs als bei Mitgliedern des gegnerischen.[12] Diese neurophysiologischen Befunde stützen die Vermutung, dass sich Empathie (dementsprechend auch prosoziales Verhalten) antrainieren lässt, wenn Kontexte und Zuschreibungen des Anderen positiv gestaltet werden.

Andersherum gewendet scheint ein Mangel an Empathiefähigkeit oder gerade auch die bewusste Blockade von Empathie gesellschaftsbedrohend. Genau in dieser Überlegung wurzelt die Sehnsucht nach einer Erziehung zur Empathie. So stellte der niederländische Erziehungswissenschaftler Ido Abram Empathie als zentralen Aspekt in einer Erziehung nach Auschwitz heraus:

> Barbarei – wie Auschwitz – ist das Unvermögen zur Empathie. Erziehung nach Auschwitz bedeutet, *Empathie* (die Fähigkeit, sich in andere Menschen hineinzuversetzen) und *Wärme* (eine Atmosphäre von Geborgenheit, Sicherheit und Offenheit) zu fördern.[13]

Ideengeber für diese Debatte über eine Gefühlsbildung nach Auschwitz war Theodor W. Adorno mit seiner Radioansprache *Erziehung nach Auschwitz* von 1966. Seiner Argumentation nach war es eine gesellschaftliche »Kälte«, eine tiefe Gleichgültigkeit gegenüber dem, was mit den Menschen passierte, die »Indifferenz gegen das Schicksal der anderen«, die Auschwitz erst ermöglicht hatte.[14] In der Konsequenz dieser Feststellung bedeutet Erziehung nach Auschwitz Erziehung zu Mitgefühl, hier eben auch zu verstehen als *moral sentiment* und prosoziale Emotion.

---

11 Frevert und Singer 2011, 123 – H.i.O. Hier verweisen die Autorinnen auch auf Konjunkturen moralischer Gefühle in Geschichte und Gegenwart.
12 Ebd. 138 – 143.
13 Abram 2010 – H.i.O.
14 Adorno selbst bevorzugte den Begriff *Identifikation* statt *Mitgefühl*, Adorno 1971, 101.

3.   Historische Empathie

So sind auch die Diskurse um historische Empathie von der Idee der *moral
sentiments* geprägt. Zur historischen Empathie sei folgendes hervorgehoben:
Während Disziplinen wie die Psychologie oder Neurowissenschaften Empathie
als die Wahrnehmung von sich räumlich und zeitlich nahen Menschen thematisieren, geht es in der historischen Begegnung um Empathie mit nicht anwesenden historischen Akteuren. Somit hat die Begegnung mit Geschichte eine
zeitliche und räumliche Distanz zu überbrücken. Räumlich bedeutet hier, dass
die historische Begegnung eben nicht nur mit Menschen vergangener Zeiten
stattfindet, sondern auch mit Menschen, die geographisch in anderen Regionen
lebten. Genau diese doppelte Alterität erweist sich als besondere disziplinäre
Herausforderung. Die Begegnung mit der Vergangenheit findet nie unmittelbar
statt, sondern immer vermittelt. Die Funktion der Vermittlerinstanzen (wie
Geschichtslehrbücher, Dokumentarfilme, historische Ausstellungen beziehungsweise Denkmale) ist es vor allem, den heute Lebenden zu helfen, diese
Distanz zu überbrücken.

Wie wurde und wird historische Empathie unter dieser besonderen Herausforderung konzeptioniert? Die Diskurse um historische Empathie verliefen im
angloamerikanischen Raum seit den 1960er Jahren parallel zu den Empathie-
Konjunkturen in anderen Wissenschaftsdisziplinen.[15] Die Diskussion darüber,
wie und warum Empathie in den Geschichtsunterricht integriert werden sollte,
markierte einen fundamentalen Wandel in der Auffassung von Geschichtsunterricht und Geschichtsvermittlung. Reinem Faktenwissen sollte ein gefühls-
mäßiges Verstehen zur Seite gestellt werden.[16] Von nun an kreisen unzählige
theoretische Artikel und empirische Studien um die Definition von historischer
Empathie.[17] Seit den 1970er Jahren findet sich Empathie in den USA explizit auch
in den nationalen Standards und in den Lehrplänen für Geschichtsunterricht
wieder.[18] Bevor es jedoch so weit kam, entzündeten sich die Debatten an der
definitorischen Unklarheit und der didaktischen Operationalisierbarkeit dieses
unspezifischen Begriffes. Empathie galt dem einen als Imagination, dem anderen als Identifikation oder auch Intuition. Sie wurde beschrieben als eine Fer-
tigkeit (»skill«), als »mode of inquiry«, »power« oder auch »heuristic process«.[19]
Empathie wird in Verbindung mit »perspective-taking«, »side-taking, »multi-

---

15 Siehe dazu Weber, Marsal und Dobashi 2011.
16 Cunningham 2009, 680–681.
17 Siehe dazu pointiert Baring 2004.
18 Siehe Baring 2011, 63–67.
19 Cunningham 2009, 681.

perspectivity«[20] definiert und neuerdings auch als Form mentalen »Re-enactments«.[21] Für diese jeweiligen Empathie-Konzepte untersuchten die Autorinnen
und Autoren – die überwiegend aus der schulischen Praxis kommen – konkrete
Lernsettings auf ihre Nutzbarmachung in Klassenzimmern und beschrieben auf
der Grundlage einer mehr oder weniger fragwürdigen empirischen Basis den
Erfolg oder Misserfolg von Empathieübungen.

Auch wenn die verschiedenen Vorschläge zur historischen Empathie sich in
Details unterscheiden und voneinander abheben wollen, verbinden sie die folgenden drei Punkte. Erstens wird an keiner Stelle bezweifelt, dass Empathie in
den Geschichtsunterricht gehört. Zweitens wird Empathie als hilfreiches heu-
ristisches Werkzeug begriffen, um der Vergangenheit näher zu kommen. Alle
Überlegungen zur historischen Empathie stellen sich dem Grundproblem der
historischen Vermittlung: Wie können die Lernenden so dicht wie möglich an
Geschichte herangeführt werden? Dafür gilt im angloamerikanischen Diskurs
Empathie, ob nun als Lernziel, Methode oder Kompetenz, als verheißungsvoller
Weg. Empathisches Verstehen wird beispielsweise in einem viel beachteten
Sammelband von O. L. Davis Jr., Elizabeth Anne Yeager und Stuart J. Foster
durchweg positiv mit »improved thinking« und »more careful developed
ideas«[22] gleichgesetzt. Damit wird der Fähigkeit sich einzufühlen eine zentrale
Position im historischen Verstehensprozess zugeschrieben: »[H]istorical em-
pathy may allow the subject of history to come alive in the minds of students.«[23]

Drittens geht es um die Frage nach der kognitiven und emotionalen Komponente und deren Gewichtung zueinander. Größtenteils sind sich die anglo-
amerikanischen Autorinnen und Autoren einig, dass gerade hierin die Attrak-
tivität von Empathie begründet liegt. Die Frage danach jedoch, was höher zu
gewichten sei, Kognition oder Emotion, spaltet die Protagonisten. Während
gerade zu Beginn der Diskussion in den 1960/1970er Jahren Empathie diskursiv
noch stärker mit Imagination, Identifikation, Intuition, Einfühlen gar Sympathie
verwoben war und damit die emotionale Komponente überwog, wurde Empathie später viel stärker mit rationalen und kognitiven Elementen in Beziehung
gesetzt, was spätestens der oben erwähnte Sammelband zu *Historical Empathy
and Perspective Taking in the Social Studies* verdeutlicht. Diese Entwicklung war
nicht zuletzt dem Bemühen geschuldet, die Einbeziehung von Empathie in die
nationalen Curricula in den USA und Großbritannien zu legitimieren. Genau an
diesem Aspekt der Legitimation lässt sich noch die Beobachtung anschließen,

---

20 Ein Begriff, der vom deutschen Wort *Multiperspektivität* übertragen wurde, siehe dazu
    Lücke 2012.
21 Vgl. Yilmaz 2007, 331: »Empathy is the skill to re-enact the thought of a historical agent in
    one's mind.«
22 Davis Jr. 2001, 4.
23 Yeager und Foster 2001, 17.

dass Empathie als Ergebnis eines Bildungs- wenn nicht gar Kultivierungsprozesses gesehen wird, der letztendlich auf eine Werteerziehung abzielt: »calling for cultivating empathy in schools for the purposes of moral education.«[24] Somit spiegelt sich auch hier eindeutig die moralische Konzeptualisierung von historischer Empathie wider. Der angloamerikanische Geschichtsunterricht scheint hieraus sogar seine Legitimation zu gewinnen.

Die deutsche Geschichtsdidaktik zeigt sich gegenüber diesen Empathie-Diskursen eher zurückhaltend. So werden die angloamerikanischen Debatten um Empathie als Kompetenz oder Lernziel gänzlich ausgeblendet. Ebenso wenig findet Empathie in aktuellen geschichtskulturellen Debatten ihren Widerhall. Der Eintrag im Wörterbuch der Geschichtsdidaktik in der Auflage von 2009 verzeichnet recht lapidar, dass »Empathie als geschichtsdidaktisches Lernziel in Deutschland noch nicht ausreichend erforscht«[25] sei. Aus der Literatur entsteht der Eindruck, dass die Skepsis gegenüber dem Empathiebegriff aus seiner Nähe zu Gefühlen resultiert, die der deutschen Geschichtsdidaktik nicht ganz unproblematisch erscheint.[26] Das Unbehagen der Zunft gegenüber Empathie äußerte sich bisher jedoch nicht so sehr in konkreter Kritik.

Diese Distanziertheit gegenüber Empathie als geschichtsdidaktische Kategorie ist teilweise verständlich. Betrachtet man Empathie als die Fähigkeit des Sich-hinein-Denkens-und-Fühlens-in-ein-Gegenüber, des In-den-Schuhen-des-Anderen-Gehens, ließe sich in Hinblick auf Prozesse historischen Lernens die Vermutung äußern, dass gezielt eingeforderte Empathie historische Sinnbildung eher blockiert als fördert. Denn entscheidet sich der Lehrende dafür, Empathie in Prozessen historischen Lernens zu fördern, zu bilden, anzuerziehen, begibt sie/er sich dann nicht auch in die Gefahr definieren zu müssen, für wen oder was Empathie eingefordert werden soll? Wird damit nicht auch gleichzeitig dem Lernenden eine wertbasierte Entscheidung abgenommen, sogar dem Lernprozess vorweggenommen? Bedeutet das nicht auch, die Perspektive auf historische Akteure gezielt nach Lehrplanmaßgabe zu lenken und damit den Blick auf andere Akteure zu verstellen? Offenbart sich an dieser Stelle nicht eine manipulative Verwundbarkeit des Konzeptes? So erwächst aus diesen Überlegungen der erste Verdacht, dass Empathie keineswegs uneingeschränkt

---

24 Verducci 2000, 63.
25 Baring 2009, 51 – 52.
26 So schreibt beispielsweise Barricelli unter dem Lemma *Fremdverstehen/Alterität*, dass der obligatorische »Erwerb einer noch vornehmlich kognitiven Empathie-Kompetenz, die ggf. zur affektiven Leistung des Mitgefühls befähigen soll« problematisch sei; Barricelli 2009, 72. Auch die mittlerweile vorgelegte Studie von Frank Baring zu Empathie im deutschen Geschichtsunterricht reicht über folgende unkonkrete Forderung nicht hinaus: »Das historische Lernen als geschichtsdidaktische Zielsetzung braucht historische Empathie als Teilkompetenz historischen Denkens«; Baring 2011, 314.

als Königsweg gelten kann und darf. Dafür sprechen auch zwei Beobachtungen aktueller geschichtskultureller Praktiken in Deutschland. Zum einen attestierte die Historikerin Ulrike Jureit jüngst der deutschen Erinnerungskultur den übermächtigen »Wunsch der Identifizierung mit den Opfern« als »erinnerungspolitische Norm«, die eher zu einer »Illusion der Vergangenheitsbewältigung« als zu einer gegenwartsorientierten Auseinandersetzung führe.[27] Vielleicht ist eine Konsequenz falsch verstandener Empathie im Lernen über den Holocaust, dass sich Schülerinnen und Schüler – um hier gleich eine weitere Beobachtung vorwegzunehmen – diesem auch bewusst entziehen. Effekte von Verweigerung und Ablehnung erzeugen zweitens wiederum die Überbetonung von Empathie als Lernziel gedenkstättenbezogener Lernsettings. So zitiert Kerstin Meier den Gedenkstättenpädagogen Matthias Heyl, der auf die Effekte einer »Choreographie von Emotionen« an Gedenkstätten hinweist:

> »Wir erleben manchmal, dass beispielsweise Lehrerinnen und Lehrer erwarten, dass wir hier in einer gedenkstättenpädagogischen Marien-Erscheinung die Empathie mit den ehemaligen Häftlingen schaffen. Wie bei keinem anderen geschichtlichen Thema geraten die Jugendlichen unter Druck, Mitgefühl zu entwickeln.« Und Druck erzeugt bekanntlich Gegendruck – zumal bei Pubertierenden, die diese Choreographie der Emotionen, wie Heyl es nennt, nicht einfach nachtanzen wollen.[28]

Historische Empathie verstanden als ethische Norm und *moral sentiment* scheint folglich historisches Lernen eher zu behindern als zu fördern. Die »dunklen Seiten« von Empathie wie sie in der anglo-amererikanischen Literatur auch genannt werden, sollten mehr Beachtung finden.[29] Der nächste Abschnitt wird diesem ersten Unbehagen gegenüber Empathie weiter nachgehen und das Verhältnis von Empathie und Emotionen genauer unter die Lupe nehmen.

4.   Empathie und Emotionen – Empathie als emotionale Praktik

Was hat Empathie mit Gefühlen zu tun? Ist Empathie ein kognitiver Prozess, der sich neurophysiologisch bestimmen lässt, oder eine Emotion, eine Stellvertreter-Emotion oder eine Haltung? Psychologie, Neurologie, Sozialwissenschaften oder auch Geschichtswissenschaften haben auf diese Fragen aufgrund ihrer disziplinären Perspektive verschiedene und recht gegensätzliche Antworten

---

27 Jureit und Schneider 2011, 10.
28 Meier 2012, siehe dazu weiterhin den Beitrag von Heyl in diesem Band.
29 Dieses Unbehagen an Empathie (»the dark sides of empathy«) wird ebenfalls formuliert in Goldie 2011.

gefunden; dennoch kreisen alle um die Frage nach dem Verhältnis von kognitiven und emotionalen Anteilen der Empathie.[30]

Im Sinne des Bemühens dieses Bandes, nicht mehr entlang der Dichotomie von Emotion und Kognition zu argumentieren, wird vorgeschlagen, Empathie als emotionale Praktik zu definieren. Wie schon in der Einführung dieses Bandes hervorgehoben, werden Emotionen weder als rein körperliche Reaktionen auf äußere Reize noch als ausschließlich kulturelles Konstrukt verstanden. Emotionen sind – so die Kulturwissenschaftlerin Sara Ahmed – intentional auf etwas gerichtet und entstehen demnach in der Beziehung zu einem realen oder imaginierten Objekt.[31] Empathie als eine Gefühlswahrnehmung des historisch Fremden und eine Gefühlshaltung (im Sinne des Sich-Selbst-dazu-ins-Verhältnis-Setzens) verbindet damit den Betrachter mit dem historischen Sujet seiner Betrachtung. Emotionen gelten im Sinne von *doing emotions* als eine Form von Praktik des *wissenden Körpers*. Denn der Akteur der Einprägung und Ausprägung von Emotionen ist der Körper. Mit seinen eingelagerten Verhaltensweisen, Haltungen, Denkgewohnheiten, Neigungen definiert er die Grenzen dessen, was für ihn wahrnehmbar ist. Gleichzeitig verändert er sich aber auch durch die Markierungen, die Emotionen in der Begegnung mit dem Anderen hinterlassen.

Das bedeutet, dass sich Empathie als emotionale Praktik des wissenden Körpers keineswegs automatisch und immer gleich intensiv in der Begegnung mit dem Anderen einstellt. Die eingelagerten Denkweisen und Haltungen definieren, was man an Gefühlen im historischen Gegenüber wahrzunehmen glaubt, ohne dass dieses den tatsächlichen emotionalen Empfindungen des historischen Akteurs entsprechen muss. So ist Empathie mit bestimmten Personen schwerlich möglich, zum Beispiel mit Personen, die kaum im öffentlichen Bewusstsein thematisiert werden oder die für das eigene Selbstverständnis eine weniger bedeutende Rolle spielen. Damit regelt die Mischung aus geschichtskulturell geprägten Normierungen und individuellen Dispositionen, für welche Person(en) ein Betrachter historische Empathie empfindet und für wen nicht. Das erklärt auch die Beobachtungen an Gedenkstätten und Ergebnisse der Besucherforschung, dass sich die gesellschaftlich eingeforderte empathische Haltung keineswegs automatisch einstellt. Zum Beispiel reagieren Besucherinnen und Besucher zwar überwiegend vorhersagbar auf die Inszenierungen von Ge-

---

30 Die genealogische Perspektive offenbart die Nähe von Empathie zu Gefühlen. 1909 übersetzte der amerikanische Psychologe Edward B. Titcher das deutsche Wort *Einfühlung* in das englische *empathy*. Als Neologismus aus dem Amerikanischen fand dann Empathie vor gut 100 Jahren den Weg zurück in den deutschsprachigen Raum, in dem es sich nun neben dem Begriff der Einfühlung behauptet, ohne dass dieser Transfer reflektiert wird. Zur Genealogie des Begriffes siehe auch Fontius 2010, 121 – 122 und Verducci 2000, 78.

31 Ahmed 2004, 28: »[E]motions are in the phenomenological sense always intentional, and are ›directed‹ towards an object or other (however imaginary).«

schichte an Orten vergangener Gewaltverbrechen; manche jedoch benehmen sich eigen-sinnig, nehmen beispielsweise eine abwehrende Haltung ein wie Matthias Heyl in seinem Beitrag zeigt.[32] Die Vorhersehbarkeit ergibt sich daraus, dass Empathie ein emotionales Navigieren in der Begegnung mit Geschichte ist und dieses Navigieren innerhalb der Grenzen internalisierter gesellschaftlicher Erwartungen stattfindet. Der Eigen-Sinn erklärt sich aus der individuellen Prägung der Wahrnehmung. Empathie als emotionale Praktik beschreibt also bereits den Prozess einer deutenden Wahrnehmung und nicht die Wahrnehmung des historisch Fremden an sich. Somit hat Empathie zwar das Potenzial, eine Brücke zwischen dem Selbst und dem Anderen zu schlagen. Das sagt aber wenig darüber aus, zu wem diese Brücken führt und zu wem nicht, und ob diese stabil genug ist, dass sie auch begangen werden kann.

5.   Imagination und Empathie

Nachdem nun das Verhältnis von Emotionen zur Empathie skizziert ist, stellt sich die Frage, an welcher Stelle im historischen Sinnbildungsprozess Empathie zum Tragen kommt. Zu beachten ist hier, dass historische Empathie immer Vermittlungsinstanzen bedarf, um die zeitliche und räumliche Alterität zu überbrücken. Hier soll wiederum der Gedenkstättenbesuch als beispielhafte, d. h. vermittelte Begegnung mit der Vergangenheit dienen. Gedenkstätten sind Erinnerungsorte, an denen »Geschichte gerade nicht weitergegangen [ist], sondern mehr oder weniger abrupt abgebrochen«[33] wurde und die durch ihre Geschichte nur noch mit spärlichen materiellen Überresten Auskunft darüber geben können, was sich dort einmal abgespielt hat. Daher sollen Neugestaltungen des Geländes, Gedenksteine, Mahnmale, Broschüren, Ausstellungen oder pädagogische Dienste die Besucher bei der Deutung des Ortes und seiner Begegnung mit der Geschichte unterstützen. Doch es liegt in der Verantwortung des Einzelnen, in ihrem oder seinem Vermögen, sich die Geschichte an diesen Orten zu vergegenwärtigen. Die Vergegenwärtigung von Geschichte im Sinne einer »eigen-sinnig produktiven Aneignung« vollzieht sich im Modus der Imagination[34] und der Empathie.

Von besonderem Interesse sind in diesem Zusammenhang die Überlegungen des Geschichtsdidaktikers Rolf Schörken. Er versteht die Imagination als »geistiges Vermögen«[35], das bei allen kognitiven Akten der Deutung, der Re-

---

32 Siehe dazu auch den Beitrag von Heyl in diesem Band.
33 Assmann 1996, 16.
34 Siehe dazu den Beitrag von Völkel in diesem Band und vor allem auch Schörken 1994 und 1995.
35 Schörken 1998, 207.

zeption und der Rekonstruktion von Vergangenheit immer schon beteiligt war. Damit rückt er Imagination nicht nur an den Anfang, sondern sogar in den »geheiligten Kern strenger geschichtswissenschaftlicher Verfahren«.[36] Die Vorstellungskraft des Beobachters entzündet sich an der »Spur«[37], die auf etwas Vergangenes verweist und stellt sie in einen größeren historischen Zusammenhang. Erst wenn eine Spur sichtbar gemacht, markiert beziehungsweise interpretiert worden ist, lädt sie dazu ein, Rückschlüsse zu bilden und nach ihrer Bedeutung zu fragen. Die von der Imagination gestützte historische Vergegenwärtigung besteht nach Schörken in dem konstruktiven Akt,

> eine vorgestellte Welt mit Leben [zu] erfüllen, also mit Figuren [zu] bevölkern, mit Lokalitäten [zu] versehen, mit Ereignissen und Handlungen, mit Zusammenhängen, Bedeutungen, mit Problemen und deren Lösung [zu] bestücken.[38]

Schörkens Konzept des »vorgestellten Lebenszusammenhanges« verweist auf den intuitiven, emotionalen und konstruktiven Anteil, der in jeglicher Rezeption und Rekonstruktion von Vergangenem enthalten ist.[39]

Imagination weist damit zur Empathie eine große Nähe auf: Beide haben zum Ziel, sich etwas oder jemanden intensiv vorzustellen, nahe zu bringen und vertraut zu machen, um das Entfernte, das Fremde verstehen zu können. Beide sind Formen der Vergegenwärtigung, beide haben die Funktion, die Vergangenheit in der Gegenwart nachzuvollziehen und ihrer somit habhaft zu werden.

Nach obigen Überlegungen ist Empathie also eine emotionale Praktik, durch die der Betrachter zu erkennen und zu deuten versucht, was er im Anderen an Gedanken und Gefühlslagen wahrzunehmen glaubt, eine Praktik, in der er sich selbst zum Fremden ins Verhältnis setzt. Hier wird vorgeschlagen, Imagination als Teil von Empathie zu definieren. Empathie würde dementsprechend aus dem Akt der Imagination und dem Akt des Sich-ins-Verhältnis-Setzens bestehen, wobei die historische Imagination den ersten Schritt darstellt. Der Betrachter stellt die vorgefundenen Spuren in einen vorgestellten Lebenszusammenhang. Dieser Konstruktionsakt speist sich aus dem Willen und dem Vorstellungsvermögen. Die dafür jeweils verfügbaren Vorstellungsbilder gehen zurück auf mediale Repräsentationen, kulturelle Prägungen und historische Deutungen, die dem wissenden Körper des Verstehenden eingeprägt sind. So flicht die Vorstellungskraft des Betrachters Bilder ein, um im Fremden das Vertraute zu suchen und Fremdes als vertraut zu konstruieren.

---

36 Ebd. 204.
37 Zum Konzept der »Spur« siehe Ricoeur 1991, insbesondere 191 – 192.
38 Schörken 1995, 12.
39 Siehe weiterhin Assmann und Brauer 2011, 74 – 75.

6.   Empathie als Parteinahme, Distanz und Narration

Paul Ricoeur betont, dass diese Art des Habhaftwerdens der Vergangenheit letztendlich bedeute, der Vergangenheit den »Stachel der zeitlichen Distanz zu nehmen«, folglich ein Prozess der De-Distanzierung sei.[40] Auch der Germanist Fritz Breithaupt argumentiert, dass Empathie zunächst versuchen würde, Ähnlichkeiten zwischen dem Betrachter und dem Subjekt seiner Beobachtung zu suchen und diese zu betonen, auch wenn es dabei zu Überschätzungen seitens des Betrachters kommt. In diesem Sinne versteht sich auch sein Kernargument: Empathie beruhe auf Ähnlichkeits-Produktion.[41] So definiert Breithaupt Empathie als die Vorstellung, einen Anderen emotional oder kognitiv zu verstehen. Die Basis des Verstehens ist das Vertrautmachen, das Ähnlichmachen, hier auch als Imagination bezeichnet. Auch wenn darin eine Vielzahl von Fehlbefunden einkalkuliert werden müsse, so Breithaupt, sei diese »Ähnlichkeitsüberschätzung« die Voraussetzung für Empathie.[42] Dieser Prozess des Ähnlichmachens trainiert aber auch die Fähigkeit, Grenzen zwischen Ähnlichkeit und Nichtähnlichkeit zu ziehen, d. h., auch den Unterschied zwischen dem Selbst und dem Anderen erkennen zu können. Somit lässt sich schlussfolgern, dass im imaginativen Schritt eine De-Distanzierung zum historisch Anderen erfolgt, während durch die Selbstreflexion, den Schritt des sich Selbst-Ins-Verhältnis-Setzens, eine Distanz zwischen dem Beobachter und der vergegenwärtigten Geschichte wiederhergestellt wird.

Nach Breithaupt resultieren aus dieser Betrachtungsweise von Empathie zwei Effekte. Zum einen fordere Empathie Parteinahme ein, zum anderen befördere sie die Differenzierung des Selbst vom Anderen. Nur vor dem Hintergrund des Fremden, des Nichtähnlichen, wird Ähnlichkeit (wenn auch in der Überschätzung dieser) erkannt. Die Gründe für die Wahl des einen (das mir Ähnliche) oder des anderen (das mir Fremde) sind subjektiv und liegen in den individuellen Prägungen. »Empathie ist die Zugehörigkeit, die man empfindet, wenn man die Partei für den einen und (nicht den anderen) ergriffen hat.«[43]

Das Bedürfnis, sich selbst in seiner Parteinahme zu bestätigen und diese zu legitimieren, verstärkt die Wahrnehmung von Ähnlichkeit und die Herstellung von Empathie. In der Begegnung mit der Vergangenheit entscheidet sich der Betrachter für die Personen, die er als ähnlich wahrnimmt (wenn er die Ähnlichkeit dabei auch überschätzt). Diese Perspektive macht deutlich, warum es historisch schwierig ist, NS-Verfolgte nur als Opfer zu klassifizieren und ihre

---

40 Ricoeur 1991, 225.
41 Breithaupt 2009, 18: »Den Anfang macht dabei die Vorstellung, Empathie beruhe auf echter oder unterstellter Ähnlichkeit zwischen dem Beobachter und dem Beobachteten.«
42 Ebd. 20 – 21.
43 Ebd. 116.

Verfolgung ausschließlich als Opfergeschichte zu erzählen, denn deren Geschichten verweisen vor allem auf den individuellen Kampf um Selbstbehauptung, auf das Ringen um menschliche Würde. Ein solches Narrativ würde auch leichter zur Parteinahme einladen als das der Opfer (ein Begriff, der zudem in der heutigen Jugendsprache als Schimpfwort gilt).[44] Mit dieser Parteinahme für einen historischen Akteur findet gleichzeitig auch die Konstruktion des Anderen, des Außenstehenden, des mir Fremden statt, den der Betrachter aus dieser Empathie-Wahrnehmung ausschließt. Empathie einfordern bedeutet in dieser Konsequenz Parteinahme für und gegen historische Akteure. Was heißt es aber, diesen Prozess der Ähnlichkeitsbestimmung und der Parteinahme in der Begegnung mit Geschichte zu steuern? Sind historische Lernsettings, die zumeist auf das Einüben von ganz bestimmten Perspektivübernahmen abzielen, nicht denkbar ungeeignet für Empathie? Denn schließlich bestimmt die oder der Lernende im Sinne historischen Lernens als *eigen-sinnig produktive Aneignung* für sich selbst, wem ihre/seine Empathie gilt. Die Ergebnisse sind also nicht vorhersehbar und erzielen vielleicht das Gegenteil dessen, was im Lehrplan steht, eben wie es auch an Gedenkstätten zu beobachten ist. Vielleicht resultiert aus dieser unkalkulierbaren Ungewissheit die geschichtsdidaktische Skepsis gegenüber der Empathie und dem großen Bedürfnis danach, sie zu lenken. Denn nur, wenn die Parteinahme des Lernenden in den erwünschten Bahnen geschieht, lässt sich Empathie als moralisches Erziehungsziel denken. Doch ist das überhaupt legitim?

Breithaupt argumentiert, dass dieser Parteinahme, die auf der Ähnlichkeitswahrnehmung basiert, die »Filterung, Beschränkung und Blockade von Empathie«[45] folgt. Dieses sei nun die »entscheidende kulturelle Leistung«. Empathie wird zu einem Schutzschild gegen das »Unmittelbare der emotionalen Erregung«.[46] Um auf das Gedenkstättenbeispiel zurückzukommen, wäre das Ergebnis einer gelungenen empathischen Begegnung, dass Besucherinnen und Besucher sich für das Schicksal bestimmter Häftlinge besonders interessieren, da sie Ähnlichkeiten zu sich selbst konstruieren. In einem zweiten Schritt sollte es ihnen aber auch gelingen, sich nicht vom wahrgenommenen emotionalen Leiden des gewählten Häftlings anstecken zu lassen, sondern sich als Besucherin bzw. Besucher der Gedenkstätte im Jahre 2012 davon zu distanzieren. Dennoch ermöglicht diese empathische Begegnung zum einen ein tieferes Interesse und vielleicht auch Verständnis für die Gefangenen, aber auch die »Differenz zwischen Ich und anderen«[47] und damit auch eine neue Perspektive auf sich selbst.

---

44 Abram und Heyl 1996.
45 Breithaupt 2009, 114.
46 Ebd. 32.
47 Ebd. 54.

Das emotionale Navigieren in der empathischen Weltwahrnehmung schützt im besten Falle vor einer vollständigen Identifikation, vor einer automatisierten Sympathie, vor einem Zuviel an Mitleid. Genau das bezeichnet Breithaupt als »Kultur der Empathie«, wie der Titel seines Buches lautet.

In welchen Strukturen prägt sich Empathie nun aus? Breithaupt stellte für das in der Geschichtsdidaktik etablierte narrative Paradigma einen nicht unwesentlichen Zusammenhang zwischen Empathie und Narration her.[48] Für ihn (als Germanisten) ist die Narration die Ausnahme, innerhalb der Empathie zugelassen wird.

> Wenn erzählt wird, lassen wir Empathie (eher) zu [...]. Menschliche Empathie ist wesentlich durch narratives Denken geprägt, das aufgrund von narrativen Mustern und Zwängen zustande kommt. [...] Wir lassen Empathie zu, indem wir in Geschichten denken und wir fühlen uns in Narrationen dadurch ein, dass wir Empathie mit den fiktiven Charakteren entwickeln.[49]

In dieser (literaturwissenschaftlichen) Perspektive auf Empathie ist ein Modus historischer Hermeneutik versteckt. Parteinahme, Distanzierung und Kenntlichmachung von Alterität finden in der Narration statt. Nur narrative Prozesse erzeugen, konfigurieren und lenken Empathie.[50]

An diesem Punkt lässt sich ganz offensichtlich eine Brücke zur historischen Empathie bauen. So ist im Sinne des narrativen Paradigmas Geschichte als Erzählung aufzufassen, wie eben auch geschichtliches Denken in narrativen Strukturen stattfindet.[51] Mit der historischen Erzählung wurde ein Medium geschaffen, das der Empathie Strukturen bereitstellt, um Geschichte zu vergegenwärtigen (Imagination) und sich selbst dazu narrativ ins Verhältnis zu setzen.

7.   Fazit – Empathie als produktive Irritation

Ist Empathie nun Königsweg oder Sackgasse? Auch wenn hier der positivistische Gebrauch des Empathiebegriffes kritisch betrachtet wird, eine eindeutige Antwort möchte ich auf diese Entweder-oder-Frage nicht geben, ein Ja-aber-Fazit scheint produktiver. So ist festzuhalten, dass Empathie als deutende Wahrnehmung eines historischen Gegenübers, als eine emotionale Praktik verstanden wird, die im Prozess der Imagination (in Anlehnung an Fritz Breithaupts Ähnlichkeitskonstruktion und Parteinahme) und Selbstreflexion stattfindet. Die

---

48 Siehe Beitrag von Barricelli in diesem Band.
49 Breithaupt 2009, 114.
50 Breger und Breithaupt 2010, 11.
51 Siehe Barricelli 2012.

Effekte von Empathie sind daher De-Distanzierung und Abgrenzung, die im Modus der historischen Narration ausgebildet werden.

So stellt sich weiterführend die Frage, wie sich Empathie zum historischen Lernen verhält. Im Ergebnis obiger Überlegungen wird vorgeschlagen, Empathie als produktive Irritation im Lernprozess zu begreifen und nutzbar zu machen. So bedeutet Empathie eben nicht nur das In-den-Schuhen-des-Anderen-Gehen, sondern ebenso das Zurückschlüpfen in die eigenen Schuhe und die Verwunderung darüber, wie unterschiedlich sich das anfühlt. Diese Irritation könnte im Idealfall der Ausgangspunkt historischen Lernens sein.[52] Damit liegt das Potenzial der Empathie eben nicht nur darin, Alterität zu überbrücken, sondern sie auch spürbar und erkennbar werden zu lassen. Empathie rechnet Alterität ein und fordert sie heraus. Empathie bedeutet somit, dass man zunächst mehr über sich selbst lernt als über den Anderen. In der Konsequenz dieses Lernens kann historische Empathie an den Vorstellungsbildern des Beobachters rütteln und eben auch eine höhere Sensibilität gegenüber dem Anderen/Fremden einfordern.

So ließe sich der Erfolg historischen Lernens eben nicht von der Reproduktion standardisierter Werte, Vorstellungen und Deutungen abhängig machen. Stattdessen wäre das Zulassen, Erkennen und Reflektieren eigener Reaktionen in der Begegnung mit Geschichte eine Konsequenz aus den obigen Überlegungen. Empathie würde dann ein lohnendes Ergebnis beispielsweise eines Gedenkstättenbesuches sein, wenn den Besucherinnen und Besuchern die Möglichkeit eingeräumt wird, ablehnend, distanziert, unverständig oder auch mitleidend zu reagieren, um diese Reaktionen anschließend in entsprechenden Lernsettings zu reflektieren. Empathie führt dazu, eigene unbewusste Abwehrrektionen oder Sympathien zu erkennen, sich mit der eigenen Perspektivität auseinanderzusetzen und damit auch die Aufmerksamkeit gegenüber dem Anderen zu schulen.

Damit kann Empathie am Anfang einer Erziehung zu Toleranz, Hilfsbereitschaft und zu solidarischem Verhalten stehen, diese jedoch keineswegs automatisch hervorbringen, wie es die Konzepte einer Empathie als *moral sentiment* nahelegen. Daher wird hier abschließend weniger das Herausbilden von Empathiefähigkeit eingefordert, sondern aufgefordert, über Empathie mit ihren Effekten von Parteinahme und Distanzierung die Wahrnehmung von Andersartigkeit zu trainieren. In der Definition historischen Lernens als *eigen-sinnig produktive Aneignung* bedeutet Empathie, die Wahrnehmung des Fremden in

---

52 Dominick LaCapra sprach von »empathic unsettlement«, der dem hier gewählten Begriff der produktiven Irritation nahekommt: »The role of empathy and empathic unsettlement in the attentive secondary witness does not entail this identity; it involves a kind of virtual experience through which one puts oneself in the other's position while recognizing the difference of that position and hence not taking the other's place.«; LaCapra 2001, 78. (Ich danke Sophie Oliver für diesen Hinweis).

das eigene Selbst zu integrieren und damit Aufmerksamkeit und Urteilskompetenz zu stärken. Mit vorsichtigem Optimismus ließe sich darauf bauen, dass die Fähigkeit zur Empathie dem Fremden nicht den Stachel des Fremden nimmt, sondern im Fremden die Faszination des Anderen erkennt und dies als produktive Irritation zur Bildung des Selbst beiträgt.

Literatur

Abram, Ido. »Empathie – nicht Sympathie – mit den Tätern, Opfern, Zuschauern. Keinem Menschen ist eine dieser drei Rollen wirklich fremd«, in: *Lernen aus der Geschichte,* 16. Dezember 2010, http://lernen-aus-der-geschichte.de/Lernen-und-Lehren/content/9072 (zuletzt geprüft am 31. Januar 2013).

Abram, Ido und Matthias Heyl. *Thema Holocaust – Ein Buch für die Schule.* Reinbek bei Hamburg: Rowohlt Taschenbuch Verlag, 1996.

Adorno, Theodor W. »Erziehung nach Auschwitz«, in: *Erziehung zur Mündigkeit. Vorträge und Gespräche mit Hellmuth Becker 1959 – 1969.* Herausgegeben von Georg Kadelbach. Frankfurt am Main: Suhrkamp, 1971, 88 – 104 (suhrkamp taschenbuch 11).

Ahmed, Sara. »Collective Feelings – Or, the Impression Left By Others«, in: *Theory, Culture & Society* 2 (2004), 25 – 42.

Assmann, Aleida. »Erinnerungsorte und Gedächtnislandschaften«, in: Hanno Loewy und Bernd Moltmann (Hg.), *Erlebnis, Gedächtnis, Sinn. Authentische und konstruierte Erinnerung.* Frankfurt am Main und New York: Campus, 1996, 13 – 29.

Assmann, Aleida und Juliane Brauer. »Bilder, Gefühle, Erwartungen. Über die emotionale Dimension von Gedenkstätten und den Umgang von Jugendlichen mit dem Holocaust«, in: *Geschichte und Gesellschaft* 37 (1) (2011), 72 – 103.

Baring, Frank. »Internationale Geschichtsdidaktische Perspektiven – Multiperspektivität, Empathie, und Perspektivübernahme in den USA und Großbritannien«, in: Saskia Handro und Bernd Schönemann (Hg.), *Geschichtsdidaktische Lehrplanforschung. Methoden – Analysen – Perspektiven.* Münster: LIT, 2004, 203 – 214.

Ders. »Empathie«, in: Ulrich Mayer u. a. (Hg.), *Wörterbuch Geschichtsdidaktik.* 2., überarbeitete und erweiterte Auflage Schwalbach/Taunus: Wochenschau-Verlag, 2009, 51 – 52.

Ders. *Empathie und historisches Lernen. Eine Untersuchung zur theoretischen Begründung und Ausformung in Schulgeschichtsbüchern.* Frankfurt am Main: Lang, 2011 (Europäische Hochschulschriften Reihe 3, Geschichte und ihre Hilfswissenschaften 1089).

Barricelli, Michele. »Fremdverstehen/Alterität«, in: Ulrich Mayer u. a. (Hg.), *Wörterbuch Geschichtsdidaktik.* 2., überarbeitete und erweiterte Auflage Schwalbach/Taunus: Wochenschau-Verlag, 2009, 72.

Ders. »Narrativität«, in: Michele Barricelli und Martin Lücke (Hg.), *Handbuch Praxis Geschichtsunterricht. Band 1.* Schwalbach/Taunus: Wochenschau-Verlag, 2012, 255 – 280.

Barricelli, Michele und Martin Lücke. »Historisch-politische Bildung«, in: Benno Hafeneger (Hg.), *Handbuch Außerschulische Jugendbildung. Grundlagen – Handlungsfelder – Akteure.* Schwalbach/Taunus: Wochenschau-Verlag, 2011, 325 – 343.

Dies. (Hg.). *Handbuch Praxis Geschichtsunterricht. Band 1.* Schwalbach/Taunus: Wochenschau-Verlag, 2012.

Bayerisches Staatsministerium für Unterricht und Kultus. »Lehrplan für Evangelische Religionslehre Jahrgangsstufe 6 des Landes Bayern«, in: *Lehrplan für das Gymnasium in Bayern.* 2004, http://www.isb-gym8-lehrplan.de/contentserv/3.1.neu/g8.de/ index.php?StoryID=26310&PHPSESSID=5b1c13707adc62caf1afa52922c92546 (zuletzt geprüft am 31. Januar 2013).

Breger, Claudia und Fritz Breithaupt. »Einleitung«, in: Claudia Breger und Fritz Breithaupt (Hg.), *Empathie und Erzählung.* Freiburg im Breisgau, Berlin und Wien: Rombach, 2010, 7–20.

Breithaupt, Fritz. *Kulturen der Empathie.* Frankfurt am Main: Suhrkamp, 2009 (Suhrkamp Taschenbuch Wissenschaft 1906).

Cunningham, Deborah L. »An Empirical Framework For Understanding How Teachers Conceptualize and Cultivate Historical Empathy in Students«, in: *Journal of Curriculum Studies* 41 (5) (2009), 679–709.

Davis Jr., O. L. »In Pursuit of Historical Empathy«, in: O. L. Davis Jr., Elizabeth Anne Yeager und Stuart J. Foster (Hg.), *Historical Empathy and Perspective Taking in the Social Studies.* Lanham, MD: Rowman and Littlefield, 2001, 1–12.

Davis Jr., O. L., Elizabeth Anne Yeager und Stuart J. Foster (Hg.). *Historical Empathy and Perspective Taking in the Social Studies.* Lanham, MD: Rowman and Littlefield, 2001.

Fontius, Martin. »Einfühlung/Empathie/Identifikation«, in: Karlheinz Barck u.a. (Hg.), *Ästhetische Grundbegriffe Band 2.* Stuttgart und Weimar: Metzler, 2010, 121–142.

Frevert, Ute und Tania Singer. »Empathie und ihre Blockaden: Über soziale Emotionen«, in: Tobias Bonhoeffer und Peter Gruss (Hg.), *Zukunft Gehirn. Neue Erkenntnisse, neue Herausforderungen. Ein Report der Max-Planck-Gesellschaft.* München: Beck, 2011, 121–146.

Gaede, Daniel. »Buchenwald«, in: Burkard Asmuss und Hans-Martin Hinz (Hg.), *Historische Stätten aus der Zeit des Nationalsozialismus. Orte des Erinnerns, des Gedenkens und der kulturellen Weiterbildung.* Frankfurt am Main: Peter Lang, 2000, 183–191.

Gassner, Burghard. *Empathie in der Pädagogik – Theorien, Implikationen, Bedeutung, Umsetzung.* Der Heidelberger Dokumentenserver, 2. März 2007, http://www.ub.uni-heidelberg.de/archiv/7224 (zuletzt geprüft am 31. Januar 2013).

Goldie, Peter. »Anti-Empathy«, in: Amy Coplan und Peter Goldie (Hg.), *Empathy. Philosophical and Psychological Perspectives.* Oxford: Oxford University Press, 2011, 302–317.

Iacoboni, Marco. *Woher wir wissen, was andere denken und fühlen. Die neue Wissenschaft der Spiegelneuronen.* München: Deutsche Verlags-Anstalt, 2009.

Jungkamp, Burkhard. »Grußwort des Staatssekretärs für Bildung, Jugend und Sport Burkhard Jungkamp an das 9. Berlin-Brandenburgisches Forum für zeitgeschichtliche Bildung«, in: *Lernen aus der Geschichte,* 13. November 2012, http://lernen-aus-der-geschichte.de/Lernen-und-Lehren/content/10862 (zuletzt geprüft am 31. Januar 2013).

Jureit, Ulrike und Christian Schneider. *Gefühlte Opfer. Illusionen der Vergangenheitsbewältigung.* Stuttgart: Klett-Cotta, 2011.

LaCapra, Dominick. *Writing History, Writing Trauma.* Baltimore und London: John Hopkins University Press, 2001 (Parallax. Re-Visions of Culture and Society).

LaG-Magazin – Sonderausgabe Emotionalität und Kontroversität (11) (2012), http://lernen-aus-der-geschichte.de/Lernen-und-Lehren/Magazin/10805 (zuletzt geprüft am 31. Januar 2013).

Lücke, Martin. »Multiperspektivität, Kontroversität, Pluralität«, in: Michele Barricelli und Martin Lücke (Hg.), *Handbuch Praxis Geschichtsunterricht. Band 1*. Schwalbach/Taunus: Wochenschau-Verlag, 2012, 281 – 288.

Mayer, Ulrich u. a. (Hg.). *Wörterbuch Geschichtsdidaktik*. 2., überarbeitete und erweiterte Auflage Schwalbach/Taunus: Wochenschau-Verlag, 2009.

Meier, Kerstin. »Choreographie der Emotionen«, in: *Kölner Stadt-Anzeiger*, 2. Februar 2012, http://www.ksta.de/kultur/gedenken-choreographie-der-emotionen,15189520,11963354.html (zuletzt geprüft am 31. Januar 2013).

Ricoeur, Paul. *Zeit und Erzählung, Band III: Die erzählte Zeit*. München: Fink, 1991.

Schörken, Rolf. *Historische Imagination und Geschichtsdidaktik*. Paderborn und Zürich: Schöningh, 1994.

Ders. *Begegnungen mit Geschichte. Vom außerwissenschaftlichen Umgang mit der Historie in Literatur und Medien*. Stuttgart: Klett-Cotta, 1995.

Ders. »Imagination und geschichtliches Verstehen«, in: *Neue Sammlung. Vierteljahres-Zeitschrift für Erziehung und Gesellschaft* 38 (2) (1998), 202 – 212.

Verducci, Susan. »A Conceptual History of Empathy and a Question It Raises From Moral Education«, in: *Educational Theory* 50 (1) (2000), 63 – 80.

Weber, Barbara, Eva Marsal und Takara Dobashi. *The Politics of Empathy. New Interdisciplinary Perspectives on an Ancient phenomenon*. Berlin: LIT, 2011.

Yeager, Elizabeth Anne und Stuart J. Foster. »The Role of Empathy in the Development of Historical Understanding«, in: O. L. Davis Jr., Elizabeth Anne Yeager und Stuart J. Foster (Hg.), *Historical Empathy and Perspective Taking in the Social Studies*. Lanham, MD: Rowman and Littlefield, 2001, 13 – 20.

Yilmaz, Kaya. »Historical Empathy and Its Implication for Classroom Practices in Schs«, in: *The History Teacher* 40 (3) (2007), 331 – 337.

Martin Lücke

Fühlen – Wollen – Wissen.
Geschichtskulturen als emotionale Gemeinschaften

1. »Ich betrat das Gebäude und war überwältigt« – Gedanken zur Einführung

»Neben die wissenschaftliche Rationalität tritt gleichberechtigt die Sinnlichkeit historischer Erfahrung.«[1] Die Sinnlichkeit, die Hans-Jürgen Pandel hier als ein zentrales Merkmal für den Umgang mit Geschichte im Leben einer Gesellschaft, der sogenannten Geschichtskultur, bezeichnet, lässt sich in der Tat fast überall dort beobachten, wo die Beschäftigung mit Vergangenheit den engen Zirkel von Akademien und Hochschulen verlässt. Von einer Gleichberechtigung von Rationalität und Sinnlichkeit oder gar von produktiven Allianzen kann dabei jedoch nicht immer die Rede sein.

Wer etwa das polnische Museum des Warschauer Aufstandes betritt – 2004 eröffnet und aufgrund seiner multimedialen Ausstellungskonzeption eines der modernsten Museumsprojekte in Polen –, der hört überall in diesem Haus einen dumpfen, im Sekundentakt wiederkehrenden Ton, der die Besucherinnen und Besucher wie ein *basso continuo* durch die gesamte Ausstellung begleitet. Versinnbildlicht werden soll auf diese Weise der Herzschlag des polnischen Volkes – ein Herzschlag, der vom Heldenmut und Überlebenswillen der Aufständischen des Jahres 1944 zeugen soll, der Herzschlag eines Volkes zudem, der auch nach den Katastrophen des zwanzigsten Jahrhunderts heute noch immer vernehmbar ist.[2]

Im Begleitband zur Ausstellung lassen die Ausstellungsmacher den »Aufständischenenkel«[3] Adam Sosnowski zu Wort kommen, der nach seinem Museumsbesuch seine Erlebnisse in der Ausstellung beschreibt. Nachdem sich Sosnowski in seinem Erlebnisbericht zunächst darüber beschwert, dass »die

---

1 Pandel 2009, 86.
2 Vgl. zur Konzeption des Museums und zur Intention der Ausstellung den Begleitband zur Ausstellung: Bartoszewski und Bujak 2008.
3 Sosnowski 2008, 124.

meisten Menschen noch heute den Aufstand der Juden im Warschauer Ghetto (1943) mit dem Aufstand der polnischen AK [= Bezeichnung für die sogenannte polnische Heimatarmee *Armia Krajowa*, Anm. M.L.] verwechseln«[4], schildert er seine Gefühle beim Betreten des Hauses:

> Mit einem Schritt war ich von der Außenwelt abgeschnitten. Ich betrat das Gebäude und war überwältigt. Die Tür fiel ins Schloss und damit blieb nicht nur das Licht, sondern auch der Alltag draußen. Die Atmosphäre war unbeschreiblich. Automatisch verfielen die Besucher in eine reflexive Stille und wagten es fortan sich nur mehr im Flüsterton zu verständigen. […] Neben klassischen Ausstellungsstücken wie Medaillen, Tagebüchern, Dokumenten oder Uniformen beherbergt das Museum auch einen in Originalgröße nachgebauten Flugzeugbomber aus den Zeiten des 2. Weltkriegs. Im Gegensatz zu vielen anderen Einrichtungen dieser Art fühlt man hier Geschichte. Die Ausstattung der Hallen und Pavillons weckt Emotionen, nicht zuletzt, weil viele Polen einen persönlichen Bezug zum Aufstand haben. […] Ich sah viele Jugendliche um mich herum und ihre Augen spiegelten die gleichen Gefühle wider, die auch ich in mir trug. Stolz, Mitgefühl, Trauer, Zorn. Aber unter all diesen Emotionen war eine mit Abstand die stärkste: Bewunderung.[5]

Es wäre natürlich naiv, von Adam Sosnowskis Erlebnisbericht auf die emotionalen Erfahrungen aller oder vielleicht auch nur der meisten Besucherinnen und Besucher zu schlussfolgern, die das Museum des Warschauer Aufstandes besuchen.[6] Von einer Gleichberechtigung von wissenschaftlicher Rationalität und der Sinnlichkeit historischer Erfahrung kann im Erlebnisbericht des Warschauer Museumsbesuchers jedoch in der Tat keine Rede mehr sein: Das sinnliche Erleben von Geschichte und die Emotionen, die der Ausstellungsbesuch bei ihm hervorrufen, scheinen eine rationale Beschäftigung mit der Vergangenheit fast vollends zu überdecken. Der Besuch der Ausstellung erzwingt – folgen wir Sosnowskis Darstellung – von den Besucherinnen und Besuchern offenbar ganz eigene Kommunikationsregeln, ruft eine scheinbar reflexive Stille hervor und lässt sie im Sprechmodus des Flüstern verharren.

Das kollektive Erleben von Geschichte bringt hier offenbar eine emotionale Gemeinschaft zwischen den längst verstorbenen »Verlassene[n] Helden« des Aufstandes, dem »Aufständischenenkel« und der Jugend der Gegenwart hervor: Durch die gemeinsame, generationenübergreifende und weihevoll-festliche Bewunderung von Taten der Vergangenheit entwerfen sich die Museumsbesucher als ein Kollektiv, als eine Geburtsgemeinschaft, deren sozialer Kitt ge-

---

4 Ebd.

5 Ebd. 124–125.

6 Zumindest Studierende des Masterstudiengangs *Public History* der Freien Universität Berlin, mit denen ich das Museum im Sommer 2011 besucht habe, zeigten sich aufgrund des emotionalen Charakters der Ausstellung sehr befremdet. Befremdet zu sein ist freilich ebenso eine Emotion.

meinsam geteilte Gefühle beim Erleben von Geschichte sind – Geschichte und Emotionen gehen hier eine politische Allianz ein.

In der vermeintlich kühler-rationaleren Geschichtskultur der Bundesrepublik – so könnte man zunächst meinen – dürfte eine dermaßen emotionale Beschäftigung mit Geschichte wohl eher die Ausnahme sein. Dieser Eindruck täuscht jedoch, denn nur die Felder, auf denen die Debatten hierzulande stattfinden, sind andere. Erinnert sei etwa an den fast hysterisch geführten Streit über die Frage, welches Geschlecht die Personen haben dürfen, deren Küsse in den Videoinstallationen im Denkmal für die im Nationalsozialismus ermordeten Homosexuellen zu sehen sind.[7] Wer hegemonialere Themen bevorzugt: Erinnert sei auch an die ständig neu entbrennenden und immer wieder lebhaften Auseinandersetzungen um ein »Zentrum gegen Vertreibungen«. Die leidenschaftlichen Auseinandersetzungen um die Ausstellung *Verbrechen der Wehrmacht* sind gerade einmal 10 Jahre alt.

Emotionen, das immerhin wird in allen Beispielen deutlich, spielen in der Geschichtskultur eine konstitutive Rolle und gehen verwickelte Verbindungen mit kognitiven und politischen Dimensionen von Geschichte ein. Diese Erkenntnis ist freilich keine neue und spätestens seit den phänomenologischen Entwürfen zu Geschichtskultur von Jörn Rüsen Ende der 1980er Jahre *Common Sense* unseres Fachs. In diesem Beitrag soll gefragt werden, ob Ansätze von aktueller geschichts- und kulturwissenschaftlicher Emotionenforschung dazu beitragen können, den Ort von Emotionen in der Geschichtskultur genauer bestimmen zu können. Dazu werden erstens das Konzept der Geschichtskultur und die Verortung von Emotionen in ihm beschrieben. Zweitens wird überlegt, welchen Beitrag theoretische Arbeiten etwa zum *mindful body*, zu *emotional communities* von Barbara H. Rosenwein und schließlich zu *emotional regimes* von William Reddy bei einer kulturwissenschaftlichen Schärfung der Phänomenologie von Geschichtskultur spielen können.

2.   Geschichtskultur – Eine Phänomenologie

Zunächst erscheint also eine kleine Schleife mit Begriffsarbeit notwendig, um sich der Frage annähern zu können, welche systematische Rolle Emotionen bisher beim Nachdenken über Geschichtskultur in der Geschichtsdidaktik gespielt haben. Geschichtsdidaktisch erfahrene Leserinnen und Leser dürften hier

---

7 Vgl. dazu etwa die in der Zeitschrift *Emma* geführte und von Seiten des Lesben- und Schwulenverbandes LSVD dokumentierte Debatte: http://www.emma.de/ressorts/artikel /homosexuelle/homo-mahnmal/ sowie http://www.homo-denkmal.lsvd.de/index.php?option =com_content&view=article&id=75&Itemid=110 (beides zuletzt geprüft am 31. Januar 2013).

nur wenig Neues erfahren oder gelangweilt sein – sie können auch sogleich zu Teil 3 dieses Beitrags weiterblättern. Leserinnen und Leser, die sich bei der Analyse der Art und Weise, wie Individuen und Gesellschaften mit Erinnerungen und Vergangenheit umgehen, des Konzeptes der Erinnerungskultur bedienen und sich dabei auf Vorstellungen etwa vom kollektiven, kommunikativen und sozialen Gedächtnis nach Aleida und Jan Assmann oder Harald Welzer berufen, werden auf den folgenden Seiten vermutlich enttäuscht, denn um diese Konzepte soll es hier nicht gehen. Auch ein Vergleich von Geschichtskultur auf der einen und Erinnerungskultur auf der anderen Seite wird hier nicht angestrebt. Er ist schon allein deshalb schwierig (und ohnehin in diesem Beitrag nicht zielführend), weil sich beide Konzepte »unabhängig voneinander mit eigenen Terminologien entwickelt« haben und »deshalb auch keiner gemeinsamen Systematik oder Herangehensweise folgen.«[8] Diesen Umstand hat zuletzt Wolfgang Hasberg aufgezeigt und dabei breit dargestellt, aus welch grundsätzlich anderen disziplinären Kontexten beide Konzepte stammen und welche unterschiedlichen Fragen mit ihnen beantwortet werden können.[9]

Zurück zum Begriff Geschichtskultur. Dass sich die Geschichtsdidaktik als Disziplin auf grundlegende Weise über das Konzept des Geschichtsbewusstseins definiert, zeigt sich vielleicht nirgendwo so deutlich wie bei ihren Versuchen, sich definitorisch am Begriff der Geschichtskultur abzuarbeiten: Die Leitkategorie Geschichtsbewusstsein[10] wird stets als terminologischer Referenzrahmen benötigt, um auch Geschichtskultur begrifflich fassen zu können. Überblickt man die mittlerweile nicht wenigen Versuche, Geschichtskultur zu definieren, so scheint die Formulierung von Jörn Rüsen noch immer maßgeblich und konsensfähig zu sein, in der es heißt: »Geschichtskultur läßt sich [...] definieren als praktisch wirksame Artikulation von Geschichtsbewußtsein im Leben einer Gesellschaft.«[11]

Es »bezeichnet«, so Rüsen an anderer Stelle, »den Gesamtbereich der Aktivitäten des Geschichtsbewusstseins« und lässt sich »als ein eigener Bereich der Kultur mit einer spezifischen Weise des Erfahrens und Deutens der Welt [...] beschreiben und analysieren« und markiert als geschichtsdidaktische Kategorie

---

8 Oswalt 2009, 8.
9 Vgl. dazu Hasberg 2006 sowie aktuell Schönemann 2011.
10 Als Definition für Geschichtsbewusstsein soll hier verwendet werden »die ständige Gegenwärtigkeit des Wissens, daß der Mensch und alle von ihm geschaffenen Einrichtungen und Formen seines Zusammenlebens in der Zeit existieren, also eine Herkunft und eine Zukunft haben, daß sie nichts darstellen, was stabil, unveränderlich und ohne Voraussetzungen ist«; Schieder 1974, 78–79, zitiert nach Jeismann 1997, 42.
11 Rüsen 1994, 5.

»den Sitz des Geschichtsbewusstseins im Leben«.[12] Dieser Begriffsbildung schließt sich auch Hans-Jürgen Pandel im Prinzip an, wenn er ausführt:

> Geschichtskultur bezeichnet die Art und Weise, wie eine Gesellschaft mit Vergangenheit und Geschichte umgeht. In ihr wird das Geschichtsbewusstsein der in dieser Gesellschaft Lebenden praktisch und äußert sich in den verschiedensten kulturellen Manifestationen.[13]

Wie genau aber hängen Geschichtsbewusstsein und Geschichtskultur zusammen? Bernd Schönemann präzisiert:

> Die Kategorien Geschichtsbewusstsein und Geschichtskultur lassen sich widerspruchsfrei unter dem »Dach« der Zentralkategorie »Geschichtsbewusstsein in der Gesellschaft« ansiedeln, wenn man akzeptiert, dass Gesellschaften ihre Vergangenheit auf zweierlei Weise (bimodal) konstruieren, nämlich individuell und kollektiv. Geschichtsbewusstsein und Geschichtskultur werden dann als zwei Seiten einer Medaille begreifbar: Auf der einen Seite Geschichtsbewusstsein als *individuelles* Konstrukt, das sich von außen nach innen, in Internalisierungs- und Sozialisierungsprozessen aufbaut; auf der anderen Seite Geschichtskultur als *kollektives* Konstrukt, das auf dem entgegengesetzten Weg der Externalisierung entsteht und objektive Gestalt annimmt.[14]

Wolfgang Hasberg ergänzt in Anlehnung an Jörn Rüsen, dass es also offenbar »nur ein kleiner Schritt vom Geschichtsbewusstsein zur Geschichtskultur« sei: »Während das Erste die *innere Seite* des historischen Lernens bildet, stellt das Zweite die *äußere Seite* dar.«[15]

Egal, welcher Metaphorik man sich hier anschließen möchte (individuell/ kollektiv, zwei Seiten einer Medaille, innere und äußere Seite): Bemerkenswert ist der Umstand, dass die Geschichtsdidaktik bisher keine *Theorie* vorrätig hält, mit der eben jene Internalisierungs- und Sozialisierungsprozesse oder eben jener Prozess einer Externalisierung vom Individuellen zum Kollektiven (oder von innen nach außen) regelhaft beschrieben werden können.[16] Statt einer Theorie zur Geschichtskultur bietet die Geschichtsdidaktik jedoch eine umfassende Phänomenologie an, indem sie vor allem beschreibt, in welchen Dimensionen sich Geschichtskultur in unserer Gegenwartsgesellschaft äußert. Hier endlich kommen auch Emotionen ins Spiel. So führt Jörn Rüsen aus:

---

12 Rüsen 1997, 38.
13 Pandel 2009, 86.
14 Schönemann 2003, 17.
15 Hasberg 2006, 50.
16 Ob eine solche Theorie eine soziologische oder eine psychologische sein müsste, wäre ebenso zu klären. Vielleicht lassen sich Antworten in Jürgen Habermas' *Theorie des kommunikativen Handelns* finden, indem man historisches Erzählen als Ausdruck von Geschichtsbewusstsein und zugleich als kommunikatives Handeln in heterogenen Geschichtskulturen begreift. Diese Baustelle kann an dieser Stelle jedoch nicht weiter bearbeitet werden.

Im Blick auf moderne Lebensverhältnisse lassen sich verschiedene Bereiche und Dimensionen der Geschichtskultur unterscheiden, vor allem die ästhetische, die politische und die kognitive. Sie sind in ihrer Unterschiedlichkeit und in ihrem inneren Zusammenhang anthropologisch fundiert, nämlich in den elementaren mentalen Operationen des Fühlens, Wollens und Denkens.[17]

Mit der ästhetischen Dimension von Geschichtskultur ist dabei »gerade nicht das Historische im Ästhetischen, sondern das Ästhetische im Historischen«[18] gemeint – eine Analyse des Ersten wäre wohl eher eine Aufgabe der Kunstgeschichte, während das Zweite beschreibt, auf welche Weise Geschichte durch ihre Ästhetisierung in der Gegenwart erfahrbar werden kann. Gerade dem Ästhetischen, das laut Rüsen in der mentalen Operation des Fühlens zum Ausdruck komme, gesteht er eine sehr umfassende Bedeutung bei der Wirkungsmächtigkeit von Geschichte in unserer Gegenwart zu. Hier lohnt sich ein ausführlicherer Blick in seine Ausführungen:

> Was macht historische Erinnerung eingängig, was verleiht ihr die Lebendigkeit, mit der sie die Abständigkeit und Unwirklichkeit der Vergangenheit in die überwältigende Wirklichkeit der Gegenwart hinein vermittelt? Diese Frage ist ohne einen Hinweis auf die ästhetische Qualität historischer Präsentationen der Vergangenheit nicht beantwortbar. Ohne den hier vorherrschenden Gesichtspunkt formaler Stimmigkeit – traditionell wird er »Schönheit« genannt – könnten historische Werke ihre orientierende Kraft auf der Ebene der sinnlichen Wahrnehmung nicht entfalten; die Gedankenblässe der Erkenntnis hätte kein Feuer der Einbildungskraft, mit der die historische Erinnerung als Gesichtspunkt handlungsleitender Zwecksetzungen wirksam wird. Das gleiche gilt für die Umsetzung historisch formulierter politischer Absichten. Auch sie müssen sich mit der Gestaltungs- und Wirkungskraft der sinnlichen Anschauung verschwistern, um ihre praktische Funktion erfüllen zu können.[19]

Hier liegen nun sehr viele Begriffe gleichzeitig auf dem Tisch. Vielleicht erfolgt an dieser Stelle auch allzu schnell eine Verknüpfung der Dimension *Ästhetik* mit der ihr zugeschriebenen Fähigkeit einer »sinnlichen Wahrnehmung«, die dann wiederum in der elementaren mentalen Operation des Fühlens zum Ausdruck kommt.[20] Immerhin jedoch wird der Rolle von Emotionen in diesem Entwurf eine zentrale Rolle zugewiesen: Die sinnliche Wahrnehmung ist es, die historisches Erinnern durch ein »Feuer der Einbildungskraft« überhaupt erst praktisch wirksam werden lässt. Oder schärfer formuliert: Ohne Emotionen müsste die

---

17 Rüsen 1997, 39.
18 Rüsen 1994, 12.
19 Ebd. 13.
20 Wäre an dieser Stelle Platz für einen weiteren begrifflichen Schlenker, könnten hier Ausführungen zur Theorie der Ästhetik und zum Zusammenhang von Emotion und ästhetischem Empfinden gewiss dazu beitragen, dem Zusammenhang dieser Begriffe noch genauer nachzugehen als es in dieser kurzen Skizze der Phänomenologie von Geschichtskultur möglich ist.

politische und die kognitive Dimension von Geschichtskultur ins Leere laufen, würde blass und wirkungslos bleiben und Geschichte könnte ihrer Orientierungsfunktion überhaupt nicht nachkommen. An diesem Entwurf ist insbesondere bemerkenswert, dass solch grundsätzliche Überlegungen zur Verschränkung von Rationalität und Emotionalität (und auch zur Verschränkung mit dem Politischen), durch die eine Dichotomie zwischen Kognition und Gefühl ja im Prinzip aufgelöst oder doch zumindest verflüssigt wird, für die Analyse von Geschichts*kultur* weder als umstritten noch als kritikwürdig gelten – während eine Integration von Emotionen in historische Lernprozesse in der Schule zur gleichen Zeit mit großer Skepsis betrachtet wurde, und wohl auch noch immer betrachtet wird.[21]

Die drei geschichtskulturellen Dimensionen Ästhetik (Fühlen), Politik (Wollen) und Kognition (Wissen) sind, greift man die Redeweise des »Verschwisterns« von Rüsen auf, als Schwestern vorstellbar, bei »denen auf jeweils unterschiedliche Weise historischer Sinn gebildet und transportiert wird«, sie existieren »realiter niemals unabhängig von einander«[22]. Wie vielleicht auch bei leibhaftigen Schwestern nicht unüblich, ist »[d]er Zusammenhang der verschiedenen Dimensionen [...] dadurch charakterisiert, daß jeweils die eine Dimension die andere zu instrumentalisieren trachtet und damit zu Verengungen und Verwerfungen der Geschichtskultur führt«.[23] Alle drei Schwestern gehen komplexe Beziehungen ein, wobei die Geschichtskultur erst dann ihre historische Orientierungsfunktion am besten erfüllen kann, wenn sie »ihre drei Dimensionen in relativer Autonomie beläßt und zugleich wechselseitig kritisch aufeinander bezieht.«[24] Die Dimensionen von Geschichtskultur sollen also – kommen wir auf den eingangs zitierten Hans-Jürgen Pandel zurück – im besten Falle gleichberechtigt sein.

Eine solche Strukturierung, zunächst ja kaum mehr als der Ausdruck einer »spekulativ-theoretischen« Gedankenarbeit, kann es immerhin leisten, »Geschichtskultur zunächst empirisch erschließbar werden«[25] zu lassen und dabei der Bedeutung von Emotionen einen systematischen Ort zuzuweisen. Die Funktion einer solchen Phänomenologie hat also heuristischen Wert und kann dabei helfen, jeweils konkrete Ausprägungen von Geschichtskultur genauer zu

---

21 Vgl. hierzu auch den einleitenden Beitrag von Brauer und Lücke in diesem Band, in dem vor allem historische Erfahrungen mit einem emotional überhöhten Gesinnungsunterricht in Kaiserreich und Nationalsozialismus sowie ein zu attestierender *Rationalisierungsschub* der bundesdeutschen Geschichtsdidaktik in den 1970er Jahren für diesen Umstand verantwortlich gemacht werden.
22 Hasberg 2006, 50.
23 Rüsen 1997, 40.
24 Ebd.
25 Hasberg 2006, 50.

beschreiben. Wolfgang Hasberg präzisiert dieses Strukturmodell in Form einer Tabelle (siehe Tab. 1).

Tab. 1: Strukturmodell nach Wolfgang Hasberg (Hasberg 2006, 50)

Grundmodi menschlicher Mentalität	Prinzipien menschlicher Mentalität	Disziplinäre Verdichtung menschlicher Mentalität	Dimensionen der Geschichtskultur
Gefühl	Schönheit	Kunst	ästhetische Dimension
Wille	Macht	Politik	politische Dimension
Verstand	Wahrheit	Wissenschaft	kognitive Dimension

3. Perspektiven kultur- und geschichtswissenschaftlicher Emotionenforschung für die geschichtsdidaktische Geschichtskulturforschung

Die geschichts- und kulturwissenschaftliche Emotionenforschung hat – davon ist in diesem Band mehrfach die Rede – in den vergangenen Jahren eine gewisse Konjunktur erfahren, sogar von einem *emotional turn* kann die Rede sein, den Ute Frevert recht genau auf das Jahr 2006 zu datieren weiß.[26] Vielleicht können einige der Ansätze, die im Zuge eines solchen *emotional turn* diskutiert wurden, auch dabei behilflich sein, genauer in den Blick zu nehmen, wie eben jene Internalisierungs- und Sozialisierungsprozesse oder auch eben jener Prozess einer Externalisierung vom Individuellen zum Kollektiven, also der Weg vom Geschichtsbewusstsein zur Geschichtskultur und zurück, beschrieben werden können. Ferner kann auf diese Weise in den Blick geraten, welche Rolle Emotionen im Wechselspiel mit kognitiven und politischen Dimensionen von Geschichtskultur spielen. Vielleicht also kann es durch einen Blick auf die gegenwärtige historische Emotionenforschung gelingen, einen kleinen Beitrag bei der Suche nach einer Theorie der Geschichtskultur zu leisten – oder doch zumindest dazu beizutragen, Emotionen in der Geschichtskultur empirisch präziser fassen zu können.

Grundsätzlich werden Emotionen in der gegenwärtigen kultur- und geschichtswissenschaftlichen Emotionenforschung als *collective feelings*[27] und auf diese Weise als Vermittlerinstanz zwischen Körper/Geist und Gesellschaft an-

---

26 Frevert 2009, 184.
27 Ahmed 2004.

gesehen, gleichzeitig als eine zentrale Dimension von Erfahrung und Erkenntnis.[28] Auf diese Weise arbeitet die Emotionenforschung mit einem Konzept von Emotionen, das in der Lage ist, den in der Phänomenologie der Geschichtskultur geprägten Dreiklang von Fühlen, Wollen und Wissen zu dynamisieren – und dabei Emotionen zum entscheidenden Motor einer solchen Dynamisierung werden zu lassen. Schließt man sich der Vorstellung eines *mindful body* nach Nancy Scheper-Hughes und Margaret M. Lock an, die den individuellen Körper als physisches Artefakt, den sozialen Körper als kulturelles Symbol und den politischen Körper als Symbol für Macht und Kontrolle beschreiben,[29] so lässt sich ein solcher *mindful body* auch als Akteur von Geschichtskultur begreifen.

Diese Überlegungen sind abstrakt – sie können konkreter werden, wenn wir auch Adam Sosnowski, den eingangs zitierten Besucher im Museum des Warschauer Aufstandes, als eine Person mit einem solchen *mindful body* begreifen. Adam Sosnoswki betritt die Ausstellung und nimmt die Reize und Eindrücke der musealen Präsentation als unmittelbar physische Eindrücke seines individuellen Körpers wahr, fühlt sich sogar »von der Außenwelt abgeschnitten«, »überwältigt« und empfindet die Atmosphäre schließlich als »unbeschreiblich.«[30] Seine Emotionen verknüpfen sich rasch mit der Erinnerung an seinen Großvater und dessen Erzählungen an den Aufstand (»Mein Großvater kämpfe den ganzen Aufstand hindurch«[31]). Diese Erinnerung wird von Sosnowski rasch verallgemeinert, sein mit dem Großvater geteiltes kommunikatives Gedächtnis emotional in das kulturelle Gedächtnis eingeschrieben. Er führt aus: »Die Ausstattung der Hallen und Pavillons weckt Emotionen, nicht zuletzt, weil viele Polen einen persönlichen Bezug zum Aufstand haben.«[32]

Indem Sosnowski sein emotionales Erleben in eine intergenerationelle Heldengeschichte einflicht, wird sein *mindful body* dann in der Tat auch zu einem politischen Körper, zum Symbolträger im Prozess von *nation building,* denn nicht umsonst werden die Macherinnen und Macher der Warschauer Ausstellung gerade seine emotionale Schilderung gewählt haben, um die Geschichte der Helden von Warschau in die polnische Nationalgeschichte einzuschreiben. Zu beobachten ist hier in jedem Fall, dass der geschichtskulturelle Ort der Ausstellung zu einem Raum wird, in dem sich eine emotionale Gemeinschaft konstituiert.

---

28 Vgl. hierzu die umfassenden Ausführungen im einleitenden Beitrag von Brauer und Lücke in diesem Band.

29 Hier sei insbesondere verwiesen auf Scheper-Hughes und Lock 1987 sowie ebenso auf die weiterführenden Ausführungen im einleitenden Beitrag von Brauer und Lücke in diesem Band.

30 Sosnowski 2008, 124.

31 Ebd. 125.

32 Ebd. 124.

Den Begriff der emotionalen Gemeinschaften prägte insbesondere die US-amerikanische Historikerin Barbara H. Rosenwein, als sie emotionale Gemeinschaften in mittelalterlichen Gesellschaften untersuchte.[33] Sie definiert solche *emotional communities* als »soziale Gruppen, die dieselben Bewertungen und Vorstellungen davon, wie diese auszudrücken seien, vertreten« – oder auch als »Personengruppen, die von gemeinsamen oder ähnlichen Interessen, Werten, Emotionsstilen und Emotionsbewertungen zusammengehalten werden.«[34] Eine solche emotionale Gemeinschaft konstituiert sich offenbar auch, wenn Individuen den geschichtskulturellen Ort einer historischen Heldenausstellung wie in Warschau betreten. Hier kann man – greift man die Gedanken von Rosenwein auf – erkennen,

> dass es bei Emotionen um etwas geht, nämlich: Dinge, die wir für wichtig erachten. Emotionen überwältigen uns nur deshalb, weil wir mit etwas konfrontiert wurden oder uns etwas widerfahren ist, was unser Wohlbefinden betrifft. Emotionen sind das Ergebnis unserer Werte und Wertungen.[35]

Als Mediävistin interessiert sich Rosenwein freilich nicht für emotionale Gemeinschaften, die durch ein gemeinsames Erleben von gegenwärtiger Geschichtskultur hervorgebracht werden. Dennoch sind ihre Ausführungen dazu, wie man emotionale Gemeinschaften überhaupt erst einmal erkennt und mit welchen Quellen man sie analysieren kann, gerade für einen empirischen Zugriff auf gegenwärtige Geschichtskulturen ein großer Gewinn. Um solche Gemeinschaften erkennen und analysieren zu können, spricht sie sich dafür aus, »mit einem Blick auf Emotionen alles [zu] lesen, was deren Mitglieder schrieben« und präzisiert, dass es insbesondere wichtig sei zu wissen

> welche Wörter für die emotionale Gemeinschaft, mit der man zu tun hat, auf Emotionen verweisen. [...] Die Suche nach dem Emotionswort in einem Text ist nur der erste Schritt. Als nächstes muss man herausfinden, wie oft und in welchem Kontext es verwendet wird, ob sein Gebrauch geschlechtsspezifisch ist, ob es nach Klasse oder Stand variiert und wie es ausgedrückt wird (mit Nachdruck oder eher zaghaft, begleitet von körperlichen Zeichen wie Erröten usw.). Wenn diese Methode bei jeder häufig erwähnten Emotion angewandt wird und dabei noch Emotionen aufgeschrieben

---

33 Hier ist insbesondere zu nennen Rosenwein 2006.
34 Die emotionenhistorischen Ansätze von Barbara H. Rosenwein und später auch jene von William Reddy werden hier im im Rahmen eines Interviews aufgegriffen, das der Historiker Jan Plamper mit William Reddy, Barbara Rosenwein und Peter Stearns im Jahr 2009 geführt hat. Seiner hervorragend fokussierten Interviewführung dieser (E-Mail-)Interviews ist es zu verdanken, dass Rosenwein und Reddy auf besonders präzise Weise über ihre Begrifflichkeiten und Arbeitsweisen Auskunft geben – ein Umstand, der für diesen Beitrag mit großem Gewinn ausgenutzt werden kann; vgl. Plamper 2010, 56.
35 Ebd. 54.

werden, die zu fehlen scheinen, so werden in der Regel Muster sichtbar – die Konturen einer emotionalen Gemeinschaft.[36]

Wendet man diese Überlegungen auf die Schilderung des Warschauer Ausstellungsbesuchers an, so zeigt sich hier zunächst – wenig überraschend –, dass seine Schilderung allein kaum ein Indikator für eine emotionale Gemeinschaft sein kann, sondern dass erst ein Vergleich unterschiedlicher Erlebnisschilderungen von Ausstellungsbesucherinnen und -besuchern notwendig ist, um »Muster« und »Konturen einer emotionalen Gemeinschaft« zu erkennen. Immerhin gibt Adam Sosnowski Auskunft über seine Perspektivität – als Mann (wie fast immer bei Männern üblich recht implizit), als Pole und als Nachkomme eines Aufstands-Überlebenden. Er schließt seine Aufzählung von Emotionen, indem er »Bewunderung« für die »Helden von Warschau« als die »mit Abstand stärkste« Emotion bezeichnet – *nach* »Stolz, Mitgefühl, Trauer, Zorn«. Hier liefert er also einen Katalog von graduierten Gefühlsbegriffen, der als heuristische Folie dienen könnte, wenn es darum ginge, in vergleichbaren anderen Texten nach Konturen einer emotionalen Gemeinschaft zu suchen. Aufgabe einer Geschichtskulturforschung, die sich dem Ziel verschreibt, Geschichtskulturen als emotionale Gemeinschaften empirisch zu analysieren, wäre demnach, aus einer Vielzahl von Texten, in denen Personen mit ihrem *mindful body* Orte der Geschichtskultur betreten, sorgfältig nach den sprachlichen Mustern zu suchen, mit denen sie ihre Emotionalität ausdrücken.

In aller Regel jedoch werden die emotionalen Eindrücke, die die Rezipientinnen und Rezipienten von Geschichtskultur aufnehmen und nach außen tragen, nur selten schriftlich festgehalten. Gerade in Zeiten, in denen sich »im Zuge der Durchsetzung der Erlebnisgesellschaft das postmoderne Leitmuster ›Geschichte als Event‹«[37] als geschichtskulturelles Leitmuster durchzusetzen scheint (was an dieser Stelle keinesfalls beklagt werden soll), gehen sowohl Modi der Rezeption als auch der Reflexion von Geschichte in flüssigere und hybridere Formen über – aber auch gesetzte Bildungsbürgerinnen und Bildungsbürger verfassen vermutlich eher selten schriftliche Texte, in denen sie über ihr Erleben einer Ausstellung, eines historischen Spielfilms oder eines historischen Romans reflektieren.

Was Barbara H. Rosenwein zusätzlich für die Erforschung vergangener emotionaler Gemeinschaften fordert, und zwar »die Quellenbasis zur Erforschung emotionaler Gemeinschaften um Musik und Kunst«[38] zu erweitern, kann entsprechend auch für die Analyse von Geschichtskulturen gelten. Dann wäre zu analysieren, wie etwa Musik und Kunst in geschichtskulturelle Objektivationen

---

36 Ebd. 56–57.
37 Schönemann 2011, 59.
38 Plamper 2010, 58.

integriert werden. Dann jedoch verließe man freilich die *Rezeptions*ebene und ginge auf die *Präsentations*ebene von Geschichtskultur über. Hier wäre dann systematisch zu fragen, mit welcher Bedeutung ästhetische Inszenierungen von Geschichte in ihren jeweiligen geschichtskulturellen Kontexten belegt werden, welche gesellschaftlich etablierten Bedeutungen solcher ästhetischen Inszenierungen sie aufgreifen und auf welche Weise sie solche Inszenierungen durch die eigen-sinnige Anreicherung mit historischen Inhalten umdeuten. Ergebnis einer solchen Analyse könnte dann sein, genauer zu wissen, was als charakteristisch für die jeweilige geschichtskulturelle emotionale Gemeinschaft ausgemacht werden kann, welche ästhetischen Regeln also in ihnen gelten und welche Allianz diese Regeln mit den kognitiven und politischen Dimensionen von Geschichte eingehen.

Solche Regeln freilich dokumentieren dann auch jeweils, auf welche Weise das Zusammenspiel von Fühlen, Wissen und Wollen von machtvollen und interessegeleiteten Regeln bestimmt wird. Solche Regeln beschreibt der Historiker William Reddy als *emotional regimes*. Darunter versteht er »die Reihe normativer Emotionen und die offiziellen Rituale, Praktiken [...], die diese ausdrücken und einprägen; eine notwendige Grundlage eines jeden stabilen politischen Regimes«.[39] Reddy weist insbesondere darauf hin, dass komplexe Gesellschaften »von einer Vielzahl emotionaler Stile geprägt« sind und »dass manche dieser Stile in ihrem eigenen Kontext aufgezwungen werden, also in diesem Kontext die Kraft von Normen besitzen«.[40]

Dieser Gedanke kann dabei helfen, die Verschränkung zwischen der politischen und der ästhetischen Ebene, zwischen dem »Wollen« und dem »Fühlen« in Geschichtskulturen präziser zu fassen. So wirken auch in Geschichtskulturen, vorgestellt als emotionale Gemeinschaften, machtvolle emotionale Regimes, durch die sich die politische Dimension von Geschichte der ästhetischen zu bemächtigen scheint. Aufgabe einer Analyse von Geschichtskulturen der Gegenwart wäre es dann, nach eben solchen emotionalen Regimes Ausschau zu halten und dabei im Blick zu behalten, dass der Umgang mit Geschichte in unserer Gegenwartsgesellschaft als eine machtvolle Angelegenheit erscheint – »die Sinnlichkeit historischer Erfahrung«[41] wäre dann ihres reinen Genusscharakters entzaubert.

Im Rahmen dieses Beitrags konnte bestenfalls in programmatischer Weise diskutiert werden, auf welche Weise emotionen*geschichtliche* Forschungsansätze mit Gewinn für eine Analyse von gegenwärtigen Geschichtskulturen nutzbar gemacht werden können. Hier sind die Forschungsaufgaben klar be-

---

39 Ebd. 44–45.
40 Ebd. 45.
41 Pandel 2009, 86.

nannt, und zuletzt schrieb Bernd Schönemann 2011 der Geschichtsdidaktik ins Aufgabenheft, man müsse untersuchen, wie »Individuen geschichtskulturelle Deutungs- und Erlebnisangebote in ihre historischen Gefühls-, Wissens- und Verstehenshorizonte« integrieren. Auf dem Weg zu einer solchen »geschichts-kulturell akzentuierte[n] Lernbiographie- und Sozialisationsforschung, die zu erkunden versucht, wie die Bildung individuellen Geschichtsbewusstseins ge-schichtskulturell stimuliert und beeinflusst wird«[42] (und *vice versa*), können die Konzepte des *mindful body*, von *emotional communities* und die herrschaf-kritische Perspektive einer Analyse von *emotional regimes* einen entscheiden-den Beitrag liefern.

Literatur

Ahmed, Sara. »Collective Feelings – Or, the Impression Left By Others«, in: *Theory, Culture & Society* 2 (2004), 25 – 42.

Bartoszewski, Władysław und Adam Bujak. *Verlassene Helden des Warschauer Aufstands.* Übersetzt von Jolanta Lenard. Kraków: Biały Kruk, 2008.

Bergmann, Klaus u. a. (Hg.). *Handbuch der Geschichtsdidaktik.* 5., überarbeitete Auflage Seelze-Velber: Kallmeyer, 1997.

Frevert, Ute. »Was haben Gefühle in der Geschichte zu suchen?«, in: *Geschichte und Gesellschaft* 35 (2) (2009), 183 – 208.

Hasberg, Wolfgang. »Erinnerungs- oder Geschichtskultur? Überlegungen zu zwei (un)-vereinbaren Konzeptionen zum Umgang mit Gedächtnis und Geschichte«, in: Olaf Hartung (Hg.), *Museum und Geschichtskultur. Ästhetik – Politik – Wissenschaft.* Bie-lefeld: Verlag für Regionalgeschichte, 2006, 32 – 59 (Sonderveröffentlichungen der Gesellschaft für Kieler Stadtgeschichte 52).

Jeismann, Karl-Ernst: »Geschichtsbewußtsein – Theorie«, in: Klaus Bergmann u. a. (Hg.), *Handbuch der Geschichtsdidaktik.* 5., überarbeitete Auflage Seelze-Velber: Kallmeyer, 1997, 42 – 44.

Oswalt, Vadim. »Einführung«, in: Vadim Oswalt und Hans-Jürgen Pandel (Hg.), *Ge-schichtskultur. Die Anwesenheit von Vergangenheit in der Gegenwart.* Schwalbach/Taunus: Wochenschau-Verlag, 2009, 7 – 13.

Pandel, Hans-Jürgen. »Geschichtskultur«, in: Ulrich Mayer u. a. (Hg.), *Wörterbuch Ge-schichtsdidaktik.* 2., überarbeitete und erweiterte Auflage Schwalbach/Taunus: Wo-chenschau-Verlag, 2009, 86 – 87.

Plamper, Jan. »Wie schreibt man die Geschichte der Gefühle? William Reddy, Barbara Rosenwein und Peter Stearns im Gespräch mit Jan Plamper«, in: *WerkstattGeschichte* (54) (2010), 39 – 69.

Rosenwein, Barbara H. *Emotional Communities in the Early Middle Ages.* Ithaca: Cornell University Press 2006.

Rüsen, Jörn. »Was ist Geschichtskultur? Überlegungen zu einer neuen Art, über Ge-

---

42 Schönemann 2011, 72.

schichte nachzudenken«, in: Klaus Füssmann, Heinrich Theodor Grütter und Jörn Rüsen (Hg.), *Historische Faszination. Geschichtskultur heute.* Köln, Weimar und Wien: Böhlau, 1994, 3–26.

Ders. »Geschichtskultur«, in: Klaus Bergmann u. a. (Hg.), *Handbuch der Geschichtsdidaktik.* 5., überarbeitete Auflage Seelze-Velber: Kallmeyer, 1997, 38–41.

Scheper-Hughes, Nancy und Margaret M. Lock. »The Mindful Body – A Prolegomenon to Future Work in Medical Anthropology«, in: *Medical Anthropology Quarterly* 1 (1) (1987), 6–41.

Schieder, Theodor. »Geschichtsinteresse und Geschichtsbewußtsein heute«, in: Carl Jacob Burckhardt (Hg.), *Geschichte zwischen Gestern und Morgen.* München: List, 1974, 73–102 (neue edition list).

Schönemann, Bernd. »Geschichtsdidaktik, Geschichtskultur, Geschichtswissenschaft«, in: Hilke Günther-Arndt (Hg.), *Geschichtsdidaktik. Praxishandbuch für die Sekundarstufe I und II.* Berlin: Cornelsen Scriptor, 2003, 11–22.

Ders. »Erinnerungskultur oder Geschichtskultur?«, in: Eugen Kotte (Hg.), *Kulturwissenschaften und Geschichtsdidaktik.* München: Meidenbauer, 2011, 53–72 (Kulturwissenschaft(en) als interdisziplinäres Projekt 4).

Sosnowski, Adam. »Bewunderung überwog. Gedanken eines Aufständischenenkels nach dem Museumsbesuch«, in: Władysław Bartoszewski und Adam Bujak, *Verlassene Helden des Warschauer Aufstandes.* Kraków: Biały Kruk, 2008, 124–125.

III. Grundbegriffe der Geschichtskultur

Carlos Kölbl

Emotionspsychologie und Geschichtsbewusstseinsforschung – eine fruchtbare Kontaktperspektive? Begriffe, Relationierungen, Unterricht

>»… und die Spanier fingen an, dort und in anderen Gegenden Amerikas,
>das alte, kultivierte Volk der Indianer in der scheußlichsten Weise auszurotten.
>Dieses Kapitel in der Geschichte der Menschheit ist so entsetzlich
>und so beschämend für uns Europäer, daß ich lieber davon schweige.«
>
>Ernst H. Gombrich in *Eine kurze Weltgeschichte für junge Leser*, 1935

1. Eine kurze Antwort auf die Titelfrage

Geschichten und die Geschichte als Kollektivsingular ängstigen, beklemmen, beschämen, empören, verwundern, amüsieren, erfreuen, erregen Spannung, Neugierde, Befremden und Langeweile, erzeugen Wut, Ärger, Hass, Neid und Verwirrung, spenden Trost, erfüllen mit Stolz, Hoffnung, Zuversicht, Euphorie oder auch Trauer, Nostalgie, Melancholie, Resignation, Ohnmacht, Bestürzung und Verzweiflung. Diese kleine Auflistung appelliert offenkundig an ein Verständnis von Geschichte als einen nicht *bloß* szientifischen Gegenstand, sondern an eine Auffassung von Geschichte auch als Existenzial. Dieser Auffassung gemäß sind wir – eine Wendung des Phänomenologen Wilhelm Schapp[1] variierend – in Geschichte nicht allein (wohl nicht einmal hauptsächlich) kognitiv, sondern gewissermaßen mit Haut und Haaren und damit immer schon mit einer Fülle von Gefühlsregungen durch und durch verstrickt.

Wird die skizzierte Prämisse geteilt, liegt die Erwartung nahe, dass Emotionspsychologie und Geschichtsbewusstseinsforschung bei der Bearbeitung von Fragen in dem bislang nur vage angedeuteten Feld einer *gefühlsbeladenen Geschichte* in jedem Falle eine fruchtbare Verbindung eingehen, eingehen könnten oder eingehen müssten. Man mag also beim jetzigen frühen Stand des Textes, der bislang ja weniger Gründe geliefert als vielmehr Evidenzen suggeriert hat, mit aller Vorsicht die Titelfrage in einem ersten Akt der (möglicherweise unbegründeten) Zuversicht bejahen, wobei diese Bejahung zum gegenwärtigen

---

1 Schapp 1976.

Zeitpunkt selbstverständlich nicht mehr als ein Wechsel auf die Zukunft sein kann.

Die folgenden Ausführungen sollen detaillierter und vor allem begründeter zeigen, dass und in welchen Hinsichten die Titelfrage tatsächlich bejaht werden kann; dies nun eher hinsichtlich einer berechtigten Erwartung, dass beide Forschungsstränge eine fruchtbare Verbindung eingehen *könnten*, als der Konstatierung bereits bestehender, gut ausgebauter und auf ihre Tragfähigkeit hin vielfach geprüfter Kontakte.

2.   Eine etwas längere Antwort auf die Titelfrage – wozu auch die Bearbeitung weiterer Fragen nötig ist

Die längere Antwort auf die Titelfrage ist – wie kaum überraschen wird – nicht sofort zu haben, und wird auch am Ende des Textes im besten Fall in Umrissen vorliegen. Zu ihrer Beantwortung ist die Bearbeitung weiterer Fragen nötig. Dies betrifft zunächst einmal (aus naheliegenden Gründen) die beiden Partner, die eine Verbindung eingehen sollen, die Emotionspsychologie und die Geschichtsbewusstseinsforschung. Es wird also zunächst gefragt, was Emotionspsychologie und was Geschichtsbewusstseinsforschung ist. Anders als man zunächst vermuten würde, wird sich zeigen, dass der Gegenstand der Emotionspsychologie durchaus nicht immer das Gefühl ist. Um dieses soll es hier aber in der Hauptsache gehen. Daher ist die Frage danach unumgänglich, was ein Gefühl ist. Nach diesen (zumindest ansatzweisen) Explikationen der für den vorliegenden Text einschlägigen Begriffe und Konzepte werden begriffliche, sodann auch empirische Relationierungsversuche zwischen Gefühl und Geschichtsbewusstseinsforschung diskutiert. Als konkreter expliziter wie impliziter Bezugspunkt fungiert hierbei das Geschichtsbewusstsein Jugendlicher sowie der schulische Umgang damit. Im letzten Abschnitt werden daher einige (wenige) Konsequenzen für den Umgang mit Gefühlen im Geschichtsunterricht formuliert.

3.   Was ist Emotionspsychologie?

Eine Minimaldefinition der Psychologie lautet, sie sei die Wissenschaft vom Verhalten, Erleben und Bewusstsein.[2] Dennoch war es jahrzehntelang so, dass das Erleben, zumindest in der Form des *emotionalen Erlebens*, in der Psycho-

---

2 Zimbardo 1992, 1.

logie vergleichsweise selten als Gegenstand wissenschaftlicher Analysen zum
Zuge kam. Das hängt – wie so oft – mit der langandauernden Dominanz be-
havioristischen Denkens und Forschens in der Psychologie zusammen, aber
nicht nur. Auch die *kognitive Wende* der 1950er, 1960er Jahre verschaffte der
psychologischen Emotionsforschung keineswegs neuen Auftrieb, sondern ver-
engte abermals den psychologischen Gegenstand, nun eben auf Kognitionen, die
am besten noch informationstheoretisch in Anlehnung an computationale
Prozesse modelliert werden sollten. Dabei dürften die Initiatoren der kognitiven
Wende, wie etwa Jerome Bruner, der den Schlachtruf der Wende – oder wie es
bisweilen auch heißt: der Revolution – prägte, »to bring ›mind‹ back into psychology«, durchaus mehr bzw. Anderes im Sinn gehabt haben.[3] Vor dem Hintergrund einer defizitären Forschungslandschaft hat Klaus Scherer noch 1980
auf dem Kongress der Deutschen Gesellschaft für Psychologie in Zürich einen
Vortrag mit dem Titel »Wider die Vernachlässigung der Emotion in der Psychologie« gehalten[4], der in der Folge zum Anlass genommen wurde, auch eine
emotionale Wende der Psychologie zu fordern, was sich etwa in einem einschlägigen Handbuch äußerte.[5]

Im innerdisziplinären Kanon der Psychologie als Wissenschaft gehört die
Emotionspsychologie bekanntlich zur Allgemeinen Psychologie, befasst sich
also mit einem speziellen psychischen Funktionsbereich, der im Hinblick auf
seine Gesetzmäßigkeiten in möglichst universeller Absicht analysiert werden
soll. Dabei interessieren solch unterschiedliche Themen wie evolutionspsycho-
logische Funktionalismen, die Dimensionen der Gefühle, physiologische Aspekte der Emotion, die Bedeutung kognitiver Bewertungen oder die Semantiken
von Gefühlswörtern.[6] Im Laufe der Psychologiegeschichte sind allerdings *so*
unterschiedliche Emotionstheorien aufgestellt worden, dass mitunter der Eindruck entsteht, sie würden sich gar nicht auf denselben Gegenstand beziehen.[7]

Tatsächlich gibt es nicht den *einen* konsensuell geteilten Emotionsbegriff in
der Emotionspsychologie, mithin hat die Emotionspsychologie keinen ganz
einheitlichen Gegenstand. Dies macht etwa eine Arbeit des Ehepaares Kleinginna deutlich, in der die Autoren eine Vielzahl an Emotionsdefinitionen sam-
meln und inhaltsanalytisch auswerten.[8] Dabei zeigt sich, dass lediglich 24 Prozent der von ihnen analysierten Definitionen seit 1970 eine *affektive Kompo-*
nente ins Zentrum ihres Begriffs stellen, wenngleich knapp 80 Prozent diese
Komponente zumindest unter anderen Kategorien – wie etwa eine kognitive

---

3 Bruner 1984 und 1990.
4 Scherer 1981.
5 Euler und Mandl 1983.
6 Mees 1997.
7 Kochinka 2004a, 11 – 16.
8 Kleinginna und Kleinginna 1981.

oder eine physiologische Komponente – anführen. Dies ist insofern erstaunlich, als die affektive Komponente, der Erlebensaspekt der Emotion, also der Umstand, dass hier *gefühlt* wird, doch gerade das Spezifikum von Emotionen ist.[9] Deshalb muss in einem nächsten Schritt danach gefragt werden, was ein Gefühl ist.

4.   Was ist ein Gefühl?

Die Analyse unseres alltäglichen Sprechens und Denkens über Gefühle sowie alltäglicher Erfahrungen kann bereits zu aufschlussreichen Explikationen des Gefühlsbegriffs führen. Dies hat Alexander Kochinka unternommen, dessen Resultate ich im vorliegenden Abschnitt kurz referieren möchte.[10]

Erstens kann zwischen dem Gefühl und seiner Symbolisierung unterschieden werden. Dies bedeutet, dass Gefühle empfunden und symbolisiert werden (können). Hier sind insbesondere zwei Symbolsysteme von Bedeutung: die Sprache und der Gefühlsausdruck (gestisch oder mimisch). *Zweitens* kann nach der Angeborenheit oder der Erlerntheit von Gefühlen gefragt werden. Wir fassen Gefühle oder Anteile von Gefühlen mitunter entweder als eher angeboren oder als eher erlernt auf. Ein Kriterium für die Zuschreibung angeboren oder erlernt scheint im Grad des Variantenreichtums und der Flexibilität eines Gefühls zu liegen. Ein Erschrecken aufgrund eines laut ausgerufenen »Buh!« einer anderen zunächst unsichtbaren Person mag solch ein angeborenes Gefühl sein. *Drittens* können dynamische Aspekte im Fokus der Aufmerksamkeit stehen. Solche Aspekte beziehen sich auf Dauer und Verlauf eines Gefühls. Offenkundig sind die dynamischen Aspekte bei einem mehr oder minder spontanen Wutanfall andere als bei der langandauernden Trauer um den Verlust einer geliebten Person. *Viertens* können Gefühle nach ihrer Komplexität differenziert werden. Zur Komplexität eines Gefühls kann beispielsweise das Eingehen von Kognitionen in das Gefühl beitragen. So dürfte etwa Neid ein komplexes Gefühl sein, das zu fühlen nicht zuletzt kognitiv voraussetzungsvoll ist. Denn um Neid empfinden zu können, muss ich wahrnehmen, dass ich zwar selbst etwas nicht besitze, darüber nicht verfüge oder es nicht habe, aber ein anderer es sehr wohl besitzt, darüber verfügt oder es hat. Auch muss ich dieses Etwas als wertvoll bewerten. *Fünftens* muss auf die Gerichtetheit des Gefühls hingewiesen werden. Gefühle richten sich auf Objekte im weitesten Sinne des Wortes. Man hasst jemanden, freut sich über bzw. auf etwas oder leidet an etwas. Gefühle, die sich auf nichts richten, dürften wohl weniger Gefühle als vielmehr Stimmungen sein.

---

9 Kochinka 2004a, 10 u. ö.
10 Ebd. 20 – 58.

Sechstens ist von Interesse, dass Gefühle uns als beherrschbar, aber auch als unverfügbar erscheinen können. Uns allen ist die Rede von Taten im Affekt genauso geläufig wie die Vorstellung, wir könnten unsere Gefühle (oder zumindest einen Teil von ihnen, zumindest unter bestimmten Bedingungen, zumindest zeitweise) kontrollieren. Wo Letzteres in zeitlich ausgedehnterem Maße nicht gelingt, wird bisweilen der Ruf nach im weitesten Sinne psychologischer Behandlung laut – in Form von Therapie, Beratung, Training und dergleichen mehr. (Freilich gilt dies auch für den Fall eines gewissermaßen überkontrollierten Umgangs mit Gefühlen.) In jedem Falle gilt zumindest in Gesellschaften unseres Typs, dass wir auch für unsere Gefühle in einem hohen Maße verantwortlich sind bzw. verantwortlich gemacht werden. *Siebtens* können Gefühle unangenehm oder angenehm sein. Dies ist nicht im Sinne einer binären, ausschließenden Logik aufzufassen, vielmehr ist auch an Fälle einer eigentümlichen Amalgamierung von angenehm und unangenehm zu denken. *Achtens* schließlich zeigen sich Gefühle öffentlich oder verbleiben im Privaten. Dabei scheinen manche Gefühle nach Veröffentlichung zu drängen, etwa die Empörung, wohingegen andere Gefühle öffentlichen Blicken entzogen werden sollen, etwa die Scham. Freilich kann Scham öffentlich zur Schau gestellt werden oder die Veröffentlichung von Empörung dort, wo nicht damit gerechnet werden kann, dass sie geteilt oder verstanden wird, unterbleiben.[11]

Solche im weitesten Sinne sprachanalytischen Überlegungen können dann an ausgearbeitete psychologische Emotionstheorien angelegt werden, sodass das bis dahin entfaltete Gefühlsvokabular angereichert werden kann.[12] Für die begrenzten Zwecke dieses Beitrags mag der bis hierhin differenzierte Begriff des Gefühls allerdings genügen, um ihn mit Gewinn zum Begriff des Geschichtsbewusstseins ins Verhältnis zu setzen. Zuvor muss allerdings noch zumindest in Ansätzen geklärt werden, was unter Geschichtsbewusstseinsforschung verstanden werden kann.

5.   Was ist Geschichtsbewusstseinsforschung?

Geschichtsbewusstseinsforschung ist ein inter-, multi- und transdisziplinäres Unternehmen, das sich der Analyse von Struktur, Funktion, Genese und Inhalt des Geschichtsbewusstseins widmet.[13] Dabei kann Geschichtsbewusstsein als

---

11 Gerade das Gefühl der Scham wird seit längerem aus ganz unterschiedlichen disziplinären, inter- und transdisziplinären Perspektiven analysiert, siehe z. B. Landweer 1999; Schäfer und Thompson 2009; Seidler 2012.
12 Kochinka tut dies insbesondere in Auseinandersetzung mit Charles Darwin, Wilhelm Wundt und William James; Kochinka 2004a, 145 – 264; siehe auch Kochinka 2004b.
13 Kölbl 2004, 21 – 39.

diejenige mentale Struktur verstanden werden, die unserem Umgang mit der Geschichte als Kollektivsingular zugrunde liegt. Hierbei spielt die narrative Verknüpfung kollektiv bedeutsamer Vergangenheiten, Gegenwarten und Zukünfte offenkundig eine entscheidende Rolle.[14] Ferner bietet sich eine akzentuierende Unterscheidung zwischen einem Geschichtsbewusstsein im engeren und im weiteren Sinne an. Das Geschichtsbewusstsein im engeren Sinne kann als verwissenschaftlichtes Geschichtsbewusstsein aufgefasst werden, das eher ich-fern operiert. Diese Form des historischen Bewusstseins betrachtet geschichtliche Phänomene gewissermaßen aus der Distanz und kreist um Fragen des Wahrheitsgehalts historischer Aussagen sowie rechtfertigbare Formen geschichtlichen Verstehens und Erklärens. Das Geschichtsbewusstsein im weiteren Sinne operiert demgegenüber eher ich-nah, bezieht sich auf Geschichte als Existenzial, hat eher mit dem Verstrickt-Sein in Geschichte zu tun als mit einem »bloß« szientifischen Umgang mit Geschichte (s. o.). Hier stehen Fragen einer auf Geschichte bezogenen Identitätsbildung im Vordergrund, die einen womöglich intensiv als »ganze Person« betreffen.[15] Einerlei ob es sich um historisches Bewusstsein im weiteren oder engeren Sinne handelt, wird das Geschichtsbewusstsein durch kognitive und motivationale Komponenten konstituiert, die ihrerseits emotionale Voraussetzungen haben sowie emotionale Konsequenzen zeitigen und emotional gefärbt sein können.

In Parenthese: Auch wenn es sicher sinnvoll ist, einen strikten Dualismus zwischen Kognition und Emotion aufzulösen[16], brauchte und sollte die Unterscheidung psychischer Funktionsbereiche nicht gleich mit verabschiedet werden. Dagegen sprechen theoretische und empirische Argumente sowie unsere Alltagserfahrung.

Das historische Bewusstsein operiert sowohl auf manifester als auch auf latenter Ebene. Als hauptsächlich kognitive Komponenten des Geschichtsbewusstseins können historisches Denken, geschichtliches Wissen, Geschichtsverständnis und Geschichtsbilder gelten. Als schwerpunktmäßig motivationale Komponenten des Geschichtsbewusstseins können geschichtliche Interessen bis hin zum *Geschichtsverlangen*, von dem Karl-Ernst Jeismann sprach[17], gelten.

14 Barricelli 2005 und 2012; Straub 1998a und 1998b.
15 Siehe auch Carretero 2011.
16 Siehe den einleitenden Beitrag von Brauer und Lücke in diesem Band.
17 Jeismann 1988.

6. Relationierungsversuche I – Gefühle und Geschichtsbewusstsein begrifflich

Wie lassen sich nun – die bislang angedeuteten »Einfallstore« nutzend und über sie hinausgehend – Gefühle und Geschichtsbewusstsein auf einer begrifflich-konzeptuellen Ebene aufeinander beziehen?

Es mag sinnvoll sein, über zwei Komplexe gesondert nachzudenken: Gefühle des Geschichtsbewusstseinsträgers einerseits und Gefühle als Gegenstand des Geschichtsbewusstseins andererseits.

6.1   Gefühle des Geschichtsbewusstseinsträgers

In welchen Hinsichten können Gefühle des Geschichtsbewusstseinsträgers eine Rolle spielen? Ohne Anspruch auf Vollständigkeit seien hier einige Aspekte benannt und knapp kommentiert.

Gefühle können als motivationaler Hintergrund des Geschichtsbewusstseins fungieren. Man kann sich etwa von der Beschäftigung mit bestimmten historischen Phänomenen angenehme (kurz- oder längerfristige, mehr oder minder intensive) Gefühle erhoffen und sich deswegen mit ihnen befassen. Ein möglicher Kandidat wäre hier etwa die Spannung angesichts eines wie auch immer aufregend gearteten oder erzählten geschichtlichen Phänomens. Darüber hinaus können Gefühle auch ein Anlass dafür sein, sich mit einem geschichtlichen Phänomen auseinanderzusetzen oder näher auseinanderzusetzen. Eine – warum auch immer – empfundene Spannung, um noch einmal dieses Beispiel heranzuziehen, drängt ja geradezu danach, aufgehoben zu werden. Schließlich kann noch auf die Bedeutung von Gefühlen im Kontext der Bearbeitung von (in einem weiten Sinne verstanden) auf Geschichte bezogenen Aufgaben hingewiesen werden – die Durcharbeitung eines schwierigen Textes etwa zur Beantwortung bestimmter historischer Fragen. Die gelingende »Lösung« solcher Aufgaben kann mit dem angenehmen Gefühl des Stolzes auf die erreichte Leistung einhergehen; das Misslingen mit dem unangenehmen Gefühl der Enttäuschung. Solche Gefühle können dann wiederum als motivationale Hintergründe in die künftige Bearbeitung »historischer Aufgaben« einfließen, etwa im Sinne von Heckhausens Selbstbewertungsmodell.[18]

Gefühle können sich auf das geschichtliche Phänomen selbst, seine Darstellung und das Medium seiner Darstellung richten. Gefühle können dabei vor, während und nach der Beschäftigung mit dem Phänomen eine Rolle spielen. Im konkreten Fall – und auch aus konzeptuellen Gründen – können die angesprochenen Un-

---

18 Heckhausen 1989.

terscheidungen sicher nicht immer sauber auseinandergehalten werden; als analytische Differenzierungen, die überdies praktisch folgenreich sein können, mögen
sie aber dennoch hilfreich sein. Die neuzeitlichen Hexenverbrennungen etwa
mögen Abscheu hervorrufen, eine konkrete Erzählung darüber eine eigentümliche
Faszination evozieren und das Medium, in dem sich die konkrete Erzählung findet
– ein Lehrbuch beispielsweise – eher ein Gefühl intensiv empfundener, nicht enden
wollender und schwer steuerbarer Langeweile auf sich ziehen. Die Beschäftigung
mit Geschichte lässt denjenigen, der sich mit ihr beschäftigt, jedenfalls in vielen
Fällen nicht kalt, insbesondere dann nicht, wenn es um auf Geschichte bezogene
Identitätsbildung geht (hierzu unten mehr). Hier gilt sicher: *Tua res agitur*.

Gefühle können *eine enge Verbindung mit kognitiven Operationen des Geschichtsbewusstseins eingehen.* Den prominentesten Fall dürfte hier die viel diskutierte *historische Einfühlung* darstellen.[19] Mit Gefühlen allein ist es bei historischer Einfühlung keineswegs getan, sondern solch ein Einfühlen zielt auf Erkenntnisgewinn. Ein solcher ist ohne kognitive Operationen selbstverständlich
nicht zu haben und tatsächlich spricht, wer von Einfühlung spricht, oftmals im
selben Atemzug von Perspektivenübernahme. Diese ist nun erst recht nicht dadurch zu erreichen, dass lediglich vage nachempfunden wird, wie Menschen sich
wohl »in früheren Zeiten« gefühlt, wie sie gedacht oder gehandelt haben mögen;
vielmehr muss auf der Grundlage ganz unterschiedlicher Informationen und ganz
unterschiedlicher Quellen für diese Informationen ein mehr oder weniger reichhaltiges und fundiertes Bild gerade auch mittels Denkoperationen konstruiert
werden. Die eigenen Gefühlsregungen dürften in diesem Zusammenhang wohl
eher wieder als motivationale Hintergründe (s. o.) dienen, sich mit einem Phänomen näher auseinanderzusetzen, etwa dann, wenn nach unseren heutigen Maßstäben sich Menschen grauenhaft hätten fühlen »müssen«, dies aber im Lichte
unterschiedlicher Darstellungen wohl nicht (vielleicht auch nur scheinbar nicht)
taten.

Und schließlich können bei der Beschäftigung mit einem geschichtlichen Phänomen selbstverständlich auch (und zum Leidwesen mancher Geschichtslehrkraft
wohl mitunter *gerade* auch) Gefühle empfunden werden, *die nicht auf das Phänomen selbst, nicht auf seine Darstellung und auch nicht auf das Medium seiner
Darstellung gerichtet sind.* Solche Gefühle mögen bei der Beschäftigung mit Geschichte hilfreich, hinderlich oder auch ohne jeden Effekt sein. Es wäre im Einzelfall
zu klären, bei welchen Gefühlen, bei welchen Intensitätsgraden der jeweiligen
Gefühle und bei welchen Schülerinnen und Schülern welcher Effekt eintritt.

---

19 Dilthey 1961; siehe hierzu auch den einleitenden Beitrag von Brauer und Lücke sowie den
   Beitrag von Brauer in diesem Band.

6.2 Gefühle als Gegenstand des Geschichtsbewusstseins

Gefühle haben aber nicht nur ihren Platz im Geschichtsbewusstseinsträger, sondern können ihrerseits zum Gegenstand des Geschichtsbewusstseins werden. Dies kann – wiederum ohne Anspruch auf Vollständigkeit – in folgenden Hinsichten geschehen: Zum Verständnis geschichtlicher Phänomene kann die Rekonstruktion der *Gefühle einzelner konkreter historischer Akteure und Kollektive* von Interesse sein. Welche Gefühle waren etwa am Vorabend des Ersten Weltkriegs wo und bei wem in Europa bedeutsam? Woran können wir das erkennen? Welche Symbolisierungen von Gefühlen liegen uns vor und in welchen Symbolisierungssystemen befinden sie sich?

Hieran lässt sich unmittelbar ein weiterer Aspekt anschließen, nämlich die Rolle, die *Gefühle und ihre unterschiedlichen Symbolisierungen als explanative Faktoren* für historische Prozesse spielen können. Dies kann auch die Analyse von verbreiteten, darum nicht minder heiklen Erklärungsversuchen beinhalten à la das Elend des Wilhelminismus sei auf den Minderwertigkeitskomplex von Wilhelm II. zurückzuführen.[20] Darüber hinaus sei zumindest erwähnt, dass es eine Fülle geschichtswissenschaftlicher Beiträge zu einzelnen bzw. mehreren Gefühlen in unterschiedlichen Zeiten oder zur Gefühlspolitik prominenter historischer Akteure gibt, die für das Themenfeld *Gefühle als Gegenstand des Geschichtsbewusstseins* selbstverständlich einschlägig sind.[21]

Auch können *Gefühle als narrative Abbreviaturen* Gegenstand des Geschichtsbewusstseins sein und zwar dann, wenn es sich solchen Chiffren wie »die Schmach von Versailles« bzw. »das Versailler Schanddiktat« und ähnlichen zu Schlagwörtern verdichteten Erzählungen widmet und die Abbreviatur in die Rekonstruktion einer detaillierten Geschichte überführt. Eine solche Rekonstruktion dürfte durch die Befragung von Schmach und Schande auf die vielen unterschiedlichen Aspekte, die in solche Gefühle eingehen, nur gewinnen. Zu denken wäre hier etwa daran, dass ein solch komplexes Gefühl wie Schmach die Wahrnehmung eines zugefügten Unrechts einschließt und mit anderen, z. T. verwandten Gefühlen in einer schwer zu entwirrenden Art und Weise verknüpft ist, wie etwa denen der Peinlichkeit, der Verletztheit, des Ärgers und der Wut. Gehaltvolle Antworten auf die Frage, bei welchen historischen Akteuren welche spezifischen Anteile eines komplexen Gefühls in welcher Weise und warum möglicherweise empfunden wurden, bleiben subtilen historischen Rekonstruktionsversuchen vorbehalten.

---

20 Zur Psychohistorie bzw. zum Verhältnis zwischen Psychoanalyse und Geschichtswissenschaft siehe z. B. Erikson 1975; Rüsen und Straub 1998; Straub 1998c; Wehler 1984.
21 Aus der kaum zu überblickenden Menge an Arbeiten seien lediglich zu exemplarischen Zwecken angeführt: Frevert 2012; Greiner, Müller und Walter 2009; Stearns 1994.

Gefühle können schließlich in ihrer *Historizität* zum Gegenstand des Geschichtsbewusstseins gemacht werden. Eine solche Betrachtungsweise zieht schnell interessante und verwickelte Fragen nach möglichen Universalien und Kulturspezifika, anthropologischen Grundkonstanten und der Variabilität und Flexibilität von Gefühlen (bis zu welchem Grade?) nach sich.[22]

7.   Relationierungsversuche II – Gefühle und Geschichtsbewusstsein empirisch

Im vorliegenden Abschnitt werden nun konkrete empirische Befunde kursorisch und vorzugsweise zu illustrativen sowie zu exemplarischen Zwecken vorgestellt. Dies geschieht unter Rückgriff auf Materialien aus Gruppendiskussionen und Interviews zum Geschichtsbewusstsein Jugendlicher aus der eigenen »empirischen Werkstatt«, die auf ihre »Gefühlsgetränktheit« hin befragt werden sollen. Die obigen begrifflichen Relationierungsversuche dienen als Gliederungshilfe, wobei ich mich auf den Komplex Gefühle des Geschichtsbewusstseinsträgers beschränken werde, und nicht jede Kategorie mit Anschauungsmaterial gefüllt werden wird.

7.1   Gefühle als motivationale Hintergründe

Faszination für vergangene Zeiten ist ein Gefühl, das mir bei der Analyse meines empirischen Materials immer wieder begegnet ist. Dies trifft etwa auf die schon erwähnte frühkapitalistische Hexenverfolgung als ein besonderes Faszinosum oder (nicht ganz so spektakulär) auf den Besitz von Sklaven in der römischen Antike zu. Beides ist im Vergleich zu heute nicht bloß anders. Es ist fremd. Der Handlungs- und Kulturpsychologe Ernst E. Boesch schreibt hierzu, dass das »Fremde [...] nicht nur anders [ist], sondern auch *unvertraut,* und seine Unvertrautheit [...] uns zugleich ängstigen wie anziehen«[23] kann. Die Fremdheit eines Phänomens und die damit verknüpften Gefühle bilden oftmals motivationale Hintergründe für weitergehende Verstehensbemühungen seitens der Jugendlichen. Historische Faszination kann sich aber auch in Sehnsüchten nach einer *anderen Welt* äußern und damit einen anderen motivationalen Hintergrund abgeben als nur zu Verstehensbemühungen zu motivieren.[24] Diese andere Welt kann unterschiedliche Formen annehmen. Sie kann sich etwa durch ihre

---

22 Siehe etwa Friedlmeier und Matsumoto 2007.
23 Boesch 1998, 77.
24 Kölbl 2004, 254–264.

(vermeintliche) besondere »Einfachheit« oder ihre besondere »Erhabenheit« auszeichnen. Mitunter erregen – gerade bei den jüngeren Teilnehmern meiner Untersuchungen – historische »Gruselgeschichten« eine weitere Form der Faszination, die wohl als »Angstlust«, einem gemischten Gefühl also, bezeichnet werden könnte. So werden in einer meiner Gruppendiskussionen etwa die Einmauerung von Frauen und Sklaven, das Abschneiden von Zungen, damit Wege zu Schätzen nicht verraten werden, das Abtrennen von Fingern als Form der Bestrafung krimineller Vergehen sowie die Vorgehensweise bei der Mumifizierung im alten Ägypten von den Diskutanten rege besprochen. Dabei stellen die angeführten exotischen Aspekte der Vergangenheit für die Jugendlichen eine Art Kuriositätenkabinett dar, in das man bei Bedarf hineinsehen kann, um sich gewissermaßen in kontrollierter Art und Weise erschrecken zu lassen.

7.2   Gefühle, die sich auf das historische Phänomen selbst richten

Jugendliche sind teilweise durchaus in der Lage, komplexe Geschichtserzählungen zu produzieren, die keiner schlichten Unilinearität des Geschichtsverlaufs das Wort reden. Natürlich findet man aber auch eher unilineare Geschichtserzählungen, wenn man Jugendliche interviewt.[25] Je nach der Ausrichtung solcher Erzählungen gehen mit ihnen eher angenehme oder unangenehme Gefühle einher. Dabei äußern insbesondere die (etwas älteren) Hauptschüler, die ich interviewt bzw. mit denen ich Gruppendiskussionen geführt habe, eher unilineare Verfallsgeschichten. In diesem Fall sind die auf das historische Phänomen bzw. dessen Verlauf gerichteten Gefühle solche des Fatalismus, der Ohnmacht und der Wut. So geht etwa Annette, eine Hauptschülerin der achten Klasse davon aus, dass es der Natur früher besser gegangen sei und dass heute Menschen, Flora und Fauna aufgrund von umweltverschmutzenden Fabriken und einer unaufhaltsamen Bevölkerungsexplosion sterben werden. Auch Magnus, der ebenfalls die achte Klasse einer Hauptschule besucht, skizziert eine düstere Zukunft, in deren Mittelpunkt die Vernichtung unserer natürlichen Lebensgrundlagen steht. Dabei kritisiert er vehement unseren Umgang mit der Zeit und in diesem Zusammenhang unsere heutigen Wertvorstellungen überhaupt. Während es seiner Ansicht nach in der Steinzeit um die Sorgfalt ging, mit der bestimmte Dinge erledigt wurden, hätten wir dies völlig aus den Augen verloren durch unsere enge Kopplung von Zeit und Geld.

Einen besonders interessanten Fall, in dem Gefühle eine wichtige Rolle spielen, die sich auf das historische Phänomen selbst richten, stellen identitätsrelevante Auseinandersetzungen mit Geschichte dar. So zeigt sich, dass

---

25 Ebd. 300–302.

deutsche Jugendliche ohne Migrationshintergrund sich bei ihrer auf die Geschichte bezogenen Identitätsbildung noch immer häufig auf die NS-Zeit orientieren, die sie als unangenehme Bürde empfinden.[26] Demgegenüber scheint dieser Teil der deutschen Vergangenheit für Jugendliche mit Migrationshintergrund nicht oder nur unter speziellen Voraussetzungen identitätskonstitutiv zu sein.[27] Identitätskonstruktionen junger Migranten in Deutschland, die sich nicht auf die deutsche Geschichte beziehen, können etwa folgendermaßen aussehen (der Auszug stammt aus einer Gruppendiskussion mit vier Achtklässlern, die eine Realschule besuchen; Dl – Diskussionsleiter; S und Ü – zwei männliche Schüler):

Dl: Jetzt ham zwei von euch ja schon gesagt, dass sie das Osmanische Reich interessant finden. Könnt ihr das n bisschen weiter ausführen, warum das so ist? Also auch ihr gerne, ne, also alle.
     [Unverständliches Gemurmel]
S: Also ich kenne nicht viel von diese Osmanische Reich. Ich hab davon gehört, aber ich kenne nicht viel, aber er kennt viel, mein Klassenkamerad.
Ü: Ich weiß. In der Schule.
S: Ü. T. [Name des Klassenkameraden]
Ü: In der Türkei hab ich alles gelernt. In der Schule.
Dl: mh
S: (guck mal)
Dl: Und was genau, und warum ist das interessant?
Ü: Ja, die (((gedehnt))) die warn sehr reisch und dann auf einmal haben die alle Kriege verloren. Und zum Beispiel die sind, äh, von äh, Engländer, äh Franzosen und Russen, die haben äh die Türkei besitzt
Dl: mh
Ü: Ja, das sehr interessant. Und dann vielleicht kennen Sie, äh, Atatürk vielleicht kennen Sie, ich weiß nisch,
Dl: mh kenne ich ja
Ü: da hat er die ganze, äh, die Engländer, Russen, Franzo/Franzosen hat er alles, äh, zurückgehen gelassen. Der hat die, äh, besiegt,
Dl: mh
Ü: er hat die/er hat die Türkei gerettet. Das war's.

Es kann hier aus Platzgründen keine ausführliche sequenzielle Analyse des Textausschnittes wiedergegeben werden.[28] Stattdessen wird das auf eine Hypothese zugespitzte Resultat einer solchen Analyse vorgestellt. Das Osmanische Reich, die Türkei und Atatürk werden als Themen eingeführt, die von Interesse sind und historische Bedeutsamkeit beanspruchen können. Dabei imponieren die durchweg positiven Attribute: die Mächtigkeit des Osmanischen Reiches, die Heldenhaftigkeit Atatürks. Dieser wird als eine Lichtgestalt präsentiert, die gleich einem Superhelden, die Türkei (vor ihrem Untergang?) gerettet hat. Der

---

26 Ebd. 270–280.
27 Kölbl 2008 und 2010.
28 Zumindest in Teilen siehe dazu Krešic u. a. 2011.

Bezug auf das Osmanische Reich und speziell auf Atatürk legt die Möglichkeit nahe, sich positiv mit der eigenen Zugehörigkeit zur Kollektivkategorie Osmanisches Reich bzw. Türkei zu identifizieren. Man gehört dann einem Kollektiv an, das einst sehr reich und mächtig war, diese Macht und diesen Reichtum verloren hat, aber durch eine besondere historische Persönlichkeit wieder zu Eigenständigkeit gelangt ist. Das zumindest ist das »Identifizierungsangebot«, das Schüler Ü äußert. Dieses Identifizierungsangebot dürfte nicht gefühlsfrei sein. Vielmehr »lockt« es – so darf wohl angenommen werden – mit solchen Gefühlen wie etwa Stolz.

Was die Hintergründe für dieses emotional positiv konnotierte Identifizierungsangebot sind, muss hier offen bleiben. Vorstellbar wäre, dass die Jugendlichen sich aufgrund ihres Migrationshintergrundes durch die Mehrheitsgesellschaft marginalisiert fühlen und nach Alternativen einer durch Geschichte vermittelten Identitätsbildung suchen, die sie diese Marginalisierung besser ertragen lässt.

7.3   Gefühle, die sich auf die Darstellung und das Medium der Darstellung richten

Geschichte begegnet den von mir untersuchten Jugendlichen in der Schule, in Lehrbüchern, Filmen, Jugendromanen und Lehrerdarstellungen. Erwartungsgemäß wird dabei der Geschichtsunterricht vielfach als langweilig charakterisiert, wogegen Filme und Jugendromane oftmals als spannend, aufregend, gar mitreißend beschrieben werden.[29] Streckenweise werden besonders aufwühlende Passagen aus einschlägigen Büchern wie *Damals war es Friedrich* ausführlich nacherzählt, und es wird deutlich, dass ein breites Spektrum an Gefühlen im Zuge solcher Lektüren aktiviert wird. Bereits Kurt Sonntag fand, dass im frühen Jugendalter die Schüler »das bewegte, pulsierende Leben selbst erfassen, dadurch eine Steigerung des eigenen Daseins«[30] erreichen wollen. Ganz in diesem Sinne geht etwas später auch Waltraud Küppers für diese Altersgruppe davon aus, dass »starke Handlungsverläufe« favorisiert würden.[31]

Inwiefern haben die voranstehenden Ausführungen eine Bedeutung für den Geschichtsunterricht?

---

29 Kölbl 2004, 241–251.
30 Sonntag 1932, 83.
31 Küppers 1966, 122.

8.   Konsequenzen für das historische Lernen –
Gefühle im Geschichtsunterricht

Am Ende angelangt sollen nicht alle möglichen Konsequenzen, die sich aus den
voranstehenden Ausführungen für das historische Lernen im Geschichtsunterricht
ergeben könnten, angesprochen oder gar diskutiert werden. Vielmehr sollen the-
senartig vier Vorschläge unterbreitet werden:

Erstens: Die oben behandelten Konstituenten des Gefühlsbegriffs könnten von
Geschichtslehrkräften herangezogen und auf die Thematisierung von Gefühlen in
historischen oder geschichtskulturellen Kontexten bezogen werden. Vorstellbar
wäre etwa eine Einführung des angesprochenen Gefühlsvokabulars, dessen Konstituenten sodann der Reihe nach an ein bestimmtes Gefühl (z. B. die vorhin schon
erwähnte »Schmach von Versailles«) angelegt würden, sodass sich im gelingenden
Fall am Ende ein besseres Verständnis dieses Gefühls bzw. dieser Gefühlsgemen-
gelage ergeben könnte und damit ein reichhaltigeres Verständnis der jeweiligen
historischen Phänomene selbst.

Zweitens: Die vorgestellten begrifflichen Relationierungsversuche mögen
Lehrkräften ein Raster an die Hand geben, mit dessen Hilfe sie sich ganz unterschiedliche Facetten des Themenkomplexes Gefühle im Geschichtsunterricht vor
Augen führen können. Dabei soll dieses Raster nicht die Vielgestaltigkeit des
Phänomens eliminieren, sondern ein orientierendes, ansatzweise ordnendes,
vielleicht auch sensibilisierendes Angebot darstellen. Dieses Angebot könnte etwa
genutzt werden, um Gefühle als motivationale Hintergründe von Schülerinnen und
Schülern besser verstehen und möglicherweise angemessener ansprechen zu
können.

Drittens: Auch den empirischen Befunden könnte ein eher heuristischer Wert
für Lehrkräfte zukommen. Eine Möglichkeit, sich mit ihnen produktiv auseinanderzusetzen, könnte darin bestehen, sie als Folie heranzuziehen, mit der die Ge-
fühläußerungen bzw. Auseinandersetzungen mit Gefühlen in historischen Kontexten der eigenen Schülerinnen und Schüler verglichen werden. Dabei wäre zu
prüfen, inwiefern es Konvergenzen oder Divergenzen gibt. Lösen z. B. Erzählungen
zu den frühneuzeitlichen Hexenverfolgungen bei »meinen« Schülerinnen und
Schülern auch Faszination aus oder nicht und weshalb?

Viertens: Dort wo Geschichte an Fragen der Identitätsbildung rührt, können
auch im Geschichtsunterricht »starke« Gefühle der Schülerinnen und Schüler eine
Rolle spielen, etwa Stolz, Scham oder Trauer. Generelle Handlungsanweisungen,
wie mit solcherart starken Gefühlen im Unterricht am besten umzugehen ist, kann
es wohl nicht geben. Eine »kalte« Ausklammerung zugunsten eines Unterrichts als
rein wissenschaftliches Propädeutikum dürfte dabei ebenso problematisch sein wie
ein überwiegend empathischer quasi therapeutischer Umgang.

Literatur

Barricelli, Michele. *Schüler erzählen Geschichte. Narrative Kompetenz im Geschichtsunterricht.* Schwalbach/Taunus: Wochenschau, 2005.

Ders. »Narrativität«, in: Michele Barricelli und Martin Lücke (Hg.), *Handbuch Praxis des Geschichtsunterrichts. Band 1.* Schwalbach/Taunus: Wochenschauverlag, 2012, 255 – 280.

Boesch, Ernst E. *Sehnsucht. Von der Suche nach Glück und Sinn.* Bern: Huber, 1998.

Bruner, Jerome S. *In Search of Mind. Essays in Autobiography.* New York: Harper Collins, 1984.

Ders. *Acts of Meaning.* Cambridge, MA und London: Harvard University Press, 1990.

Carretero, Mario. *Constructing Patriotism. Teaching History and Memories in Global Worlds.* Charlotte, NC: Information Age Publishing, 2011.

Dilthey, Wilhelm. »Die Entstehung der Hermeneutik«, in: *Die geistige Welt. Einleitung in die Philosophie des Lebens. Erste Hälfte: Abhandlung zur Grundlegung der Geisteswissenschaften. Gesammelte Schriften. V. Band.* Göttingen: Vandenhoeck & Ruprecht, 1961, 317 – 338.

Erikson, Erik H. *Der junge Mann Luther. Eine psychoanalytische und historische Studie.* Frankfurt am Main: Suhrkamp, 1975.

Euler, Harald A. und Heinz Mandl (Hg.). *Emotionspsychologie. Ein Handbuch in Schlüsselbegriffen.* München: Urban & Schwarzenberg, 1983.

Frevert, Ulrike. *Gefühlspolitik. Friedrich II. als Herr über die Herzen?* Göttingen: Wallstein, 2012.

Friedlmeier, Wolfgang und David Matsumoto. »Emotionen im Kulturvergleich«, in: Gisela Trommsdorff und Hans-Joachim Kornadt (Hg.), *Enzyklopädie der Psychologie. Erleben und Handeln im kulturellen Kontext.* Göttingen u. a.: Hogrefe, 2007, 219 – 281.

Greiner, Bernd, Christian Th. Müller und Dierk Walter (Hg.). *Angst im Kalten Krieg.* Hamburg: Hamburger Edition, 2009.

Heckhausen, Heinz. *Motivation und Handeln.* 2. Auflage Berlin: Springer, 1989.

Jeismann, Karl-Ernst. »Geschichtsbewußtsein als zentrale Kategorie der Geschichtsdidaktik«, in: Gerhard Schneider (Hg.), *Geschichtsbewußtsein und historisch-politisches Lernen. Jahrbuch für Geschichtsdidaktik, Band 1.* Pfaffenweiler: Centaurus, 1988, 1 – 27.

Kleinginna Jr., Paul R. und Anne M. Kleinginna. »A Categorized List of Emotion Definitions, With Suggestions for a Consensual Definition«, in: *Motivation and Emotion* 5 (4) (1981), 345 – 379.

Kochinka, Alexander. *Emotionstheorien. Begriffliche Arbeit am Gefühl.* Bielefeld: Transcript, 2004 (Kultur- und Medientheorie) (=2004a).

Ders. »William James und Carl Lange über Gefühle«, in: *Handlung Kultur Interpretation. Zeitschrift für Sozial- und Kulturwissenschaften* 13 (1) (2004), 86 – 132 (=2004b).

Kölbl, Carlos. *Geschichtsbewußtsein im Jugendalter. Grundzüge einer Entwicklungspsychologie historischer Sinnbildung.* Bielefeld: Transcript, 2004.

Ders. »Auschwitz ist eine Stadt in Polen. Zur Bedeutung der NS-Vergangenheit im Geschichtsbewusstsein junger Migrantinnen und Migranten«, in: Michele Barricelli und Julia Hornig (Hg.), *Aufklärung, Bildung, »Histotainment«? Zeitgeschichte in Unterricht und Gesellschaft heute.* Frankfurt am Main: Lang, 2008, 161 – 173.

Ders. »Historisches Erinnern an Schulen im Zeichen von Migration und Globalisierung«, in: *Aus Politik und Zeitgeschichte* 25–26 (2010), 29–35.

Krešic, Marijana u. a. *Zeichen der Identität in einer Gruppendiskussion mit Jugendlichen über ihr Interesse an Geschichte – eine methodenvergleichende Textanalyse aus linguistischer und psychologischer Perspektive.* Unveröffentlichtes Manuskript, Leibniz Universität Hannover, 2011.

Küppers, Waltraud. *Zur Psychologie des Geschichtsunterrichts. Eine Untersuchung über Geschichtswissen und Geschichtsverständnis bei Schülern.* 2., ergänzte Auflage Bern: Huber, 1966.

Landweer, Hilge. *Scham und Macht. Phänomenologische Untersuchungen zur Sozialität eines Gefühls.* Tübingen: Mohr Siebeck, 1999.

Mees, Ulrich. »Emotion«, in: Jürgen Straub, Wilhelm Kempf und Hans Werbik (Hg.), *Psychologie. Eine Einführung.* München: dtv, 1997, 324–344.

Rüsen, Jörn und Jürgen Straub (Hg.). *Die dunkle Spur der Vergangenheit. Psychoanalytische Zugänge zum Geschichtsbewusstsein.* Frankfurt am Main: Suhrkamp, 1998.

Schapp, Wilhelm. *In Geschichten verstrickt. Zum Sein von Mensch und Ding.* Mit einem Vorwort zur Neuauflage von Hermann Lübbe. Wiesbaden: B. Heymann, 1976 (Erstveröffentlichung 1953).

Schäfer, Alfred und Christiane Thompson (Hg.). *Scham.* Paderborn: Schöningh, 2009.

Scherer, Klaus R. »Wider die Vernachlässigung der Emotion in der Psychologie«, in: Wolfgang Michaelis (Hg.), *Bericht über den 32. Kongreß der Deutschen Gesellschaft für Psychologie in Zürich 1980. Band 1. Bericht des Präsidenten, Sondervorträge, Metatheorie, Methodologie, Grundlagen.* Göttingen: Hogrefe, 1981, 304–317.

Seidler, Günter H. *Der Blick des Anderen: Eine Analyse der Scham.* 3. Auflage Stuttgart: Klett-Cotta, 2012.

Sonntag, Kurt. *Das geschichtliche Bewußtsein des Schülers. Ein Beitrag zur Bildungspsychologie.* Erfurt: Stenger, 1932.

Stearns, Peter N. *American Cool. Constructing a Twentieth-Century Emotional Style.* New York: New York University Press, 1994.

Straub, Jürgen (Hg.). *Erzählung, Identität, historisches Bewußtsein. Die psychologische Konstruktion von Zeit und Geschichte.* Frankfurt am Main: Suhrkamp, 1998 (=1998a).

Ders. »Geschichten erzählen, Geschichte bilden. Grundzüge einer narrativen Psychologie historischer Sinnbildung«, in: Jürgen Straub (Hg.), *Erzählung, Identität, historisches Bewußtsein. Die psychologische Konstruktion von Zeit und Geschichte.* Frankfurt am Main: Suhrkamp, 1998, 81–169 (=1998b).

Ders. »Psychoanalyse, Geschichte und Geschichtswissenschaft. Eine Einführung in systematischer Absicht«, in: Jörn Rüsen und Jürgen Straub (Hg.), *Die dunkle Spur der Vergangenheit. Psychoanalytische Zugänge zum Geschichtsbewusstsein.* Frankfurt am Main: Suhrkamp, 1998, 12–32 (=1998c).

Wehler, Hans-Ulrich (Hg.). *Geschichte und Psychoanalyse.* Berlin: Ullstein, 1984.

Zimbardo, Philip G. *Psychologie.* 5., neu übersetzte und bearbeitete Auflage Berlin u. a.: Springer, 1992.

Johannes Meyer-Hamme

»I never liked history at school.«
Identitäten und Emotionen beim historischen Lernen

»I never liked history at school. What's the point of people like us studying history? I find it dull and irrelevant.«[1] Mit diesen Worten umschrieb ein in den 1990er Jahren befragter junger Mann, der als Kind aus Asien nach Großbritannien migriert war, seine Erinnerungen an seinen Geschichtsunterricht. Für Gilian Wilson eine typische Antwort: Fast alle in dieser Studie befragten Probanden mit einem Migrationshintergrund gaben ähnliche Antworten. Der Geschichtsunterricht habe sie schnell gelangweilt und nichts mit ihnen zu tun gehabt, weil vorrangig die Geschichte Großbritanniens im Fokus stand. Nur die wenigsten gaben an, dass der Geschichtsunterricht sie für ihr späteres Leben gut vorbereitet habe. Damit sind bereits die zwei zentralen Aspekte des vorliegenden Aufsatzes angesprochen:

Erstens sind die historischen Identitäten zentral für die Bedeutungszuschreibung historischer Themen und Fragestellungen – und diese Bedeutungszuschreibungen sind emotional aufgeladen. Solange die Lernenden keine subjektiv empfundene Bedeutung zur Fragestellung herstellen können, ist ein produktiver Prozess historischen Lernens zumindest sehr unwahrscheinlich. Für den von Wilson zitierten Probanden waren die historischen Orientierungen, die ihm im Geschichtsunterricht angeboten wurden im Rückblick schlicht langweilig und irrelevant. Dabei ist in heterogenen Gesellschaften davon auszugehen, dass sich die historischen Identitätskonstruktionen in der Schule stark unterscheiden[2] und Differenzierungsformen notwendig sind. Nicht zu vergessen ist aber, dass die kulturelle Zugehörigkeit nur eine von mehreren zentralen Differenzierungskategorien ist.[3]

Zweitens ist der Geschichtsunterricht in der Institution Schule mit seinen Eigenlogiken zu berücksichtigen. Zumindest im Rückblick der Schülerinnen

---

1 Wilson 1997, 6–7.
2 Vgl. Meyer-Hamme 2009.
3 Weiterführend ist hier der Diversity-Ansatz, bei dem auch die Kategorien *Class* und *Gender* berücksichtigt und alle drei aufeinander bezogen werden, also mehrere Differenzkategorien in ihrer Verflechtung in die Betrachtung eingehen; vgl. Lücke 2012.

und Schüler wird ein enger Zusammenhang von historischen Identitäten, Emotionen – hier oft Langeweile – und historischem Lernen deutlich. Die Themen im Geschichtsunterricht damals hatten die Probanden nicht dazu angeregt, einen Bezug zu ihrer historischen Identität herzustellen und diese gegebenenfalls zu reflektieren. Vermutlich wurde keine Kategorie der historischen Erzählungen als relevant gewertet, die dem Thema eine subjektive Bedeutung verliehen hätte. Dies ist aber nicht nur ein Spezifikum für die Migranten, auch in anderen Befragungen wird die Langeweile von Geschichtsunterricht und Geschichtsschulbüchern betont.[4]

Zumindest aus Sicht der Lernenden sind die Identitäten und Emotionen zentrale Aspekte historischen Lernens. *Dass* die Begriffe historische Identitäten, Emotionen und historisches Lernen zusammenhängen ist aber weniger spannend als die Frage *wie*. Emotionen haben im Geschichtsunterricht sicherlich immer eine Rolle gespielt, und diese ist zu reflektieren.

Zugleich steht hier nicht der Zusammenhang von Emotionen und Lernen allgemein im Zentrum. Eine solche lernpsychologische Betrachtung ist Gegenstand zahlreicher Untersuchungen und beispielsweise in der Theorie von Edwald L. Deci und Richard M. Ryan[5] weit entfaltet, auch wenn eine systematische Vernetzung zwischen einer fachunspezifischen und einer fachspezifischen Betrachtung sinnvoll und nötig wäre. Im Zentrum dieses Artikels stehen die Emotionen, die der Gegenstand des historischen Lernens bei den Schülerinnen und Schülern auslöst – in der Psychologie wird von *topic emotions* gesprochen.

Um die oben aufgeworfene Frage zu beantworten, ist erstens zu klären, was unter dem Begriff der Emotionen in diesem Zusammenhang verstanden werden kann, zweitens das Verhältnis von Emotionen und historischen Identitäten zu beleuchten, drittens das Verhältnis von Emotionen und historischen Kompetenzen zu klären, und viertens ist dies auf die Pragmatik historischen Lernens zu beziehen.

1.   Emotionen beim historischen Lernen – eine Begriffsklärung

Dass Emotionen für historisches Lernen bedeutsam sind, ist keine neue Idee. Dafür genügt schon ein Hinweis auf die Tagung der Konferenz für Geschichts-

---

4 Sehr aufschlussreich ist in diesem Zusammenhang die Studie *YOUTH and HISTORY*, in der die Zusammenhänge zwischen historischem Interesse und dem durchschnittlichen Wohlstand auf Länderebene verglichen wurde. Je reicher ein Land ist, desto geringer war das Interesse an Geschichte; siehe Borries 1999, 289. Zudem hat sich bei Clusteranalysen die Gruppe der Gelangweilten und Uninteressierten als ziemlich stabil herausgestellt; siehe Meyer-Hamme 2007.

5 Vgl. Deci und Ryan 1993.

didaktik *Emotionen und historisches Lernen* aus dem Jahr 1991.[6] Sowohl im Tagungsband als auch in der durchaus kritischen Rezension von Karl-Ernst Jeismann wurde die Vermutung geäußert, dass damit »der Beginn einer geschichtsdidaktischen Kontroverse von grundsätzlichem Rang dokumentiert sein könnte.«[7] Aber eine größere Debatte oder gar eine systematische Vernetzung von Emotionen in geschichtsdidaktischen Modellen ist nicht erfolgt.[8] Der Begriff »Emotionen« findet sich in keinem der gängigen geschichtsdidaktischen Handbücher[9] und auch bei der ganzen Kompetenzdebatte spielen die Emotionen der Schülerinnen und Schüler beim Lernen praktisch keine Rolle.[10] Nicht, dass es nicht möglich wäre, diesen Aspekt zu integrieren – im Weinert'schen Kompetenzbegriff ist der Zusammenhang mit den Emotionen in die Bereitschaft zum Vollzug der Kompetenz integriert.[11] Allerdings sind sie allein im Modell *Kompetenzen historischen Denkens* zumindest insoweit berücksichtigt, dass sie im Bereich der Frage- und Orientierungskompetenzen eingegliedert werden können. Eine solche Vernetzung ist bisher aber noch nicht geleistet worden.

Bevor aber eine solche Vernetzung erfolgen kann, ist der Begriff der Emotionen zu klären und dafür lohnt ein Blick in die Psychologie.[12] Ein Minimalkonsens unter den psychologischen und neurobiologischen Emotionstheorien liegt zum einen darin, dass Emotionen »als individuelle Antworttendenzen« auf bestimmte Situationen und Reize verstanden werden, zum anderen »energetisieren und regulieren sie Verhalten, d.h. sie beeinflussen Intensität und Ausdauer verschiedener Verhaltensweisen.«[13] Mit dieser Definition »energetisieren und regulieren« Emotionen auch das historische Denken in der Auseinandersetzung mit jeweiligen historischen Ereignissen, Deutungen oder Orientierungen.

Dabei ist die Frage zentral, wie die verschiedenen Emotionen definiert und unterschieden werden. Dazu schreibt Schmidt-Atzert:

---

6 Vgl. Mütter und Uffelmann 1992b.
7 Vgl. Jeismann 1994, 165.
8 Bemerkenswert ist, dass auf der Tagung lebhaft über die Bedeutung von Emotionen für historisches Lernen diskutiert wurde (Mütter und Uffelmann 1992a, 367) und Mütter und Uffelmann geradezu euphorisch die Bedeutung von Emotionen als geschichtsdidaktische Kategorie betonen. Sie schreiben: »Gesellschaftliche, schulische und individuelle Sinnfragen sind heute ohne systematische Einbeziehung der Emotionalität wohl nicht mehr lösbar. [...] Es hat [...] ganz den Anschein, als ob die Geschichtsdidaktik wieder einer grundsätzlichen Debatte entgegensieht«, ebd. 368. Zu einer weiteren Diskussion kam es nicht, zwei der wenigen Artikel zum Thema: Mütter 1999; Schulz-Hageleit 2011.
9 Siehe bspw. Mayer 2006; Barricelli und Lücke 2012.
10 Vgl. Körber, Schreiber und Schöner 2007; Pandel 2005; Sauer 2005; Gautschi 2009.
11 Vgl. Weinert 2001.
12 Ich danke Dr. Hanna Cronjäger für zahlreiche Hinweise.
13 Cronjäger 2009, 25.

Jeder Versuch, Emotionen zu beschreiben, führt zwangsläufig zu der Frage, welche Emotionen es überhaupt gibt und wie man sie einteilen kann. In neuerer Zeit ist eine Tendenz zu erkennen, einen harten Kernbereich ›primärer‹ oder ›grundlegender‹ Emotionen zu suchen.[14]

Demnach gibt es also einen Kern von Emotionen, die – und das ist für eine quantitativ-empirisch arbeitende Psychologie zentral – eindeutig mit geschlossenen Verfahren gemessen werden können. Deshalb heißen sie auch *distinkte Emotionen*. Paul Ekman unterscheidet dafür Primär- oder Basisemotionen, wie etwa Ärger, Angst, Trauer, Freude, Ekel, Überraschung, Verachtung, Scham, Schuld, Verlegenheit und Scheu.[15]

Andere Psychologen modellieren Emotionen in Abgrenzung dazu als dimensionale Phänomene.[16] Die grundlegende Annahme ist, dass sich Dimensionen bestimmen lassen, auf die die Vielzahl der Emotionen, für die sich Begriffe herausgebildet haben, zurückgeführt werden können. Nach Alfons Hamm lassen sich »die diskreten Emotionen kreisförmig um die zwei Basisdimensionen (1) Valenz (angenehm-unangenehm) und (2) Erregung (ruhig-erregt) anordnen.«[17] Daraus lässt sich ein 4-Felder-Schema ableiten – also angenehm-ruhig, angenehm-erregt, unangenehm-ruhig, unangenehm-erregt – und darin könnten dann alle Emotionen verortet werden. In anderen Modellen wird als dritte Dimension die Dominanz hinzugenommen, also die Frage, welche Emotionen gerade die anderen übertrumpfen.

Für die Theoriebildung ist zunächst noch kein Katalog mit distinkten Emotionen nötig, weil ein quantitativ-empirischer Zugriff (noch) nicht angedacht ist. Vielmehr ist die Frage der Ausprägung oder Dominanz von Emotionen zu klären – und wie diese beschrieben werden können. Vermutlich wird in vielen Zusammenhängen ein Katalog wie der oben ausgeführte nicht weiterführend sein, weil andere Emotionen damit nicht abgedeckt sind. Deutlich wird daran, dass Emotionen immer sprachlich vermittelt sind, sie also nicht direkt, sondern immer nur durch diesen Filter erhoben werden können und dass damit die Liste der möglichen Emotionsbegriffe sehr lang und damit nicht handhabbar werden kann.

Um das Verhältnis von Emotionen beim historischen Lernen zu modellieren ist es nötig, die Grundlagentheorien zu reflektieren. Dafür ist nach wie vor das »Geschichtsbewußtsein in der Gesellschaft«[18] als Masterkategorie anzusehen, die weiter auszudifferenzieren ist. Bodo von Borries hat dafür eine Gliederung in

---

14 Schmidt-Atzert 1996, 27.
15 Ekman 1973, 104.
16 So z. B. nachlesbar bei Hamm 1997.
17 Ebd. 18.
18 Vgl. Jeismann 1977, 12.

drei Dimensionen vorgeschlagen und in diesen drei Dimensionen ist das Verhältnis zu Emotionen zu reflektieren:[19]

- Die erste Dimension ist *Geschichtskultur als gesellschaftliche Praxis.* Diese umfasst alle gesellschaftlich wirksamen Konstruktionen von Vergangenheit, in die der historisch Denkende eingebettet ist und die er zugleich mitgestaltet. Der Geschichtsunterricht sollte eine Einführung in und Reflexion von Geschichtskultur zum Ziel haben. Bezogen auf den Umgang mit Emotionen ist ein kritischer Umgang mit Emotionen bei historischen Orientierungen anzustreben. Dazu gehört auch die Historisierung solcher Emotionen, also die Frage, seit wann diese Emotionen so gelebt werden und warum und wie sie sich verändern.

- Die zweite Dimension sind die *historischen Identitäten als Funktion.* Geschichte ist nicht die Ansammlung von den wichtigsten Ereignissen der Vergangenheit, sondern sie hat eine identitätsbildende Funktion. Das ist die Bedeutung, die durch *Sinnbildung über Zeiterfahrung* hergestellt wird und die in unterschiedlichen Sinnbildungsmustern ausgedrückt werden kann.[20] Die darin liegenden Bedeutungszuschreibungen sind dann emotional gefärbt. Umgekehrt sind solche Geschichten für das historisch denkende Subjekt irrelevant, in denen keine Identitätsreflexion hergestellt wird. Das einleitende Zitat verdeutlicht diesen Zusammenhang.

- Die dritte Dimension sind die *Kompetenzen historischen Denkens als Kapazität.*[21] Diese umfassen alle Fähigkeiten und Fertigkeiten, die der historisch Denkende benötigt, um sich historisch zu orientieren und sich in der Geschichtskultur zurechtzufinden. Dass dabei Emotionen eine Rolle spielen, ergibt sich aus der zweiten Dimension. Die Frage, welche Emotionen durch eine historische Frage oder Orientierung ausgelöst werden, ist sicherlich von der Identität abhängig, aber auch von der jeweiligen Geschichtskultur. Der Umgang mit den eigenen Emotionen fällt dann in den Bereich der Kompetenzen. Dies ist in dieser Dimension die zentrale Frage und nicht, welche Emotionen im Vordergrund stehen.

Beim historischen Lernen sind alle drei Dimensionen des Geschichtsbewusstseins von Bedeutung – und in alle drei Dimensionen spielen auch Emotionen hinein. Dennoch sind im hier zu behandelnden Zusammenhang gerade die zweite und dritte Dimension von besonderem Interesse und deshalb werden sie im Folgenden noch etwas weiter entfaltet.

---

19 Vgl. Borries 2008; Meyer-Hamme 2009, 45–76.
20 Vgl. Rüsen 1989, 40–51.
21 Vgl. Körber, Schreiber und Schöner 2007.

2.   Zum Verhältnis von historischen Identitäten und Emotionen

In der eingangs zitierten Studie macht der Proband deutlich, dass eines seiner zentralen Kriterien für historisches Lernen die Frage ist, wie langweilig oder interessant ein Thema für ihn ist – und diese Frage verknüpft er mit seiner historischen Identität.

Ganz anders liest sich eine Beschreibung von Geschichtsunterricht, in der ein Schüler mit dem Pseudonym Süleyman auf die Frage, ob er mir die Geschichte seiner Erfahrungen mit Geschichte erzählen könne, unter anderem darauf zu sprechen kommt, dass er sich an die Thematisierung der Hexenverfolgung im Geschichtsunterricht besonders gut erinnern könne. Er sagt dazu:

> Und zum Thema »Hexenverfolgung« das Thema fand ich so interessant, weil man diese Barbarei der Verfolgung und Verbrennung, Folter von Frauen [...] so unglaublich ordnungsgemäß also mit so einem Ordnungssinn und also dieses strukturiert und durch Erlasse und Gesetze wirklich irgendwie in, in so richtig in der Gesellschaft aufgenommen. Das fand ich so so, das fand ich einfach ja [...] interessant ja irgendwie das schien, das scheint so fern, dass man, dass man das wirklich kann. Dass man diese Folterung von Menschen, dass man Menschen bei lebendigem Leibe verbrennt und dass alles rechtens ist irgendwie, dass das alles in Ordnung ist gesetzlich, dass darf man alles machen. Das fand ich, das fand ich 'ne Leistung irgendwie *[lacht], dass man das hingekriegt hat wirklich.*[22]

Zunächst einmal ist zu betonen, dass Süleyman hier konkret über einen historischen Zusammenhang erzählt und dass er wichtige Aspekte der Hexenverfolgung im Unterricht gelernt und begriffen hat. Auf dem Audiomitschnitt dieser Interviewpassage ist deutlich zu hören, mit welcher Begeisterung, mit welchem Stolz Süleyman hier erzählt: »dass man das geschafft hat...«. Ute Frevert hat einmal betont, dass Gefühle soziales Handeln motivieren und Geschichte machen.[23] Dem ist voll zuzustimmen, aber zugleich ist darauf hinzuweisen, dass auch bei der Produktion und Rezeption von historischen Narrationen Emotionen eine ebenso zentrale Rolle spielen. Sie beeinflussen die Themenauswahl, die Parteinahmen, die Werturteile und vieles mehr. In dem vorliegenden Aufsatz stehen die Emotionen der Subjekte beim historischen Lernen im Zentrum und nicht die Erforschung von Emotionen in der Geschichte.

Diese Interviewpassage lässt sich also dahingehend interpretieren, dass die historischen Identitäten eng verknüpft mit Emotionen sind. Es ist schwer vorstellbar, dass eine Frau einen solchen Stolz auf die Taten der Männer formuliert. Vermutlich gibt es hier einen starken Bezug zu seiner Identität als Mann, die sich in diesen Phantasien ausdrückt, auch wenn er nicht explizit *ich* sagt. Eine solche

---

22 Vgl. Meyer-Hamme 2009, 218–219 – H.i.O.
23 Vgl. Frevert 2009, 202.

Identifikation mit den Mächtigen und Herrschenden ist auch in anderen Passagen in seinem Interview zu finden.[24] Emotionen – z. B. Stolz und Scham, Begeisterung sowie Langeweile – hängen also sicherlich eng zusammen mit historischen Identitätskonstruktionen.

Unter dem Begriff der *historischen Identität* kann heute eine narrative Identität verstanden werden, die in kommunikativen Prozessen konstruiert wird. Sie konstruiert sich aber nicht nur anhand *einer* Kategorie und *eines* Themas, sondern ist mehrdimensional. Für den zitierten Schüler Süleyman erfüllen mehrere Geschichten die Funktion einer historischen Orientierung – und er konstruiert diese Orientierungen anhand unterschiedlicher Sinnbildungen. Es ist für die Rekonstruktion seiner historischen Identität also nicht ausreichend, Süleyman nur zu attestieren, dass er sich mit mächtigen Männern identifiziert und seine historische Identität in einer traditionalen Sinnbildung (im Sinne Jörn Rüsens) als Mann entwirft. Zugleich konstruiert er sich im Interview als Türke, als Migrant in Deutschland, Schüler, Muslim usw. Es ist also der narrative Zusammenhang der als bedeutsam gewerteter Geschichten, die eine historische Identität konstruieren. Sie ist über narrative Interviews empirisch zugänglich, weil die Probanden darin einen solchen Zusammenhang zwischen unterschiedlichen historischen Orientierungen herstellen.[25] Diese Narrationen haben kommunikative Anteile und es ist zu vermuten, dass Süleyman bei einer Frau als Interviewerin seine historische Identität etwas anders konstruiert hätte.

Süleyman findet die Geschichte der Hexenverfolgung spannend und interessant, aber auch die Geschichte des Osmanischen Reiches und der Türkei oder die Geschichte von Minderheiten, während der eingangs zitierte Migrant in England eine solche emotionale Bedeutungszuschreibung in der englischen Masternarration vermutlich nicht gefunden hat.[26] Emotionen beim historischen Lernen sind also eng verknüpft mit historischen Identitäten.

3. Emotionen und Kompetenzen historischen Denkens

Die oberste Qualifikation, die durch historisches Lernen erreicht werden soll, ist eben die Fähigkeit des Geschichtsbewußtseins, Sinn über Zeiterfahrung bilden zu können, um sich erfahrungsgestützt im Zeitverlauf der eigenen Lebenspraxis absichtsvoll ori-

---

24 Vgl. Meyer-Hamme 2009.

25 Zur Theorie der narrativen Identität siehe Lucius-Hoene und Deppermann 2002; zur narrativen historischen Identität siehe ausführlich und mit empirischen Beispielen Meyer-Hamme 2009.

26 Weitere Beispiele solcher Bedeutungszuschreibungen finden sich bei Zülsdorf-Kersting 2007; Meyer-Hamme 2009.

entieren zu können. Um eben dieser Fähigkeit willen wird das Geschichtsbewußtsein in den mühsamen Prozessen menschlicher Individuierung und Sozialisation ausgebildet. Dieses oberste Lernziel, diese fundamentale Qualifikation läßt sich in präziser Zuspitzung auf das, was grundsätzlich heißt, historisch zu lernen, als ›narrative Kompetenz‹ bezeichnen.[27]

Auf diese Weise definiert Jörn Rüsen historisches Lernen – historisches Lernen heißt also, historisch erzählen zu lernen. Diese Definition kann auch in die Theorie historischer Kompetenzen übersetzt werden, und zugleich ist sie dahingehend zu ergänzen, dass die darin enthaltenen emotionalen Anteile stärker zu reflektieren sind. Damit ergibt sich eine Differenzierung, die über die Theoriebildung der 1990er Jahre hinausgeht.

Im Bereich der *historischen Fragekompetenzen* ist die Bedeutung von Emotionen groß. Ohne eine gewisse Ausprägung von Emotionen ist es kaum vorstellbar, dass eine Bedeutungszuschreibung erfolgt, sodass eine historische Frage gestellt wird. Dabei ist es vermutlich häufig nicht das Erleben von Schuld, Scham, Freude, Stolz usw. als solches, was zur Formulierung einer historischen Frage führt, sondern gerade die Verunsicherungen dieser Emotionen.[28] Ein historischer Denk- und Lernprozess kommt dann in Gang, wenn die eigenen historischen Orientierungen so in Frage gestellt werden, dass auch emotional darauf reagiert werden kann. In diesem Kompetenzbereich sind die Emotionen zu formulieren und zu reflektieren. Wichtig ist hier zu klären, welche Emotionen mit welcher Ausprägung im Vordergrund stehen und in welchem Verhältnis diese zu den dominanten Emotionen in der Geschichtskultur stehen.

Anders ist der Stellenwert der Emotionen im Bereich der *historischen Methodenkompetenzen* zu verstehen: Bei der Re-Konstruktion von Vergangenheit oder der De-Konstruktion historischer Narrationen sollten die eigenen Emotionen im Hintergrund stehen, damit sie nicht die Bewertungen der historischen Emotionen präfigurieren. Das bedeutet, die eigenen Emotionen zu reflektieren, aber noch nicht auf die Bewertung der historischen Frage zu beziehen. Vielmehr geht es hier um einen Perspektivwechsel und die Empathie mit Akteuren in der Vergangenheit, auch wenn deren Verhalten den eigenen Wertmaßstäben zuwiderlaufen kann.

Auch beim Umgang mit historischen Begriffen und Konzepten, also dem Bereich *historischer Sachkompetenzen* ist eine gewisse Distanz und nicht eine vorschnelle Zuschreibung von Deutungen nötig. Die analytische Distanz steht im Vordergrund, gerade bei der Zuweisung von Kategorien, wie beispielsweise in einem Täter-Opfer-Diskurs. Wenn bereits am Anfang eines historischen Lernprozesses die Zuschreibung von Täter- und Opfer-Kategorien feststeht,

---

27 Rüsen 1994, 111.
28 Siehe dazu das Prozessmodell historischen Denkens bei Hasberg und Körber 2003.

wird kaum etwas Neues über die zu untersuchende historische Entwicklung zu erfahren sein.[29]

Im Bereich der *historischen Orientierungskompetenzen* sind die Emotionen hingegen wieder zentral – ohne eine gewisse Ausprägung von Emotionen wie Interesse, Freude, Trauer, Schuld usw. gibt es keine subjektiv bedeutsame Sinnbildung und keine Identitätskonstruktion. Als Beispiel kann hier auf die »Gedanken über das Verhältnis von Geschichte und Identität« hingewiesen werden, die ehemalige Preisträger des Geschichtswettbewerbes des Bundespräsidenten formuliert haben.[30]

Bei dieser Modellbildung ist darauf hinzuweisen, dass es sich um idealtypische Trennungen handelt, die realiter sicherlich häufig ineinander fließen. Dennoch lohnt sich eine solche theoretische Differenzierung für empirische und pragmatische Zwecke.

Der Umgang mit Emotionen kann zudem nicht nur auf die Kompetenzbereiche differenziert, sondern auch gestuft werden. Als Graduierungsparameter dient – im Sinne des Kompetenzmodells historisches Denken – die Art und Weise, wie mit gesellschaftlich konventionellen Emotionen umgegangen wird[31]:

– Wer bei einem historischen Thema – etwa in Bezug auf die Großverbrechen des zwanzigsten Jahrhunderts – die gesellschaftlich dominanten Emotionen nicht kennt, sondern intuitiv seine eigenen Emotionen auslebt, verfügt über ein basales Niveau.

– Wer die gesellschaftlichen Konventionen unhinterfragt übernimmt und schon in der Fragestellung die spätere emotionale Bewertung mitdenkt, die es zu bestätigen gilt, verfügt über ein mittleres, ein konventionelles Kompetenzniveau.

– Wer schließlich die gesellschaftlich konventionellen Emotionen reflektiert und in seiner eigenen historischen Orientierung die dominanten Emotionen im Verhältnis zu den gesellschaftlichen Konventionen begründet, verfügt über ein elaboriertes Niveau historischer Kompetenzen.

Ein Lernprozess im Sinne einer Kompetenzentwicklung historischen Denkens ist dann zu verzeichnen, wenn am Ende die eigenen Emotionen in Bezug auf ein historisches Thema dahingehend deutlicher reflektiert werden können, in welchem Verhältnis sie zu den gesellschaftlichen Konventionen stehen.

---

29 In diesem Zusammenhang ist auf die geschichtswissenschaftlichen Einführungen hinzuweisen, in denen die Bedeutung von Emotionen häufig negiert und damit nicht ausreichend reflektiert werden. Die analytische Distanz des Historikers bezieht sich auf diese Dimensionen; vgl. bspw. Goertz 1998.
30 Vgl. Preisträger des Geschichtswettbewerbs des Bundespräsidenten 2009.
31 Vgl. Körber 2007.

4. Schlussfolgerungen für die Pragmatik historischen Lernens

Nach diesen Überlegungen ist Karl-Ernst Jeismann sicherlich zuzustimmen, dass Emotionen eine grundsätzliche Bedeutung beim historischen Lernen haben. Im Unterschied zu den 1990er Jahren kann aber differenzierter das Verhältnis von Emotionen beim historischen Lernen charakterisiert werden. In zwei abschließenden Thesen fasse ich diese zusammen:

1. Historische Identitäten und Emotionen sind eng miteinander verknüpft, sie bedingen sich gegenseitig. Bei der Themenwahl im Geschichtsunterricht ist also darauf zu achten, solche Fragestellungen auszuwählen, bei denen es die Chance zu einer Identitätsreflexion gibt und zugleich am Beginn einer Unterrichtseinheit eine gewisse Verunsicherung zu provozieren, damit die Orientierungen und Emotionen der Lernenden sichtbar und damit diskutierbar werden. Als Lehrender ist dann auf solche Momente besonders zu achten, in denen Emotionen noch vor-reflexiv geäußert werden.

2. Ein reflektierter Prozess historischen Lernens weist unterschiedliche Ausprägungen von Emotionen auf. Im Bereich der historischen Frage- und Orientierungskompetenzen sind sie zentral, um die subjektive Bedeutungszuschreibung zu einer Fragestellung herzustellen. Hier ist auf den Zusammenhang von Identität, historischer Fragestellung, Emotionen und historischem Lernen hinzuweisen. In den Methoden- und Sachkompetenzen sind die Emotionen ebenfalls zu reflektieren; allerdings ist darauf zu achten, bei den historiographisch notwendigen Empathieversuchen und dem damit zusammenhängenden Perspektivenwechsel eine analytische Distanz zu den eigenen Emotionen einzunehmen. Deshalb stellt sich nicht nur die Frage, welche Emotionen bei den Lernenden hervorgerufen werden, sondern auch die nach der Ausprägung von Emotionen. Wenn von einer dimensionalen Modellierung von Emotionen ausgegangen werden kann, ist vermutlich ein mittleres Niveau der Intensität und Aktivität der Bereich, in dem wir Chancen haben, fachliche Lernprozesse anzustoßen, weil dann eine subjektiv als bedeutsam empfundene Bindung an das Thema stattfinden kann, ohne dass die Sinnbildungen von Beginn an durch die Emotionen zu stark gesteuert werden. Ein solches Niveau ist vermutlich vielversprechend, damit ein Lernprozess und eine Kompetenzentwicklung bei den Lernenden angestoßen werden kann.

Literatur

Barricelli, Michele und Martin Lücke (Hg.). *Handbuch Praxis des Geschichtsunterrichts. 2 Bände.* Schwalbach/Taunus: Wochenschau-Verlag, 2012 (Forum Historisches Lernen – Handbücher).

Borries, Bodo von. *Jugend und Geschichte. Ein europäischer Kulturvergleich aus deutscher Sicht.* Opladen: Leske + Budrich Verlag, 1999.

Ders.»Orte des Geschichtslernens – Trivialität oder Schlüsselproblem?«, in: Saskia Handro und Bernd Schönemann (Hg.), *Orte historischen Lernens.* Münster: LIT, 2008, 11–35.

Cronjäger, Hanna.»Emotionen im schulischen Fremdsprachenunterricht: Bedingungen, Wirkungen und Veränderungen im ersten Lernjahr Französisch«. Dissertationsschrift, Friedrich-Schiller-Universität Jena, 2009.

Deci, Edwald L. und Richard M. Ryan.»Die Selbstbestimmungstheorie der Motivation und ihre Bedeutung für die Pädagogik«, in: *Zeitschrift für Pädagogik* 39 (1993), 223–238.

Ekman, Paul (Hg.). *Darwin and Facial Expression. A Century of Research in Review.* New York: Academic Press, 1973.

Frevert, Ute.»Was haben Gefühle in der Geschichte zu suchen?«, in: *Geschichte und Gesellschaft* 35 (2) (2009), 183–208.

Gautschi, Peter. *Guter Geschichtsunterricht. Grundlagen, Erkenntnisse, Hinweise.* Schwalbach/Taunus: Wochenschau-Verlag, 2009 (Forum Historisches Lernen).

Goertz, Hans-Jürgen (Hg.). *Geschichte. Ein Grundkurs.* Reinbek bei Hamburg: Rowohlt-Taschenbuch-Verlag, 1998 (rororo 55576 – Rowohlts Enzyklopädie).

Hamm, Alfons. *Furcht und Phobien. Psychophysiologische Grundlagen und klinische Anwendungen.* Göttingen: Hogrefe, 1997.

Hasberg, Wolfgang und Andreas Körber.»Geschichtsbewusstsein dynamisch«, in: Andreas Körber (Hg.), *Geschichte – Leben – Lernen. Bodo von Borries zum 60. Geburtstag.* Schwalbach/Taunus: Wochenschau-Verlag, 2003, 177–200 (Forum Historisches Lernen).

Jeismann, Karl-Ernst.»Didaktik der Geschichte. Die Wissenschaft von Zustand, Funktion und Veränderung geschichtlicher Vorstellungen im Selbstverständnis der Gegenwart«, in: Erich Kosthorst (Hg.), *Geschichtswissenschaft. Didaktik – Forschung – Theorie.* Göttingen: Vandenhoeck & Ruprecht, 1977, 9–33 (Kleine Vandenhoeck-Reihe 1430).

Jeismann, Karl-Ernst.»Emotionen und historisches Lernen. Bemerkungen zur Tagung der Konferenz für Geschichtsdidaktik im Oktober 1991«, in: *Geschichte in Wissenschaft und Unterricht* 45 (3) (1994), 164–176.

Körber, Andreas.»Graduierung: Die Unterscheidung von Niveaus der Kompetenzen historischen Denkens«, in: Andreas Körber, Waltraud Schreiber und Alexander Schöner (Hg.), *Kompetenzen historischen Denkens. Ein Strukturmodell als Beitrag zur Kompetenzorientierung in der Geschichtsdidaktik.* Neuried: Ars Una, 2007, 415–472.

Körber, Andreas, Waltraud Schreiber und Alexander Schöner (Hg.). *Kompetenzen historischen Denkens. Ein Strukturmodell als Beitrag zur Kompetenzorientierung in der Geschichtsdidaktik.* Neuried: Ars Una, 2007.

Lucius-Hoene, Gabriele und Arnulf Deppermann. *Rekonstruktion narrativer Identität. Ein Arbeitsbuch zur Analyse narrativer Interviews.* Opladen: Leske + Budrich, 2002.

Lücke, Martin. »Diversity und Intersektionalität als Konzepte der Geschichtsdidaktik«, in: Michele Barricelli und Martin Lücke (Hg.), *Handbuch Praxis des Geschichtsunterrichts. Band 1*. Schwalbach/Taunus: Wochenschau-Verlag, 2012, 136 – 146.

Mayer, Ulrich u. a. (Hg.). *Wörterbuch Geschichtsdidaktik*. Schwalbach/Taunus: Wochenschau-Verlag, 2006.

Meyer-Hamme, Johannes (unter Mitarbeit von Bodo von Borries). »Schülerkonzepte zu historischem Erkennen und historischem Lernen. Ergebnisse einer quantitativen und qualitativen Befragung von Schülern, Studierenden und Lehrenden im deutschsprachigen Bildungswesen (2002)«, in: *Zeitschrift für Geschichtsdidaktik* 6 (2007), 84 – 107.

Meyer-Hamme, Johannes. *Historische Identitäten und Geschichtsunterricht. Fallstudien zum Verhältnis von kultureller Zugehörigkeit, schulischen Anforderungen und individueller Verarbeitung*. Idstein: Schulz-Kirchner Verlag, 2009 (Schriften zur Geschichtsdidaktik 26).

Mütter, Bernd. »Emotionen und historisches Lernen«, in: *Geschichte in Wissenschaft und Unterricht* 50 (1999), 340 – 355.

Mütter, Bernd und Uwe Uffelmann. »Die Emotionsproblematik in der Geschichtsdidaktik. Tagungsfazit und Forschungsperspektiven«, in: Bernd Mütter und Uwe Uffelmann (Hg.), *Emotionen und historisches Lernen: Forschung – Vermittlung – Rezeption*. Frankfurt am Main: Diesterweg, 1992, 367 – 385 (=1992a).

Mütter, Bernd und Uwe Uffelmann (Hg.). *Emotionen und historisches Lernen: Forschung – Vermittlung – Rezeption*. Frankfurt am Main: Diesterweg, 1992 (Studien zur internationalen Schulbuchforschung 76) (=1992b).

Pandel, Hans-Jürgen. *Geschichtsunterricht nach PISA. Kompetenzen, Bildungsstandards und Kerncurricula*. Schwalbach/Taunus: Wochenschau-Verlag, 2005 (Forum Historisches Lernen).

Preisträger des Geschichtswettbewerbs des Bundespräsidenten. »›Aus der Geschichte heraus kann man begreifen, als wer man wahrgenommen wird‹. Gedanken über das Verhältnis von Geschichte und Identität«, in: Viola Georgi und Rainer Ohliger (Hg.), *Crossover Geschichte. Historisches Bewusstsein Jugendlicher in der Einwanderungsgesellschaft*. Bonn: bpb, 2009, 154 – 175 (Bundeszentrale für politische Bildung Schriftenreihe 1018).

Rüsen, Jörn. *Grundzüge einer Historik. 3. Lebendige Geschichte. Formen und Funktionen des historischen Wissens*. Göttingen: Vandenhoeck & Ruprecht, 1989 (Kleine Vandenhoeck-Reihe 1542).

Ders. *Historisches Lernen. Grundlagen und Paradigmen*. Köln, Weimar und Wien: Böhlau, 1994.

Sauer, Michael. »Geschichtsunterricht und Geschichtsdidaktik in Zeiten von Bildungsstandards und Kompetenzmodellen – Aufgaben, Probleme, Chancen«, in: *Geschichte und Politik in der Schule* 42 (2005), 32 – 45.

Schmidt-Atzert, Lothar. *Lehrbuch der Emotionspsychologie*. Stuttgart: Kohlhammer, 1996.

Schulz-Hageleit, Peter. »Zur emanzipatorischen Kraft von Emotionen. Denkanstöße zum Verhältnis von Verstand und Gefühl in der historisch-politischen Bildung«, in: *Zeitschrift für Didaktik der Gesellschaftswissenschaften* 2 (2011), 10 – 27.

Weinert, Franz E. »Vergleichende Leistungsmessung in Schulen – eine umstrittene Selbstverständlichkeit«, in: Franz E. Weinert (Hg.), *Leistungsmessungen in Schulen*. Weinheim und Basel: Beltz, 2001, 17 – 31.

Wilson, Gilian. »Our History or Your History? (Part 1). An Assessment of the Issues Associated With Teaching History to Meet the Needs of a Multicultural Society«, in: *Teaching History* (86) (1997), 6–7.

Zülsdorf-Kersting, Meik. *Sechzig Jahre danach: Jugendliche und Holocaust. Eine Studie zur geschichtsdidaktischen Sozialisation.* Münster: LIT, 2007 (Geschichtskultur und historisches Lernen 2).

Bärbel Völkel

Verstörende Imaginationen. Gedanken zum Zusammenhang von historischen Imaginationen und Emotionen

> »Alles steht in einer Relation mit etwas anderem und mit dem Ganzen.«
>
> Arno Gruen in *Der Verlust des Mitgefühls*, 2005, 229

Prolog – Worum es geht...

»In den Staaten, die im Schoss der großen Zivilisation fest begründet sind, kann die Furcht auf einen letzten schattenhaften Überrest herabgemindert werden, doch zumindest im Zustand der Möglichkeit bleibt sie bestehen. Ein Zwischenfall kann sie jederzeit wecken.« (Guglielmo Ferrero)[1]

1. Historische Imaginationen – Innere Vorstellungsbilder zu Phänomenen, die vergangen sind

Dem Menschen eigen ist seine Fähigkeit, unter einem einerseits wissenschaftlich disziplinierten und andererseits imaginären Rückbezug auf Vergangenes Geschichte(n) zu erzählen, die es ihm prinzipiell erlauben, seine Handlungen in der Gegenwart in einen erfahrungsgesättigten Zeitzusammenhang zu stellen. Da sich die Vergangenheit durch ihre Unwiederbringlichkeit dem Menschen prinzipiell entzieht, muss er zu Hilfskonstruktionen greifen, um sie sich, zumindest partiell, wieder verfügbar zu machen. Vorstellungsbilder, die er sich mit Hilfe von historiographischem Wissen vom vergangenen Geschehen macht, ermöglichen es ihm zumindest partiell, wieder an vergangenen Gegenwarten teilzuhaben. Solche, auf Vergangenheit bezogenen inneren Vorstellungsbilder, bezeichnen wir als historische Imaginationen.[2]

Historische Imaginationen sind, so Rolf Schörken, hochgradig abhängig vom Kontextwissen der Person, die sie evoziert. Er spricht in diesem Zusammenhang

---

1 Ferrero 2005, 107.
2 Schörken 1994, 34.

von einer Vordergrund-Hintergrund-Beziehung.[3] Da Geschichte uns stets nur als Sprache begegnet und der vergangene Sachverhalt, vor allem, je weiter er zurückliegt, sich den Erfahrungen der Gegenwart verschließt, ergibt sich das Problem, dass Leerstellen durch gegenwartsbezogene Vorstellungsbilder imaginativ aufgefüllt werden. Jeder Begriff, der sich auf Vergangenes bezieht, verweist auf Ereignisse als vergangene Gegenwarten im Hintergrund. Je geringer das Hintergrundwissen ist, desto anfälliger werden die Imaginationen, die sich ein Mensch von den vergangenen Gegenwarten macht, für Assoziationen aus seinem aktuellen Umweltwissen. Dieses nutzt er, ohne hierfür ein Problembewusstsein zu haben und somit unreflektiert, um sich ein Bild von dem vergangenen Geschehen zu machen. Wenn in der Geschichtsdidaktik davon gesprochen wird, dass Schülerinnen und Schüler ein reflektiertes Geschichtsbewusstsein erwerben sollen, ist damit u. a. gemeint, diese gegenwartsbezogenen Vorstellungsbilder bewusst zu machen und zu historisieren.[4] Problematisch ist nämlich nach Schörken, dass die auf Geschichte bezogenen Vorstellungsbilder nicht rational abgerufen werden. Daher entwickeln sie ein Eigenleben und fließen unbemerkt in die Interpretation des vergangenen Sachverhalts ein.[5] Ziel des historischen Lernens muss daher sein, fehlerhafte Hintergrundvorstellungen, wenn sie sich in gegenwartsbezogenen historischen Imaginationen zeigen, permanent zu korrigieren durch immer genauere Informationen zum historischen Hintergrund, die den Lernenden in einer angemessenen Weise zugänglich gemacht werden.[6] Hier zeigt sich deutlich, dass Schörken bei allem Wissen um den Konstruktcharakter von Geschichte dennoch ein Verhältnis zu ihr hat, welches sich an einer *relativen* Wahrheitsvorstellung ausrichtet. Erkennbar handelt es sich hier um einen Zuwachs an Rationalität im Sinne eines erweiterten sachbezogenen Hintergrundwissens, welches im Geschichtsunterricht erworben werden soll.

Angesichts der Fülle historischen Stoffs, den Lernende in der Schule bewältigen müssen, scheint es allerdings fraglich, ob dieser Anspruch auch nur ansatzweise erfüllt werden kann. Je mehr Informationen Lernende zum Hintergrund von Begriffen, die sich auf Vergangenes beziehen, bekommen, desto *wahrer* scheint Geschichte zu werden und umso mehr entfernt sie sich vom Menschen als deren Konstrukteur. In der Konsequenz kann bei historischen Laien, die Schülerinnen und Schüler in aller Regel bleiben werden, der Eindruck entstehen, die Gegenwart sei durch die Vergangenheit determiniert, weil der dargebotene Stoff sich durch die Diskrepanz von ereignisgeschichtlicher Fülle

---

3 Ebd. 31.
4 Henke-Bockschatz 2000, 421. Schörken spricht in diesem Zusammenhang von einer »Domestizierung des Fremden«; Schörken 1994, 14.
5 Schörken 1994, 42.
6 Ebd. 51.

und knappen Unterrichtsressourcen auf einen mehr oder weniger informativen
Unterricht reduziert. Daher scheint es dringend notwendig, beim historischen
Lernen einerseits das unbestritten notwendige Hintergrundwissen für historische Sachverhalte, das in Bezug auf aktuelle Gegenwartsprobleme als ein Wissen
zum besseren Verständnis der Gegenwart notwendig scheint, mit einem Refle-
xionswissen zu verbinden, welches sich auf die Art und Weise bezieht, wie dieses
rationale Wissen in der Gegenwart eine Rolle spielt. In der Konsequenz wird es
zu einer Reduzierung der Stofffülle zugunsten eines verlangsamten und auf ein
Durchdenken hinauslaufenden Geschichtsunterrichts kommen müssen.

Ausgehend von Schörkens Feststellung, dass Vergangenheit das ist, was uns in
der Gegenwart stumm begegnet[7] und dass wir uns in der Geschichte stets nur
selbst erkennen können,[8] wird im Folgenden ein Deutungsrahmen von historischen Imaginationen entwickelt, der diese in einen grundsätzliche Zusammenhang mit rationalen Gefühlen stellt. Dort, wo Schörken Mehrwissen als
Sachwissen fordert, um empirisch gesicherte Vorstellungsbilder zu generieren,
wird im folgenden Beitrag die These aufgestellt und an einem konkreten Beispiel
exemplarisch diskutiert, dass historische Imaginationen in Form eines emotionalen Erfahrungswissens sublim nicht nur über das kommunikative Gedächtnis, sondern auch über geschichtskulturelle Verdichtungen einer Gesellschaft als jederzeit aufrufbares Wissen in die Beurteilung aktueller Ereignisse
einfließen kann und hierfür auch genutzt wird. Historische Imaginationen sind
dann nicht nur Vorstellungsbilder, die sich auf vergangene Zeiten und Räume
beziehen. Vielmehr, so die Vermutung, können wir nur dann von historischen
Imaginationen sprechen, wenn diese Vorstellungsbilder mit einem emotionalen
Erfahrungswissen angereichert werden, welches eine lebensweltliche Bedeutsamkeit in der Gegenwart entwickeln kann. Da der Anteil der Emotionen, die
sich auf Vergangenes beziehen, als Grundlage eines aktuellen Bewertungs-
maßstabes so relevant erscheint, wird es umso wichtiger, das in der Gegenwart
aufscheinende imaginative und verdichtete historische Erfahrungswissen kritisch im Hinblick auf seine Angemessenheit und möglichen Konsequenzen zu
reflektieren. Infrage gestellt wird daher, ob es sich bei diesem Wissen tatsächlich
um historische Vorstellungen im Sinne einer Eigenschaft handelt. Vielmehr, so
die These, sind wir es selbst, die in einen Spiegel schauen, den wir als Geschichte
bezeichnen und in dem wir erkennen können, wie wir (!) unsere Welt verzeit-
lichen. Historische Imaginationen werden dann zu unseren Imaginationen, die
sich auf Vergangenes beziehen und die unser Handeln in der Gegenwart empirisch absichern. Da die Folgen dieser Absicherung von großer Tragweite sein
können, erscheint es umso wichtiger, im Zusammenhang mit historischen

---

7 Ebd. 32.
8 Ebd. 21.

Vorstellungen zu sich selbst in eine kritische Distanz treten zu können, um die eigenen, aus der Geschichte heraus abgeleiteten Einstellungen im Hinblick auf ihre Zukunftsfähigkeit beurteilen zu lernen.

Das im Folgenden vorgestellte exemplarische Beispiel soll deutlich machen, wie eine solche historische Begegnung mit uns selbst aussehen könnte. Dabei kann ein Bewusstsein dafür entwickelt werden, dass ein Rationalitätsgewinn im Umgang mit Geschichte nur dann erzielt werden kann, wenn man sich auch über die Emotionen, mit denen gerade Geschichte übervoll beladen ist, klar wird und lernt, diese zu beobachten und einzuschätzen. Gerade weil Rationalität im Umgang mit Geschichte bislang darin bestand, aufgrund der historischen Erfahrungen Emotionen aus dem Bereich der Geschichte auszuklammern, wird diesem Aspekt im Folgenden ein besonderes Gewicht gegeben, um deutlich zu machen, dass ein solches Ausklammern geradezu unmöglich ist. Vielmehr scheinen historische Imaginationen untrennbar an Emotionen gebunden und vielleicht sogar auf diese reduziert zu sein, da sie als ein elementarisiertes und tradiertes Basiswissen Bewertungsmaßstäbe liefern, auch wenn die Ereignisse längst vergangen sind. Der Schwerpunkt der folgenden Ausführungen liegt daher in diesem Bereich.

Da sich das vorgestellte Beispiel auf den Bereich der Politik bezieht, kann der Eindruck entstehen, die Argumentation sei gar nicht historisch. Gelingt es jedoch, die Spiegelfunktion der Geschichte wahrzunehmen, wird deutlich, dass Politik unter anderem auch als gelebte zukunftsgerichtete Erinnerung wahrgenommen werden kann. Imaginationen, die sich auf Vergangenes beziehen, kommen hier, so eine weitere These, als vernünftige Gefühle vor, die den Deutungsrahmen festlegen sowohl für politisch Verantwortliche als auch für diejenigen, die mit den Konsequenzen politischen Handelns leben müssen und die eine grundsätzliche Rolle spielen bei der Bewertung politischen Handelns.

Grundlage des vorgestellten Beispiels ist ein Plakat, welches im Folgenden jedoch nicht ikonografisch, sondern in seiner möglichen Bildaussage unter besonderer Berücksichtigung der impliziten emotionalen Bezüge, mit denen eine Verbindung zwischen Vergangenheit und Gegenwart hergestellt werden soll, analysiert wird. Ziel dieser Analyse ist es, deutlich zu machen, dass historische Imaginationen als Imaginationen von Menschen in der Gegenwart hochgradig emotional besetzt sind und über diese Emotionalität den Referenzrahmen zur Bewertung aktuellen politischen Handelns abstecken.

Angesichts der Kürze der zur Verfügung stehenden Zeit für eine historische Bildung in der Schule sollte es beim historischen Lernen prinzipiell auch darum gehen, so eine letzte These, Lernende im Erkennen und Umgehen mit den stets an sie selbst gebundenen rationalen Gefühlen in Bezug auf Geschichte kompetent zu machen, damit sie sich in eine kritische Distanz zu Überwältigungsversuchen, bei denen Geschichte eine Rolle spielt, stellen können.

2.   »Die Deutschen – gar nicht so hässlich« – Historische Imaginationen unter der Rubrik *Thema des Tages*

In der Weihnachtsausgabe der Süddeutschen Zeitung des Jahres 2011 fand ich unter der Rubrik *Thema des Tages* ein irritierendes Plakat, das der Fotograf Stuart Forster in den Straßen Lissabons gefunden hatte. Er hielt es für so wesentlich, dass er es fotografierte und einer Presseagentur anbot. Diese wiederum verkaufte es an die Süddeutsche Zeitung, die dem Bild einen prominenten Platz in ihrer Weihnachtsausgabe einräumte.

Gezeigt wird, allerdings in Form eines Bildausschnitts[9], die deutsche Bundeskanzlerin Angela Merkel, die mit roten Augen in *Uncle-Sam*-Manier ihren Finger auf imaginäre Menschen außerhalb des Bildes richtet und ihnen zuruft: »We order you!« Unter diesem Aufruf findet sich ein rosettenförmiges Emblem mit einem Eurozeichen in der Mitte, wiederum darunter erkennt man ein zu einem hakenkreuzähnlichen Gebilde verfremdetes Dollarzeichen. Im Bildhintergrund sind deutsche Bomber zu sehen; der Bildverweis lässt Vorstellungsbilder an den sogenannten Adlertag aufkommen, den 15. August 1940, als der Großangriff der deutschen Luftwaffe gegen die britischen Inseln begann. In der Ornamentik des Plakatrahmens ist eine überkreuzte Schlange zu erkennen, das Symbol für Merkur, den römischen Gott des Handels, des Reichtums und des Gewinns. Das Bild erscheint unter der Überschrift »Die Deutschen, gar nicht so hässlich. Warum Europas Wirtschaftsmacht Nummer eins immer noch respektiert und manchmal sogar bewundert wird«[10].

Wer das Plakat zum ersten Mal sieht, erschrickt und wird verunsichert wegen der aufscheinenden Ambivalenz: Nationalsozialistische Symbolik verschwimmt mit der bekannten identifikationsstiftenden Imagination des *Uncle Sam,* der junge Amerikaner zum Kampf im Ersten Weltkrieg rekrutierte. Dennoch ist man geneigt, im Wesentlichen aufgrund der Berichterstattung, das Plakat nicht allzu negativ zu sehen: auch, wenn die Deutschen offensichtlich wieder einmal auf einem Kriegszug sind, wenn auch auf einem ökonomischen. Sie agieren quasi als Leitfigur mit Weisungsanspruch in der europäischen Wirtschaftskrise und fordern (analog zum Rekrutieren junger amerikanischer Soldaten für den Ersten Weltkrieg) zum gemeinsamen Kampf gegen Börsen- und Bankenspekulationen auf; so könnte das Bild, das die Süddeutsche Zeitung gedruckt hatte, gelesen werden. Der Smiley sowie der Bierkrug unterhalb des Revers auf dem kanzlerischen Blazer entschärfen die nationalsozialistische Symbolik und korrespon-

---

9 Die Süddeutsche Zeitung hat nicht das vollständige Plakat abgedruckt, sondern das untere Drittel ab dem zweiten Jackenknopf der deutschen Kanzlerin abgeschnitten. Dadurch änderte sich allerdings die Gesamtaussage des Plakats fundamental.

10 Zaschke 2011.

dieren mit der Überschrift des Artikels. Auch wenn die Deutschen wegen ihrer
Großspurigkeit in der Wirtschaftskrise für manche irgendwie immer noch als
die ewigen Nazis erscheinen könnten, so hässlich sind sie gar nicht.[11] Damit
kann man leben.

Stuart Forster hatte allerdings ein anderes Bild aufgenommen: Gerade in
dessen unterer Hälfte erscheint eine erheblich schärfere Wertung der deutschen
Position in der europäischen Finanzkrise: Hier finden sich das in Deutschland
verbotene NS-Symbol der SS-Rune sowie weitere Anspielungen auf die nationalistische und nationalsozialistische Vergangenheit der Deutschen. Nimmt
man diesen unteren Teil des Plakats hinzu, ist er wieder zu erkennen: der
hässliche Deutsche und *ewige Nazi*. Es lassen sich nun kaum noch Relativie-
rungen vornehmen: Die Handhabung der europäischen Wirtschaftskrise durch
die deutsche Bundesregierung wird in eine historische Kontinuität mit dem
sogenannten Dritten Reich gestellt. Auch wenn kein militärischer Konflikt
ausgetragen wird, wie die Bomberstaffel vermuten lassen könnte, handelt es sich
dennoch um einen Krieg, einen Wirtschaftskrieg. Dieser wird in dem Plakat
symbolisiert durch den Merkurstab und die Geldzeichensymbolik. Es geht in
diesem (Wirtschafts)Krieg offensichtlich wieder einmal um die nationale Größe
der Deutschen – hier symbolisiert durch das Eiserne Kreuz, dem militärischen
Orden in den nationalistischen Kriegen von 1870/71, von 1914 bis 1918 und dem
nationalsozialistischen Krieg von 1939 bis 1945, das in eine Kontinuität zum
Bundesadler gestellt wird. Die von SS-Runen eingefasste Inschrift des Banners
»From the Power – To the Power« lässt eine imaginative Kontinuität zur nationalsozialistischen Herrenmenschenvorstellung zu, die heute aber in einer neuen
Form von Gewalt ausgetragen wird: Der lateinische Begriffe »Potestas« verweist
auf eine zivile Amtsgestalt, mit der das neue »Imperium«, das »Fourth Reich«[12]
der Deutschen offenbar hergestellt werden soll.

3.   Angst vor einem Vierten Reich? – Aspekte zur Geschichte der Deutschen unter einem Rückgriff auf historische Imaginationen in Europa

Muss man in Europa, vielleicht sogar in der ganzen Welt, heute wieder vor den
Deutschen Angst haben? Haben sie, heimlich, still und leise und nun immer
lauter werdend einen neuen Eroberungsfeldzug in Richtung Europa gestartet?
Soll Europa deutsch werden – zumindest institutionell? Deutsch gesprochen

---

11 Kabisch 2011.
12 Heffer 2011.

Abb. 1: Plakat »We order you!« (mit freundlicher Genehmigung von Stuart Forster)

wird ja anscheinend wieder in Europa.[13] Es geht scheinbar erneut um, das »deutsche Gespenst«[14]! Auch in der medialen Berichterstattung wird sie aufgegriffen, die Angst vor den Deutschen, wozu man bereits einmal guten Grund gehabt hatte.

Andererseits: Die Deutschen sind die stärkste Wirtschaftsmacht in Zeiten der Krise (geblieben). Daher haben sie auch die höchsten Kapazitäten und die stärkste Pflicht, helfend und rettend in die europäische Politik einzugreifen. Angesichts dieser offensichtlichen Abhängigkeit der anderen Eurostaaten zeigen sich »Neid und Ressentiments«[15], eine »Angst vor der deutschen Kolonialisierung Europas«[16] geht um. »Wut«[17] ist zu spüren bei den Nachbarn der Deutschen.

Und weil die Deutschen ihre politische Verantwortung – aus durchaus auch eigennützigen Interessen – ernst nehmen, gerät Deutschland in die Gefahr, zum »Punchingball Europas«[18] zu werden: Die Deutschen werden keine Dankbarkeit für ihre Anstrengungen erwarten können, den Euro zu retten und die Eurozone zu stabilisieren.

Die kurz umrissenen Zitate zur bundesdeutschen Politik in der Eurokrise zeigen, dass Geschichte und Emotionen offensichtlich kaum voneinander zu trennen sind. Er ist immer noch da und stets aufs Neue zu imaginieren: Der »hässliche Deutsche«[19] und »ewige Nazi«[20]. Es bedurfte lediglich eines Zwischenfalls, um diese Furcht wieder zu spüren.

Starke Emotionen haben sich da aus der Geschichte heraus in die Gegenwart geschlichen und vergiften die politische Atmosphäre. Historisch gesehen scheint es unmöglich, den Absichten der Deutschen trauen zu können. Wo kommen sie her, diese Gefühle und warum sind sie auch bei denen, die die *hässlichen Deutschen* selbst gar nicht mehr kennen gelernt haben, offensichtlich immer noch stark und scheinbar jederzeit abrufbar?

Gefühle, das wissen wir, sind an die Erfahrungen unseres Lebens gebunden. Sie ruhen als implizites Wissen im Körper und können im Kontext aktuellen Erlebens als Bewertungsgröße für anstehende Handlungsoptionen jederzeit aufgerufen werden.[21] Sie zeigen uns, dass uns eine Sache etwas angeht, wir in sie verwoben sind als beteiligte Individuen.[22] Und weil Geschichte als ein sekun-

---

13 Ler/AFP/dpa/Reuters 2011.
14 Ulrich 2011.
15 Schiltz 2011.
16 Ebd.
17 Medick und Weiland 2011.
18 Wergin 2011.
19 Kabisch 2011.
20 dn/dpa 2012.
21 Welzer 2005, 125–135.
22 Vgl. Hastedt 2009, 11 und 20.

därer Erfahrungsraum wahrgenommen werden kann, sind die Erfahrungen von Menschen früherer Zeiten *irgendwie* auch die Erfahrungen der Nachkommenden. Eine historisch begründete Vorsicht scheint demnach das Gebot der Stunde.

Dieses *irgendwie* soll im weiteren Verlauf des Beitrags im Mittelpunkt der Analyse stehen, um eine mögliche Erklärung dafür vorzustellen, wie Emotionen von Menschen vergangener Gegenwarten in den weiteren Zeitenlauf als rationale Gefühle eingespeist werden könnten, sodass sie einen aktuellen Deutungsrahmen für gegenwärtiges politisches Handeln zur Verfügung stellen. Dieser Deutungsrahmen sagt dann allerdings, so die These, mehr über die Menschen in der aktuellen Gegenwart aus, als über diejenigen der Vergangenheit.

3.1   Menschen, Geschichte, Emotionen und Leidenschaften

Schaut man sich das verwendete Imaginationsrepertoire der europäischen Nachbarn bezüglich der deutschen Krisenpolitik einmal genauer an, fällt auf, dass Geschichte hier eine besondere Rolle spielt und dass diese Geschichte stets mit begleitenden Gefühlen zum Ausdruck gebracht wird. Das gezeigte Plakat konnte aber ganz offensichtlich nur von einer Person entwickelt werden, die über hohe kognitive Fähigkeiten verfügt und im historischen Symbolkontext der deutschen und europäischen Geschichte zu Hause ist. Dabei sind es gerade auch Symbole, die in einem semiotischen Sinn als Verdichtungen von Vorstellungen und Gefühlen wirken können. Vor diesem Hintergrund kann das Plakat als ein Gefühlsausbruch verstanden werden, obwohl sein Verständnis dem Betrachter erhebliche kognitive Fähigkeiten und historisches Wissen abverlangt.

Geschichtsdidaktisch gewendet können wir bei der Geschichte, die das Plakat erzählt, von einer genetischen Sinnbildung sprechen: Zwischen Vergangenheit und Gegenwart wird eine Kontinuitäten und Brüche berücksichtigende Narration entwickelt, die die beiden Zeitebenen in einer deutenden und orientierenden Art und Weise verbindet: Scheinbar streben die Deutschen immer noch die Vorherrschaft in Europa an (Kontinuität), nun aber nicht mehr auf militärischem, sondern auf ökonomischem Gebiet (Wandel). Die Angst, die Europa einmal vor den Deutschen hatte, scheint also doch gerechtfertigt und an ihr sollte sich das zukünftige Verhalten im Umgang mit ihnen orientieren.

Wo aber sind die guten Erfahrungen mit den Deutschen seit 1945 geblieben? Die Jahre, in denen Deutschland seine Solidarität und Verlässlichkeit als Partner in der Weltgemeinschaft immer wieder unter Beweis gestellt hatte? Schließlich gibt es auch in dieser Hinsicht eine umfangreiche geschichtswissenschaftliche und damit streng rational argumentierende Literatur, die hoffen ließe, die negativen Gefühle aus der Geschichte heraus seien zu disziplinieren an einem reflektiert vorhandenen aktuellen geschichtswissenschaftlichen Wissen. Die Deutschen haben, so könnte man doch auch schließen, ihre historischen Hausaufgaben gemacht. Sie gelten als eine vorbildliche Nation in Bezug auf den Umgang mit ihrer verbrecherischen Vergangenheit und als solider politischer Partner in der Gegenwart.

Umso mehr erstaunt, dass dieses *rationale* Wissen offenbar nicht identisch ist mit einem offensichtlich *emotionalen* Wissen, welches angesichts der aktuellen deutschen Politik in der Krise anschlussfähiger scheint, als jeglicher Bezug auf eine sicherlich durchaus vorhandene rationalisierte historische Bildung. Hier eröffnet sich die Frage nach dem Verhältnis von Verstand und Gefühl im Zusammenhang mit Imaginationen, die sich auf Vergangenes beziehen.

Da der Mensch stets nur als eine Einheit zu denken ist, die sich, je nach philosophischer Tradition, in Leib und Seele oder Geist, Körper und Seele spiegelt, stellte sich immer wieder neu die Frage nach dem Verhältnis dieser Bezugsgrößen zueinander. Heute werden sie als rekursiv aufeinander zurückwirkende und ineinander verwobene Aspekte gedacht. Gefühl und Verstand sind dann keine Antagonisten mehr, sondern sie bezeichnen eine jeweils andere Reflexionsebene, die mit dem Begriff der *Vernunft* beschrieben werden kann. Gefühle müssen dann nicht per se irrational sein, vielmehr kann es auch »eine Vernunft der Gefühle geben«[23]. Für den Philosophen Heiner Hastedt ist Vernunft ein Reflexionsbegriff, über welchen es dem Menschen möglich wird, Erfahrungen sowohl auf der kognitiven als auch der leib-seelischen Ebene qualitativ zu bewerten.[24] Dieses Verweben von Verstand und Gefühl verdankt sich dem Bestreben des Menschen, im Einklang mit seinen Gefühlen zu leben. In der Folge kann es für einen Menschen ausgesprochen plausibel sein, nicht vorrangig seinem Verstand, sondern seinen Gefühlen zu folgen. Vernunft und Gefühl bilden auf diese Weise die zwei Seiten der Urteilskraft im Menschen.[25] Gefühle wirken hier als ein emotionales Erfahrungsgedächtnis, über welches dem Menschen bei seinen rationalen und bewussten Entscheidungen über körperbezogene Reaktionen Wertgradienten entscheidungsunterstützend zur Verfügung gestellt werden.

Gefühle sind ausgesprochen vielschichtig und in ihrer Ausdrucksweise graduell zu unterscheiden. Es macht Sinn, sich diese Unterschiede einmal etwas genauer anzusehen und im Hinblick auf historische Prozesse zu reflektieren. Heiner Hastedt z. B. definiert Gefühle als einen Oberbegriff für eine ganze Palette an Gefühlsausdrücken, die er in Untergruppen gliedert. Im vorliegenden Zusammenhang erscheinen dann die Leidenschaften, die als starke Gefühle bezeichnet werden,[26] sowie die Emotionen interessant. Nach Hastedt sind es die Leiden-

---

23 Vgl. Hastedt 2009. 42.
24 Vgl. ebd. 44.
25 Vgl. ebd. 44 – 45.
26 Vgl. Roth 2003, 285.

schaften, die das Leben von Menschen prägen und sie antreiben.[27] Den Leidenschaften steht der Mensch oft hilflos gegenüber – sie übermannen ihn nicht selten und verursachen dann durchaus tatsächlich auch Leid. Zu den Leidenschaften zählen für ihn z. B. Begeisterung, Eifersucht, Hass, Liebe oder auch Zorn.[28] Emotionen hingegen beschreibt Hastedt als »langwellige Grundtönungen der Existenz und der Weltwahrnehmung«[29], wie z. B. Angst, Freude oder Vertrauen. Leidenschaften können in die ruhigere Bahn der Emotion gelenkt werden, während Emotionen durchaus auch (wieder) einen leidenschaftlichen Charakter annehmen können.[30] Diese Unterscheidung erlaubt einen reflektierenden Zugang auf die Kurz- bzw. Langfristigkeit von historischen Imaginationen in Bezug auf ihre emotionale Komponente.

Geht man z. B. davon aus, dass Deutschland in der Vergangenheit aufgrund seiner menschenverachtenden und verbrecherischen Handlungen in den Jahren 1933 bis 1945 mit leidenschaftlichen Gefühlen wie z. B. Zorn, Wut, Hass und Abscheu begegnet wurde, so ist zu vermuten, dass diese leidenschaftlichen Gefühle wohl kaum bis heute überdauern konnten und es hierfür auch keine Veranlassung gab. Was passierte also mit ihnen? Sind sie verschwunden oder blieben sie möglicherweise als in ruhigere Bahnen gelenkte Emotionen erhalten, z. B. in Form von grundlegendem Misstrauen, vorbeugender Vorsicht oder unterschwelliger Angst, jederzeit wieder neu aktivierbar und zurücktransferierbar in eine Leidenschaft? Dass dem aller Wahrscheinlichkeit nach so ist, kann dadurch vermutet werden, dass die Bedrohung, die von den Nationalsozialisten für alle diejenigen ausging, die nicht in ihr rassistisches und antisemitisches Menschenbild hineinpassten, fundamental existenzbedrohend war. Solche Erfahrungen schreiben sich, so ist begründet zu vermuten, stark in das emotionale Erfahrungsgedächtnis ein, denn das eigene Überleben könnte von der richtigen Bewertung zukünftiger Situationen abhängen, in die die Deutschen verwickelt werden.

Wenn man diesem Gedankengang folgen kann, wären historische Imaginationen als Verstand-Gefühl-Kombinationen an markante langwellige Grundtönungen der in die Geschichte hineingelegten Weltwahrnehmung gekoppelt. Diese Weltwahrnehmung gestaltet sich dabei durchaus rekursiv: Zum einen wird diese Weltwahrnehmung als Teilwahrnehmung von Geschichte über die Generationen hinweg erhalten und zum anderen durch den dadurch entstehenden Referenzrahmen von den nachfolgenden Generationen rückwirkend verstetigt.

---

27 Vgl. Ciompi und Endert 2011, 13–44.
28 Vgl. Hastedt 2009, 13.
29 Vgl. ebd. Diese Definition ist anschlussfähig an die von Zimbardo und Gerrig 2005, 547.
30 Vgl. Hastedt 2009, 13–14.

3.2   Es gibt gute Gründe, den Deutschen nur begrenzt zu trauen – Historische Imaginationen als vernünftige Gefühle

Der Mensch ist wesentlich stärker durch seine Emotionen als durch seinen Verstand bestimmt. Die Ergebnisse der Hirnforschung zur Bedeutung des limbischen Systems für die Einschreibung von Gedächtnisinhalten weisen darauf hin, dass es die Emotionen sind, die den Erfahrungen des Menschen ihre spezielle Färbung verleihen und dem Ereignis eine spezifische Qualität der Bewertung zuordnen. Von dieser Bewertung her organisiert der Mensch sein zukünftiges Verhalten in Situationen, die er einem Gedächtnisinhalt als vergleichbar empfindet. Die emotionale Färbung bestimmt darüber, ob ein kognitiver Inhalt als positiv oder negativ gewertet wird. Weil der Mensch diese Verschränkung von Emotion und Kognition meist nicht bewusst reflektieren kann,[31] entsteht der Eindruck einer kritischen und rationalen Distanz zum Sachverhalt, denn das implizite Gefühl wird als vernünftig und reflektiert imaginiert. In der Konsequenz erkennt der Mensch nicht mehr ohne Weiteres, dass er nach wie vor stärker durch die emotionale Bewertung eines erinnerten Sachverhalts bestimmt wird denn durch dessen kognitive Seite.

Menschen sind in der Lage, Kategorien zu bilden, um Situationen als gefährlich oder ungefährlich einstufen zu können. In einem solchen Fall kommt es zu einer Verknüpfung zwischen einem Objekt, welches eine Reaktion auslöst und einem damit einhergehenden körperlich gefühlten Zustand. Diese auf Erfahrungen zurückzuführenden und im emotionalen Gedächtnis gespeicherten Reaktionsmuster stehen dem Menschen als implizites Wissen zur Bewertung von Situationen zur Verfügung und ermöglichen ihm, eine breitere Variation an potenziellen Handlungsspielräumen zu entwickeln. Wesentlich hierbei ist, dass der Rückbezug der Entscheidung auf eine emotionale Färbung den Menschen handlungsfähiger macht, als eine rein vernunftmäßig herbeigeführte Entscheidung. Erst die emotionale Bewertung gibt der anstehenden Entscheidung einen Selbstbezug, ohne den eine solche kaum möglich ist. Antonio Damasio bezeichnet solche emotional gefärbten Entscheidungen als »somatische Marker«, welche die möglichen Handlungsfolgen nach körperlichen Merkmalen vorsortieren und eine dann begründete Entscheidung ermöglichen. Nach Damasio bestimmen diese somatischen Marker wesentlich, wie wir uns im Alltag verhalten, denn diese lassen in bestimmten Situationen ein bestimmtes Gefühl aufscheinen, welches dann die Handlungsoptionen eines Menschen rahmt, aber nicht determiniert. Wenn wir uns allerdings gegen unser Gefühl entscheiden, hat dies, zumindest der Erfahrung nach, häufig negative Folgen.[32] In der Alltags-

---

31 Vgl. Ekman 2009, 51.
32 Damasio, referiert in Welzer 2005, 137 – 138. Genauer: Damasio 2005, 125 – 148.

sprache nennen wir das »dem Bauchgefühl folgen« und wir machen immer wieder gute Erfahrungen damit, wenn wir zulassen, dass die körperlichen Informationen in die Handlungsentscheidung einbezogen werden.[33]

Solche *sekundären Emotionen* sind sozial vermittelbar, können also durch soziales Lernen etabliert werden.[34] Im Folgenden soll ein Gedankengang entwickelt werden, der das Erlernen von sekundären Emotionen nicht nur an das soziale, sondern auch an das kulturell vermittelte, also das historische, Lernen bindet. Harald Welzer bezieht Damasios Überlegungen auf das kommunikative Gedächtnis, welches er als das Kurzzeitgedächtnis einer Gesellschaft beschreibt. Diese Gedächtnisform der Gesellschaft ist an die Erlebensgenerationen gebunden, d. h. an diejenigen, die Erfahrungen selbst gemacht haben und diese an ihre Nachfahren kommunizieren. Daher bezieht sich das kommunikative Gedächtnis auf drei bis vier Generationen und wandert in der Zeit von Generation zu Generation voran. Es kennt im Grunde keine Vergangenheit, die die Geschichte der Großelterngeneration überschreiten würde.[35] Erst im kulturellen Gedächtnis der Gesellschaft werden die Inhalte des kommunikativen Gedächtnisses gebündelt und in Form eines Erinnerns über Gedenken verzeitlicht und ritualisiert.[36] In der Folge können Erinnerungen transgenerationalisiert werden durch deren Verstetigung.[37] Diese Verstetigung bezieht sich auch, so die These, auf die langwelligen emotionalen Grundtönungen, mit denen Ereignisse der Vergangenheit belegt wurden.

Tritt man nämlich einen Schritt vom Erinnerungsdiskurs zurück und in das, was wir als Geschichte bezeichnen, wieder ein, dann generieren sich die Inhalte des Erinnerungsdiskurses über eine genetische historische Sinnbildung. Hierbei werden aus der Geschichte der Erinnerungsgemeinschaft heraus kohärente Zeitbezüge entwickelt, die dann die Gewordenheit der Gegenwart sinnstiftend und orientierend für die Zukunft erzählbar machen. Wir bezeichnen diese Form der Sinnbildung als Geschichtskultur und meinen damit die öffentliche Seite des Geschichtsbewusstseins.

In der Geschichtskultur vergewissert sich eine bestimmte soziale Gruppe – aber auch eine Gesellschaft als Ganzes – ihrer selbst als historisch geworden, indem sie Vergangenheit in der Gegenwart sichtbar werden lässt in Form von symbolischen und rituellen Handlungen, die eine kohärente historische Sinnbildung ermöglichen.[38] Jörn Rüsen verbindet Geschichtsbewusstsein und Geschichtskultur deutlich als zwei Ausdrucksweisen einer Bewusstseins-

---

33 Vgl. auch Gigerenzer 2008.
34 Welzer 2005, 129 – 140.
35 Ebd. 14.
36 Ricoeur 2004, 48 – 51.
37 Assmann 2006, 51 – 54.
38 Jordan 2003.

struktur (!) – Geschichtskultur ist demnach die Praxis des Geschichtsbewusstseins, in der sich menschliche Subjektivität in der Folge von immer wiederkehrenden Kontingenzerfahrungen im Wandel der Zeit orientiert.[39] Ist das
Geschichtsbewusstsein an eine konkrete Person gebunden, so kann in der
Konsequenz bei der Geschichtskultur von einem Kollektivsingular gesprochen
werden: Eine Erinnerungsgemeinschaft denkt sich wie eine Person,[40] die sie mit
historischem Sinn und damit in gewisser Weise auch mit Bewusstsein ausstattet.
Dieses Bewusstsein äußert sich in den Artikulationen der Geschichtskultur, die
damit quasi personalisiert wird. Deutlich werden solche Personalisierungen der
Geschichtskultur z. B. in Situationen, in denen etwas als eine kulturelle oder auch
nationale Beleidigung empfunden wird und Individuen darauf empört reagieren, weil sie sich persönlich beleidigt fühlen und dieses Gefühl mit vielen Mitgliedern ihrer Erinnerungsgemeinschaft teilen. Wichtig an dieser Stelle ist, dass
sich dieses Gefühl der Beleidigung aus einem bestimmten Umgang mit Geschichte ableitet und nicht aus einer tatsächlichen Gegebenheit. Solche Belei-
digungen wurden auch in Deutschland in Bezug auf die Nazi-Vergleiche, die
über die Person der Bundeskanzlerin personalisiert wurden, von deutschen
Bürgern empfunden.[41]

Geschichtskultur kann, so die These, vor diesem Hintergrund analog zum
Bewusstsein eines autobiografischen Gedächtnisses reflektiert werden. Wenn
man dies tut, ergibt sich ein neuer Blick auf Geschichte, historische Imaginationen und Emotionen. Geschichte, die sich für die Einzelnen in der Geschichtskultur konkretisiert und kontinuiert, könnte dann auch als das Kon-
textgedächtnis einer Gesellschaft und damit als ein Teil deren deklarativen Gedächtnisses beschrieben werden. Interessant im vorliegenden Zusammenhang
ist besonders das episodische Gedächtnis, welches demnach auch der Geschichtskultur zu eigen wäre. In ihm werden die Erinnerungen der Gemeinschaft
gespeichert. Hier handelt es sich um deren *autobiografisches* Gedächtnis, in dem
die räumlich und zeitlich konkret erlebten Erinnerungen der Gemeinschaft auch
in Bezug auf ihre Erfahrungen mit anderen aufbewahrt werden.[42] Historiographie könnte in diesem Zusammenhang analog zur Funktion der Erlebensge-
neration gesehen werden. In ihr sind die Erfahrungen der Gemeinschaft quasi
authentisch vorhanden und werden an die nachfolgenden Generationen kommuniziert. Im episodischen Gedächtnis einer Gesellschaft vergewissert sich
damit eine exklusive Gruppe auf einer bewussten Ebene ihrer historischen
Identität.

---

39 Rüsen 2008, 235–236 und 2002, 243.
40 Völkel 2011.
41 Vgl. hierzu z. B. Ulrich 2012.
42 Bezug: Roth 2003, 154–157.

Nun gibt es aber neben dem deklarativen Gedächtnis auch ein prozedurales, nicht-deklaratives Gedächtnis.[43] Gesteht man der Geschichtskultur ein solches zu, dann zeigen sich neben dem bewussten Umgang mit den Erinnerungen der Gemeinschaft auch automatisierte Prozesse, die z. B. spontane Kategorisierungen ermöglichen. Prototypen geschichtskultureller Klassifizierungen könnten z. B. Fahne, Hymne oder Verfassung sein. Gerade in diesen Klassifizierungen lassen sich eingewobene und verdichtete Emotionalisierungen vermuten, die in der Regel nicht reflektiert werden. Auch ein Priming kann in Bezug auf die Geschichtskultur beobachtet werden: Ohne zu reflektieren warum, stehen viele Menschen in besonderen Situationen auf, z. B. beim Singen der Hymne.[44] Innerhalb der Geschichtskultur findet ein instrumentelles Lernen statt, welches auf den Erwerb sowie die Stabilisierung bestimmter Gewohnheiten im Sinne von Habitualisierungen gerichtet ist. Das Aufstehen der Politikerinnen und Politiker beim Singen der Nationalhymne kann in dieser Weise verstanden werden.[45]

Folgt man dem vorgeschlagenen Gedankengang, dann gibt es innerhalb der Geschichtskultur sowohl ein explizites (Historiographie) als auch ein implizites Gedächtnis (Erinnerungsdiskurs, ritualisiertes Gedenken, Habitualisierungen von Verhaltensweisen), von dem aus die Menschen ihr Verhalten als Mitglieder einer Erinnerungsgemeinschaft steuern (sollen und können). In diese beiden Gedächtnisfunktionen eingelassen kann man sich auch das emotionale Gedächtnis[46] einer Gesellschaft vorstellen. Es ist zwar nicht an ein konkretes Gehirn gebunden, wirkt aber, so die These, auf die Gehirne und damit das Denken, Fühlen und Handeln der Mitglieder einer Erinnerungsgemeinschaft ein. Damit ist eine emotionale Komponente in die jeweiligen Geschichtskulturen eingewoben, die alles (!), was hier erinnert wird, mit spezifischen Bewertungskategorien unterlegt, die als *somatische Marker* bei der Bewertung von neu auftauchenden, aber als bedingt vergleichbar eingestuften Situationen gesellschaftsrelevant wirken (können). Diese emotionalen Erinnerungen aus der Geschichte heraus stecken den Rahmen ab, innerhalb dessen in der Gegenwart eine Gesellschaft u. a. auch politische Handlungen bewertet. Problematisch ist in diesem Zusammenhang, dass es sich bei den Emotionen, die über Erinnerungsdiskurse und ritualisiertes Gedenken implizit weitergegeben werden, um kollektive Ge-

---

43 Ebd. 156.
44 Vgl. z. B. http://www.youtube.com/watch?v=7hZ6gNg73Yg&feature=related (zuletzt geprüft am 31. Januar 2013).
45 http://www.youtube.com/watch?v=nvNHafpeSvE, http://www.youtube.com/watch?v=os LfKsxBfKY, http://www.youtube.com/watch?v=wqYYSR5_wVs (alle zuletzt geprüft am 31. Januar 2013). Die vorgestellten Videos zeigen, dass einige Personen beim Singen der Nationalhymne ihre Hand aufs Herz legen. Ein stärkeres emotionales Symbolverhalten gibt es wohl kaum.
46 In Anlehnung an LeDoux o. J.

fühle handelt, die oft mit Scham, Schuld und Demütigung, aber auch Stolz, Selbstbewusstsein und nicht selten mit Hochmut einhergehen und die daher eine besondere Explosivkraft entfalten können. Luc Ciompi und Elke Endert sprechen hier unter Bezug auf den Emotionssoziologen Thomas Scheff von »‹master emotion(s)›«[47], die in kulturelle Erinnerungsdiskurse eingelassen sind.

Wie kam es nun, angesichts der ökonomischen Krise in Europa, in Bezug auf die deutsche Politik zu den skizzierten historischen Vorstellungsbildern? In seinen Ausführungen kommt Heiner Hastedt auf den Soziologen Georg Simmel zu sprechen. Simmel beschreibt das Gefühl der Kälte als die Konsequenz eines Lebensstils, im Rahmen dessen es vernünftig erscheint, sich aufgrund einer Veränderung der Lebensverhältnisse durch die Geldwirtschaft von seinen Mitmenschen zu distanzieren. Kälte meint in diesem Zusammenhang nicht eine prinzipielle Gefühllosigkeit, sondern sie schiebt sich als eine kaum wahrnehmbare funktionelle Differenz zwischen die Menschen.[48] Kälte wird damit zu einer das ökonomische Zusammenleben der Menschen strukturierenden Größe, die einerseits Handlungsräume jenseits traditioneller Bindungen ermöglicht, andererseits aber auch befremdet und zu Vereinsamung führt.[49] Eine solche Kälte lässt sich durchaus in der deutschen Krisenpolitik erkennen, wenn z. B. davon gesprochen wird, dass die Griechen ihre Hausaufgaben machen müssen[50] oder eben die Folgen ihres Tuns zu spüren bekommen werden, z. B. durch den Ausschluss aus der Eurozone. Dass diese Äußerungen gerade von einem Deutschen gekommen sind, mag als symptomatisch wahrgenommen werden.

Als eine Politik der Kälte lässt sich auch die Politik der Nationalsozialisten beschreiben. Diese führten in das nationalsozialistische Gesellschaftsmodell eine funktionelle Differenzierung von nobilierten und marginalisierten Menschen ein, die es so vorher nicht gab. Ohne prinzipiell gefühlskalt zu sein - so blieb die Liebe zur Volksgemeinschaft und zur Familie erhalten -, war es für ausgesprochen viele Mitglieder des nobilierten Teils der Gemeinschaft kein unlösbares Problem, sich von den marginalisierten Menschen zu trennen; für die meisten *nur* in Form einer räumlichen Trennung, für die Täter dann im sprichwörtlichen Sinne in Form des Ermordens von Menschen, was als sinnvoll gegenüber der eigenen, begrenzt definierten Gemeinschaft empfunden werden konnte.[51]

---

47 Ciompi und Endert 2011, 41.
48 Es kann vermutet werden, dass *Kälte* prinzipiell zu einem emotionalen Kennzeichen in funktional differenzierten Gesellschaften werden kann, wenn diese sich darauf einlassen, weil es ihnen vernünftig erscheint.
49 Vgl. Hastedt 2009, 105 – 106.
50 Panster und Bauer 2011.
51 Vgl. Welzer 2007.

Vor diesem Hintergrund könnte man das besprochene Plakat mit seinen verstörenden historischen Imaginationen folgendermaßen deuten: Auch, wenn es keine vernünftigen Gründe gibt, der aktuellen Politik der Deutschen zu misstrauen – schließlich haben sie in den vergangenen 67 Jahren keinen Grund hierfür erkennen lassen – so gibt es in Europa offenbar dennoch ein emotionales historisches Erfahrungswissen, welches zur Vorsicht mahnt: Angesichts ihrer aktuellen Politik scheint es daher sinnvoll, auf die *Vernunft der Gefühle* zu hören. Schließlich haben die Deutschen, so der imaginative Bezugsrahmen, in ihrer Geschichte gezeigt, wohin es führen kann, wenn sie anfangen, funktionelle Differenzierungen in ursprünglich solidarisch organisierte gesellschaftliche Prozesse einzuführen. Wenn man diese Gefühle als Bauchgefühle ignoriert, könnte es, schneller als man, denkt zu einem Vierten Reich kommen, aus welchem alle, die dem Anspruch der Deutschen nach verlässlichen und robusten Mitgliedern der Gemeinschaft nicht entsprechen, ausgegrenzt werden – heute auf der Ebene der Währungsunion.

Auch die Nachbarn der Deutschen haben ihr episodisches und prozedurales geschichtskulturelles Gedächtnis, welches in Form von kulturellen Lernprozessen an die nachfolgenden Generationen weitergegeben wird. In dieses sind vernünftige Emotionen, die an historische Vorstellungen gegenüber dem Eigenen und den Anderen geknüpft sind, eingelagert, ohne dass dies bewusst sein müsste, weil Menschen nicht gewohnt sind, so zu denken. Uns Deutschen mögen die uns betreffenden Imaginationen verstörend erscheinen. Es scheint jedoch etwas zu sein, was als Kognition-Emotion-Verknüpfung über unsere Geschichte im Zusammenhang mit bestimmten Konstellationen vorrangig erinnert werden kann.

Historische Imaginationen können vor diesem Hintergrund als vernünftige Gefühle beschrieben werden, wobei sich die Vernunft aus Wissen und Erfahrungen speist, die gleichzeitig mit spezifischen Gefühlen belegt sind und so dem Wissen ein Bauchgefühl zuordnen. Erst diese Verstand-Emotion-Verknüpfung ermöglicht Vorstellungsbilder, die wir als historische Imaginationen bezeichnen. Da es aber stets der Kopf in der Gegenwart ist und der Mensch sich, so zumindest unsere Hoffnung, nicht als ein determiniertes Wesen in der Welt bewegt, können wir entscheiden, mit welchen Vernunft-Emotion-Kombinationen wir arbeiten wollen. In der gegenwärtigen Krisenpolitik der Deutschen Affinitäten zum Nationalsozialismus zu entdecken, ist ja nicht zwingend vorgeschrieben. Wenn also ein Vergleich mit der nationalsozialistischen Vergangenheit hergestellt wird, so ist dieser nicht historisch zwingend, sondern es handelt sich hier um eine Imagination, im Rahmen derer ein spezifischer Ausschnitt eines durchaus breiter angelegten Erinnerungsdiskurses herausprofiliert wird. Damit kann die Imagination, die sich auf Vergangenes bezieht, als ein Indiz für eine bestimmte Weltwahrnehmung gelten, die auch anders sein könnte. Sie sagt damit mehr über diejenigen aus, die sie evozieren, als über die tatsächliche Situation. Dass aber diese Imaginationen überhaupt noch oder wieder auftauchen, mag wiederum Grund genug sein, die deutsche Politik selbstkritisch zu reflektieren und möglicherweise kommunikativ anders zu gestalten.

4. Historische Imaginationen, Emotionen und historisches Lernen

Die bisherigen Ausführungen lassen den Schluss zu, dass es keine historischen Imaginationen ohne Emotionen gibt. Für das historische Lernen in der Schule hat diese Feststellung Konsequenzen.

Aufgabe des Geschichtsunterrichts ist die Schulung eines reflektierten Geschichtsbewusstseins. Darunter verstehen wir, das bereits immer vorhandene vorwissenschaftliche Geschichtsbewusstsein von Menschen an wissenschaftlichen Kriterien zu disziplinieren und ihnen dennoch die Fähigkeit zu erhalten, Geschichte nach wie vor, nun eben reflektierter, zur Orientierung der eigenen Lebensrichtung zu nutzen.[52]

Implizit wird davon ausgegangen, dass das vorwissenschaftliche Geschichtsbewusstsein weniger rational und stärker affektbezogen ist, was als eine Schwäche angesehen wird. Der Mensch scheint mit seinem vorwissenschaftlichen Geschichtsverständnis weniger in der Lage zu sein, rationale Kriterien zur Bewertung seiner Umwelt in seine Entscheidungsprozesse einfließen zu lassen. Mit der historischen Bildung, die im Geschichtsunterricht vermittelt werden soll, ist damit auch die Vorstellung eines Zuwachses an Rationalität verbunden, in deren Folge der Mensch zunehmend in die Lage versetzt wird, seine auf Geschichte bezogenen Affekte besser unter Kontrolle zu bekommen. Rationales Wissen und kritisch abwägende Informationen um vergangenes Geschehen scheinen die Mittel, eine historische Vernunft auf- und auszubauen, um einer ausufernden Emotionalität vorzubeugen.

Guter Geschichtsunterricht ist vor diesem Hintergrund an Wissenschaft und Rationalität orientiert und lässt deutlich werden, wie besondere gesellschaftliche und politische Konstellationen zu spezifischen Ereignissen geführt haben und wie die Menschen in ihren jeweiligen Lebensumständen sich hierzu mit welchen Konsequenzen verhielten. Gelingt es, diese Sachverhalte auch noch in den Lebenszusammenhang der Schülerinnen und Schüler einzubinden, damit diese verstehen, was der jeweilige Gegenstand mit ihnen zu tun hat, kann von einem gelungenen Geschichtsunterricht gesprochen werden.[53] Schülerinnen und

---

52 Vgl. Bergmann 2006, 55.
53 Vgl. z. B. Gautschi 2009.

Schüler sollten dann zunehmend in der Lage sein, Geschichte in einer reflektierten Art und Weise narrativ auf ihre Lebenswelt zu beziehen und zur Orientierung zu nutzen.

Bodo von Borries hat eine provokante Bestandsaufnahme zum Geschichtsunterricht vorgestellt, die deutlich werden lässt, dass wir zwar viele wichtige Ideen in Bezug auf einen guten Geschichtsunterricht haben, diese aber offenbar wenig ausgereift und praxistauglich sind.[54] Zusammenfassend könnte man seine Kritik dahingehend interpretieren, dass im Geschichtsunterricht zu wenig intelligentes, vernetztes und anwendungsbezogenes Lernen ermöglicht wird, welches den einzelnen Menschen befähigt, sich selbst als ein komplexes Wesen mit Verstand *und* Gefühl im Wandel der Zeit wahrzunehmen.

An dieser Stelle wird die These aufgestellt, dass ein Grund des geringen Erfolgs des historischen Lernens darin zu suchen ist, dass auf institutioneller Ebene im Geschichtsunterricht versucht wird, den Menschen auf seinen Verstand hin zu polen,[55] weil man meint, dass seine emotionale Seite in der Vergangenheit mehr Leid als Nutzen über die Menschheit gebracht hat.

4.1   Ganzheitliche Ansätze in der Geschichtsdidaktik

Geht man aber davon aus, dass der Mensch mehr ist als nur sein Verstand[56] und die Rationalisierung der Gefühle sich historisch ebenfalls nicht bewährt hat, weil sie rigide Persönlichkeiten entstehen lässt, die in besonderer Weise anfällig sind für eine *Dialektik der Aufklärung*, in deren Folge die »Rationalisierungen des Gefühls«[57] allzu leicht in Barbarei umschlagen können[58], dann ist es hohe Zeit, den Menschen gerade auch im Hinblick auf seine Geschichtlichkeit wieder als ein ganzheitliches Wesen zu denken. In der Konsequenz sollte das historische Lernen dann darauf ausgerichtet sein, dass sich der Mensch als ein in Geschichte eingewobenes, Körper, Leib und Seele umfassendes Ganzes wahrnehmen und erforschen kann. Ein reflektiertes Geschichtsbewusstsein zu schulen würde dann bedeuten, dass der Mensch lernt, sich in seinen Bezügen zur Geschichte auf mehreren Ebenen zu bewegen und nicht nur sein deklaratives, sondern auch sein prozedurales Gedächtnis, soweit das möglich ist, beobachten zu lernen. Wir wissen heute, dass der Mensch sich selbst beim Beobachten beobachten kann[59] –

---

54 Borries 2008b.
55 Emotionen spielen höchsten im Zusammenhang mit motivationalen Aspekten eine Rolle.
56 Für die Geisteswissenschaften hat Wilhelm Dilthey diesen Gedanken expliziert; vgl. resümierend Morat 2008.
57 Vgl. Jensen und Morat 2008.
58 Vgl. Hastedt 2009, 143 und 105.
59 Singer 2002.

und diese Fähigkeit gilt es, auch im Hinblick auf Geschichte mit ihren expliziten und impliziten Bezügen zu lehren und zu lernen.

Dieser Gedanke ist in der Geschichtsdidaktik nicht neu – nur wurde er bislang eher ignoriert. Bodo von Borries hat auf diese Verflechtung von Geschichte, Imagination, Fiktion und Projektion aufmerksam gemacht.[60] Er mahnt an, den Emotionen und Projektionen im Zusammenhang mit Geschichte gerade auch im Geschichtsunterricht kompetent zu begegnen.[61]

Der Geschichtsdidaktiker, der sich Zeit seines Lebens diese ganzheitliche Sicht auf den Menschen und seine Geschichte zu eigen gemacht hat, ist Peter Schulz-Hageleit. In seiner jüngsten Publikation spricht er exakt den Aspekt an, auf den im Rahmen dieses Beitrags aufmerksam gemacht werden soll: Ein Nachdenken über Geschichte verläuft ganz anders, wenn es als ein lebensgeschichtlich bedingtes Nachdenken über Geschichte geschieht und nicht nur rein akademisch-intellektueller Natur ist.[62] Schulz-Hageleit verbindet Geschichte mit dem psychoanalytischen Durcharbeiten und macht über seine konsequente Verknüpfung beider Bezugsgrößen deutlich, wie eng Geschichte mit dem Unbewussten verbunden ist. Vor diesem Hintergrund erscheint es geradezu an Hybris grenzend, wenn in der Geschichtsdidaktik davon gesprochen wird, den jungen Menschen zu einem *ausbalancierten* Geschichtsbewusstsein zu verhelfen, welches sich zwischen Vorwissenschaftlichkeit und wissenschaftlicher Rationalisierung reflektiert zu verhalten versteht. Dieser Impetus mag die Chancen eines die menschlichen Seins-Ebenen versöhnenden Geschichtsunterrichts mehr verschließen denn eröffnen. Wenn ich verstehe, warum es mir z. B. so leicht fällt, trotz besseren Wissens bestimmte Mentalitäten nach wie vor kritisch zu betrachten, dann besteht zumindest eine Chance, dass es mir gelingt, mich zu mir selbst in ein reflektiertes Verhältnis zu setzen, wenn auch nicht unbedingt zu meinem Gegenüber. Es besteht aber eine begründete Hoffnung, dass sich in dem Augenblick, in dem ich mir über mich selber klarer werde, mein Verhalten gegenüber dem Anderen ändert. Damit gebe ich dem Anderen die Chance, sich ebenfalls zu ändern. Nicht, weil ich das so will, sondern weil er sich mit mir verändern wird durch meinen veränderten Blick auf ihn.

---

60 Borries 1996.
61 Borries 2008a.
62 Schulz-Hageleit 2012, 11.

4.2   Historische Imaginationen und Emotionen – könnte es auch anders sein?

Obwohl es durchaus Publikationen darüber gibt, wie Geschichte und Gehirn, Geschichte und Bewusstsein bzw. Geschichte und Nicht-Bewusstes bzw. Unbewusstes miteinander zusammenhängen,[63] wurde dies im deutschsprachigen Raum im Zusammenhang mit dem historischen Denken und Lernen bislang nur spärlich rezipiert. Geschichtsbewusstsein wird nach wie vor eher als ein Phänomen vorausgesetzt, mit welchem man relativ positivistisch umgeht. Würde es gelingen, Geschichtsbewusstsein nicht nur mit Wissen und Intelligenz, sondern ebenso mit bewusst wahrgenommenen emotionalen Implikationen auszustatten, könnte ein Spiel mit Alternativen beginnen. Dies soll am Beispiel des besprochenen Plakats verdeutlicht werden.

Sinnvollerweise geht ein Geschichtsunterricht, in dem lebensweltlich bedeutsame Emotionen im Zusammenhang mit Geschichte besprochen werden, von der Gegenwart der Lernenden aus. Erst der zeitliche Abstand lässt bestimmte Reflexionen zu, die den Menschen in ihrer Zeit verschlossen blieben. Hinzu kommt, dass jede Generation mit ihren eigenen Fragen an historische Sachverhalte herangeht und damit auch die emotionalen Aspekte den emotionalen Fragen der Gegenwart entsprechen müssen. Dass im vorliegenden Zusammenhang die Emotion der *Kälte* eine Rolle spielt, erschließt sich erst einmal nur im Hinblick auf das Plakat. Aber dadurch können neue, intelligente, vernetzte und anwendungsbezogene Perspektiven auf die Frage des deutschen Nationalismus und den Nationalsozialismus gewonnen werden, auf die die Lernenden ansonsten nicht so einfach stoßen würden. Erst wenn besprochen wird, welche emotionalen Implikationen in den Symbolen des Bildes und seiner Gesamtaussage enthalten sind, kann darüber nachgedacht werden, wie sich die Haltung gegenüber den Deutschen und ihrer Politik ändern würde, wenn man ihr aktuelles Handeln eben nicht in eine Kontinuität der Kälte stellen würde. Möglich wäre es auch, in der jüngeren Geschichte anzusetzen und diese als eine Geschichte von partnerschaftlicher Verlässlichkeit zu lesen, in deren Folge ein Gefühl der Nähe entstünde, welches die aktuelle Politik in einem ganz anderen Licht erscheinen ließe. Hier könnte man z. B. gleichzeitig reflektieren, welche Konsequenzen der jeweilige Ausgangspunkt einer historischen Narration hat. Legt man einen langfristigeren Erzählbogen an, könnte die deutsche Politik durchaus fragwürdig erscheinen. Fasst man die Erzählung kürzer, könnte eine grundlegend andere Bedeutung hervorgebracht werden. Damit gewinnen Lernende einen kompetenten Einblick in die Tragweite von genetischen histori-

---

[63] Monografien, die sich explizit mit diesem Sachverhalt auseinander setzen: Rusch 1987; Völkel 2008; Norden 2011; Schulz-Hageleit 2012.

schen Narrationen, zu denen sie sich als Mitglieder einer Gesellschaft zwangsläufig verhalten müssen. Gelingt es, den Startpunkt einer historischen Narration
auch in Bezug auf die impliziten Gefühle zu durchdenken, können vernünftige
Gefühle in Bezug auf Imaginationen, die sich auf Vergangenes beziehen, kritisch
abwägend reflektiert werden. Auf diese Weise wird eine genetische Sinnbildung
aufgebrochen zugunsten einer exemplarischen Sinnbildung, die, so die These,
eher die Fähigkeit ermöglicht, im Zusammenhang mit Geschichte kontingenz-
fähige Denkstrukturen aufzubauen.

Für die Deutschen als national gedachtes Kollektiv, könnte es daher einer
Überlegung wert sein, in eine selbstkritische Reflexion einzutreten, warum uns
diese partnerschaftliche Verlässlichkeit, die wir uns selbst zuerkennen, offenbar
nicht geglaubt wird. Haben wir etwas an uns, was andere dazu bewegt, uns
gegenüber vorsichtig zu sein? Sind wir, angesichts der deutschen Erfolgsge-
schichte nach 1945, überheblich geworden und werden wir auch so wahrgenommen? Und wäre es dann vielleicht plausibel, dass eine solche Überheblichkeit Assoziationen zu anderen Zeiten unserer Geschichte wachruft, die wir
selbst als überwunden glauben?

Wäre das ein gesinnungsbildender Unterricht? Sicherlich nicht, denn es
würde ja zu keiner Festschreibung der emotionalen Bewertungen kommen.
Vielmehr würde es darum gehen, das Denken auf der Grundlage der aner-
kannten Triftigkeitskategorien flexibel und veränderungsfähig zu halten.

Aus einer solchen Haltung heraus würde sich möglicherweise auch eine Politik der Nachhaltigkeit im gewachsenen Zusammenleben der Menschen entwickeln, welche nicht mehr auf Ausgrenzung und Überwältigung ausgerichtet
wäre, sondern auf eine Wiedergewinnung des Mitgefühls.[64]

Literatur

Assmann, Aleida. *Der lange Schatten der Vergangenheit. Erinnerungskultur und Ge-
schichtspolitik.* München: Beck, 2006.
Bergmann, Klaus. *Geschichtsdidaktik.* Schwalbach/Taunus: Wochenschau-Verlag, 2006.
Borries, Bodo von. *Imaginierte Geschichte. Die biografische Bedeutung historischer Fik-
tionen und Phantasien.* Köln, Weimar und Wien: Böhlau, 1996.
Ders. »Kein Geschichtslernen ohne Emotion und Ästhetik, Imagination und Biografie-
bezug«, in: Bodo von Borries (Hg.), *Historisch Denken Lernen – Welterschließung statt
Epochenüberblick. Geschichte als Unterrichtsfach und Bildungsaufgabe.* Opladen:
Budrich, 2008, 81–101 (=2008a).
Ders. »Warum ist Geschichtslernen so schwierig? Neue Problemfelder der Geschichtsdi-
daktik«, in: Bodo von Borries (Hg.), *Historisch Denken Lernen – Welterschließung statt*

---

64 Vgl. Gruen 2005 und Ekman 2009.

Epochenüberblick. Geschichte als Unterrichtsfach und Bildungsaufgabe. Opladen: Budrich, 2008, 17–46 (=2008b).

Ciompi, Luc und Elke Endert. *Gefühle machen Geschichte. Die Wirkung kollektiver Emotionen – von Hitler bis Obama.* Göttingen: Vandenhoeck & Ruprecht, 2011.

Damasio, Antonio R. *Der Spinoza-Effekt. Wie Gefühle unser Leben bestimmen.* Übersetzt von Hainer Kober. Berlin: List, 2005.

dn/dpa. »Image der Deutschen in Europa. Bundesregierung will die Nazi-Klischees loswerden«, in: *FOCUS Online*, 29. Februar 2012, http://www.focus.de/politik/deutsch land/image-der-deutschen-in-europa-bundesregierung-will-die-nazi-klischees-los-werden_aid_719208.html (zuletzt geprüft am 31. Januar 2013).

Ekman, Paul (Hg.). *Gefühl und Mitgefühl. Emotionale Achtsamkeit und der Weg zum seelischen Gleichgewicht. Ein Dialog zwischen dem Dalai Lama und Paul Ekman.* Heidelberg: Spektrum Akademischer Verlag, 2009.

Ferrero, Guglielmo. »Die Angst der Regierenden vor den Regierten und die Angst der Regierten vor den Regierenden«, in: Guy Kirsch (Hg.), Angst *vor Gefahren oder Gefahren durch Angst? Zur politischen Ökonomie eines verdrängten Gefühls.* Zürich: Verlag Neue Zürcher Zeitung, 2005, 87–108.

Gautschi, Peter. *Guter Geschichtsunterricht. Grundlagen, Erkenntnisse, Hinweise.* Schwalbach/Taunus: Wochenschau-Verlag, 2009.

Gigerenzer, Gerd. *Bauchentscheidungen. Die Intelligenz des Unbewussten und die Macht der Intuition.* München: Goldmann, 2008.

Gruen, Arno. *Der Verlust des Mitgefühls. Über die Politik der Gleichgültigkeit.* München: Deutscher Taschenbuch-Verlag, 2005.

Hastedt, Heiner. *Gefühle. Philosophische Bemerkungen.* Stuttgart: Reclam, 2009.

Heffer, Simon. »Rise of the Fourth Reich, How Germany Is Using the Financial Crisis to Conquer Europe«, in: *Mail Online*, 17. August 2011, http://www.dailymail.co.uk/news/article-2026840/European-debt-summit-Germany-using-financial-crisis-conquer-Europe.html (zuletzt geprüft am 31. Januar 2013).

Henke-Bockschatz, Gerhard. »Überlegungen zur Rolle der Imagination im Prozess des historischen Lernens«, in: *Geschichte in Wissenschaft und Unterricht* 51 (7–8) (2000), 418–429.

Jensen, Uffa und Daniel Morat (Hg.). *Rationalisierungen des Gefühls. Zum Verhältnis von Wissenschaft und Emotionen 1880–1930.* Paderborn: Fink, 2008.

Jordan, Stefan. »Geschichtskultur«, in: Stefan Jordan (Hg.), *Lexikon Geschichtswissenschaft. Hundert Grundbegriffe.* Stuttgart: Reclam, 2003, 112–115.

Kabisch, Jörn. »Der hässliche Deutsche«, in: *der Freitag*, 24. November 2011, http://www.freitag.de/wochenthema/1147-der-haessliche-deutsche (zuletzt geprüft am 31. Januar 2013).

LeDoux, Joseph E. »Emotional Memory«, in: *Scholarpedia*, http://www.scholarpedia.org/article/Emotional_memory (zuletzt geprüft am 31. Januar 2013).

Ler/AFP/dpa/Reuters. »Kauders Euro-Schelte. Jetzt wird in Europa Deutsch gesprochen«, in: *Spiegel Online*, 15. November 2011, http://www.spiegel.de/politik/deutschland/0,1518,797945,00.html (zuletzt geprüft am 31. Januar 2013).

Medick, Veit und Severin Weiland. »Kampf gegen die Krise. Wut auf Deutschland«, in: *Spiegel Online*, 25. November 2011, http://www.spiegel.de/politik/deutschland/0,1518,799925,00.html (zuletzt geprüft am 31. Januar 2013).

Morat, Daniel. »Verstehen als Gefühlsmethode. Zu Wilhelm Diltheys hermeneutischer Grundlegung der Geisteswissenschaften«, in: Uffa Jensen und Daniel Morat (Hg.), *Rationalisierungen des Gefühls. Zum Verhältnis von Wissenschaft und Emotionen 1880–1930*. Paderborn: Fink, 2008, 101–118.

Norden, Jörg van. *Was machst du für Geschichten? Didaktik eines narrativen Konstruktivismus*. Freiburg: Centaurus, 2011.

Panster, Christian und Thomas Bauer. »Es drohen uns einige negative Überraschungen«, in: *Handelsblatt*, 4. November 2011, http://www.handelsblatt.com/politik/inter national/ezb-chefvolkswirt-die-griechen-muessen-ihre-hausaufgaben-machen-/5799974.html (zuletzt geprüft am 31. Januar 2013).

Ricoeur, Paul. *Gedächtnis. Geschichte. Vergessen*. Übersetzt von Hans-Dieter Gondek. München: Fink, 2004.

Roth, Gerhard. *Fühlen, Denken, Handeln. Wie das Gehirn unser Verhalten steuert*. Neue, vollständig überarbeitete Ausgabe. Frankfurt am Main: Suhrkamp Taschenbuch, 2003 (wissenschaft 1678).

Rüsen, Jörn. *Geschichte im Kulturprozess*. Köln, Weimar und Wien: Böhlau, 2002.

Ders. *Historische Orientierung*. Schwalbach/Taunus: Wochenschau-Verlag, 2008.

Rusch, Gebhard. *Erkenntnis, Wissenschaft, Geschichte. Von einem konstruktivistischen Standpunkt*. Frankfurt am Main: Suhrkamp, 1987.

Schiltz, Christoph B. »Die Angst vor der deutschen Kolonialisierung Europas«, in: *Welt Online*, 20. November 2011, http://de.nachrichten.yahoo.com/die-angst-vor-der-deutschen-kolonialisierung-europas-093951259.html (zuletzt geprüft am 31. Januar 2013).

Schörken, Rolf. *Historische Imagination und Geschichtsdidaktik*. Paderborn und Zürich: Schöningh, 1994.

Schulz-Hageleit, Peter. *Geschichtsbewusstsein und Psychoanalyse*. Freiburg: Centaurus, 2012 (Geschichte und Psychologie 15).

Singer, Wolf. *Der Beobachter im Gehirn. Essays zur Hirnforschung*. Frankfurt am Main: Suhrkamp, 2002.

Ulrich, Stefan. »Europäische Schuldenkrise. Furcht vor dem deutschen Gespenst«, in: *Süddeutsche.de*, 29. November 2011, http://www.sueddeutsche.de/politik/europaeische-schuldenkrise-furcht-vor-dem-deutschen-gespenst-1.1221199 (zuletzt geprüft am 31. Januar 2013).

Ulrich, Bernd. »Nazi-Vergleich. Immer mit der Keule«, in: *Zeit Online*, 3. Februar 2012, http://www.zeit.de/2012/06/01-Deutschland (zuletzt geprüft am 31. Januar 2013).

Völkel, Bärbel. *Wie kann man Geschichte lehren? Die Bedeutung des Konstruktivismus für die Geschichtsdidaktik*. Schwalbach/Taunus: Wochenschau-Verlag, 2008.

Dies. »Man sieht nur mit dem Herzen gut!? – Was hat Thilo Sarrazins Angst um Deutschland mit Geschichte zu tun? Kritische Überlegungen zur Sinnbildung über Zeiterfahrung«, in: Gerhard Büttner u.a. (Hg.), *Religion lernen. Jahrbuch für konstruktivistische Religionsdidaktik, Band 2: Kirchengeschichte*. Hannover: Siebert, 2011, 23–37.

Welzer, Harald. *Das kommunikative Gedächtnis. Eine Theorie der Erinnerung*. München: Beck, 2005.

Ders. *Täter. Wie aus ganz normalen Menschen Massenmörder werden*. Frankfurt am Main: Fischer, 2007.

Wergin, Clemens »Die Deutschen werden zum Punchingball Europas«, in: *Welt Online*, 27. November 2011, http://www.welt.de/debatte/kommentare/article13738065/Die-Deutschen-werden-zum-Punchingball-Europas.html (zuletzt geprüft am 31. Januar 2013).

Zaschke, Christian u. a. »Thema des Tages: Die Deutschen, gar nicht so hässlich. Wie Europas Wirtschaftsmacht Nummer eins immer noch respektiert und manchmal sogar bewundert wird«, in: *Süddeutsche Zeitung*, 24/25/26. Dezember 2011, 2.

Zimbardo, Philip und Richard J. Gerrig. *Psychologie.* Bearbeitet und herausgegeben von Ralf Graf, Markus Nagler und Brigitte Ricker. 16., aktualisierte Auflage München u. a.: Pearson Studium, 2005.

Michele Barricelli

Historisches Lernen und narrative Emotion. Anmerkungen zu einer erzähltheoretisch orientierten Geschichtsdidaktik, die Gefühle respektiert

Der vorliegende Sammelband macht eindrucksvoll deutlich, welche Potenziale die lange vernachlässigte Berücksichtigung von Gefühlen im weitesten Sinn für Geschichtsforschung, Fachdidaktik und Unterricht bereithält. Nicht das geringste Verdienst der Herausgeber besteht jedoch darin, uns Nachdenkliche noch einmal darauf hingewiesen zu haben, wie uralt diese dauerrelevante, aber im Grunde schon immer als Scheinkontroverse entlarvte Auseinandersetzung um die Rolle von Emotionen für den Umgang mit Erkenntnisfragen aller Art ist: Sie geht, was das Fach Geschichte betrifft, letztlich auf die frühesten antiken Historiker zurück, und Ute Frevert kennzeichnet den *emotional turn* als Ausfluss einer allgemeineren akademischen Diskussion mit »ehrwürdige[r] Tradition« um das Wechselspiel von *nature* und *nurture* im menschlichen Zusammenleben.[1] Auch auf dem Feld der Geschichtsdidaktik sind einerseits etwa mit den Arbeiten von Karl-Ernst Jeismann[2] und Horst Gies[3] die prinzipiellen Argumente für ein ausgewogenes Verhältnis von *Gefühl* und *Verstand* im Prozess des historischen Lernens nicht erst gestern formuliert worden; jene haben die Diskussion um die Rolle von Emotionen im Geschichtsunterricht – Dürfen sie, sollen sie, müssen sie sein? Geht es überhaupt, beim besten Willen, ohne? Gewinnt historisches Lernen erst menschliches Maß, wenn Schülerinnen und Schüler Freude über historisches Geschehen hegen, Ehrfurcht bzw. Verachtung für ihre Akteure aufbringen, Angst oder Zuversicht hinsichtlich des weiter Erwartbaren empfinden? – zu Recht lange Zeit geprägt. Offener Widerspruch zu diesen klug integrierenden Modellen wurde bislang nicht vernommen,[4] wäre auch kaum begründbar; allenfalls gibt es im je speziellen Fall eine stets plausible Tendenz, sich für die eine Seite des Zugangs zur Geschichte bzw. der mentalen Verarbeitung vergangenheitsbezogener Informationen gegenüber der anderen

---

1 Frevert 2009, 187.
2 Jeismann 1994.
3 Gies 1992.
4 Das Vernehmen (= Hören) ist übrigens Wortursprung der hier stets mitdiskutierten *Vernunft*.

stark zu machen.[5] Dass sich allerdings die deutlich in Richtung einer Gefühlsbetontheit des Geschichtslernens ausschlagenden Positionen seit jeher und
zuletzt unübersehbar in erziehungswissenschaftlichen, museumspädago-
gischen oder kulturpsychologischen – und eben nicht geschichtsdidaktischen –
Ansätzen finden, sei hier nur erwähnt, nicht erörtert.[6]

Andererseits hat Jeismann mit seiner zu Anfang der 1990er Jahre ausge-
sprochenen Vermutung vom »Beginn einer geschichtsdidaktischen Kontroverse
von grundsätzlichem Rang«[7] doch nicht Recht behalten. Die Versuche, das
Verhältnis von *ratio* und *emotio* für das Geschichtslernen aus seinem dualisti-
schen Gefängnis zu befreien und auf eine wirklich facheigene Basis zu stellen,
sind in den letzten 20 Jahren vielmehr rar geblieben. Folgt man Gies' wohl-
meinendem Ratschlag: »Es ist an der Zeit, sowohl gefühlsgeleitete Erkenntnisse
als auch insbesondere erkenntnisleitende Gefühle in Lehr- und Lernprozessen
an und mit der Geschichte wieder stärker in den Blick zu nehmen«,[8] müsste ein
solches Ziel heute jedenfalls unter der Fahne des narrativistischen Paradigmas in
der Geschichtswissenschaft angesteuert werden.[9] Das heißt, Geschichte ist als
Erzählung aufzufassen und das Problem *Emotionalität versus Rationalität*
konsequent in seiner symbolisch-sprachlichen Gestalt anzugehen. Gefragt
würde demnach, wie Emotionen erzählt werden (können), um sich auf kollektive
wie individuelle Verläufe historischen Lernens theoretisch und praktisch aus-
zuwirken, welche Faktoren und Kompetenzen die ästhetische Aneignung einer
historischen Referenz erlauben, oder noch genauer: Welche auszuwählenden
musterhaften Geschichten, Sinnbildungslogiken, Plots bringen Gefühle er-
kenntnisfördernd zum Vorschein, machen sie reflexionsfähig und somit kon-
trollierbar? Das lohnende Forschungsprogramm einer so umrissenen narrativen
Emotion (prospektiv *ad usum scholarum*) soll für diesen Beitrag in knappster
Form entworfen werden. Es beginnt, wie könnte es anders sein, mit einer
Sprachbetrachtung.

Möchte man das narrative Verständnis einer integrativen Theorie zum Zu-
sammenwirken von Geschichtslernen und Emotionen klären, trifft man sogleich
auf komplizierte Etymologien. Zum einen tritt das Vernunftgemäße von Ge-

---

5 Eine aktuelle Zusammenschau unter einer zunächst etwas sperrigen, aber doch treffenden
   Überschrift jetzt bei Borries 2012.
6 Quasi unausweichlich sind heute die erlebnisorientierten Zugänge in historischen Museen,
   die in ihren Arrangements und Angeboten stark (wenn auch in der Regel kaum einseitig) auf
   die nicht selten wohlige Empfindung und das deutlich moralisierende Gefühl setzen. Ganz
   Ähnliches lässt sich in der momentan druckvoll aufstrebenden *heritage education* beobachten. Dort wird immer dann auf Emotionalität gesetzt, wenn es um das »imagining and
   experiencing the past as vivid and nearby« geht, Grever und Boxtel 2011, 10.
7 Jeismann 1994, 165.
8 Gies 1992, 40.
9 Vgl. zur Narrativität Barricelli 2012. Dort weitere Literatur.

schichte als *Erzählung* sofort dadurch zu Tage, dass lateinisch *ratio* das Verhältnis von Zahlen (Zählbarem, Zahlenwerten) zueinander bezeichnet und das
somit *Berechnende* des Erzählens ebenfalls in anderen europäischen Sprachen
zum Ausdruck gebracht wird: englisch *to tell* (eigentlich »zählen«), französisch
(ra)conter (zu conter = »rechnen« aus lateinisch *computare* = »zusammen-
zählen«), gleichbedeutend italienisch *raccontare*.[10] Zum anderen gibt es eine
wahre terminologische Fülle der Worte für *das Gefühl* selbst, die sich im
Deutschen aus – teilweise abgeschliffenen – germanischen Wurzeln (fühlen,
spüren, empfinden; Mut: Hochmut, Unmut, anmuten, Gemüt etc.; englisch
»mood«; Witz: Irrwitz; Sinn: Frohsinn, Leichtsinn, Wahnsinn[11]), aus lateini-
schen (Emotion, Affekt, Sensation, Passion, Animation etc.) und sogar grie-
chischen (Pathos, pathetisch, Enthusiasmus, Euphorie etc.) speist. Vielfältige
Überlappungen im Gebrauch sind die Folge. Daneben ist die Metaphorik bemerkenswert: Emotion, Erregung, Rührung signalisieren, dass durch das
Empfinden etwas zuvor womöglich Stillstehendes in plötzliche oder allmähliche
Bewegung gerät (der Mensch also zum Handeln gebracht wird) – umgekehrt
heißt auch der Satz »ich bin bewegt« nichts anderes als »mich leitet ein starkes
Gefühl«.[12] Der wahrhaft verschwenderische Wortreichtum zeigt an, dass die fein
abgestufte Benennung von Sinneseindrücken und differenzierten Gefühlen für
den Vollzug von Alltag und mithin die Fertigung jener Erzählungen, mit denen
wir uns der Welt bemächtigen, unentbehrlich ist. In diese Autonomie der Le-
bensäußerung ordnend einzugreifen fällt der universitären Forschung schwer;
sie tut es auch nicht besonders erfolgreich oder ist dabei inkonsequent.[13] So
blitzen im Verlaufe der Debatte immer wieder die gleichen alten Begriffe auf,
werden gern neu gefüllt und kulturell (das heißt hier: in nationalen Zusam-

---

10 Insofern ist auch der Weg vom nüchternsten Denkbaren, dem Bank*konto*, hin zur bewegten
   Erzählung zumindest linguistisch ein kurzer.
11 Die der Geschichtsdidaktik heilige Sinnkategorie wäre immerhin eine gesonderte Betrachtung wert: Die ursprüngliche Bedeutung *Richtung, Weg, Reise* hat sich nur noch in wenigen
   Komposita wie *Uhrzeigersinn* erhalten, die Beziehung auf (körperliche) Wahrnehmungen
   und deren Kanäle (Hörsinn, siebter Sinn) geschah früh. *Sinn* als kulturelle Bedeutsamkeit
   einer Sache liegt irgendwo zwischen den beiden Enden. In romanischen Sprachen findet sich
   die gleiche Entwicklung für das aus derselben indogermanischen Sippe abgeleitete Wort, z. B.
   italienisch »sentire« = fühlen, hören, denken; »sentiero« = Weg. *Sensation* und *sentimental*
   sind von Frankreich (z. T. über den englischen Umweg) erst viel später ins Deutsche ein-
   gewandert.
12 Bis heute wird der Formel aus dem Dreiklang von »Gefühl = Bewegung, Wärme, Nähe =
   Leben« jene von »Verstand = Starre, Kälte, Distanz« entgegengesetzt. Was bedeutet es da,
   dass dies Wort sterben ursprünglich nichts anderes als starr werden meinte?
13 Ich beziehe mich hier auf die Geistes- und Kulturwissenschaften. In den Naturwissen-
   schaften, besonders der Neurologie, mag es mittlerweile anders aussehen, doch schließe ich
   mich voll Frevert an, die sagt, dass gerade die Hirnforschung »was die Komplexität, Dynamik
   und Sozialität von Gefühlen betrifft, [...] bislang wenig zu bieten« habe, Frevert 2009, 192.

menhängen von Geschichtsunterricht) unterschiedlich gedeutet: Man denke
etwa an die verwickelten, etymologisch nicht mehr auszuleuchtenden Wege des
Terminus technicus *Empathie,* der zuvor als *Einfühlung* in den deutschen
Geisteswissenschaften (wie der Geschichte) des späteren neunzehnten Jahrhundert existierte und darauf hierzulande auch in pädagogischer und didaktischer Literatur erscheint, heute aber im angelsächsischen Sprachraum durchaus
anders, nämlich deutlicher emotional gefasst wird als an seinem intellektuellen
deutschen Ursprungsort.[14]

In den Literaturwissenschaften wird derzeit ein eigener empathischer Ansatz,
freilich mit anders gelagerten Erkenntnisinteressen, unter dem Schlagwort der
»narrativen Empathie« natürlich anhand fiktionaler Texte und innerhalb spezifischer didaktischer Konstellationen verfolgt.[15] Kern der Aussage ist hier, dass
»neben den Wirkmechanismen beim Rezipieren von Narrationen auch die anthropologische Dimension der Produktion« einzubinden sei.[16] Zweifellos lässt
sich ein derartiger Plan genauso für das historische Lernen mitsamt seinen
(materiellen, diskursiven, fantastischen) Fiktionen und Imaginationen[17] wissenschaftlicher oder didaktischer Art fassen, um so dem vornehmlich kognitiven Nachvollzug vergangener Wirklichkeit deren affektive Nachempfindung
kongenial an die Seite zu stellen. Das heißt, identifizierbare emotionale Gehalte
der Auseinandersetzung mit Geschichte sind auf die narrativen Formen, welche
im alltäglichen Geschichtsunterricht Anwendung finden, zu beziehen, um dadurch sowohl den Umgang mit Gefühlen lernbar als auch die herangezogenen
Erzählungen (besser) verstehbar zu machen. Nach der hier vertretenen Auffassung wäre dieses sogar integraler Bestandteil narrativer Kompetenz.

Nun sind narrative Strukturen historischer Erzählungen als dem Gehäuse
geschichtlichen Denkens ohne Rückgriff auf die begriffspositionierenden Arbeiten vor allem von Hayden White und Jörn Rüsen gar nicht zu erforschen. Eine
womöglich noch nicht genügend tiefe Re-Lektüre der in dieser Hinsicht längst
nicht ausge*reiz*ten Publikationen erbringt zunächst als Resultat, dass Emotionen
strictu sensu in den gemeinten systematischen Großentwürfen nur eine unter-

---

14 Vgl. zu den verschiedenen außerdeutschen Konzeptualisierungen und ihrer jeweiligen Bil-
   dungsrelevanz Baring 2004. Das *empathy*-Konzept vor allem der sogenannten *Holocaust-
   Education* geriet zuletzt in Kritik, da es die Übermoralisierung der *personal and social issues*
   durch Dekontextualisierung offenbar problematisch beförder. Freilich unterhalten sich in
   den USA fast ausschließlich Erziehungswissenschaftler, Psychologen, Theologen über solche
   genuin geschichtsdidaktischen Angelegenheiten. Siehe zu Empathie auch den Beitrag von
   Brauer in diesem Band.
15 Steininger und Basseler 2011.
16 Ebd. 116.
17 Inwiefern die historische Narration eine Fiktion ist, habe ich zu begründen versucht in
   Barricelli 2012, 266–267. Zu Imaginationen als zentralem Vermögen historischen Denkens
   vgl. jetzt Oswalt 2012; siehe auch den Beitrag von Völkel in diesem Band.

geordnete Rolle spielen. Beide Autoren entwickeln ihre Zugriffe nämlich vornehmlich auf der Grundlage intellektueller Reflexion und mittelbar empirischer Anschauung (das heißt hauptsächlich deutscher Geschichtsschreibung des neunzehnten Jahrhunderts). Immerhin ist der Begriff des »prose discourse« bei White im Hinblick auf seine Gefühlshaltigkeit unbestimmt bzw. dehnbar. Falls es gestattet ist,[18] möchte ich daher im Folgenden Überlegungen anstellen, wie emotionale Regungen sehr unterschiedlicher Art mit formal verschiedenen Erzählprozessen jeweils in Verbindung zu bringen bzw. einer ja nicht beliebig großen Zahl an definierten narrativen Grundmustern zuzuordnen wären. Ich beginne die Betrachtung mit den Sinnbildungstypen von Jörn Rüsen;[19] obwohl inzwischen allgemein bekannt, erläutere ich diese kurz, insoweit sie meinem Argument dienlich sind:

Traditionales Erzählen erinnert an die Ursprünge, die gegenwärtige Lebensverhältnisse begründen; es stellt Kontinuität als Dauer dieser verpflichtenden Herkunft vor und lässt Zukunft als Wiederkehr der Ursprünge erwarten bzw. absichtsvoll intendieren; Beispiele sind Ursprungsmythen, Stiftungsgeschichten, herrschaftslegitimierende Genealogien, Rückblicke in Jubiläen. *Exemplarisches Erzählen* erinnert an Sachverhalte der Vergangenheit, die Regeln gegenwärtiger Lebensverhältnisse konkretisieren; die Generalisierung verschiedener Erfahrungen in der Zeit führt dabei zu Handlungsregeln; exemplarische Erzählungen sind durch die klassische Devise *historia magistra vitae* charakterisiert, funktional also Vorbildgeschichten, die Regelwissen und eine Moral vermitteln. *Kritisches Erzählen* erinnert an Sachverhalte der Vergangenheit, von denen her gegenwärtige Lebensverhältnisse in Frage gestellt werden können; es stellt Kontinuität als Veränderung vorgegebener Kontinuitätsvorstellungen vor in der Form einer Abgrenzung, Abweisung oder strikten Negation von Standpunkten; kritische Erzählungen bringen die Identität ihrer Adressaten als deren Kompetenz zur Normveränderung zur Geltung; sie delegitimieren eingefahrene historische Klischees, oft indem sie auf widersprechende Erfahrungen verweisen. *Genetisches Erzählen* schließlich erinnert an qualitative Veränderungen in der Vergangenheit, die andere und fremde Lebensverhältnisse in eigene und vertraute münden lassen; es stellt Kontinuität als Entwicklung vor, in der sich Lebensordnungen ändern, um sich (dynamisch) auf Dauer zu stellen; Identität wird als Synthese von Dauer und Wandel, also als *Bildung,* zur Geltung gebracht; Genesen bringen ein dynamisches Moment in die historische Orientierung der menschlichen Lebenspraxis.

---

18 Der beim Vortrag anwesende Jörn Rüsen hat dem Unternehmen zumindest spontan nicht
   widersprochen.
19 Der folgende Absatz ist eine Zusammenfassung von Rüsen 1982.

Eine hier interessierende Explikation des Modells hat der Kanadier Peter Seixas[20] geliefert, indem er sich eingehend mit den Gültigkeitsproblemen der vier Typen befasste: Während bei der traditionalen Sinnbildung Autorität die einzige Begründung für Glauben ist und es keine, etwa auf dem Rekurs zu den Quellen basierende Grundlage für die Revision der präsentierten Geschichten gibt, wird der exemplarische Typ bereits fähig, mit konfligierenden Darstellungen der Vergangenheit umzugehen, indem neuere, bessere, empirisch gesättigte die unvollständigen alten, parteiischen, voreingenommenen, irrationalen verdrängen. Die kritische Sinnbildung frage bereits, ob die Historie überhaupt etwas belegen könne oder nur etwas glauben zu machen im Stande sei (gleich ob etwas Traditionales oder Exemplarisches), und greift das blinde Vertrauen darin an, dass die neueste Geschichte die beste sei. Der genetische Typ verkörpere schließlich die Suche nach dem epistemologischen Fundament: Wissen ist eine auf Zeit gültige Konstruktion innerhalb einer sich selbst kontrollierenden Gemeinschaft von Forschenden.

Nun fällt, einmal für die Sache sensibilisiert, sofort auf, wie oft bereits auf der glatten Oberfläche scheinbar akademisch-trockener Disputation – ausgedrückt durch Indikatoren wie Legitimation, Empirie, Beleg, Epistemologie, Kontrolle – das affektiv Angehauchte, gefühlig Verbundene, sinnlich Bedeutsame eine Stütze des Beweisgrundes ist – denn allenthalben ist doch die Rede von Verpflichtung, Moral, Abweisung, Klischee, Identität, Fremdheit, Vertrautsein, Autorität, Blindheit, Glauben(!), Voreingenommenheit, Parteilichkeit, schließlich sogar vom Irrationalen selbst. Aber das Stimmungshafte der Erzähllogiken ließe sich sogar noch konkreter bezeichnen:

– Insofern in ihnen die Verbindlichkeiten langfristig beständiger Kollektive thematisiert werden, fungieren Gefühle in traditionalen Erzählungen gemeinhin als anthropologische Konstanten und sollen Gelassenheit mit sich selbst durch Geborgenheit in der Geschichte vermitteln oder die Annahme von Sicherheit und Verlässlichkeit mit der Aussicht auf ein Idyll verbinden. Affektives Ziel von Narrationen dieses Typs ist die emotionale Stabilisierung durch Erzählen. Die Gefühlsangebote sind dementsprechend annehmbar und positiv: Wohlbefinden, Herzenswärme, Reinheitssinn, Seligkeit.
– Da exemplarische Sinnbildung Anhaltspunkte für gutes menschliches Verhalten liefert und damit über die Zeiten hinweg zivilen Zusammenhalt stiftet, treten Gefühle hier insbesondere zum Zwecke einer ethischen Qualifizierung menschlichen Handelns in Erscheinung und dadurch auch hinsichtlich der Affizierung der Handelnden selbst: Gut und Böse, Moral und Menetekel laden zur eifrigen Imitation oder abgeschreckten Vermeidung auf. Es sind die exemplarischen Geschichten, selbst wenn sie mit einer gewissen Strenge vor-

---

20 Seixas 1998, 241–244.

gebracht werden, die uns im eigentlichen Sinn leidenschaftlich urteilsfähig machen. Denn in ihnen schauen wir Güte, Tugend, Edelmut genauso wie Neid, Ekel, Niedertracht.

– Kritische Sinnbildung hat dagegen sehr viel mit der Empörung als Grundfigur menschlicher Handlungsmotivation zu tun. Angestachelt wird der Wille zur Veränderung durch die Versicherung, dass Regungen wie Kühnheit, Stolz, Zorn, Rachsucht uns zum Besseren treiben können und am Ende Genugtuung und Erleichterung winken. Antike oder klassische Epik und Dramatik sind ohne kritische Narrative gar nicht denkbar. Oft werden solche laut und unüberhörbar dargebracht, weshalb eine enge Bindung an alles Auditive besteht.

– Die genetische Sinnbildung schließlich nährt schon aufgrund ihrer (natürlich immer nur konstruierten bzw. scheinbaren) Folgerichtigkeit Gefühle von Zufriedenheit, Belohntsein, Zukunftsvertrauen. In der Zurichtung von chronologischen Genesen als hochkomplexen Deutungssystemen unserer Welt *so wie sie ist* (und nicht wie sie ebenso gut sein könnte, sein sollte oder am Ursprung war) wird Geschichte jedoch zu etwas Absehbarem, das in der Tendenz tatsächlich von der affektiven Stellungnahme entbindet. Es lauern hier daher einerseits gefühlsarme Gemütszustände, manchmal Fadheit und Langeweile. Andererseits hinterlässt die ideale genetische Narration, in der alles zu Erklärende wundersam aufgeht, ein Gefühl höchster Genugtuung und unwiderstehlicher Schönheit.[21]

Es sei noch einmal daran erinnert, dass Sinnbildung – und damit, wie gezeigt, auch die regelhafte emotionale Füllung von Narrationen – eine alleinige Leistung der Autorin oder des Autors darstellt, die sich niemals aus den Quellen oder Überlieferungen selbst ergibt. Das nicht alltägliche Beispiel einer gefühlvollen Kulturgeschichte des Sandes mag das verdeutlichen: Eine traditionale Erzählung kündet von den Wüstensöhnen, die während des Ersten Weltkrieges als autochthon Berufene gegen die Kolonisierung Arabiens durch das Osmanische Reich bzw. Großbritannien oder Frankreich kämpften und der sandgeborenen Religion des Islam zu einer modernen, soliden Grundlage verhalfen – die emotionale Regung ist hier Inbrunst. In seiner großen, nur 17-minütigen, aber endlos gültigen Rede »I Have a Dream«, gehalten am 28. August 1963 in Washington, gebraucht Martin Luther King die Metapher »quicksand« (Treibsand) *exemplarisch* als Warnung, wohin weiterer Rassenhass führen werde – motiviert werden bei den Zuhörern Furcht, Abwehr, Wille zur Umkehr.[22] An der »*Tranchée*

---

21 Auch formallogisch denkende, vermeintlich nüchterne Mathematiker schwärmen oft von der *Schönheit* mathematischer Formeln oder stimmiger Lösungen (»*Heureka-Gefühl*«).

22 Seinerzeit gehörten die im Treibsand versinkenden Westernhelden oder Abenteurer noch zum geläufigen Bildrepertoire US-amerikanischer Kinofilme. Physisch ist das vollständige Abtauchen von Menschen im Sand übrigens gar nicht möglich.

des Baionettes«, einem als Mahnmal gestalteten Schützengraben aus der
Schlacht von Verdun 1916, wo bis vor kurzem noch die Bajonettspitzen der
durch das Erdreich verschütteten Soldaten herauslugten, werden heute gern,
ohne dass die genauen Umstände der lokalen Geschehnisse geklärt wären, kritische Geschichten über die Sinnlosigkeit und Grausamkeit des Krieges erzählt –
gewünschte und genutzte Stimmungen dafür sind gewiss Trauer, Demut, Ehrfurcht. Eine regressiv genetische Erzählung blickt auf das gegenwärtige Verschwinden von Kinderspielplätzen in New York City und anderen westlichen
Großstädten – die narrative Emotion zielt dabei zuerst auf den gefühlskalten
Effizienzgedanken (Baugrund ist in Manhattan teuer), danach aber auch auf eine
Anklage gegen die Empathieunfähigkeit in einer rational verplanten Gesellschaft, welcher so ungezähmte Flächen wie amorphe Buddelkästen ein Graus
sind.

Der im angelsächsischen Raum viel gelesene Hayden White leitet sein
durchaus eigensinniges und hier als konkurrierender Entwurf diskutiertes
Schema des *emplotments* von Geschichten aus der Literatur- bzw. genauer der
Dramentheorie ab.[23] Damit folgt er zwar einer persönlichen, aber womöglich
ebenso spezifisch US-amerikanischen Präferenz, Geschichte theatralisch zu
modellieren.[24] Auch bei ihm findet sich die Grundannahme, dass historische
Sachverhalte durch die Entscheidung für den einen oder anderen Plot frei nach
dem Belieben der Historikerin oder des Historikers mit Bedeutung (Affekten)
aufgeladen werden. Als typische konfigurative bzw. inszenatorische Plotregie
der Wahl nennt er die

– *Romanze*, die im System zwischenmenschlicher Beziehungen und der An-
  ziehungskraft zwischen Personen die Bewährung des Einzelnen in heraus-
  fordernden Situationen beschreibt, das Drama der Selbstfindung und der
  Triumph des Guten über das Böse; die Romanze bietet die Möglichkeit zur
  Identifikation. Zugeordnete Emotionen könnten sein: Zusammengehörig-
  keitsgefühl, Süße, Liebe, das Sein bei sich, daneben Melancholie, Sattheit,
  Überdruss. Ein rhetorisches Mittel der Romanze ist häufig das erzählerische
  Verflachen bzw. *emotional flattening*[25].
– *Komödie*, die nicht unbedingt komisch sein muss, aber harmonisch und in
  der Regel mit einem festlichen Akt endet; es gibt Hoffnung auf Ruhe und
  Frieden, da der Kampf im Ausgleich endet. Emotional verknüpft ist die Ko-
  mödie gern mit den Empfindungen von Aus- bzw. Versöhnung, Lust, Freude,

---

23 White 1990.
24 Und wo gibt es überschäumenderes Gefühl als auf der Theaterbühne!
25 Vgl. zur Technik des *flattening* Barricelli 2005, 199. Rhetorisches ist demnach stets mit
   emotionaler Abflachung verknüpft.

Zuversicht bei milder Trauer über das Zurückgelassene.

- *Tragödie*, die mit der völligen Vernichtung des handelnden Subjekts einhergeht; allerdings herrscht nicht die totale Aussichtslosigkeit der Satire, denn
  der Mensch kann aus der harten Wirklichkeit des Daseins lernen und ihr in
  der Folge weiser begegnen. Grundstimmungen sind diesmal etwa Bedauern,
  Traurigkeit, Reue, Scham, Demut, Erbarmen und die Hoffnung auf Wieder-
  auferstehung.
- *Satire*, in der die Einsicht behandelt wird, dass der Mensch eher ein Gefan-
  gener der Welt als ihr Meister ist; das Böse wird nicht besiegt, und der Mensch
  bleibt in der sinnlosen Endlichkeit gefangen. Ausgelöst und vermittelt werden
  dadurch z. B. Regungen der Bitterkeit und Verzweiflung, Furcht, Grauen,
  Trostlosigkeit, Lustlosigkeit und vehementer Nihilismus. Als rhetorische
  Technik wird analog zur Romanze das *emotional sharpening*[26] eingesetzt.

In dieser Whiteschen Klassifikation lässt sich, um ein Beispiel zu geben, die
Proklamation des Deutschen Kaiserreiches im Spiegelsaal von Versailles
(18. Januar 1871) aus der Sicht Bismarcks als Romanze (Austarierung eines
vorteilhaften Verhältnisses zwischen Preußen und Reich, Deutschland und
Frankreich, Reichskanzler und Kaiser: Zufriedenheit, Glück), im Empfinden
Wilhelms I. als Tragödie (Entscheidungsnotwendigkeit zwischen den Höchst-
werten preußischer Selbständigkeit und neuem Kaisertitel mit eingeschränkten
Befugnissen: Ärger, Verdruss, Gram), im Urteil der kämpfenden Soldaten bzw.
einfachen Deutschen als Komödie (erfolgreiche Erledigung der Aufgabe bzw.
versöhnlicher Abschluss des nationalen Selbstfindungsprozesses mit einem
euphorischen Fest oder Umzug [griechisch komos]: Freude, Entzücken, Erleichterung), von Frankreich aus betrachtet als Satire (schwere Niederlage und
Demütigung im vorangegangenen Krieg, Demontage des französischen Kaisers:
Aussichtslosigkeit, Schreck, Schwermut, Rachegelüste) gestalten. Die Fähigkeit
zu dieser Art der Verplottung steht bereits Sekundarstufenschülern zur Verfügung; sie tun dies, wie in einem Versuch nachgewiesen wurde,[27] selbstver-
ständlich bevorzugt durch affektive Markierungen und evaluative Zeugnisse in
Form von Wortwahl, Metaphern, emotionalen Äußerungen und Färbungen,
Überdehnungen *(Amplifikationen)* oder Stauchungen. Unterrichtspraktisch
empföhlen sich gleiche Übungen etwa für: der Prinzipat des Augustus, Friedrich
II. von Hohenstaufens Begünstigung der weltlichen und geistlichen Fürsten, die
Entdeckung Amerikas durch Kolumbus, Emily Pankhurst und die Suffragetten-
Bewegung, die Friedliche Revolution von 1989.

---

26 Vgl. ebd.
27 Vgl. ebd. 189–202.

Ich selbst habe an anderer Stelle eine weitere, womöglich stärker ge-
schichtskulturell aspektierte Systematik von historischen Mustererzählungen
vorgelegt.[28] Diese könnte, was bisher noch nicht geschah, leicht um ihre jeweiligen emotionalen Geltungsbedürfnisse ergänzt werden:

- *Heldenmythos* und *Heiligenvita* als Rhapsodien etwa um die Figuren von
  Alkibiades, Spartakus, Hildegard von Bingen, Jeanne d'Arc, Giuseppe Gari-
  baldi, Sophie Scholl vereinigen sich mit Wagemut, Stärke, innerer Ruhe,
  Entschlossenheit, Unwiderstehlichkeit, Passion, Verzückung, dem Vertrauen
  auf Gottes (unergründliche) Gnade.
- *Geschichten von guten Absichten und bösen Folgen* wie nämlich die Erzählungen der Kreuzzüge,[29] von Entdeckungsfahrten und (vielleicht) der Entwicklung von Sozialismus/Kommunismus enthalten als emotionale Be-
  standteile Unbekümmertheit, Übermut, Selbstüberschätzung, Vanitas, Ver-
  lassensein, Verzweiflung.
- *Geschichten von bösen Absichten und gerechter Strafe*, welche beispielsweise
  vom Ende Gregors VII. (aus der Sicht Heinrichs IV.), Thomas Morus (aus der
  Sicht Heinrichs VIII.), Maria Stuarts (aus der Sicht Elisabeths I.), von Nationalsozialismus oder Apartheid künden, sind gekoppelt an Emotionen wie
  Hoffart, amoralischen Sinn, Abscheu, Überheblichkeit, Gottesanmaßung,
  Zerknirschung, Sehnsucht nach Frieden, Vertrauen (in die Ordnung der
  Welt).
- *Tit-for-tat-Geschichten* thematisieren, wie ein bestimmtes Ereignis als vor-
  hersehbare, möglicherweise angedrohte Reaktion auf eine mutwillige Aktion
  inszeniert wird, um seinerseits einen Vergeltungsschlag auszulösen; Vorbil-
  der sind das mittelalterliche Fehdewesen, die *Condottieri* in Diensten italie-
  nischer Stadtstaaten, die deutsch-französische Erbfeindschaft, der palästi-
  nensisch-israelische Konflikt. Emotionale Färbungen können hierbei sein das
  Gefühl der Ehrverletzung, Kränkung, Beleidigung, Vergeltungsstreben,
  Rache, Selbstbehauptungswille, Besinnung, Hoffnung auf Ausgleich.
- Im kurzzeitigen *Weltmoment* kulminiert eine langfristige Erzählung auf dem
  Wege zu gesellschaftlichem Fortschritt durch das unerschrockene Engagement einzelner Akteure. Erwähnenswert wären etwa Olympe de Gouges und
  die *Déclaration des droits de la femme et de la citoyenne* (1791), die Rettung
  fast aller dänischen Juden bei Nacht über den Öresund nach Schweden (1943),
  die Menschenrechtserklärung 1948, Martin Luther Kings Rede »I Have a
  Dream« (s. o.). Gepaart sind solche Narrative mit den Regungen von Größe,

---

28 Barricelli 2012, 262.
29 Vgl. dazu demnächst mit Blick auf die Darstellung der Kreuzzüge in internationalen
    Schulgeschichtsbüchern Barricelli im Druck. Die Spannung zwischen *emotio* und *ratio*
    scheint schon im Titel-Zitat auf. Im Übrigen bleibt es selbstverständlich genauso möglich,
    die Kreuzzüge der nächsten Kategorie *böse Absichten, gerechte Strafe* zuzuordnen.

Beherztheit, Erhabenheit, Würde, dem Glauben an das Konzept des einen Gerechten unter tausend Sündern, mit Opferbereitschaft, Urvertrauen.

– Das narrativ ähnlich konstruierte *Sekundenwunder* bezieht stärker die momentane, unerklärliche Gunst letztlich unkontrollierbarer Umstände ein und hat eher exemplarischen als verbindlichen Charakter. Gemeint sind z.B. Wellingtons Sieg über Napoleon bei Waterloo im Juni 1815 flankiert von den sehnsüchtig erwarteten preußischen Truppen, der Ausbruch der zur Unabhängigkeit Belgiens führenden Revolution nach der Aufführung einer aufrührerischen Oper in Brüssel 1830, der glimpfliche Ausgang der militärischen Konfrontation am Berliner Checkpoint Charlie am 27. Oktober 1961, der vereitelte Militärputsch in Spanien am 23. Februar 1981, Schabowskis Zettel während der Pressekonferenz vom 9. November 1989 in Ost-Berlin, die Notwasserung von Flug US-Airways 1549 durch Kapitän Chesley B. Sullenberger. Emotionale Tönungen solcher narrativen Miniaturen sind die Hingabe an die Flatterhaftigkeit der Dinge, Willensfreiheit, Erlösungshoffnung, Erleichterung, Witz, Heiterkeit, der wohlige Schauer im Erkennen der Welt als irrem Würfelspiel.

– Die *Emanzipationssage* wirft zu einem durchgängigen Narrativ verkettete Schlaglichter auf nicht mehr rückholbare, im Ganzen bedeutende gesellschaftliche Fortentwicklungen und beschreibt unter anderem die Emanzipation der Juden im Deutschen Kaiserreich, Women's Lib, das »Afrikanische Jahr« 1960, die *Christopher Street riots* von 1969 als Ausgangspunkt der offenen Homosexuellenbewegung. Als emotionale Komponenten schwingen mit Stolz, der Wille zur Selbstermächtigung, Freiheitsstreben, Mut, Gerechtigkeitssinn, Selbstherrlichkeit.

– *Berichte vom stürmischen Fortschritt*, wie etwa im Zusammenhang mit der Amerikanischen/Französischen/Industriellen Revolution oder wie sie in den historischen Ausrufen »Ich führe euch herrlichen Zeiten entgegen!« genauso wie (lange nach deren jämmerlichem Ausgang) »Wir sind wieder wer!« zum Ausdruck kommen, kennen energetische Gefühle wie Unbedingtheit, Bravour, Frohmut, Heldenmut, Optimismus, Angst (vor Abbruch der Entwicklung), Rücksichtslosigkeit.[30]

– *Gesänge von Demut in der Größe* künden von weltgeschichtlichen Momenten der Abbitte, Reue und Vergebung, wobei oft ungeklärt bleibt, ob die Demut auf Seiten des Empfangenden oder des Gewährenden schwerer wiegt. Erzählen lassen sich damit z.B. der Vertrag von Locarno, die deutsch-franzö-

---

30 Werden radikale Fortschrittsgeschichten als Utopien in die Zukunft überführt, tendieren sie dagegen zu einer gewissen technisch-gefühlsarmen Verzwecktheit. Das gilt für die sozialkonstruktionistischen Diktaturen des zwanzigsten Jahrhunderts genauso wie für eine Vielzahl futuristischer Stadtentwürfe (*Planisphères* von Charles Fourier, *Broadcare City* von Frank Lloyd Wright, *Ecotopia* von Craig Hodgetts).

sische Aussöhnung in Reims 1962, der Kniefall Willy Brandts in Warschau 1970. Konsequente Gefühle sind Betroffenheit, Nachsicht, Versöhnlichkeit, Verletzlichkeit, Dankbarkeit, Zukunftshoffnung, entspannte Lust.

– Die Erzählungen der sich liturgisch wiederholenden Ereignisketten in einer historischen *Kreisbewegung* hat Gabrielle Spiegel emblematisch auf die heillosen Erlebnisse des jüdischen Volkes bezogen,[31] doch sind auch gelingende Heilsgeschichten regelmäßig zyklisch organisiert.[32] Die affektive Befindlichkeit umfasst hier je nach Fall Genügsamkeit, Erfüllung und Verzückung oder das Gefühl der Vergeblichkeit, Trauer über die Entbehrlichkeit des Menschen und seiner Geschichte, Frustration.

– *Verfallsberichte* sind feste Stützpfeiler der Historiographie, schon früh ihr wesentlicher Daseinszweck, indem etwa über das Römische Reich der späten Kaiserzeit oder den Herbst des Mittelalters, die DDR nach 1980 oder jetzt den Euro erzählt wird. Diese finden statt in einer emotionalen Atmosphäre der Entrüstung über Amoralität, Ungerechtigkeit und Dekadenz, des Haderns mit Gebrechlichkeit und Schauderns vor der Mahnung, von Trübsinn, Schwermut, Todesangst.

– Heute, in postmodern gebrochenen, defragmentierten Zeiten noch begehrter sind allerdings die Narrative einer *Restitutio ad integrum*, welche durch das Zusammenfügen einst infolge der Zeitläufte versprengter Teile des Ganzen für Heilung durch Erzählen sorgen. In diese narrative Gattung gehören die biblische Geschichte vom verlorenen Sohn, das Bekehrungserlebnis von Konstantin an der Milvischen Brücke, der Wiener Kongress, die Friedliche Revolution/Wiedervereinigung mitsamt dem Ende des Kalten Krieges, die Europäische Integration; zugeordnete Empfindungen sind Erleichterung bei der Heimkehr, Ausgeglichenheit, Höherwertigkeit, Befriedigung, Dankbarkeit für den empfangenen Segen.

Im Übrigen funktioniert das Konzept narrativer Emotion ebenfalls umgekehrt: Wenn wir sagen, uns fehlten für die Beschreibung der Anstößigkeit, Obszönität, Abscheulichkeit eines (hier historischen) Geschehens *die Worte,* meinen wir im Grunde, wir ermangeln eines erprobten Geschichtsschemas, das dem Gesehenen (tendenziell harmonisierenden) Sinn verleihen könnte. Folglich wissen

---

31 Spiegel 2002. Tatsächlich sind narrative Kreisbewegungen – obwohl das prinzipiell gar nicht sein müsste – kulturell in der Regel negativ konnotiert: Niemand von uns möchte, dass die sich entwickelnden Dinge irgendwann wieder zu ihrem absoluten Ausgangspunkt zurückkehren – egal wie kommod dieser gewesen sei und wie fragwürdig oder schmerzlich sich das Fortschreiten der Zeit zwischenzeitlich dargestellt haben mag. Eine wie immer geartete Wiederkehr von 1918/1919 oder gar 1871 stand in Deutschland weder 1945/1949 noch 1989/ 1990 ernsthaft zur Debatte.

32 Pandel 2002, 44.

wir in dieser Situation der Sprachlosigkeit auch nicht wohin mit unseren Gefühlen: Es *mutet* als Verstoß gegen die guten Sitten an, dass die USA trotz des nie gesühnten Völkermordes an der indigenen Bevölkerung auf ihrem Territorium zur ideell und ökonomisch führenden Weltmacht aufsteigen konnten; es bleibt eine dauernde Bel*eid*igung unseres Sinns, dass die räsonierenden Geist, kodifiziertes Recht, elegante Ästhetik oder auch raffiniertes Liebesspiel berührenden Grundlagen der (westlichen) Welt für immer nur verknüpft mit den antiken Sklavenhaltergesellschaften zu denken sind; es be*schäm*t uns, dass die Ideen von Freiheit und Fortschritt wiederholt im Einklang mit Blut und Gewalt existieren und dass gerade in der deutschen Vergangenheit technologische Modernisierung und barbarische zivilisatorische Rückschritte zusammenfallen. All die zugehörigen Geschichten sind gerade daher narrativ gar nicht leicht zu bewältigen oder nur um den Preis von Ausblendung, Ignoranz,[33] »Entwirklichung« zu haben. Der Extremfall der rationalen Unerzählbarkeit markiert jedoch auch das Äußerste der Gefühllosigkeit: Der Holocaust wird zum Trauma, über dessen Erfahrung Sinn schlichtweg nicht gebildet werden kann.[34]

Was ist nun mit solchen längst nicht abschließenden Überlegungen zum Ausdruck von Gefühl in historischen Erzählungen, kürzer: zur *narrativen Emotion* zu gewinnen? Doch wohl im Wesentlichen, dass diese integraler Bestandteil narrativer Kompetenz ist. Ihre (im Unterricht) operationalisierbaren Komponenten heißen (mit Beispielen):

- Diachrone Begriffsarbeit: Die Worte, die wir für einzelne Gefühle, ja für das Fühlen selbst verwenden, haben eine Geschichte, wurden irgendwann ge- oder erfunden; das muss nicht heißen, dass die Gefühle nicht bereits vor den Worten existierten. Um deutsche Beispiele zu geben: Gab es »Mutterliebe« oder die »Liebesheirat« tatsächlich erst seit dem neunzehnten Jahrhundert und das »empfindsame Wesen« erst nach der heiklen Übersetzung von Lawrence Sternes Roman *A Sentimental Journey Through France and Italy* aus dem Jahr 1768?[35] Dies klar zu machen, ist Aufgabe eines an Narrativität ausgerichteten Geschichtsunterrichts.
- Synchrone bzw. vergleichende Begriffsarbeit: Verschiedene Kulturen können sehr unterschiedliche Begriffe und Vorstellungen von Gefühlszuständen und

---

33 Insofern »narrativ« sich vom Verb »narrare« ableitet, das wiederum das Grundwort »gna-rus« = kundig zum Ursprung hat, sind Ignoranten ursächlich *Nicht-Erzählende*.

34 Das heißt freilich nicht, dass die, wie bereits oben angedeutet, ganz entschieden mit Emotionen und Empathie arbeitende Holocaust-Education einen falschen Ansatz verfolgt. Versucht wird dort ja keineswegs, Leid durch (Nach)Empfinden zu (v)erklären, sondern historisches Denken mit »politischen, philosophischen oder moralischen Intentionen« zu verbinden; vgl. Mounajed 2012, 265. Siehe dazu auch die Beiträge von Juliane Brauer sowie Alina Bothe und Rolf Sperling in diesem Band.

35 Vgl. Steinfeld 2010, 57. Weiter ebd.: »›Empfindsamkeit‹ wurde dann zum Programm einer ganzen Epoche.«

ihren Gründen besitzen; das gilt für Gegenwart wie Vergangenheit. Die Codierung von Geschichte in Nationalsprachen hat dabei nicht selten zu enor-
men Missverständnissen bzw. ideologischen Verzerrungen geführt – »the
pursuit of happiness« aus der US-amerikanischen Unabhängigkeitserklä-
rung, formuliert von Thomas Jefferson, heißt mindestens so sehr »Streben
nach Glück« wie nach den das (epikureische) Glück doch erst ermöglichen-
den Besitzgütern (lat. bona), was am Ende fast schon kapitalistisch gedacht
ist; es beruht wie die aus dem neunzehnten Jahrhundert stammende Zuschreibung des Poetisch-Lyrischen an das Orientalische (»islamische Dicht-
kunst«, Ornamentik etc.) auf einer westlichen Abspaltung der zur Mitte des
neunzehnten Jahrhunderts modisch nicht mehr gewünschten Romantik und
deren ersatzweiser Projizierung auf eine fremde Kultur, die damit, fremdbe-
stimmt und im Wesentlichen bis heute gültig, zugleich verklärt, vergrößert
und abgewertet wurde, ohne selbst etwas zu dieser Wahrnehmung beizutragen; dies zu verdeutlichen ist Aufgabe eines an Inter- bzw. Transkulturalität
ausgerichteten Geschichtsunterrichts.

– Narrative Selbstreflexion: Gesagt wurde, dass Geschichtslernen immer auch
 (manchmal vordringlich) etwas mit Triebabfuhr, emotionaler Haushalts-
 führung, Selbststilisierung im Modus der affektiven Identifizierung zu tun
 hat; es ist weder möglich noch wünschenswert, solche »nicht-nur-kognitiven
 Lernziele«[36] im Klassenraum oder an außerschulischen Lernorten, besonders
 NS-Gedenkstätten, auszuklammern; stattdessen bleibt es nötig, die im sub-
 jektorientierten Unterricht von den Schülerinnen und Schülern verfertigten
 Erzählungen über »Geschichte« regelmäßig auch als Erzählungen *über sich
 selbst* zu lesen, zu analysieren und zu rezensieren; das ist mit etwas Übung
 einfacher ausführbar als hier vielleicht angenommen.[37]

Am Ende gilt: Mit sozialem Lernen, das immer historisches Lernen ist, muss
Schule an der Ausbildung und Kultivierung von – wie die US-amerikanische
Mediävistin Barbara H. Rosenwein[38] und im deutschen Sprachraum jetzt Martin
Lücke sagen würden – *emotional communities* gelegen sein.[39] Leicht denkbar ist,
dass dies (unter anderem) in einem Geschichtsunterricht geschieht, in dem
immer dann vielfältig, spannend und berührend erzählt wird, wenn Geschichte
als ästhetische Erfahrung durch Fantasie lebendig gemacht werden soll. Die
Sehnsucht nach kritischer Distanz und intellektueller Deutung bleibt dabei
keineswegs unbefriedigt. Die erste Aufgabe ist es nämlich, darüber zu infor-

---

36 Borries 2012.
37 Beispiele bei Barricelli 2005, 189–202; 220–232.
38 Rosenwein 2002.
39 Emotional communities werden im Beitrag von Martin Lücke in diesem Band weiter expliziert.

mieren, dass das Geschäft der Geschichte (ob betrieben als akademische Profession, in einem Beruf der Massenmedien oder durch künstlerische Berufung) und damit insbesondere das Erzählen als kulturelle Alltagspraxis einen *context of persuasion* darstellt. Darum hängen die Aussichten des hervortretenden Erzählers, mit seinen Berichten und Geschichten andere hinter sich zu bringen, mindestens so sehr von der affektiven Schicklichkeit der narrativen Form wie von der plausiblen oder sauberen Argumentation ab. Natürlich dürfte mittlerweile als eine Binse gelten, dass erzählte Geschichte so sehr als Ideen- wie als Gefühlsstrom mitreißt. Ebenso, dass Verstand ohne Anstand nicht nur unnütz, sondern geradewegs gefährlich ist – denn bedeutet nicht das jegliches Mitgefühl verweigernde maximale Rationalisieren ein definitorisches Merkmal des Psychopathen?[40] Erfolgreich unter die Leute bringen, dauerhaft im Forschungsdiskurs verankern, Gewinn bringend verkaufen (und das heißt genauso: lehren) lassen sich überhaupt nur solche Geschichten, die auf die Gefühlshaushalte der Empfänger Rücksicht nehmen, wobei jene freilich einem beständigen kulturellen Wandel unterliegen. Dass uns etwa die flammende borussische Geschichtsschreibung, die virile Rhetorik des Kalten Krieges, der Furor der studentischen Rede vom Ende der 1960er Jahre, die gelehrten Zweifel an den Chancen der deutschen Wiedervereinigung 1989/90 heute so fremd vorkommen, liegt ja weniger an der schon damals durchschaubaren Ideologie. Vielmehr ist das, was Luc Ciompi aus einer systemtheoretischen Perspektive bereits vor 30 Jahren als *Affektlogik* konzeptualisierte,[41] selbst historischem Wandel, und zwar manchmal durchaus raschem, unterworfen. In der Mehrheit goutieren wir – durch vermitteltes Leid sozialisierte, dazu säkularisierte und desillusionierte Mitteleuropäer zu Beginn des einundzwanzigsten Jahrhunderts – Tschingderassabum, kraftmeierische Rauflust, provokanten Radau, aber genauso flaue Verzagtheit aus Prinzip nicht mehr. Lieber neigen wir jenen moralischen Appellen zu, die bei aller Zeitgebundenheit am ehesten noch mit den derzeitig vorherrschenden Gefühlslagen korrespondierenden, wie etwa Jacob Burhardts humanistisch-feinsinniger Kulturgeschichte, der elegisch-historischen Nostalgie eines Stefan Zweig, den universalistisch auftrumpfenden Gerechtigkeitsansprüchen des *Civil Rights Movement* oder dem bekehrten Flegeltum gerade jüngerer Autorinnen und Autoren der Zeitgeschichte, deren einstige Normüberschreitungen jetzt für Authentizität[42] bürgen (Stichwort *gebrochene Bio-*

---

40 So gehörte die deutsche Professorenschaft von Beginn an zu den eifrigsten und energischsten Verfechtern des Nationalsozialismus. Nach dem *Gesetz zur Wiederherstellung des Berufsbeamtentums* vom 7. April 1933 wurden 1.200 jüdische Professoren und Dozenten entlassen, ohne dass nur von einer einzigen deutschen Fakultät der zaghafteste Protest überliefert wäre.
41 Ciompi 1982.
42 Freilich handelt es sich bei dieser bereits inflationär verwandten Lieblinksvokabel von

grafien). Schnell kann sich diese Wertschätzung allerdings auch wieder ab-
schwächen, wenn sich andere (ältere, atavistische, neuartige, fremde) Interessen
in den Vordergrund schieben: Die wohlige Erzählung von einem friedliebend-
einigen Europa – seiner Ursprünge ebenso wie seiner Schönheit und Kraft –
gerät derzeitig angesichts des ökonomischen Debakels in der Union erheblich
unter Druck; möglicherweise führt die zuletzt verkündete, erstaunlich achsel-
zuckend aufgenommene Zahl, dass in deutschen Großstädten mit mehr als
500.000 Einwohnern jetzt 50 % der Schulanfänger einen Migrationshintergrund
besitzen, bei jenen, die sich im Kampf um knapper werdende Ressourcen wähnen,
doch noch zu unerwünschten Reaktionen; oder angesichts der Weltbedeutung
Chinas bzw. mancher Rohstoffe besitzender Staaten verliert die Kategorie der
Menschenrechte bald an Erstrangigkeit. Es ist genau unsere Aufgabe, Jugendliche
im Geschichtsunterricht auf diese kontextuelle, narrative und damit selbst wieder
historische Bedingtheit von Vergangenheitserkenntnis, Gegenwartsdeutung und
Zukunftserwartung – ergo: Geschichtsbewusstsein – aufmerksam zu machen und
gleichzeitig zu sagen, dass jedes Bewusstsein noch andere Zustände kennt als die
des aufgeklärten Verstandes. Richtig bleibt immerhin allzeit, dass der Vernunft-
charakter des historischen Erzählens, in Erweiterung eines Wortes von Jörn
Rüsen, selbst dann nicht zur Disposition steht, wenn Historikerinnen und Historiker ihr Erzählwerk um emotionale Komponenten erweitern, oder, wie man
frohgemut bei Ann Curthoys und Ann Mch, direkt an die Zunft gerichtet, liest,

> [To give] the reader a chance to understand your empathetic engagement with the past
> and the strength of your conviction [...] you do not have to disguise your passion and
> enthusiasm. [...] Just because you are an author/historian, you don't have to feign
> being a non-person.[43]

Literatur

Baring, Frank. »Internationale geschichtsdidaktische Perspektiven – Multiperspektivität,
    Empathie und Perspektivenübernahme in den USA und Großbritannien«, in: Saskia
    Handro und Bernd Schönemann (Hg.), *Geschichtsdidaktische Lernplanforschung.
    Methoden – Analysen – Perspektiven.* Münster: LIT 2004, 203–214.
Barricelli, Michele. *Schüler erzählen Geschichte. Narrative Kompetenz im Geschichtsun-
    terricht.* Schwalbach/Taunus: Wochenschau-Verlag 2005.
Ders. »Narrativität«, in: Michele Barricelli und Martin Lücke (Hg.), *Handbuch Praxis des*

Kultursoziologie, Pädagogik, Journalismus gerade so sehr um einen Modebegriff wie bei der
in den 1980er Jahren hoch gehaltenen *Autonomie*. Durch ihre Eigenschaft der Unhinter-
fragbarkeit tendiert Authentizität zur Ahistorizität.

43 Curthoys und McGrath 2009, 197.

Geschichtsunterrichts. Band 1. Schwalbach/Taunus: Wochenschau-Verlag, 2012, 255 – 280.

Ders. »›A new, less tolerant period‹. Zur Darstellung der Kreuzzüge in deutschen sowie britischen, französischen und italienischen Schulgeschichtsbüchern«, in: Felix Hinz (Hg.), *Kreuzzüge des Mittelalters und der Neuzeit: Geschichte, Reflexion, Bildung.* Im Druck.

Barricelli, Michele und Martin Lücke (Hg.). *Handbuch Praxis des Geschichtsunterrichts. Band 1.* Schwalbach/Taunus: Wochenschau-Verlag, 2012.

Borries, Bodo von. »Nicht-nur-kognitive Lernziele«, in: Michele Barricelli und Martin Lücke (Hg.), *Handbuch Praxis des Geschichtsunterrichts. Band 1.* Schwalbach/Taunus: Wochenschau-Verlag, 2012, 422 – 438.

Ciompi, Luc. *Affektlogik. Über die Struktur der Psyche und ihre Entwicklung. Ein Beitrag zur Schizophrenieforschung.* Stuttgart: Klett-Cotta, 1982.

Curthoys, Ann und Ann McGrath. *How To Write History That People Want to Read.* London: Palgrave Macmillan, 2009.

Frevert, Ute. »Was haben Gefühle in der Geschichte zu suchen?«, in: *Geschichte und Gesellschaft* 35 (2) (2009), 183 – 208.

Gies, Horst »Emotionalität versus Rationalität?«, in: Bernd Mütter und Uwe Uffelmann (Hg.), *Emotionen und historisches Lernen – Forschung, Vermittlung, Rezeption.* Frankfurt am Main: Diesterweg, 1992, 27 – 40.

Grever, Maria und Carla van Boxtel. »Introduction. Reflections on Heritage As an Educational Resource«, in: Carla van Boxtel, Stephan Klein und Ellen Snoep (Hg.), *Heritage Education. Challenges in Dealing With the Past.* Amsterdam: Erfgoed Nederland, 2011, 9 – 13.

Jeismann, Karl-Ernst. »Emotionen und historisches Lernen. Bemerkungen zur Tagung der Konferenz für Geschichtsdidaktik im Oktober 1991«, in: *Geschichte in Wissenschaft und Unterricht* 45 (1994), 164 – 176.

Mounajed, René. »›Holocaust-Education‹ und Menschenrechtserziehung im Geschichtsunterricht«, in: Michele Barricelli und Martin Lücke (Hg.), *Handbuch Praxis des Geschichtsunterrichts. Band 1.* Schwalbach/Taunus: Wochenschau-Verlag, 2012, 263 – 289.

Oswalt, Vadim. »Imagination und historisches Lernen«, in: Michele Barricelli und Martin Lücke (Hg.), *Handbuch Praxis des Geschichtsunterrichts. Band 1.* Schwalbach/Taunus: Wochenschau-Verlag, 2012, 121 – 135.

Pandel, Hans-Jürgen. »Erzählen und Erzählakte. Neuere Entwicklungen in der didaktischen Erzähltheorie«, in: Marko Demantowsky und Bernd Schönemann (Hg.), *Neue geschichtsdidaktische Positionen.* Bochum: Projekt Verlag, 2002 (Dortmunder Arbeiten zur Schulgeschichte und zur historischen Didaktik 32), 39 – 55.

Rosenwein, Barbara H. »Worrying About Emotions in History«, in: *The American Historical Review* 107 (3) (2002), 821 – 845.

Rüsen, Jörn. »Geschichtsdidaktische Konsequenzen aus einer erzähltheoretischen Historik«, in: Siegfried Quandt und Hans Süssmuth (Hg.), *Historisches Erzählen. Formen und Funktionen.* Göttingen: Vandenhoeck & Ruprecht, 1982, 129 – 170.

Seixas, Peter. »Historisches Bewusstsein. Wissensfortschritt in einem post-progressiven Zeitalter«, in: Jürgen Straub (Hg.), *Erzählung, Identität, historisches Bewusstsein. Die psychologische Konstruktion von Zeit und Geschichte.* Frankfurt am Main: Suhrkamp, 1998, 234 – 265.

Spiegel, Gabrielle M. »Memory and History. Liturgical Time and Historical Time«, in: *History and Theory* 41 (2) (2002), 149 – 162.

Steinfeld, Thomas. *Der Sprachverführer. Die deutsche Sprache: was sie ist, was sie kann.* München: Hanser, 2010.

Steininger, Ivo und Michael Basseler. »Narrative Empathie: Zum Zusammenhang von Lernen und Erzählen aus literatur- und kulturwissenschaftlicher sowie didaktischer Perspektive«, in: Olaf Hartung, Ivo Steininger und Thorsten Fuchs (Hg.), *Lernen und Erzählen interdisziplinär.* Wiesbaden: Verlag für Sozialwissenschaften, 2011, 103 – 121.

White, Hayden. *Die Bedeutung der Form. Erzählstrukturen in der Geschichtsschreibung.* Übersetzt von Margit Smuda. Frankfurt am Main: Fischer 1990 (Fischer Wissenschaft 7417).

IV. Begegnungen mit der Vergangenheit – Medien und Orte

Vadim Oswalt

Kondensierte Gefühle im Kompaktmedium des Geschichtsunterrichts? Aspekte der Vermittlung von Emotionen in aktuellen Geschichtsschulbüchern

Auch wenn Geschichtsschulbücher in Deutschland schon lange nicht mehr im Verdacht stehen, die Emotionalisierung historischer Themen zur Gesinnungs-erziehung der Schüler zu missbrauchen, indem sie sie für militärisches Hel-dentum und Vaterland begeistern möchten,[1] kann damit die Frage nach dem Umgang mit Emotionen im Leitmedium des Geschichtsunterrichts nicht als erledigt gelten. Denn jede Geschichtsdarstellung setzt sich explizit oder implizit auch mit Emotionen auseinander. Schließlich geht Geschichte mit sehr extremen Erfahrungen von Gewalt, Tod und Krisen, Macht und Ohnmacht, Reichtum und Elend um, die mit den sehr fundamentalen menschlichen Gefühlen wie Wut, Verzweiflung, Angst etc. der Zeitgenossen zusammenhängen. Genauso spielen aber auch mit Aufschwung und Zukunftserwartungen verbundene Gefühle wie Euphorie, Hoffnung oder Stolz eine zentrale Rolle. Selbst die Entscheidung, Gefühle in einem Schulbuchtext so gut wie nicht zum Tragen kommen zu lassen, stellt eine Entscheidung dar, die sich mit diesem basalen Faktum auseinander-setzt. Welche Gefühle Schulbücher darstellen und welche sie bei Schülern evo-zieren wollen, muss dabei nicht identisch sein.

Da sich hier das Ringen der Schulbuchdarstellung mit den Fragen von Emotionalität und Geschichte besonders gut zeigen lässt, wurde bei den fol-genden Überlegungen das Thema *Totaler Krieg und Ende des Zweiten Weltkriegs* gewählt. Schließlich stellt die Darstellung der Leiden der deutschen Zivilbevöl-kerung in Schulbüchern ein besonders schwieriges Terrain dar, wie sich bei-spielsweise an der Diskussion zum deutschen Opferdiskurs zum Zweiten Weltkrieg zeigt, die dem Erscheinen der Novelle von Günther Grass' *Im Krebs-gang* folgte. Beim kombinierten Lese- und Arbeitsbuch, das inzwischen zum gängigen Schulbuchtypus avanciert ist, muss eine solche Betrachtung sowohl den Darstellungstext als auch den Materialienteil berücksichtigen.

---

1 Für vielfältige Beispiele aus dem Kaiserreich und dem Nationalsozialismus gibt inzwischen die *Dokumentation der Vorworte und Lehrbücher* in Jacobmeyer 2011 einen breiten Über-blick; vgl. auch Flessau 1979.

Zum einen geht es um den immer knapper werdenden Text, der neben verschiedenen anderen Aspekten historischer Darstellung auch das Thema Emotionen aufnehmen soll. Zu welchen Resultaten kann eine so beschränkte Entfaltung der Darstellung von Gefühlen führen und welche grundsystematischen Fragen historischer Darstellung werden dabei sichtbar? Der Arbeitsteil besteht aus Quellen und Arbeitsaufträgen, die die Schüler bearbeiten können oder sollen. Welcher Gebrauch von Quellen im Hinblick auf ihre Funktion als Bedeutungsträger zur Dokumentation von Emotionen wird hier gemacht? Bei der Thematik *Zweiter Weltkrieg* ist der Gebrauch von Fotografien dominant und rückt deshalb in das Zentrum der Betrachtung. Die Arbeitsaufträge erweitern schlussendlich die Perspektive um die Frage, welche Gefühle bei Schülern evoziert werden sollen, denn hier geht es nicht mehr nur darum, welche Angebote in der historischen Darstellung zur Geschichte aus der Gegenwartsperspektive oder mit Quellen als Relikte aus der Vergangenheit gemacht werden. Vielmehr rücken hier Lenkungen in den Blick, die das Verhältnis des Schülers zum historischen Gegenstand in eine bestimmte Richtung wie z. B. eine empathische oder eine betont kognitive leiten sollen. Durch die Betrachtung dieser unterschiedlichen Teilaspekte wird verdeutlicht, dass der Umgang mit Emotionen Geschichtslehrbücher erheblich mehr durchzieht als es zunächst den Anschein hatte, da sie Emotionen darstellen, dokumentieren und teilweise in erheblichem Maße evozieren wollen.[2] Da es hierzu weder Äußerungen von Schulbuchautoren noch ausreichend Rezeptionsforschung gibt, lässt sich diese Frage nur produktanalytisch beantworten, wobei mögliche Intentionen induziert werden.

Emotionen als Gegenstand der Darstellung im Geschichtslehrbuch: Ein Spannungsverhältnis

Das Schulbuch als multimodales Medium führt Aussagen eines immer knapper werdenden Darstellungstexts mit einer Fülle unterschiedlich kodierter, zum Teil visualisierender Darstellungsformen wie Karten und Diagramme oder Text- und Bildquellen zusammen. Viele Schulbücher verzichten deshalb weitgehend auf eine Darstellung von Emotionen im Text oder deuten diese mit nur sehr wenigen

---

2 Die folgende Darstellung nutzt Befunde aus den folgenden Schulbüchern, die ohne Anspruch auf Vollständigkeit einen Querschnitt aktuell genutzter Geschichtsschulbücher in der Mittelstufe bilden, wobei der *Schulbücherkatalog* des Bundeslandes Hessen zu Grunde gelegt wurde. Zum Teil wurden ältere als die zurzeit gültigen Ausgaben berücksichtigt. Im Hinblick auf den aktuellen Umbruch der Lehrpläne hin zu Bildungsstandards und Kompetenzen handelt es sich natürlich um Auslaufmodelle: Pandel 1998; Brückner 2005; Hinrichs, Müller und Stehling 1998; Regenhardt und Tatsch 1999; Osburg und Klose 1999; o. H. 2007a und 2007b; Pandel 2004; Brokemper, Köster und Potente 2005.

Formulierungen an. Ob sie dies schlicht aus Platzgründen tun oder ob hierbei programmatische Überlegungen eine Rolle spielen, kann nur vermutet werden. Im Folgenden werden anhand eines Beispiels, das eine auffällig breite Berücksichtigung von Gefühlen enthält, Aspekte der Darstellung von Emotionen im Text von Schulbüchern verdeutlicht. Gewählt wurde die Darstellung des Endes des Zweiten Weltkriegs aus dem Gymnasialschulbuch *Geschichte und Geschehen*.[3] Es geht hier nicht um eine qualitative Würdigung der dargebotenen Informationen, sondern um eine Darstellung, an der typologisch ein repräsentatives Grundmuster aufgezeigt werden kann und das deshalb einen guten Ausgangspunkt für die weitere Betrachtung bildet. Wie bei allen weiteren Beispielen in diesem Artikel geht es also nicht um Schulbuchkritik, sondern um die Entwicklung systematischer Fragen.

Emotionen in der Schulbuchdarstellung: Steigerung, Verknappung und Stereotypisierung?

Das Schulbuch steht unter dem starken Zwang der Komprimierung der Texte, also einer immer größeren Reduktion des Darstellungsteils. Dass bei bestimmten Themen die Darstellung von Emotionen einen notwendigen Bestandteil des historischen Narrativs bildet, stellt die Schulbuchmacher vor ein Darstellungsproblem: Wie kann die extrem knappe Darstellung die Beschreibung von Emotionen aufnehmen? Handlungen und Entscheidungen können oftmals in einem Satz zusammengefasst werden, hochgradig vielschichtige und oftmals auch ambivalente Emotionen sind in knappen Darstellungstexten hingegen wesentlich schwieriger einzufangen. Im Schulbuchkapitel zum Ende des Zweiten Weltkriegs geht es um eine historische Situation, deren Entwicklung als Steigerung wahrgenommen wird und die deshalb die immer extremeren Handlungsszenarien mit den mit ihnen einhergehenden Emotionen zusammenführt – hier der totale Krieg und die Fanatisierung des nationalsozialistischen Endkampfes, dort die ständig wachsende Verzweiflung, Angst und Resignation der Zivilbevölkerung. So ringt der Text mit zwei Ebenen, die er als auf die Klimax zusteuernd darstellen will. Die Wortfeldanalyse des Textes zeigt Akte von Brutalität und Gewalt, die in Verben, attributiven Zuschreibungen etc. den Text durchziehen (vgl. Tab. 1).

---

3 O.H. 2007a, 171–174.

Tab. 1: Wortfeld Brutalität und Gewalt im Schulbuchkapitel *Das Ende des Zweiten Weltkriegs*

»Fällten Todesurteile durch Erschießen und Erhängen« »wurden an Ort und Stelle hingerichtet« »deutschen Städte und Kulturgüter sanken in Schutt und Asche« »1945 stetig steigernden Luftangriffe der Alliierten forderten über 500.000 Todesopfer« »in dem von Flüchtlingen überfüllten Dresden starben […] 35.000 Menschen bei einem militärisch sinnlosen Bombenangriff« »ständig wachsendem Terror« »Nationalsozialistische Fanatiker zwangen Jugendliche« »Sowjetische Truppen eroberten« »Hitler […] beging Selbstmord.« »setzte die amerikanische Führung die schrecklichste Waffe ein« »Weit über 100.000 Menschen waren sofort tot.« »Tausende starben« »Hiroshima und Nagasaki wurden fast völlig zerstört.«

Die Darstellung der Gefühle hingegen kennt nur zwei Aspekte: Der fanatischen Aggression und Wut der überzeugten Nationalsozialisten stehen Angst, Resignation und Leiden der Zivilbevölkerung gegenüber (vgl. Tab. 2).

Tab. 2: Wortfeld Emotionen im Schulbuchkapitel *Das Ende des Zweiten Weltkriegs*

»Die Stimmung in der Bevölkerung wurde von Monat zu Monat schlechter.« »Zudem lebte die deutsche Bevölkerung vor allem in den größeren Städten in ständiger Angst vor den amerikanischen und englischen Luftangriffen« »Demoralisierung der Bevölkerung ließ sich nicht zum Widerstand gegen das Regime steigern.« »hatten die Deutschen Angst vor der Niederlage.« »Grauen aber auch die Hoffnung«

So bewegt sich der Text zwischen den zwei Polen Aggression versus Resignation und nimmt in seiner Verknappung eine stereotype Beschreibung der emotionalen Befindlichkeiten vor. Die Vielschichtigkeit und Ambivalenz von Gefühlen wird zugunsten schematischer Zuschreibungen und Dichotomisierungen vereinfacht, um die Kohärenz der narrativen Konstruktion des Geschehens sicherzustellen. Hinter der dichotomischen Konstruktion – Fanatisierung versus Furcht vor dem Zusammenbruch – verschwinden die Gefühle bestimmter Gruppen, so etwa die Stimmung der ca. 8 – 10 Millionen späteren *Displaced Persons* in Deutschland, die zum größten Teil nichts anderes als die rasche Niederlage des nationalsozialistischen Deutschlands herbeisehnten.

Ex-post-facto-Konstruktion und die Darstellung von Emotionen

Betrachtet man den Text in seinem narrativen Zusammenhang, dann werden Emotionen zu einem Teil – oder geraten in das Schlepptau – der historischen Ex-post-facto-Konstruktion. Denn die Erzählung konstruiert die Geschichte vom Ende des Prozesses her (dem Zusammenbruch) und die beschriebenen Emotionen sind Teil der auf das Ende zusteuernden Entwicklung. Sie werden auch in den Kausalnexus der Erzählung eingefügt. Weil viele Deutsche das Ende des Krieges mehr fürchteten als den Fortbestand des Nationalsozialismus, kam es zu keiner Beseitigung des nationalsozialistischen Regimes von innen. Hier ergibt sich eine gewisse Spannung zwischen Darstellung und Gegenstand, da Emotionen doch zumeist Teil der Erfahrung der Offenheit und Kontingenz geschichtlicher Erfahrung sind: Die Unsicherheit künftiger Entwicklungen, auch Fehleinschätzungen und -wahrnehmungen, bedingen Angst und Gefühle der Ohnmacht, Ausbrüche von Wut und Erregung oder auch freudige Erwartung. Für die Zeitgenossen werden diese Gefühle gerade durch die Wahrnehmung ausgelöst, dass sie die Zukunft nicht kennen. »Nicht wissen wie alles ausgehen wird« – so Arthur C. Danto – »ist kennzeichnend für das unmittelbare Erleben der Ereignisse.«[4]

Quellen und Materialien – Veranschaulichung im Schlepptau der Darstellung?

Eine mögliche Reaktion auf die Schwierigkeiten der Emotionsdarstellung aufgrund des knappen Schulbuchtexts kann dazu führen, dass das Schulbuch die Vermittlung von Emotionen ganz dem Material, also der Anmutung der Quellen überlässt. Schließlich verweisen diese auf vielfältige Weise auf gelebte Emotionen und transportieren dieselben in bestimmten kommunikativen und rhetorischen Ausdrucksformen mit ihren spezifischen Gestaltungsmitteln. Die

---

4 Danto 1974, 420. Die anderen Schulbuchkapitel mit ihren inhaltlichen Akzentuierungen können hier nicht weiter besprochen werden. Dies würde sich jedoch bis hin zu einzelnen Formulierungen lohnen, wenn etwa für die Bombenangriffe der Alliierten der Begriff »Terrorangriffe« genutzt oder von »angloamerikanischen Angriffen« gesprochen wird; Askani und Wagener 1997, 115. Eine völlig andere Variante stellt z. B. der Versuch dar, die Darstellung der Emotionen von Krieg und Zerstörung durch Alltagsbezug zu *balancieren*: »Trotz Nahrungsmangel und Bombenfurcht blieb das Leben nicht stehen. Es wurden Geburtstag und Weihnachten gefeiert, Liebespaare heirateten, wenn die Männer einige Tage Urlaub bekamen, oder es gab eine Ferntrauung. Es gab Musiksendungen im Radio und auch Kinofilme wurden gedreht. Für wenige Stunden wollten die Menschen den Krieg vergessen. Meist wurden sie aber durch einen neuen Fliegeralarm wieder geweckt.« Diese Darstellung wird ergänzt durch Titel der *Schlagerparade 1939–1945*, Pandel 1998, 69.

Quellenpräsentation bewegt sich im Schulbuch zwischen drei Polen: 1. Der Darstellungsabsicht mit Bezug auf das historische Thema; 2. Der möglichen Anmutung der Quellen für die Schüler; 3. Dem medialen Charakter des Schulbuchs und seinen Darstellungsmitteln als Kompaktmedium. Diese drei Aspekte schlagen sich jeweils in der Quellenauswahl, den Formen der Quellenpräsentation oder den Ansätzen zur Lenkung von Schülern im Umgang mit den Quellen oder der Darstellung in den Arbeitsaufträgen nieder.

Auch die Nutzung von Quellen im Schulbuch verfolgt Darstellungsabsichten im Hinblick auf das historische Thema. Gerade bei Themen wie Krieg oder Völkermord, die von Menschen in lebensbedrohlichen Extremsituationen handeln, bilden der vermeintliche affektive Gehalt und die Ausdruckskraft von Quellen neben Anschaulichkeit, Informationsgehalt etc. ein wichtiges Kriterium der jeweiligen Auswahl. Im Gegensatz zu dem Emotionen sekundär beschreibenden Darstellungstext sollen Emotionen aus Quellen also unmittelbar nachvollziehbar oder zumindest extrapolierbar sein. Schlussendlich ist die Quellenverwendung im Schulbuch sehr zielgerichtet: Quellen werden gekürzt (dies betrifft Text- genauso wie Bildquellen) und durch die Zusammenstellung auf einer dritten Ebene zu einer Darstellung komponiert.[5] So nutzen Schulbücher Doppelbilder bzw. Bildkontraste oder multiperspektivisch gruppierte Textquellen, um durch Diskrepanzen eine Auseinandersetzung mit den Quellen in Gang zu setzen. Quellen werden also stets im Verhältnis zum Darstellungstext eingesetzt und sollen diesen erweitern, multiperspektivisch ergänzen oder durch Veranschaulichung verstärken. So entspricht die Analyse der in gängigen Mittelstufenbüchern genutzten Quellen dem am Schulbuchtext exemplarisch aufgezeigten dichotomischen Muster: Quellen, die auf die Fanatisierung des Endkampfes und den militärischen Zusammenbruch verweisen (Propagandaplakate, verschiedene Fotografien vom Volkssturm, von Soldaten, die kapitulieren oder in Gefangenschaft gehen), stehen Motive gegenüber, die die verheerenden Auswirkungen des totalen Kriegs und das Leiden der Zivilbevölkerung veranschaulichen (Menschen auf der Flucht oder in durch den Bombenkrieg verwüsteten Städten). Fast kanonisch ist dabei die Nutzung mindestens eines Bildmotivs einer zerstörten deutschen Stadt.[6]

Gerade an der realitätsnahen Fotografie lässt sich die Spannung zwischen der Absicht der Dokumentation von Emotionen und der Darstellungsintention gut zeigen. Durch ihre realitätsnahen Darstellungsmittel versprechen Fotografien

---

5 Zu Visualisierungen und multimodaler Präsentation als Form historischer Darstellung vgl. Staley 2003.
6 Die Städte differieren teilweise auch in den Länderausgaben: Frankfurt 1945 (Pandel 1998), Frankfurt 1944 (Brokemper, Köster und Potente 2005), Dortmund 1944 (Brückner 2005), Berlin 1945 (o. H. 2007b), Dresden 1945 (Regenhardt und Tatsch 1999; Askani und Wagener 1997).

Unmittelbarkeit und Authentizität und scheinen deshalb ein besonders probates Medium zur Vermittlung von Gefühlen von Menschen in historischen Situationen zu sein. Sie scheinen die beweiskräftigste Form darzustellen, das Leiden und die Verzweiflung der Menschen in dramatischen Situationen festzuhalten.[7] Die Kapitel zum Ende des Zweiten Weltkriegs machen deshalb extensiv Gebrauch von Fotografien.[8] Die genaue Analyse von affektgeladenen Darstellungen zeigt allerdings, dass auch auf diese Aufnahmen bestimmte ikonografische Traditionen einwirken, dass also von einer ungefilterten *Affektartikulation* nicht die Rede sein kann.[9] Sie spiegeln also nicht die Verzweiflung und Not der Personen, sondern die Wahrnehmung des Elends durch den Fotografen und vor allem die Art, wie er es visuell vermitteln will. Zudem können Fotografien nur bestimmte Aspekte von Emotionen übermitteln. Auf ihnen drücken die Personen ihre Gefühle durch Gestik, Mimik und Pose aus. Manches ist auch auf Fotografien nicht darstellbar z.B. Erröten oder Erbleichen, Zittern u.a. Was Quellen an unmittelbarer emotionaler Wirkung und Anmutung versprechen und welchen Quellenwert sie im Hinblick auf Gefühle besitzen, muss also nicht deckungsgleich sein. Werden beispielsweise lachende oder begeisterte Menschen gezeigt, stellt sich sofort die Frage, welche Repräsentativität und wenn ja für welche sozialen Gruppen diese Abbildung Geltung beanspruchen darf. Zudem ist es oftmals wichtig zu wissen, welche rhetorische oder sogar propagandistische Absicht die Darstellung oder welche Vermittlung von Emotionen in bestimmten Zeigesituationen erfüllt werden sollte. Hinzu tritt die erinnerungskulturelle Funktion einer Quelle, die oftmals ihre zeitgenössische Funktion durch Kanonisierung längst überlagert hat. Gerade Schulbücher haben mit ihrem Bildinventar erheblich zu diesem Effekt beigetragen.[10] Besonders gut ist dies da nachzuvollziehen, wo Entstehung und Gebrauch eines Bildes bekannt sind. Viele Schulbücher nutzen etwa die Aufnahme begeisterter Zuhörer bei Goebbels' Sportpalastrede am 18. Februar 1943. Es handelte sich hier nicht um eine unmittelbare emotionale Regung, sondern war Teil der Strategie, mit der das Ereignis inszeniert und als Verstärkung für die metonymische Rhetorik der Rede angelegt wurde, die die Zuschauer mit dem gesamten Deutschen Volk identifizieren sollte. Da auch klar ist, dass diese Rede die Stimmung der Mehrheit

---

7 Zur inzwischen recht reichhaltigen Diskussion um *Visual Literacy* und Fotografien als historische Quelle vgl. Hamann 2007; Paul 2006.

8 So sind z.B. in dem Schulbuchkapitel zum *Ende des Zweiten Weltkriegs* in *Geschichte und Geschehen* fast die Hälfte der verwendeten Quellen Fotografien: fünf Fotografien gegenüber sechs anderen Quellengattungen (Zeitzeugenberichte, politische Rede, amtliches Dokument, Brief).

9 Die vielfältigen Arbeiten zu dieser Thematik können hier nicht zitiert werden. Zu den Schreckensbildern aus Konzentrationslagern vgl. z.B. Brink 1998.

10 Popp 2010.

der Deutschen nicht widerspiegelt, unternehmen die Schulbuchautoren Anstrengungen, die Bildaussage zu konterkarieren.

Wege und Irrwege einer emotionalen Anmutung für Schüler?

Eine völlig andere Perspektive eröffnet die Frage nach dem Verhältnis der didaktischen Intention und der tatsächlichen Wirkung der Quellen auf die Schüler.
Noch schwerer als bei anderen Fragen der Medienrezeption lässt sich erschließen, wie Quellen»die Gedanken-, Gefühls- und Phantasieproduktion des Subjekts anregen und in Gang setzen«.[11] Empirische Untersuchungen zur Wirkung
von Fotografien und Objekten in Gedenkstätten zeigen, wie unterschiedlich die
Reaktion auf Fotografien ausfallen kann. Das folgende Zitat eines Schülers aus
einer Untersuchung, die Annette Eberle über Besuche von Schülerinnen und
Schülern in der KZ-Gedenkstätte Dachau durchgeführt hat, ist hierbei besonders signifikant:

> Bei manchen Fotos (Ankunft der Häftlinge) war es schwer, mir etwas vorzustellen, weil
> ich weiß, was auf die Häftlinge wartete, sie jedoch nicht. Deshalb kann man sich schwer
> hineinversetzen. Die Bilder der medizinischen Versuche waren ebenfalls kaum er-
> fassbar, weil es einfach absolut grausam war. Auch Bilder und Filmausschnitte von
> daliegenden Toten regten ein mulmiges Gefühl an, weil jeder Mensch für ein erlo-
> schenes Leben stand.[12]

Zum einen macht der Schüler in sehr prägnanter Weise deutlich, dass bei der
Betrachtung einer Fotografie der Zugang zu den Gefühlen eines Menschen in
einer historischen Situation durch das Wissen um das Danach im Grunde verschlossen ist. Zum anderen zeigt sich, wie schwer klassifizierbar die Gefühle für
den Schüler selbst sind, bzw. er »eigentlich Empathie empfinden wollte, dies aber
eigentlich nicht möglich«[13] war. Diese Fotos öffnen also leicht ein Spannungsfeld
zwischen erwünschten und unerwünschten Emotionen.

Die Frage, welche Quellen welche emotionalen Prozesse bei Schülern auslösen, beschäftigt offensichtlich auch die Autoren von Lehrwerken und beeinflusst
genauso wie die inhaltlichen Überlegungen die unterschiedlichen Auswahlent-
scheidungen. Da es hierzu keine Untersuchungen gibt, stützen sich die folgenden Überlegungen auf die Rekonstruktion impliziter Vorannahmen, wie sie sich
aus der unterschiedlichen Gestaltung der Schulbuchkapitel ableiten lassen.

Die Schüler besitzen keinen Erfahrungshintergrund für die Welt des Krieges,
sofern sie nicht aus Krisengebieten in die Bundesrepublik Deutschland geflohen

---

11 Knigge 1988, 102; vgl. Rumpf 1979.
12 Eberle 2011, 101.
13 Ebd.

sind. Manche Bildmotive werden offensichtlich ausgewählt, um über die Darstellung von Kindern bzw. Jugendlichen und Frauen in Luftschutzbunkern, ausgebombten Städten oder auf der Flucht Lebensweltnähe herzustellen und den Schülern über das Thema *Kriegskindheit* einen Vergleich mit den eigenen Lebensmöglichkeiten zu erlauben und Empathie zu ermöglichen. Bei diesen Bildern wird offensichtlich sehr darauf geachtet, dass die Individualität der Personen erkennbar wird, was oftmals durch Ausschnittvergrößerung verstärkt wird. Besonders eindringlich passt zu dieser Intention das oft abgedruckte Bild einer Gruppe von vier Überlebenden eines Luftangriffs auf Mannheim 1944: Es zeigt eine Frau, deren Gesichtsausdruck extreme Traumatisierung und seelische Zerstörung verrät, die von einem Helfer und einem Mann gestützt wird, der wiederum ein Kind auf dem Arm trägt. Zudem werden Aufnahmen gewählt, die Kinder in erkennbaren sozialen Beziehungen zeigen (an der Hand der Mutter, gemeinsam mit Geschwistern etc.).[14] Diese Intention wird etwa in *Geschichte konkret* besonders offensichtlich: Gezeigt werden Menschen in einem Schutzraum in Hannover (1943); die Arbeitsaufgabe hebt eine Mutter mit zwei Kindern im Zentrum des Bildes hervor, mit deren Situation sich die Schüler intensiv befassen sollen.[15] Übersetzt man die dieser Strategie zugrunde liegende Überlegung, dann soll durch einen mit den historischen Personen gemeinsamen Erfahrungshintergrund (Kindheit, Familie etc.) für die Schüler eine Erfahrungsdifferenz (Krieg und totale Zerstörung) überbrückbar werden, und zwar über eine empathische Emotion. Verwirrend wirkt in diesem Zusammenhang, dass Kinder und Jugendliche visuell auf beiden Seiten des Geschehens erscheinen: Als Akteure des Endkampfs im Volkssturm – stolz die Panzerfaust in der Hand, vom Führer mit Orden ausgezeichnet – und als Repräsentanten ziviler Opfer des Krieges. Offensichtlich schreiben die Schulbuchautoren der affektiven Qualität dieser Bilder eine starke Wirkung zu, sodass sie diese visuellen Impulse zum Thema Kriegskindheit kaum durch weitere Quellen oder Hinweise in den Texten abstützen. Hier stellt sich eine weitere systematische Frage: Kann dieser Lebensweltbezug alleine aufgrund des visuellen Impulses ohne Rahmung bzw. Kontextualisierung wirklich empathische Beteiligung erzeugen, zumal die Reaktion offensichtlich gerade auf diese Bilder generational sehr unterschiedlich ausfällt?[16]

Eine andere Option, die in drastischer Weise die Folgen des Krieges verdeutlichen soll, wendet sich genau der gegenteiligen Bildauswahl zu. Statt des individuellen Leidens ist es hier das anonymisierte Massensterben, das als Folge

---

14 Die vielen Kinder, die auf der Flucht verloren gingen und noch lange ihre Eltern suchten oder als Waisen überlebten, kommen *visuell* nicht vor.
15 »Menschen im Luftschutzkeller, 1943 (re.) – Versetzt euch in die Rolle einer Mutter mit zwei schulpflichtigen Kindern. Erzählt ihr Leben am 22. September 1943.«, Pandel 1998, 68.
16 Vgl. Stambolis 2009.

kriegerischen Geschehens sogenannte Schreckensbilder hinterlassen hat. Menschen werden hier also nicht als leidende Subjekte vermittelt, sondern als Objekte der Zerstörung gezeigt. Neben der schon fast kanonischen Verwendung mindestens eines Bildes einer kriegszerstörten Stadt gehört hierzu die Abbildung von zivilen Kriegsopfern, wobei das Bild der Verbrennung von Leichen auf dem Altmarkt in Dresden besonders häufig Verwendung findet. Bei diesem Bildtypus geht es offensichtlich nicht um die Vermittlung von historischen Emotionen, sondern um die Darstellung der schrecklichen Folgen des Krieges, die Erzeugung eines Entsetzens, das in eine aufklärerische Erkenntnis münden soll. Empathie mit den Opfern lässt sich so nicht aufbauen, da diese im Gegensatz zu den individuellen Bildern der Zivilisten ja als gesichtslose Opfer der Geschichte erscheinen. So beziehen sich mögliche emotionale Reaktionen der Schüler auf eine Bewertung des Ereignisses selbst, etwa die Erkenntnis der Sinnlosigkeit des Krieges, erzeugt durch den Schock über seine grausamen Folgen wie Zerstörung und Verstümmelung. Die tatsächliche Wirkung der Schockbilder, ihre Fähigkeit, moralische Gefühle durch die visuelle Darstellung des Grauens zu erzeugen, also Lernen durch emotionale Anmutung in Gang zu setzen, wird in verschiedenen Kontexten in Zweifel gezogen, nachdem sie in der sogenannten *Leichenbergpädagogik* der 1970er Jahre sehr extensiv genutzt wurden. Dies liegt nicht nur an der Abstumpfung durch die Omnipräsenz solcher Bilder in den Medien. Zum Teil erzeugt offensichtlich die Mischung aus Distanzierung zu den Opfern und normativen Erwartungen an moralische Gefühle Ambivalenzen, die es den Schülerinnen und Schülern schwer macht, zu solchen Bildern einen klaren Standpunkt zu beziehen.[17]

Die beiden unterschiedlichen Strategien im Umgang mit der Vermittlung der Schrecken des Krieges durch Quellen zeigt an, wie unsicher (nicht nur) die affektive Reaktion auf Quellen beurteilt werden muss. Eine ähnlich heterogene Vorgehensweise zeigt sich bei der Betrachtung der Arbeitsaufträge, mit denen die Bücher versuchen, die Auseinandersetzung mit dem Quellen zu steuern.[18] Hier kann man deutlich unterscheiden zwischen Aufgaben, die darauf zielen, Emotionen in der Auseinandersetzung mit Quellen rekonstruktiv zu beschreiben und einzuordnen. Dem stehen Aufgaben gegenüber, in denen versucht wird, die Beschäftigung bzw. Beteiligung der Schüler in eine empathische Richtung zu lenken und die *Einfühlen* und *Probehandeln* einfordern, also eine gefühlsorientierte Rezeption. Sie zielen auf eine Operation, die didaktisch schwer klassifizierbar ist und deshalb begrifflich sehr unterschiedlich belegt und als empa-

---

17 Zu Zweifeln an der Wirkung von Schreckensbildern vgl. Sontag 2003; viele entsprechende Beispiele bei Eberle 2008.
18 Zu quantitativen Analysen über Arbeitsaufträge in Geschichtsschulbüchern vgl. Thünemann 2010, 121 – 130.

thische Intuition, einfühlendes Verstehen oder nachempfindende Identifikation bezeichnet wird.[19]

Ein Schulbuch, das seine Aufgaben vor allem zur Steigerung empathischer Beteiligung nutzen will, ist *Schauplatz Geschichte*.[20] Die Folge an Arbeitsaufträgen, die sich auf Quellen und die Darstellung im Schulbuch beziehen, nimmt eine Spannweite von Aufgaben empathischer Vergegenwärtigung bis zum Probehandeln ein. So wird eine hypothetische Verbindung zwischen Goebbels' Sportpalastrede und Soldaten in Stalingrad hergestellt. Der Auftrag lautet: »Fühlt euch in die Stimmung der Soldaten von M 2 ein. Was hätten sie wahrscheinlich zu der Rede gesagt?«[21] Diese Aufgabe baut auf dem Kontrast der Emphase der Rede mit der verzweifelten Lage der vermummten Gesichter der Soldaten im Schnee auf. Im Gegensatz zu diesem Arbeitsauftrag, der eine kognitive Diskrepanz öffnet, die der Schüler eigentlich kaum über Gefühle erschließen kann, fragt man sich bei folgendem Arbeitsauftrag, wohin Schüler bei seiner Bearbeitung gelangen sollen: »Fühlt euch in Anhänger Hitlers ein. Was könnten sie gedacht haben?«[22] Sich in überzeugte Nationalsozialisten einzufühlen, dürfte nicht nur schwer fallen, es ist die Frage, welchen heuristischen Wert dies haben soll. Und schließlich sollen die Schüler auch noch ein Gespräch zwischen einem »Anhänger Hitlers und einem ausgebombten Bewohner von Frankfurt« spielen.[23] Dabei handelt es sich um eine Aufgabe, die Unhistorisches produzieren muss, denn die hypothetische Kommunikationssituation ist durchaus asymmetrisch; jedes falsche Wort konnte in dieser Phase zur Hinrichtung wegen Wehrkraftzersetzung führen. Empathie, so wird an diesen Beispielen deutlich, wird in solchen Aufträgen leicht zur diffusen Gefühlssteigerung, die im Übrigen jede Alteritätserfahrung unmöglich macht, da hier ja nicht empathische Wahrnehmung der besonderen Situation von Menschen erzeugt wird, sondern nur vorschnelle Identifikationen geschaffen werden, die deshalb ahistorisch bleiben müssen.

Resümee

Darstellungstexte, die Verwendung von Quellen und die Formulierung von Arbeitsaufträgen in Geschichtsschulbüchern stellen drei Bereiche dar, die jeweils unterschiedliche methodische Aspekte im Hinblick auf die Darstellung bzw. die Berücksichtigung von Emotionen aufwerfen. Sie sind für grundlegende Fragen

---

19 Vgl. Pandel 2011.
20 Brokemper, Köster und Potente 2005, 118–119.
21 Ebd. 118.
22 Ebd. 119.
23 Ebd.

im Zusammenhang von historischem Lernen und Emotionen aussagekräftig. Historisches Verstehen ist durchaus auf imaginative Vorstellung und emotionale Beteiligung angewiesen, die andererseits aber nicht von Reflexion abgekoppelt werden darf. Die Schulbuchanalyse macht allerdings die Schwierigkeiten dieser Gratwanderung bewusst. Zu oft finden sich methodische Arrangements, die zur Identifikation einladen, ohne den Schritt hin zur Reflexion zu vollziehen, indem sie auf der Ebene einer diffusen Emotionalisierung stehen bleiben. Die drei Ebenen, die Schulbücher als Kompaktmedium tangieren, nämlich Darstellen und Dokumentieren von Emotionen von Menschen in fremden historischen Welten sowie das Evozieren der Auseinandersetzung von Schülern mit diesen Emotionen, machen noch einen weiteren Punkt bewusst: Es zeigt sich, dass die Frage, ob Schülerinnen und Schüler diese Auseinandersetzung reflektieren, nicht nur vom Ende her gedacht werden darf. Es ist nicht belanglos, wie sie in ein Verhältnis zu Menschen in der Geschichte und deren Emotionen treten. Denn die Qualität der Darstellung, die Auswahl der Quellen und die Formulierung der Arbeitsaufträge bilden ein Ensemble, dessen Kohärenz am Ende entscheidet, ob eine historische Urteilsbildung gelingen kann, die den Gesamtrahmen des historischen Lernprozesses darstellt. Lädt dieses zu Banalisierungen, vorschnellen Identifikationen und stereotypen Generalisierungen ein, ohne Irritation und Fremdheit, d. h. die Alterität historischer Erfahrungen zu berücksichtigen, dann wird es am Ende auch unmöglich sein, noch eine reflexive Ebene einzuziehen. Wie in allen Bereichen historischen Lernens zeigt sich zudem, dass Lösungen nur inhaltsbezogen gedacht oder konzipiert werden können.

An der Darstellung von Emotionen wird deutlich, dass zu knapp bemessene Schulbuchtexte für eine themengerechte Aufbereitung problematisch sind. Beim Thema *Zweiter Weltkrieg* ist es offensichtlich, dass Affekte in der Darstellung berücksichtigt werden müssen, als Faktoren, die »Individuen und soziale Interaktionen« prägen und somit »eine wichtige Motivation im historischen Handeln« darstellen, je mehr sie zu kollektiven Gefühlen avancieren.[24] Allerdings fehlt in den extrem knappen Texten oft der Raum, Aspekte zu berücksichtigen, die eine differenzierte Betrachtung erfordern, um nicht in stereotype Beschreibungen zu verfallen oder eine zu lineare Einbindung in bestimmte historische Kausalbeziehungen herzustellen. Hier wäre es wünschenswert, dem Text wieder mehr Raum und seiner Kohärenz mehr Aufmerksamkeit zu schenken.[25]

Darüber hinaus erfordert der Umgang mit Emotionen in einer historischen Darstellung die Wahrnehmung der Möglichkeiten und Grenzen introspektiver Sichtweisen, die durch die historische Ex-post-facto-Konstruktion eher verstellt

---

24 Frevert 2009, 192–195.
25 Pandel 2006.

werden. Konsequenzen können durchaus in der Markierung solcher Grenzen der Nachvollziehbarkeit von Emotionen von Menschen in bestimmten historischen Situationen im Text bestehen. Auch wäre es für die Darstellung historischer Emotionen hilfreich, die Offenheit eines historischen Prozesses deutlicher hervortreten zu lassen, um das Verständnis vieler Emotionen in historischen Situationen zu erleichtern. Wie sehr im Übrigen ein Schlüssel zum adäquaten Umgang mit den Emotionen von Menschen im historischen Prozess in Fragen der Kontextualisierung liegen, macht das oben bereits angeführte Zitat eines Schülers nach einem Besuch der KZ-Gedenkstätte Dachau deutlich. Nur weil der Schüler wusste, was die Häftlinge in Dachau erwartete, konnte er Differenz zwischen der möglichen emotionalen Befindlichkeit der Häftlinge im Moment der Aufnahme und seiner eigenen Wahrnehmung des historischen Geschehens aufschließen.

Im Arbeitsteil – bei der Auswahl der Quellen und Materialien sowie der Formulierung der Arbeitsaufträge – zeigt sich, wie unterschiedlich die didaktischen Intentionen und Strategien im Hinblick auf die Frage sein können, welche Rolle Emotionen im Bezugsfeld zwischen den Schülern und den in historischen Situationen handelnden Menschen oder im Umgang mit bestimmen Themen spielen sollen. Die Quellenauswahl verrät viel über die impliziten Annahmen von Schulbuchautoren, d. h. welche affektive Wirkung sie den jeweiligen Relikten in spezifischen thematischen Kontexten zuschreiben. Dies wird beim Thema *Zweiter Weltkrieg* besonders deutlich: Sollen die Schrecken des Krieges in drastischer Weise deutlich werden oder Zugänge zur Situation individueller Menschen Empathie ermöglichen? Wichtig ist hier, dass Anknüpfungspunkte zur Identifikation wie *Kriegskindheit* nicht nur als visuelle Impulse gesetzt werden, sondern eine Rahmung im Kontext der Gesamtdarstellung des Schulbuchs erhalten.

Völlig eigene Fragen werfen die Arbeitsaufträge auf, da in ihnen Lenkungen empathischer Sichtweisen deutlich werden. Aufträge, die Schüler dazu auffordern, sich in historische Personen *einzufühlen,* sollten in ihrer Intention hinterfragt werden, da sie leicht den Charakter »bestellter Gefühle«[26] annehmen. Es muss deutlich zur Vorsicht geraten werden, die Gefühle der Schüler zu den Gefühlsspuren in den Quellen zu unmittelbar kurzschließen zu wollen und ihnen so eine distanzlose Identifikation nahezulegen. Sich etwa eine rein affektive Bildrezeption der Schüler zu wünschen, wäre in einer Umwelt, in der beständig aus der Nutzung visueller Strategien politisches Kapital geschlagen wird, alles andere als wünschenswert. Dies heißt nun nicht, von dem Versuch, Gefühle und Wahrnehmungsweisen von Menschen in der Geschichte nachzuvollziehen, Abstand zu nehmen, was durchaus etwas anderes als reines *Einfühlen*

---

26 Vgl. Dehne und Schulz-Hageleit 1996, 340.

bedeutet. Einen deutlichen Unterschied stellen z. B. gegenüber dem bloßen *Einfühlen* Aufgaben dar, die eine narrative Komponente enthalten, also auffordern, mögliche Geschichten zu den Erfahrungen von Personen im Kontext des historischen Geschehens zu entwerfen.[27] Wenn Schulbücher und folglich der Unterricht introspektive Momente im Sinne einer Perspektivenübernahme oder des Rollenhandelns als heuristisches Mittel nutzen, muss eine Rückbindung an und Fortführung hin zur historischen Urteilsbildung sichergestellt werden, die nur eine intersubjektive Verständigung über die Art und Weise der unterschiedlichen Wahrnehmungs- und Deutungsweisen herstellen kann.

Literatur

Askani, Bernhard und Elmar Wagener. *Anno 4. Das zwanzigste Jahrhundert.* Braunschweig: Westermann, 1997 (ANNO – Allgemeine Ausgabe für Gymnasien).

Brink, Cornelia. *Ikonen der Vernichtung. Öffentlicher Gebrauch von Fotografien aus nationalsozialistischen Konzentrationslagern nach 1945.* Berlin: Akademie-Verlag, 1998.

Brokemper, Peter, Elisabeth Köster und Dieter Potente (Hg.). *Schauplatz Geschichte. Band 2.* Cornelsen: Berlin, 2005.

Brückner, Dieter (Hg.). *Das waren Zeiten 4.* Bamberg: C.C. Buchners Verlag, 2005.

Christoffer, Sven u. a. *Zeitreise 4.* Stuttgart und Leipzig: Ernst Klett Verlag 2007 (=2007b).

Danto, Arthur C. »Historisches Verstehen und das Problem anderer Epochen«, in: *Analytische Philosophie der Geschichte.* Frankfurt am Main: Suhrkamp, 1974, 407–425.

Dehne, Brigitte und Peter Schulz-Hageleit. »Der Nationalsozialismus im Schulunterricht. Dimensionen emotionalen Involviertseins bei Schülerinnen und Schülern, Lehrerinnen und Lehrern«, in: Bernd Mütter und Uwe Uffelmann (Hg.), *Emotionen und historisches Lernen: Forschung – Vermittlung – Rezeption.* 3., unveränderte Auflage Hannover: Verlag Hahnsche Buchhandlung 1996, 337–351 (Studien zur internationalen Schulbuchforschung 76).

Eberle, Annette. *Pädagogik und Gedenkkultur. Bildungsarbeit an NS-Gedenkorten zwischen Wissensvermittlung, Opfergedenken und Menschenrechtserziehung. Praxisfelder, Konzepte und Methoden in Bayern.* Würzburg: Ergon Verlag, 2008.

Dies. »›Ich fand es schrecklich, weil es sind Menschen so wie wir.‹ Eine Befragung über ›Fühlen‹ und ›Denken‹ bei einem Besuch der KZ-Gedenkstätte Dachau«, in: Bert Pampel (Hg.), *Erschrecken – Mitgefühl – Distanz. Empirische Befunde über Schülerinnen und Schüler in Gedenkstätten und zeitgeschichtlichen Ausstellungen.* Leipzig: Leipziger Universitätsverlag 2011, 97–114.

Flessau, Kurt-Ingo. *Schule der Diktatur: Lehrpläne und Schulbücher des Nationalsozialismus.* München: Ehrenwirth Verlag, 1979.

Frevert, Ute. »Was haben Gefühle in der Geschichte zu suchen?«, in: *Geschichte und Gesellschaft* 35 (2) (2009), 183–208.

Geschichte und Geschehen 4. Stuttgart und Leipzig: Ernst Klett Verlag, 2007 (=2007a).

---

27 Vgl. etwa die Aufgabe aus Pandel 1998, Anm. 11.

Hamann, Christoph. *Visual History und Geschichtsdidaktik. Bildkompetenz in der historisch-politischen Bildung.* Herbolzheim/Breisgau: Centaurus, 2007.

Hinrichs, Ernst, Bernhard Müller und Jutta Stehling (Hg.). *Wir machen Geschichte. Band 4. Vom Ende des Ersten Weltkriegs bis zur Gegenwart.* Frankfurt am Main: Moritz Diesterweg, 1998.

Jacobmeyer, Wolfgang. *Das deutsche Schulgeschichtsbuch 1700 – 1945. Die erste Epoche seiner Gattungsgeschichte im Spiegel der Vorworte. 3 Bände.* Münster: LIT, 2011(Open Access Versionen unter: http://www.edumeres.net/de/publikationen/beitraege/ beitrag_243/p/das-deutsche-schulgeschichtsbuch-1700 – 1945-die-erste-epoche- seiner-gattungsgeschichte-im-spiege.html) (zuletzt geprüft am 20. April 2013).

Knigge, Volkhard. ›*Triviales*‹ *Geschichtsbewusstsein und verstehender Geschichtsunterricht.* Pfaffenweiler: Centaurus, 1988 (Geschichtsdidaktik: Studien, Materialien. Neue Folgen 3).

Osburg, Florian und Dagmar Klose (Hg.). *Expedition Geschichte. Band 3 – Von der Zeit des Imperialismus bis zur Gegenwart.* Frankfurt am Main: Moritz Diesterweg Verlag, 1999.

Pandel, Hans-Jürgen (Hg.). *Geschichte Konkret 3. Ein Lern und Arbeitsbuch.* Hannover: Schroedel Verlag, 1998.

Ders. (Hg.). *Zeitlupe. Band 2.* Hannover: Schroedel Verlag, 2004.

Ders. »Was macht ein Schulbuch zu einem Geschichtsbuch? Ein Versuch über Kohärenz und Intertextualität«, in: Saskia Handro und Bernd Schönemann (Hg.), *Geschichtsdidaktische Schulbuchforschung.* Berlin: LIT, 2006, 15 – 37.

Ders. »Interpretieren als Selbsterzählen – das Problem der narrativen Empathie«, in: Silvio Peritore (Hg.), *Inszenierung des Fremden. Fotografische Darstellung von Sinti und Roma im Kontext der historischen Bildforschung.* Heidelberg: Dokumentations- und Kulturzentrum Deutscher Sinti und Roma, 2011, 19 – 37.

Paul, Gerhard (Hg.). *Visual History. Ein Studienbuch.* Göttingen: Vandenhoeck, 2006.

Popp, Susanne. »Europaweit gemeinsame Bilder? Anmerkungen zu europaweiten Präferenzen im Bildinventar aktueller Schulbücher«, in: *Europäische Erziehung* 40 (1) (2010), 5 – 24.

Regenhardt, Hans-Otto und Claudia Tatsch (Hg.). *Forum Geschichte. Ausgabe Hessen. Band 4 – Vom Ersten Weltkrieg bis zur Gegenwart.* Berlin: Cornelsen Verlag, 1999.

Rumpf, Horst. »Sprache und Affekt im Lehrbuch. Über Geschichtsphantasien und Geschichtsbücher«, in: *Geschichtsdidaktik* 4 (2) (1979), 118 – 130.

Sontag, Susan. *Das Leiden anderer betrachten.* München: Hanser, 2003.

Staley, David J. *Computers, Visualization, and History. How New Technology Will Transform Our Understanding of the Past.* New York und London: E. P. Sharpe, 2003.

Stambolis, Barbara. »Fotographie und Erinnerung. Erinnerungsbilder und innere Bildwelten im mentalen Gepäck der Kinder des Zweiten Weltkrieges«, in: Vadim Oswalt und Hans-Jürgen Pandel (Hg.), *Geschichtskultur. Die Anwesenheit von Vergangenheit in der Gegenwart.* Schwalbach/Taunus: Wochenschau-Verlag, 2009, 212 – 225.

Thünemann, Holger. »Zeitgeschichte im Schulbuch. Normative Überlegungen, empirische Befunde und pragmatische Konsequenzen«, in: Susanne Popp u. a. (Hg.), *Zeitgeschichte – Medien – Historische Bildung.* Göttingen: V & R unipress, 2010), 117 – 132 (Beihefte zur Zeitschrift für Geschichtsdidaktik 2).

Alina Bothe und Rolf Sperling

Trauma und Emotion im virtuellen Raum. Historisches Lernen über die Shoah mit virtuellen Zeugnissen

1. Einleitung

»Sehr emotional, gute Wirkung, man fühlt die Echtheit [...] man sieht die Trauer in den Augen der Zeitzeugen.« Mit diesen Worten beschreibt ein Schüler einer 10. Klasse, welche Empfindungen digitalisierte Interviews mit Überlebenden der Shoah bei ihm hervorgerufen haben.[1] Diese Interviews sind virtuell im Visual History Archive (VHA) der Shoah Foundation zugänglich. Drei Begriffe fallen sogleich ins Auge: emotional, fühlen, Trauer. Mit diesem Vokabular nähert sich der Schüler seiner Reflexion der Arbeit mit den Zeugnissen des VHA an.

Emotion, historisches Lernen und Trauma finden sich komplementär im Titel dieses Beitrags. Zudem ist dort die Virtualität genannt, jene Sphäre, in der die Zeugnisse des VHA rezipiert werden und diese daher in die Reflexion aufgenommen wird.

Die Virtualität ist eine emotional durchdrungene Sphäre, die von ihr eigenen Formen der Kommunikation geprägt ist, wie sich mit wenigen Interpunktionszeichen in kodierter Reihenfolge zeigen lässt: ;-) :-) aber auch :'(:'C :(:((. Emoticons[2] sind gängige Visualisierungen von Empfindungen im digitalen resp. virtuellen Zeitalter. Mit ihnen lassen sich Freude, Lachen, aber auch Trauer darstellen. Die mit Emoticons darstellbaren Emotionen sind vielfältig und interkulturell different. Sie implizieren Veränderungen im Schreiben und in der Kommunikation im Allgemeinen, sind relativ neue Modi der Emotionskonventiona-

---

1 Das Zitat entstammt einem Fragebogen, den Schülerinnen und Schüler des 10. Jahrgangs des Hans-Carossa-Gymnasiums in Berlin-Kladow nach einem an der Freien Universität Berlin durchgeführten Projekttag ausgefüllt haben. Ausführlich zur Unterrichtskonzeption siehe Bothe und Lücke 2013.
2 1982 verwendete Scott Fahlmann in der internen E-Mail-Kommunikation der Carnegie Mellon University zum ersten Mal ein Emoticon in der elektronischen Kommunikation; siehe http://www.wired.com/thisdayintech/2011/09/0919fahlman-proposes-emoticons (zuletzt geprüft am 31. Januar 2013). Print-Vorläufer gibt es bereits seit dem neunzehnten Jahrhundert. Eine Vielzahl sprachwissenschaftlicher und psychologischer Forschungen beschäftigt sich mit Emoticons.

lisierung und werden von vielen Anwenderinnen und Anwendern virtueller Kommunikationstechnologien wie E-Mail, Chat, SMS, Twitter und Social Networks alltäglich genutzt. Gerade Jugendliche und Kinder verwenden eine große Anzahl von Emoticons, um in sozialen Netzwerken, Chaträumen, Blogs oder Webforen miteinander zu kommunizieren. Emoticons veranschaulichen als veränderte Form der Konventionalisierung und Kommunikation von Emotionen die enge Verknüpfung von Emotionen und Virtualität.

Das Internet vor allem in der gebräuchlichen Form des World Wide Web (www)[3] ist ein höchst heterogenes Gebilde: Datenbank, Informationsangebot, Recherchetool, Einkaufszentrum oder auch Ort des sozialen Mit- und auch Gegeneinanders. In Foren, Chaträumen oder auch bei Rollenspielen wird teilweise anonym emotional involviert agiert. Dieses heterogene Gebilde wächst permanent und differenziert sich weiter aus. Auch für historische Thematiken entstehen in hoher Frequenz neue Plattformen und es existieren Webseiten, auf denen ein reger Austausch stattfindet, wie zum Beispiel die Webseite einestages.de zeigt.

Für die Erinnerungskultur sind besonders die Geschichte der Shoah und die Erinnerung an die Zeit des Nationalsozialismus zentral. Dies spiegelt sich auch in Online-Angeboten wider. Diverse Webseiten von verschiedenen Institutionen wie der Bundeszentrale für politische Bildung, des Anne Frank Museums in den Niederlanden oder der israelischen Gedenkstätte Yad Vashem, aber auch von anderen Einrichtungen liefern Informationen und Orientierungsangebote und markieren die Verlagerung von geschichtskulturellen und wissenschaftlichen Prozessen ins Netz und in den virtuellen Raum.

Im Internet treffen Gefühle auf geschichtskulturelle Diskussion, fachlicher Diskurs trifft auf soziale Interaktion. Es ist sowohl Ort der Information, der wissenschaftlichen Forschung, der Kommemoration als auch der Trauer. Die Verbreitung und Nutzung dieser virtuellen Angebote bedeutet für die Geschichtskultur in Deutschland die Herausforderung, Möglichkeiten des Umgangs und der Auseinandersetzung zu schaffen, die der Shoah als einem Thema der Erinnerungskultur und als einem Gegenstand identitätsstiftender Bildungsprozesse gerecht wird.

---

3 Das World Wide Web bezeichnet jenes von Tim Berners-Lee am CERN geschriebene Hypertext-Protokoll, das Basis der Ausbreitung der virtuellen Sphäre in den 1990er und 2000er Jahren gewesen ist. Bereits in den diversen vorherigen digitalen Vernetzungsformen sind Emotionen in differenter Weise eingeschrieben und rekodiert worden, wie die Erfindung der Emoticons an der Carnegie Mellon University 1982 belegt. Mit der Entstehung des Web 2.0, also seit Mitte der 2000er Jahre, als interaktive und sozial-kommunikative Anwendungen wie Facebook und Twitter zugänglich wurden, ist die Verknüpfung von Emotion und Virtualität nochmals intensiver geworden. Für Schülerinnen und Schüler ist das Web 2.0 Teil ihrer Lebenswelt.

Ein spezifisches Angebot zur Geschichte der Shoah in der Virtualität macht dabei die USC Shoah Foundation. Das VHA der Shoah Foundation ist seit 2006 an der Freien Universität Berlin zugänglich. Es enthält mehr als 48.000 digitalisierte Zeugnisse Überlebender der Shoah, die in der zweiten Hälfte der 1990er Jahre weltweit aufgezeichnet wurden.[4] Die ursprünglich videografierten Interviews mit den Überlebenden sind digitalisiert und damit medial transformiert worden. Da sie zudem nur in der virtuellen Sphäre rezipiert werden können, werden sie hier als virtuelle Zeugnisse bezeichnet.

In verschiedenen didaktischen Projekten ist bereits mit den Zeugnissen aus dem VHA gearbeitet worden.[5] Hierbei ist bisher aber erst in Ansätzen die Remediation im Sinne der medialen Transformation der Zeugnisse[6] berücksichtigt worden. Die Medialität der Zeugnisse der Überlebenden ist allerdings zentral, wie bereits James Young formulierte: »[N]one of us coming to the Holocaust afterwards can know these events outside the ways they are passed down to us.«[7] Nachfolgend wird daher zu thematisieren sein, wie die Remediation der Zeugnisse in didaktischer Praxis Beachtung finden kann.

Dieser Beitrag diskutiert die Verknüpfung von Virtualität, Emotionen, Trauma und historischem Lernen. Hierbei ist zu fragen, wie die Shoah als traumatische Geschichte in einer Weise vermittelt werden kann, die es ermöglicht, die Geschichte der Shoah in ihrer menschlichen Tiefe und nicht als ritualisierte Einübung der Konventionen des Gedenkens zu erfassen und der Erinnerung an die Opfer gerecht zu werden. Dabei lautet die zentrale These, dass die virtuellen Zeugnisse des VHA aufgrund ihres medialen Charakters ein historisches Lernen ermöglichen, das Emotionen einschließt und somit die menschliche Tiefe der Erinnerung an die Shoah berücksichtigt. Dafür wird im ersten Schritt die Geschichte der Shoah als traumatische Geschichte beschrieben, auf Spezifika des VHA hingewiesen, die Virtualität des Archivs thematisiert und anschließend das Thema Emotion und Geschichtsdidaktik reflektiert, bevor abschließend die zentrale These diskutiert wird.

2.   Die Geschichte der Shoah als traumatische Geschichte

Die Geschichte der Shoah ist traumatische Geschichte per se, deren Versprachlichung im wissenschaftlichen Kontext der Reflexion bedarf. Bereits die

---

4 Zum VHA siehe die Webseiten der Shoah Foundation und des Archivs an der Freien Universität Berlin, http://www.vha.fu-berlin.de/index.html und http://sfi.usc.edu/ (beide zuletzt geprüft am 31. Januar 2013).
5 U.a. Brauer und Wein 2010.
6 Assmann und Brauer 2011.
7 Young 1988, vii.

Entscheidung für die Bezeichnung des »Zivilisationsbruchs Auschwitz« (Dan Diner)[8] ist eine diffizile. Zur Verfügung stehen neben »Shoah« u. a. die Begriffe »Holocaust« und »Vernichtung der europäischen Juden«.[9] Holocaust ist sicher die im westlichen Kontext noch immer meist genutzte Bezeichnung, die sich u. a. auch in der Benennung des Washingtoner Holocaust-Museums wiederfindet. Fundierte Kritiken des Begriffs Holocaust liegen vor, u. a. machen Bezüge zu christlichen Opfer- bzw. Märtyrerschriften seine Nutzung problematisch.[10] Die Bezeichnung Vernichtung der europäischen Juden geht auf Raul Hilbergs wirkmächtigstes Buch *The Destruction of the European Jews*, veröffentlicht 1961, zurück und erfasst sprachlich sehr genau, was während der Shoah geschah. Der Begriff Shoah entstammt der israelischen Erinnerungskultur und hat sich in den vergangenen Jahren neben Holocaust als Bezeichnung durchgesetzt. Nachfolgend wird der Begriff Shoah verwendet, wenngleich auch die sprachlich präzise Formulierung der Vernichtung genutzt wird.

Die Schwierigkeiten der Entscheidung für einen Terminus verweisen auf ein epistemologisches Problem. Dieses lautet kurz gefasst: Was war, was ist die Shoah? Daran schließt sich die nächste Fragestellung an: Wie ist die Shoah, die Vernichtung zu beschreiben? Die Schwierigkeit der Bezeichnung spiegelt sich in verschiedenen sprachlichen Annäherungen namhafter Wissenschaftler wider. So formulierte Irving Howe: »It was a world for which, finally, we have no words.«[11] Howe verweist zum einen auf das Scheitern von Sprache im Angesicht dessen, was versprachlicht werden muss, und zum anderen auf das Trauma der historischen Ereignisse von weltgeschichtlicher Singularität.

Jegliches Schreiben und Vermitteln der Geschichte der Shoah ist immer geprägt durch den traumatischen Kern der Erfahrung und der Unfähigkeit des Verstehens. Als »limit event« (Saul Friedländer)[12] durchtrennt die Geschichte der Shoah Sinn und Kontinuität. Mit der überlieferten Antwort eines SS-Mannes in Auschwitz formuliert Primo Levi dies prägnant: »Hier ist kein Warum«[13]. Giorgio Agamben hat die Nicht-Koinzidenz von Fakten und Wahrheit, von Konstatieren und Verstehen[14] als Aporie von Auschwitz bezeichnet. Die Shoah, in der kein Sinn zu finden ist, an der jegliche menschliche Sinnbildung scheitern

---

8 Diner 1988, 9.
9 Zudem sind u. a. die Bezeichnungen »Churban« und »Khurbm« zu erwähnen. »Churban« ist konnotiert durch religiöse jüdische Deutungen, die Bezeichnung »Khurbm« hingegen ist das jiddische Wort, das die Vernichtung der europäischen Juden beschreibt. Beide Worte beziehen sich auf die Zerstörung des ersten bzw. zweiten Tempels, die jiddische Bezeichnung ist dabei aber wesentlich säkularer.
10 Agamben 2003, 25 – 27.
11 Howe 1988, 184.
12 Friedländer 1992, 2 – 3.
13 Levi 2007, 31.
14 Agamben 2003, 8.

muss, bedeutet zugleich die ethische Verpflichtung der Erinnerung an das universelle Ereignis selbst. In ihrer universellen Gültigkeit stellt die Shoah die nachfolgenden Generationen vor die paradox anmutende Notwendigkeit einer *Ethik nach Auschwitz*, die gleichzeitig nach der absoluten Universalität der Shoah und nach Wegen einer verantwortungsvollen Erinnerung an die Opfer fragen muss. Doch wie ist die Geschichte der Shoah angemessen zu lehren und zu schreiben? Jörn Rüsen bietet als Auflösung dieser Frage die Kontingenz, die Zeit der historischen Erfahrung, die auf der Erfahrung der Krise beruhe, als narrative Struktur an. Sie sei chaotisch, störend und eine Herausforderung des menschlichen Geistes, da Kontingenz ein Geschehnis sei, das nicht in den Deutungsrahmen passe. »Kontingenz ist eine Zeitqualität, die quer zur Perspektive der Erwartung liegt.«[15] Schlussendlich bedarf es aber nicht nur einer anderen Zeitlichkeit der Geschichte, so argumentiert er weiter, sondern der Erkenntnis ihrer Sinnlosigkeit. »Auf der Ebene der fundamentalen Prinzipien der historischen Sinnbildung durch Interpretation von Ereignissen muß *Sinnlosigkeit selber ein konstitutives Element des historischen Sinnes werden*.«[16]

Die traumatische Qualität der Shoah »verhindert jeden ungebrochenen Sinnzusammenhang«[17] in der Zeit. Die Grenzen des Verstehens, Analysierens, Beschreibens sind durch die massiv traumatische Qualität der Ereignisse beständig präsent. Denn die Shoah ist der Inbegriff traumatischer Geschichte und es ist die traumatisierende Wirkung des Ereignisses, die auch im Moment des Rekonstruierens, Repräsentierens und Rezipierens in der Gegenwart wirkt. Als traumatische Geschichte betrachtet, wird die Sinnstruktur narrativ-linearer historiografischer Erzählungen zerstört. Denn mit dem Schlüsselbegriff Trauma

> wird zum Ausdruck gebracht, daß in der historischen Erfahrung eine Kraft der Sinnzerstörung beschlossen liegt, die auf das historische Denken selber durchschlägt. […] Erst dann, wenn das historische Denken sich der traumatischen Qualität der historischen Erfahrung öffnet, die mit dem Begriff des ›Zivilisationsbruchs‹ bezeichnet worden ist, bewegt es sich auf der ›Höhe‹ der Zeit, die durch die Schreckenserfahrungen dieses Jahrhunderts vorgezeichnet ist.[18]

Diese Infragestellung historischen Sinns geht einher mit der Notwendigkeit einer stabilen Wahrheit als Kern dessen, von dem aus verschiedene Interpretationsangebote gemacht werden. Das Trauma der Shoah kann somit als katastrophale Krise verstanden werden, die Kontingenz nicht zulässt. Damit wird – scheinbar paradox – die Sinnlosigkeit der Shoah selbst zum eigentlichen konstitutiven Element für historische Sinnbildung über das Ereignis. Erst eine

---

15　Rüsen 2001, 148.
16　Ebd. 178 – H.i.O.
17　Ebd. 155.
18　Ebd. 148.

Öffnung der Wahrnehmung der Betrachterinnen und Betrachter für die traumatischen Erfahrungen und die Bedeutung der Shoah als *Zivilisationsbruch* erlauben es, sich der Geschichte aus der Gegenwart heraus zu nähern. Auch Dominick LaCapra sieht im Trauma die entscheidende Kategorie, die die wissenschaftliche Arbeit bestimmen sollte. Für ihn ergibt sich die Notwendigkeit eines interdependenten dialogischen Verhältnisses zwischen den Rezipientinnen und Rezipienten und den Zeuginnen und Zeugen, das dem Trauma der Opfer Rechnung trägt und die Perspektive des Subjekts als Teil dieses interdependenten Aushandlungsverhältnisses mitberücksichtigt. Ein solcher interaktiver Modus der Kommunikation im Sinne eines aktiven, reflexiven Dialogs mit der Vergangenheit ist notwendig, um Grenzen der historischen Sinnbildung neu auszuloten und so zu einem Prozess der kritischen Aushandlung zu gelangen, der einen ethisch angemessenen Umgang mit den traumatischen historischen Erfahrungen darstellt.[19]

3.   Anmerkungen zur Virtualität des Visual History Archive

Im VHA des Shoah Foundation Institute for Visual History and Education der University of Southern California, kurz USC Shoah Foundation, sind die Erinnerungen der Zeuginnen und Zeugen, der Überlebenden der Shoah, in einer medial besonderen Form verwahrt. Das VHA ist ein Quellenkorpus mit mehr als 48.000 Zeugnissen jüdischer Überlebender, die in 56 Ländern und mehr als 30 Sprachen aufgezeichnet wurden.[20] Das Archiv wurde von der von Steven Spielberg in Folge der Dreharbeiten zu *Schindlers Liste* begründeten Survivors of the Shoah Visual History Foundation, kurz Shoah Foundation, aufgebaut. Die virtuellen Zeugnisse des VHA liegen digitalisiert erschlossen vor und bieten einen unmittelbaren Zugang zu einer Vielzahl individueller Narrationen der Überlebenden über die Shoah. Der Großteil der Zeitzeuginnen- und Zeitzeugengespräche ist in den Jahren 1994 bis 1999 von ehrenamtlichen Mitarbeiterinnen

---

19 Vgl. LaCapra 2001.
20 Insgesamt umfasst das VHA 51.174 lebensgeschichtliche Zeitzeuginnen- und Zeitzeugengespräche. Mehr als 48.000 davon sind Zeugnisse Überlebender der Shoah. Bei den anderen handelt es sich um lebensgeschichtliche Interviews mit überlebenden Sinti und Roma, homosexuellen Männern, Zeugen Jehovas, Überlebenden der NS-*Euthanasie*-Morde und politischen Gefangenen. Im Weiteren sind Interviews mit Befreierinnen und Befreiern, mit Zeuginnen und Zeugen der Befreiung sowie mit Teilnehmerinnen und Teilnehmern von Kriegsverbrecherprozessen zugänglich. Die Zeugnisse der Überlebenden der Shoah sind vorwiegend in den USA (mehr als 19.000), Israel (über 8.000) und der Ukraine (über 3.000) sowie in 53 weiteren Ländern in mehr als 30 Sprachen abgelegt worden. Sprachlich dominiert das Englische mit fast 25.000 und damit der Hälfte der Zeugnisse, gefolgt von mehr als 7.000 russischen und über 6.000 hebräischen Zeugnissen.

und Mitarbeitern geführt worden. Die Zeugnisse wurden auf Videokassetten aufgezeichnet, von denen aus sie kopiert, digitalisiert und bearbeitet worden sind. Zugänglich sind die Zeugnisse sowohl bei den amerikanischen wie europäischen lizenzierten Institutionen nur innerhalb der Institution bzw. auf dem Campus.[21] Basierend auf einer komplexen Indexierung und Katalogisierung kann das VHA auf neuartige Weise für die Forschung verwendet werden. Zwei Arten, das Archiv und die Zeugnisse zu nutzen, sind zu unterscheiden. Zum einen lassen sich einzelne Interviews in voller Länge rezipieren. Diese variieren zwischen einer und 17 Stunden, wobei der Großteil der Interviews eine Länge von ein bis drei Stunden hat. Zum anderen ist die Nutzung einzelner Segmente aus verschiedenen Interviews möglich.

Die Freie Universität Berlin erwarb als erste Universität in Europa bereits 2006 die Lizenz für das Archiv und setzt es seitdem in großem Umfang in Forschung und Lehre ein.[22] Zusätzlich zum lizenzpflichtigen VHA haben die Shoah Foundation und das aus ihr hervorgegangene wissenschaftliche Shoah Foundation Institute for Visual History and Education weitere Nutzungsformen der Zeugnisse entwickelt. Hierzu gehören Online-Ausstellungen, pädagogische Curricula und ein eigener Kanal der Stiftung bei YouTube.[23] Binnen der letzten zwei Jahre ist zudem ein zentraler Wandel zu beobachten. Bis vor kurzem waren mit wenigen Ausnahmen keine Zeugnisse aus dem VHA online rezipierbar, wenn nicht ein durch die lizenzierten Institutionen zur Verfügung gestellter Zugang zum Archiv genutzt wurde. Nun sind Zeugnisse aus dem Archiv auch im Internet zu finden. Die Plattform IWitness ist Ende 2011 als didaktische Oberfläche für US-amerikanische Schulen gelauncht worden. Nach Anmeldung ist es möglich, einen Ausschnitt von etwas mehr als 1.000 Zeugnissen aus dem VHA mit einer eigenen Suchmaske zu durchsuchen und diese Zeugnisse online anzuschauen.[24] Bei dem Projekt VHA online handelt es sich um die Suchmaske des Archivs, die

---

21 Durch eine Lizenzerweiterung kann die Freie Universität Berlin seit Herbst 2010 anderen Institutionen einen kostengünstigen Zugriff auf den Cache-Server des VHA anbieten. Dies nutzen bisher die Hochschule für Jüdische Studien Heidelberg, das Zentrum für Antisemitismusforschung an der Technischen Universität Berlin und das Institut für die Geschichte der Medizin an der Charité.

22 Siehe u. a. Brauer und Wein 2010; Bothe 2012a; Bothe und Lücke 2013.

23 Die Online-Ausstellungen und pädagogischen Curricula verwenden jeweils nur Segmente aus den Zeugnissen. Sie sind abrufbar unter der URL http://sfi.usc.edu/education/. Im YouTube-Kanal der Shoah Foundation sind ausgewählte Zeugnisse in voller Länge abrufbar: http://www.youtube.com/user/USCShoahFoundation (beide zuletzt geprüft am 31. Januar 2013).

24 Darüber hinaus sind erste Unterrichtseinheiten zugänglich, die die Schülerinnen und Schüler in etwa vier Stunden bearbeiten können sollen. Hierzu gehört auch, dass mit einem stark vereinfachten Schnittprogramm eigenständig *Filme* aus einzelnen Zeugnissen geschnitten werden sollen, wobei die Schülerinnen und Schüler thematisch sehr eng geführt werden.

nun erstmalig online erreichbar ist. So ist es Forschenden ebenso wie Schülerinnen und Schülern möglich, bereits vor dem Archivbesuch ausführliche Re-
cherchen im Archiv durchzuführen. Etwa 1.000 Interviews können dabei direkt
online rezipiert werden. Hierbei handelt es sich in der Regel um englischspra-
chige Interviews. Von allen anderen Interviews sind, soweit vorhanden, die
Segmentierung der Interviews, die biografischen Angaben, Angaben zu Namen
und Orten, die im Zeugnis genannt werden, und zum Teil die Slideshow zu
sehen.[25] Etwa 950 deutschsprachige Interviews sind mit vollständigen Tran-
skripten versehen über die Plattform Zeugen der Shoah abrufbar.[26]

Virtualität ist ein Begriff, der in der theoretischen und alltäglichen Auseinandersetzung vor allem immer wieder in Differenz und Kongruenz zu Realität
diskutiert wird.[27] Ist die Virtualität ein Simulakrum der Realität, ein Raum der
Simulation, mehr Schein als Sein? Oder ist die Virtualität eine eigenständige
Realität, deren Vorstellungen und Werte nur mit Mühe auf die offline-Realität,
die analoge Realität zu übertragen sind? Um diese Fragen etwas zu konkretisieren, sei auf verschiedene Debatten und Fragen der letzten Jahre verwiesen:
1. Das Urheberrecht. Wem gehört welche Idee, welche Musik, welcher Text in
einem transmedialen Umfeld, in dem *copy and paste* anerkannte kulturelle
Praxis ist? Ist das Netz ein eigener Rechtsraum, für den neue resp. eigene ge-
setzliche Grundlagen gelten? 2. Religiosität: Ist die Beichte, wenn sie online
ausgeübt wird, ebenso wirksam wie wenn ein holzgeschnitzter Beichtstuhl
aufgesucht wird? Kann ein observanter Jude am Shabbat das Internet nutzen,
weil es ein eigener Raum ist, oder muss er es meiden, da der Computer ein
elektrisches Gerät ist? 3. Umgangsformen: Die mögliche Anonymität im Internet hat raue Umgangsformen zur Folge, was der Blick in ein beliebiges On-
lineforum bestätigt. Die Netiquette ist zwar in steter Fortentwicklung, dennoch
sind Umgangsformen online im Aushandlungsprozess.

Aus diesen ersten Überlegungen lassen sich drei Grundmodi der digitalen
Medien als eng verzahnt erkennen: erstens die Digitalität, zweitens das Internet
und drittens die Virtualität. Die Digitalität ist die Übersetzung jeglicher Informationen in die *binary digits* 0 und 1, durch die Datentranslation ebenso wie
medialer Synkretismus resp. Hypermedialität ermöglicht wird. Das Internet ist
als globales Rechnernetzwerk der zweite Modus und umfasst Kommunikation,
Vernetzung und Medialität. Der dritte Modus ist die Virtualität; sie ist jene

---

25 Unter Segmentierung ist zu verstehen, dass die Zeugnisse in etwa einminütige Sequenzen
    unterteilt und zu diesen Sequenzen Stichworte notiert worden sind. Die Slideshow umfasst
    ein Standbild des oder der Überlebenden aus dem Zeugnis sowie Bilder und Dokumente, die
    die oder der Überlebende im Gespräch gezeigt hat.
26 Nach einer einmaligen Registrierung sind die Zeugnisse zugänglich unter http://www.zeu-
    gendershoah.de/ (zuletzt geprüft am 20. Februar 2013)
27 Münker 2005.

Sphäre, die das Medium als wirkliche kulturelle Neuerung erzeugt. Virtualität zeichnet sich durch drei zentrale Charakteristika aus: Immersion, Interaktivität und Instantität.

Immersion bezeichnet ein Hineingezogenwerden oder Eintauchen in Medien. Das zweite Charakteristikum, die Interaktivität, hält fest, dass die virtuelle Sphäre nicht ein klassisches Ein-Weg-Medium[28] ist, sondern mindestens ein Zwei-Wege-Medium. Das Medium wird nicht nur von den Userinnen und Usern konsumiert, sondern in Maßen auch von diesen produziert. Hierfür sei nicht nur auf die stetig wachsende Anzahl von Blogs, Webseiten und Forendebatten verwiesen, sondern auch auf individuelle Social Media-Auftritte. Im VHA lässt sich Interaktivität zum einen auf die ausgefeilten Suchoptionen und zum anderen auf die intensive Rezeption der Zeugnisse beziehen.

Instantität hingegen verweist auf Prozesse der Beschleunigung und Verdichtung. Zeit und Raum schmelzen durch die digitalen Medien zumindest auf virtueller Ebene zusammen. Bezogen auf das virtuelle Archiv bedeutet dies zweierlei: Zum einen müssen die Zeugnisse technisch einwandfrei abgespielt werden können, ohne lange Ladezeiten oder zeitweise Unterbrechungen. Zum anderen werden Zeugnisse Überlebender, die in den 1990er Jahren aufgezeichnet worden sind, so rezipiert, als ob sie gegenwärtig erst entstanden seien.[29]

Instantität wird durch die technische Progression intensiviert. Virtualität setzt Digitalität voraus, nicht aber das Internet als frei zugängliches Netz. Die virtuelle Sphäre kann auch außerhalb dieser Infrastruktur entstehen; notwendig ist, dass Daten im binären Code in einem transmedialen Umfeld rezipiert werden.

Einige Ansätze haben bereits versucht, die Virtualität als Raum zu konzipieren. Die allesamt schlüssigen Metaphern des Labyrinths, der Wunderkammer oder auch der Terra incognita sind bereits in die Diskussion eingeführt worden.[30] Der hier verwendete Ansatz betrachtet die Virtualität als *Zwischenraum*.[31] Mit dem Begriff des Zwischenraums wird einerseits das anfangs aufgemachte Spannungsfeld zwischen Realität und Virtualität produktiv aufgelöst, andererseits wird auf die kommunikative Komponente der Virtualität verwiesen. Der Zwischenraum als Theorem hat diverse Wurzeln, hier sind u.a. die Arbeiten Henri Lefebvres[32] und Michel Foucaults[33] zu erwähnen. Nachfolgend wird vor allem auf Homi Bhabha Bezug genommen. Zwischenräume sind nach Homi Bhabha Orte der Aushandlung, an denen das Denken und Erfahren von etwas

---

28 Roesler 2005.
29 Bothe 2012a.
30 Vgl. Adamowsky 2002; Schlögel 2004.
31 Bothe 2012b.
32 Lefebvre 1991.
33 Foucault 1969.

Neuem und Anderem möglich ist, die binäre Dichotomien wie jene der Geschlechter oder aber analog/virtuell zu öffnen vermögen. In *The Location of
Culture* formuliert Bhabha prägnant über den Zwischenraum, dieser sei »neither
the one nor the other, but something else besides«.[34]

In Bhabhas ersten Texten zum Zwischenraum war der Exilant, der postkoloniale Migrant, wie er sich vor allem in den Werken Salman Rushdies findet, die
zentrale Figur. Es war jener Andere, dessen Leben von Übersetzung wie Limi-
nalität geprägt wird. In seiner Hegel-Lecture an der Freien Universität Berlin
2010 hat Bhabha eine bemerkenswerte Weiterentwicklung dieses Ansatzes
vorgenommen, unter Rückbezug auf Emanuel Levinas ebenso wie auf Hannah
Arendt. Der Zeuge, hier verstanden im Sinne Levinas, ist ein zentraler Akteur des
Zwischenraums, »the third space as an interstitial moment in-between [...] must
now be understood as the site of the witness.«[35]

Das VHA ist, wie aufgezeigt, ein virtuelles Archiv, dessen digitalisierte
Quellen in der virtuellen Sphäre rezipiert werden. Auf Basis des zuvor darge-
legten theoretischen Zugriffs ist es folglich als virtueller Zwischenraum zu beschreiben. Das VHA ist bereits seinem Namen nach Raum, nämlich Archivraum.
Zugleich ist es ein beschränkt zugänglicher Raum, der sich nur virtuell erfassen
lässt. Auch wenn der Raum des virtuellen Archivs nicht real begehbar ist, so ist er
dennoch real erfahrbar, er ist nicht irreal. Er ist mit Bhabha »neither the one, nor
the other«, sondern ermöglicht »something else besides« (s. o.). Zugleich ist das
virtuelle Archiv der Ort des Zeugen. In *diesem* Raum des virtuellen Archivs
kommt es zu Begegnungen zwischen den Zeuginnen und Zeugen und den Rezipientinnen und Rezipienten der Zeugnisse. Während der Begegnungen im
virtuellen Archiv wird die Bedeutung der Zeugnisse und somit die Bedeutung
der Erinnerung an die Shoah ausgehandelt. Dieser Aushandlungsprozess kann
als *sekundärer Dialog*[36] bezeichnet werden: Der Zeuge legt sein Zeugnis gegenüber jener Person ab, die es im virtuellen Archiv anschaut. Diese Übertra-
gung ist möglich, da der Zwischenraum des virtuellen Archivs erstens neue
Sprecherinnen- und Sprecherpositionen zulässt: Zum einen können die Zeuginnen und Zeugen durch die Digitalisierung und einhergehende Speicherung
ihr Zeugnis wiederholt ablegen. Zweitens ist auch eine andere Zuhörerposition
zu verzeichnen, eine medial bedingte *agency* der Archivnutzenden. So ist es den
Rezipientinnen und Rezipienten möglich, da sie selbst aktiv Handelnde des
Mediums sind, das Zeugnis der Überlebenden im virtuellen Medium in intensiver Weise zu rezipieren.

---

34 Bhabha 2007, 37 und 41.
35 Bhabha 2010.
36 Bothe 2012a und 2012b.

Daher lässt sich auch in einem ersten Schritt das eingangs zitierte Schülerzitat nicht nur auf die traumatische, sondern auch auf die mediale Qualität der Zeugnisse kausal beziehen. Emotionen, die selbstverständlicher Bestandteil dialogischer Interaktion sind, werden auch in diesen Dialog transportiert. Selbstverständlich sind der virtuellen Begegnung mit den Zeuginnen und Zeugen Grenzen inhärent, den Rezipientinnen und Rezipienten ist es nicht möglich, direkt auf den Sprechakt der Zeuginnen und Zeugen zu reagieren.[37] Mit dem Begriff des sekundären Dialogs wird der Modus der Rezeption selbst beschrieben. Die intensive Rezeption kann zur sekundären Zeugenschaft im Sinne der Übernahme der Verantwortung für die Erinnerung führen, ist aber nicht zwingend. Aufgrund der medialen Qualität der virtuellen Zeugnisse besteht diese Möglichkeit jedoch.

4.   Emotionen und historisches Lernen über die Shoah

Die ausgeprägte emotionale Komponente der Geschichte der Shoah ist bisher nur in sehr geringem Maße innerhalb der Geschichtsdidaktik auf der Ebene des Geschichtsunterrichts berücksichtigt worden. Jörn Rüsen hatte zwar bereits in den 1990er Jahren in Bezug auf den Unterricht über die Shoah von *historischem Trauern* gesprochen und auf diese Weise versucht, Emotionen in Prozessen historischen Lernens über die Shoah einen Platz zuzuweisen. Für die Konzeption von empirischer geschichtsdidaktischer Forschung und pragmatischer Umsetzung sind seine eher universalhistorisch konzipierten Gedanken jedoch nie präzisiert worden.[38]

Dies liegt nicht zuletzt an der skeptischen Haltung der Geschichtsdidaktik gegenüber Emotionalität in Lernprozessen, die auf der Analyse der eigenen Geschichte der Disziplin basiert. Insbesondere während der Zeit des Nationalsozialismus wurden Emotionen im Geschichtsunterricht als Instrumente missbraucht, um die Identifikation mit dem Nationalsozialismus bei Jugendlichen herzustellen. In historischen Lernprozessen wird eine solche Emotionalisierung oder Affektivierung deshalb seit Ende der 1960er Jahre begründet abgelehnt und ein rationales, kognitiv-analytisches Vorgehen vorgezogen.[39] Historisches Lernen, nach Rüsen als Sinnbildung über Zeiterfahrung verstanden, zielt daher vor allem auf eine rationale Durchdringung historischer Ereignisse und Phänomene.[40] Studien verweisen allerdings darauf, dass rational-kognitives Lernen für

---

37 Ebd.
38 Rüsen 1996.
39 Gies 1989; Borries 1996.
40 Vgl. hierzu den einleitenden Beitrag von Brauer und Lücke in diesem Band.

Schülerinnen und Schüler nicht ausreicht, um die *menschliche Tiefe* der traumatischen Geschichte der Shoah zu erfassen und Jugendlichen orientierend in
ihren Identitätsprozessen zu helfen.[41] Stattdessen erlernen Schülerinnen und
Schüler die Konventionen des Sprechens über die Shoah, jenes so wichtige »Nie
wieder!«, das jedoch mehr als eine ritualisierte Formel sein sollte.[42] Der Befund
zeigt, dass Schülerinnen und Schüler sich sprachlich in der Thematik des Nationalsozialismus und der Shoah zurechtfinden, eine gewünschte »tiefe intellektuelle und emotionale Bewegung bei den Schüler(inne)n mit ernsten Folgen
für die Identitätsbildung«[43] jedoch ausbleibt. Die Lernenden entziehen sich der
gewünschten reflektierten moralisch-ethischen Auseinandersetzung und bleiben auf einer objektivistischen Ebene der Rezeption.[44] »Dort, wo das ganze
Ausmaß des Schreckens thematisch werden könnte, wird es in verschiedener
Weise kognitiv überformt und in die Normalabläufe des Unterrichts einge-
passt.«[45] Daher ist es notwendig, über einen emotionalen Zugang zur Geschichte
der Shoah nachzudenken, der die Perspektive der Opfer in einer ethisch angemessenen Weise einbezieht.

Für die Annäherung an eine geschichtsdidaktische Kategorie Emotionalität
erweist es sich als problematisch, dass in der Geschichtsdidaktik bisher kein
»Konsens über die Legitimität, Reichweite und Funktion von Emotionen beim
Umgang mit Geschichte«[46] vorhanden ist. Allerdings wird allgemein die These
vertreten, dass die Dichotomie von ratio und emotio aufzubrechen ist und Gefühlen bzw. Emotionen Raum und Bedeutung im Konzept historischen Lernens
zugewiesen werden sollte.[47] Dabei wird einerseits thematisiert, dass Emotionen
selbst Gegenstand historischen Lernens sein können, andererseits wird die Rolle
subjektiver Emotionen bei Prozessen historischen Lernens hervorgehoben.[48]
Für die weitere Diskussion schlägt dieser Beitrag daher vor, Emotionen auf zwei
Untersuchungsebenen, die sich aus den obigen Befunden ergeben, zu betrachten.

41 Meseth, Proske und Radtke 2004b; Zülsdorf-Kersting 2007.
42 Meseth, Proske und Radtke 2004a, 134.
43 Borries 2004, 268.
44 Gruschka 2004, 161–162.
45 Meseth, Proske und Radtke 2004a, 114.
46 Mütter und Uffelmann 1996b, 367.
47 Sowohl von Vertreterinnen und Vertretern der Neurodidaktik als auch der Kulturwissenschaften wird die scharfe Trennung von Kognition und Emotion kritisiert: Denken und
   Fühlen werden als miteinander verknüpfte Aspekte menschlicher Erfahrung und Sinnbildung angesehen. In der Neurodidaktik wird davon ausgegangen, dass Emotionen immer an
   den als rational verstandenen Prozessen der Kognition beteiligt sind. Emotion und Kognition sind nicht scharf voneinander zu trennen, da beide Dimensionen ineinander ver-
   schränkt ablaufen, sich gegenseitig voraussetzen und auch bedingen können, vgl. Arnold
   2009.
48 Vgl. hierzu den einleitenden Beitrag von Brauer und Lücke in diesem Band; Gies 1996, 29–40.

Die erste Ebene ist die gegenstandsbezogene Objektebene historischer Emotionalität. Diese beschreibt die Emotionen, die in historischen Quellen, wie den virtuellen Zeugnissen aus dem VHA, die im Fokus dieses Beitrags stehen, enthalten sind und die quellenkritisch erfasst werden können. Emotionen sind historischem Wandel unterworfen und dies macht sie zum Forschungsobjekt bzw. Gegenstand für die Geschichtswissenschaft oder den Geschichtsunterricht. Emotionalität kann daher als affektive Dimension menschlicher Entscheidungen für das Handeln und Denken von Einzelpersonen aber auch für Normen und Moralkonzepte historischer Gruppierungen in ihrem Wandel untersucht werden.[49] Während des Geschichtsunterrichts können Schülerinnen und Schüler vor allem auf der Ebene einer kritischen Analyse und Reflexion von historischen Machtstrukturen, Verhältnissen von Ungleichheit, Ideologien oder subjektiven menschlichen Urteilen in Kontakt mit historischen Emotionen kommen. Sie sind dabei Teil jedes quellenkritischen Erarbeitungsvorgangs, wenn sich die Schülerinnen und Schüler ein Sach- oder Werturteil über die Vergangenheit bilden sollen.[50]

Die zweite Ebene ist die Subjektebene, auf der die emotionale Involviertheit der historisch Lernenden in ihrem subjektiven historischen Lernprozess betrachtet wird. Werte- und Normenkonzepte oder der Zeitgeist einer historischen Epoche zeigen die enge Verbindung von Gefühlen mit moralischen, religiösen oder soziokulturellen Vorstellungen. So sind z. B. die Grenzen von Schamgefühlen von der normativen Deutung einer Gesellschaft abhängig, was anhand der sozialen Sanktionierung im Fall von Normverstößen besonders deutlich wird.[51] Die subjektive Perspektive der jeweiligen Rezipientinnen und Rezipienten und deren soziokultureller Hintergrund fließen daher immer in Deutungs- und Urteilsprozesse historischen Lernens mit ein. Subjektive Grundhaltungen sowie persönliche Vorbehalte sind wiederum eng mit der individuellen Gefühlswelt der Lernenden verbunden und haben somit Einfluss auf deren Deutungsprozesse der Vergangenheit. Soweit besteht ein fachdidaktischer Konsens. Kontrovers wird hingegen über den konkreten Umgang mit Emotionen auf Seiten der Rezipientinnen und Rezipienten von Geschichte diskutiert.[52] Dabei wurde in der Geschichtsdidaktik die rationale Kultivierung von subjektiver Emotionalität im Sinne einer vorgeblich objektiven Auseinandersetzung mit der Geschichte postuliert. Allerdings zeigte die Frankfurter Studie von Wolfgang Meseth, Matthias Proske und Frank-Olaf Radtke aus den Jahren 2000 und 2001, dass gerade die rationalistische Perspektive von historischem Lernen

49 Frevert 2011.
50 Mütter 1996, 173–180.
51 Gies 1996, 32–40.
52 Jeismann 2000; Borries 1996.

zu keiner zufriedenstellenden Lösung und keinen befriedigenden Ergebnissen hinsichtlich des Unterrichtsgegenstandes der Shoah führt.[53] Dieser Befund stellt die Geschichtsdidaktik weiterhin vor die Frage, wie mit den Emotionen von historischen Akteurinnen und Akteuren und den Emotionen der Rezipientinnen und Rezipienten von Historie mit Blick auf eine intendierte didaktische Orientierung für Identitätsprozesse umgegangen werden sollte. In der Geschichtsdidaktik gibt es bisher keine Theorie bzw. kein ansprechendes Modell, das zeigt, wie Emotionen auf der Ebene der Schülerinnen und Schüler innerhalb des Geschichtsunterrichts produktiv integriert werden können.

Einen innovativen Ansatz bietet hierfür das Emotionenkonzept von Sara Ahmed. Emotionen sind für sie sozial bzw. diskursiv erzeugte Strukturen, die ein Subjekt als körperlich wahrnehmbare Verbindungen zu anderen (auch in der eigenen Vorstellung imaginierten) Subjekten oder Objekten außerhalb des eigenen Körpers aufbaut, indem diese vor der Matrix eigener Vorerfahrungen neu kodiert werden. Ahmed nennt diesen Vorgang der Verbindung *impression*[54] und meint damit den fühlbaren *Eindruck*, der in einem Prozess der Erfahrung und Sinngebung von einem Objekt entsteht und bei den Rezipientinnen und Rezipienten zurückbleibt. Die Entstehung von Emotionen beinhaltet demnach immer auch kognitiv verstandene Handlungen. Ein Subjekt knüpft in Sinnbildungsprozessen an Vorwissen, eigene Erfahrungen und mit diesen verbundene Gefühle an und verbindet sie mit dem Objekt der jeweiligen Auseinandersetzung, wodurch ein neues emotionales Gefüge entsteht. Während ihrer Interaktion stehen Subjekt und Objekt in einem interdependenten Verhältnis. Über Emotionen zu Objekten wird sich das Subjekt seiner selbst, seines Körpers und seiner Umwelt bewusst, was Emotionen zu höchst relevanten Faktoren für Sinnbildungsprozesse macht.[55]

Für den Geschichtsunterricht ist dieser Befund deshalb so wichtig, weil neben Erfahrungen mit Objekten im materiellen Raum auch das Entstehen von emotionalen Verbindungen zu vorgestellten oder erinnerten Objekten, wie beispielsweise Gegenständen historischer Betrachtung, möglich ist.[56] Emotionen werden dabei als Faktoren von ursprünglich als kognitiv aufgefassten Vorgängen wie historischem Lernen verstanden, was einen produktiven Ansatz für die

---

53 Borries 2004.
54 So führt Ahmed aus: »It can be a belief (›to be under an impression‹). It can be an imitation or an image (›to create an impression‹). Or it can be a mark on the surface (›to leave an impression‹)«; Ahmed 2008, 6.
55 Ebd. 5 – 12 und 24 – 31.
56 So stellt Ahmed einen direkten Zusammenhang zwischen imaginativen Emotionen und Erinnerung her: »Emotions tell us a lot about time; emotions are the very ›flesh‹ of time. [...] Through emotions, the past persists on the surface of bodies. Emotions show us how histories stay alive, even when they are not consciously remembered; how histories of colonialism, slavery, and violence shape lives and worlds in the present«, ebd. 202.

Geschichtsdidaktik darstellt: Der bisher eher ausgeblendeten Ebene der subjektiven Gefühle auf Seiten der Rezipientinnen und der Rezipienten von Geschichte könnte eine mögliche Brückenfunktion zu historischen Erfahrungs-
welten in Prozessen historischer Sinnbildung zukommen, indem Schülerinnen
und Schülern bei ihrer Beschäftigung mit der Geschichte bzw. dem Trauma der
Opfer, den Eindruck (*impression*) der Shoah, analysieren.

Die besondere Qualität dieses Ansatzes für historisches Lernen über die
Shoah besteht zudem darin, dass er sich mit dem Trauma als extreme emotionale
Erfahrung der Überlebenden zusammenbringen lässt. Dabei – und dies ist zu
betonen – muss die Konzeption von Geschichtsunterricht gerade auch wegen des
emotionalen Zugangs eine sekundäre Traumatisierung[57] der Schülerinnen und
Schüler bei der Rezeption von historischen Erfahrungsberichten der Opfer und
Überlebenden ausschließen.

In diesem Zusammenhang stellt sich die Frage, wie mit den traumatischen
Erfahrungen der Opfer, die in den virtuellen Zeugnissen aus dem VHA zum
Ausdruck kommen, konstruktiv im Geschichtsunterricht umgegangen werden
kann, ohne dass es allenfalls zu einer Traumatisierung auf Seiten der Schülerinnen und Schüler kommt. Extreme emotionale Erfahrungen wie Traumata
sind immer Teil der Auseinandersetzung mit der Shoah als historischem Ereignis. Gerade die Fokussierung auf die traumatischen Erfahrungen der Opfer
und auf die eigene subjektive Perspektive beim Umgang mit diesen Erfahrungen
stellt, wie Dominick LaCapra formuliert, eine Form historischer Annäherung
dar, über die die Shoah in ihrer menschlichen Tiefe jenseits bloßer Emotionalisierung und Objektivierung erfasst werden kann. Den geeigneten Modus der
Beschäftigung mit der Geschichte sieht LaCapra dabei im bewussten Durcharbeiten des historischen Traumas durch ein empathisches In-Dialog-Treten mit
den Zeuginnen und Zeugen, einem *working through trauma*, das auch die
emotionale Involvierung der jeweiligen Rezipientinnen und Rezipienten, mit
Ahmed gesprochen, den emotionalen subjektiven Eindruck, den die Beschäftigung mit der Geschichte bei ihnen hinterlassen hat, während der Reflexion mit
berücksichtigt.[58] Auf diese Weise kommt es nicht lediglich zur Reproduktion des
Traumas bzw. zur bloßen Emotionalisierung, sondern zu einer selbstreflexiven
Vergegenwärtigung, über die subjektive Bezüge zur Vergangenheit durch deren
bewusste Dekonstruktion deutlich werden und die den Versuch des Nachvoll-
zugs und der Rekonstruktion der Shoah erleichtern.[59]

Indem Lernende beispielsweise eigene subjektive Bezüge zu den rezipierten
Interviews aus dem VHA herstellen und dabei ihre individuelle emotionale

---

57 LaCapra 2001, 47.
58 Ebd. 21–22.
59 Ebd. 26–28.

Involvierung, die während der historischen Auseinandersetzung entstanden ist, analysieren, hinterfragen und beurteilen, kann es ihnen möglich werden, zu fragen, welche Bedeutung die Shoah für ihre persönliche Lebenswelt und die eigene Identität hat. Emotionen können so nicht nur als Gegenstand bzw. Objekt von Geschichtsunterricht, sondern auch als Faktor subjektiver Auseinandersetzung auf Seiten der Schülerinnen und Schüler in historischen Lernprozessen über die Shoah mit aufgenommen werden. Zudem stellt eine solche Herangehensweise eine sensible Annäherung an die traumatische Erfahrung der Zeuginnen und Zeugen dar.[60]

Auf Prozesse historischen Lernens lassen sich diese Überlegungen folgendermaßen übertragen: Emotionen sind an historischen Lernprozessen als Strukturen von Wahrnehmung und Sinnbildung immer beteiligt, da sie sowohl auf der Objektebene als Gegenstände historischer Betrachtung als auch auf der Subjektebene der Schülerinnen und Schüler als fühlbare Verbindungen zu historischen Abläufen und Prozessen vorzufinden sind. Die postulierte Kultivierung von Emotionen ist in diesem Sinne kein Ziel von Geschichtsunterricht, sondern ein genereller Effekt von Sinnbildungsprozessen, da Emotionalität an sich, mit Ahmed gesprochen, soziokulturell und diskursiv erzeugt wird.[61] Eine kognitive Kontrolle der menschlichen Affekte kann also nicht angenommen werden. Daher sollte sich in der geschichtsdidaktischen Auffassung von Sinnbildung und historischem Lernen die Auflösung der Dichotomie einer kognitiven und einer emotionalen Dimension menschlicher Erfahrung bei Prozessen der Vergegenwärtigung von Vergangenheit und Identitätsbildung abbilden. Gefühle können durch kognitive Prozesse nicht neutralisiert werden, sondern Emotionen haben, wenn Sara Ahmed und neueren Erkenntnissen der Neurowissenschaften gefolgt wird, an Sinnbildungsprozessen bewusst oder unbewusst stets ihren Anteil. Als emotional aufgefasste Strukturen und als kognitiv verstandene Prozesse sollten sie daher in ihrem interdependenten Verhältnis konzeptionell in Theorien und Konzepte von Geschichtsunterricht und historischem Lernen eingebunden werden.

5.   Fazit

Der vorliegende Beitrag hatte zum Ziel, Virtualität, Emotionen, Trauma und historisches Lernen bezogen auf den Einsatz der virtuellen Zeugnisse des VHA miteinander zu verknüpfen und zu diskutieren. Dabei ist die zentrale These formuliert worden, dass Schülerinnen und Schüler in Auseinandersetzung mit

---

60 Assmann und Brauer 2011.
61 Ahmed 2008, 42–60.

den virtuellen Zeugnissen des VHA die Geschichte der Shoah in ihrer menschlichen Tiefe nachvollziehen können. Hierfür ist zunächst die Geschichte der Shoah als traumatische Geschichte dargelegt worden, das Themenfeld Emotionen im Geschichtsunterricht analysiert und die virtuellen Zeugnisse des VHA im Zwischenraum der Erinnerung kontextualisiert worden. Abschließend ist nun die zentrale These zu diskutieren.

Es ist dargestellt worden, dass das Problem eines fehlenden subjektiven Bezugs und des Defizits emotionaler Involvierung auf Seiten der Schülerinnen und Schüler bei der Auseinandersetzung einhergeht mit dem Fehlen des thematischen Einbezugs der emotionalen Subjektebene der Schülerinnen und Schüler in das Konzept von historischem Lernen. Oftmals wird Lernenden im Geschichtsunterricht kaum Raum gegeben, sich bewusst mit eigenen persönlichen und individuellen Gefühlen auseinanderzusetzen, was eine vertiefende Deutung und damit die Möglichkeit der Orientierung für individuelle Identitätsprozesse verhindert. Der emotionale Eindruck, den die extreme historische Erfahrung, die andere Menschen zu einer anderen Zeit gemacht haben, auf der Subjektebene der Lernenden hinterlässt, sollte daher stärker fokussiert und in die Unterrichtsplanung mit aufgenommen werden. Emotionen der historischen Akteurinnen und Akteure können in diesem Zusammenhang als Möglichkeit der direkten Verbindung zwischen der Vergangenheit und der eigenen Identität fungieren und Lernenden so eine Brücke bieten.

Gerade die virtuellen Zeugnisse des VHA stellen eine Möglichkeit dar, sich mit der eigenen Emotionalität auseinanderzusetzen und Orientierung in Identitätsprozessen zu finden. Einerseits gewähren die Zeugnisse aufgrund der intimen Interviewsituation und der darin immanenten Emotionalität der Zeuginnen und Zeugen einen emotionalen Eindruck der historischen Erfahrungen und des Traumas der Opfer, die bei den Rezipientinnen und Rezipienten eigene Emotionen hinsichtlich der Geschichte der Shoah entstehen lassen können. Die Shoah als Lerngegenstand kann so über die Brückenfunktion der Emotionen an individueller Bedeutung für die Lernenden gewinnen. Die eigene emotionale Involviertheit sollte dabei jedoch von den Schülerinnen und Schüler immer in einer reflektierenden Auseinandersetzung während des Unterrichts hinterfragt werden und kein bloßer Nebeneffekt von historischem Lernen bleiben, damit es nicht lediglich zur Emotionalisierung der Schülerinnen und Schüler kommt. Dies ist auch bedeutsam, um eine sekundäre Traumatisierung der Schülerinnen und Schüler zu verhindern. Das Durcharbeiten der eigenen Subjektebene im Rezeptionsprozess kann den Lernenden in dieser Hinsicht die zeitliche und bedingt die räumliche Alterität der betrachteten historischen Erfahrungswelt verdeutlichen.

Andererseits bietet die mediale Form der Quellen neue Zugänge. Die Schülerinnen und Schüler können aufgrund der Bedingungen der Virtualität die

Zeugnisse höchst intensiv rezipieren. Ihnen kommt hierbei zugute, dass die digitalen Medien für sie alltäglich sind. Die virtuellen Zeugnisse haben das Potenzial, die Lernenden handlungsorientiert in einen sekundären/virtuellen Dialog mit den Opfern und Überlebenden der Shoah treten zu lassen, der auf die Aktualität und Wichtigkeit der Thematik für die gegenwärtige Geschichtskultur verweist und so Orientierung für die individuelle Verortung und Identitätsfindung gewährt. In diesem Sinne kann den Schülerinnen und Schülern die Arbeit mit den Zeugnissen als Reflexion über eigenständige Ausdrucksweisen der rezipierenden und produktiven Teilhabe an der Geschichtskultur vermittelt werden.

Neben einer produktionsorientierten Arbeit mit virtuellen Zeugnissen sollte daher im Unterricht die Reflexion über die Differenz von Objektebene (Zeugnisse) und Subjektebene (emotionale Involvierung der Lernenden) im Mittelpunkt stehen, um so den Schülerinnen und Schülern einen empathischen Zugang zur Geschichte der Shoah zu ermöglichen. So wird ihnen erlaubt zu reflektieren, inwiefern sie von den rezipierten historischen Erfahrungen emotionalisiert wurden oder auch nicht und die Zeugnisse bei ihnen – mit Ahmed gesprochen – einen Eindruck hinterlassen haben oder auch nicht. Ein solches In-Dialog-Treten mit den Überlebenden im VHA macht es den Schülerinnen und Schülern möglich, die menschliche Tiefe der Ereignisse zu erkennen und Verantwortung für die Erinnerung an die Shoah zu übernehmen.

Literatur

Adamowsky, Natascha. »Spielen im Netz«, in: Stefan Münker und Alexander Roesler (Hg.), *Praxis Internet. Kulturtechniken der vernetzten Welt*. Frankfurt am Main: Suhrkamp 2002, 140–157.

Agamben, Giorgio. *Was von Auschwitz bleibt. Das Archiv und der Zeuge*. Frankfurt am Main: Suhrkamp, 2003.

Ahmed, Sara. *The Cultural Politics of Emotion*. Edinburgh: University Press, 2008.

Arnold, Magret. »Brain-baised Learning and Teaching – Prinzipien und Elemente«, in: Ullrich Hermann (Hg.), *Neurodidaktik. Grundlagen und Vorschläge für gehirngerechtes Lehren und Lernen*. Weinheim und Basel: Beltz, 2009, 182–195.

Assmann, Aleida und Juliane Brauer. »Bilder, Gefühle, Erwartungen. Über die emotionale Dimension von Gedenkstätten und den Umgang von Jugendlichen mit dem Holocaust«, in: *Geschichte und Gesellschaft* 37 (1) (2011), 72–103.

Bhabha, Homi K. *The Location of Culture. With a New Preface by the Author*. Nachdruck der Originalfassung 1994. London: Routledge, 2007 (Routledge classics).

Ders. »Our Neighbors, Ourselves: Contemporary Reflections on Survival«. Videoaufnahme des Dahlem Humanities Centers der Freien Universität Berlin, 28.01.2010, http://www.fu-berlin.de/sites/dhc/programme/hegel-lecture/video_homi_bhabha (zuletzt geprüft am 31. Januar 2013).

Borries, Bodo von. »Von gesinnungsbildenden Erlebnissen zur Kultivierung der Affekte? Über Ziele und Wirkungen von Geschichtslernen in Deutschland«, in: Bernd Mütter und Uwe Uffelmann (Hg.), *Emotionen und historisches Lernen. Forschung – Vermittlung – Rezeption*. 3., unveränderte Auflage Hannover: Verlag Hahnsche Buchhandlung, 1996, 67 – 92, (Studien zur internationalen Schulbuchforschung 76).

Ders. »Moralische Aneignung und emotionale Identifikation im Geschichtsunterricht. Empirische Befunde und theoretische Erwägungen«, in: Wolfgang Meseth, Matthias Proske und Frank-Olaf Radtke (Hg.), *Schule und Nationalsozialismus*. Frankfurt am Main und New York: Campus, 2004, 268 – 297.

Bothe, Alina. »Das digitale Zeugnis: Erinnerung an die Shoah in den digitalen Medien«, in: Ansgar Nünning u. a. (Hg.), *Narrative Genres im Internet. Theoretische Bezugsrahmen, Mediengattungstypologie und Funktionen*. Trier: WVT, 2012 (WVT-Handbücher und Studien zur Medienkulturwissenschaft 7) (=2012a).

Dies. »Im Zwischen der Erinnerung. Virtuelle Zeugnisse der Shoah«, in: *kunsttexte.de* (1) (2012), http://edoc.hu-berlin.de/kunsttexte/2012 – 1/bothe-alina-6/PDF/bothe.pdf (zuletzt geprüft am 31. Januar 2013) (=2012b).

Bothe, Alina und Martin Lücke. »Im Dialog mit den Opfern. Shoah und historisches Lernen mit virtuellen Zeugnissen«, in: Peter Gautschi, Meik Zülsdorf-Kersting und Béatrice Ziegler (Hg.), *Shoa und Schule. Lehren und Lernen im 21. Jahrhundert*. Züich: Chronos, 2013, 55 – 74.

Brauer, Juliane und Dorothee Wein. »Historisches Lernen mit lebensgeschichtlichen Videointerviews. Beobachtungen aus der schulischen Praxis mit dem Visual History Archive«, in: *Gedenkstättenrundbrief* 153 (2010), 9 – 22, http://www.gedenkstaetten-forum.de/nc/gedenkstaetten-rundbrief/rundbrief/news/historisches_lernen_mit_ lebensgeschichtlichen_videointerviews_beobachtungen_aus_der_schulischen_pr/ (zuletzt geprüft am 31. Januar 2013).

Diner, Dan. »Vorwort des Herausgebers«, in: Dan Diner (Hg.), *Zivilisationsbruch – Denken nach Auschwitz*. Frankfurt am Main: Fischer, 1988, 9 – 13.

Foucault, Michel. *Archäologie des Wissens*. Frankfurt am Main: Suhrkamp, 1969.

Frevert, Ute. *Emotions in History – Lost and Found*. Budapest: Central European University Press, 2011.

Friedländer, Saul. »Introduction«, in: Saul Friedländer (Hg.), *Probing the Limits of Representation: Nazism and the ›Final Solution‹*. Cambridge und London: Harvard University Press, 1992, 1 – 21.

Gies, Horst. »Geschichtsunterricht als deutschkundliche Weihestunde. Historische Nabelschau in der nationalsozialistischen Schule«. In Reinhard Dithmar (Hg.), *Schule und Unterricht im Dritten Reich*. Neuwied: Luchterhand, 1989, 39 – 58.

Ders. »Emotionalität versus Rationalität«, in: Bernd Mütter und Uwe Uffelmann (Hg.), *Emotionen und historisches Lernen. Forschung – Vermittlung – Rezeption*. 3., unveränderte Auflage Hannover: Verlag Hahnsche Buchhandlung, 1996, 27 – 40, (Studien zur internationalen Schulbuchforschung 76).

Gruschka, Andreas. »Didaktische Analyse als Kern der Rekonstruktion der Fallstruktur ›Unterricht‹. Beobachtungen zu Beobachtungen von Unterricht«, in: Wolfgang Meseth,

Matthias Proske und Frank-Olaf Radtke (Hg.), *Schule und Nationalsozialismus*. Frankfurt am Main und New York: Campus, 2004, 158 – 188.

Hilberg, Raul. *The Destruction of the European Jews*. London: W. H. Allen, 1961.

Howe, Irving. »Writing and the Holocaust«, in: Berel Lang (Hg.), *Writing and the Holocaust*. New York: Holmes & Meier, 1988, 175 – 199.

Jeismann, Karl-Ernst. »Geschichtsbewusstsein oder Geschichtsgefühl? Thesen einer überflüssigen Kontroverse«, in: Wolfgang Jacobmeyer und Bernd Schönemann (Hg.), *Geschichte und Bildung. Beiträge zur Geschichtsdidaktik und zur historischen Bildungsforschung*. Paderborn u. a.: Schöningh, 2000, 87 – 100.

LaCapra, Dominick. *Writing History, Writing Trauma*. Baltimore und London: The John Hopkins University Press, 2001.

Lefebvre, Henri. *The Production of Space*. Oxford: Blackwell, 1991.

Levi, Primo. *Ist das ein Mensch? Ein autobiographischer Bericht*. München: dtv, 2007.

Meseth, Wolfgang, Matthias Proske und Frank-Olaf Radtke. »Nationalsozialismus und Holocaust im Geschichtsunterricht. Erste empirische Befunde und theoretische Schlußfolgerungen«, in: Wolfgang Meseth, Matthias Proske und Frank-Olaf Radtke (Hg.), *Schule und Nationalsozialismus*. Frankfurt am Main und New York: Campus, 2004, 95 – 146 (=2004a).

Meseth, Wolfgang, Matthias Proske und Frank-Olaf Radtke (Hg.). *Schule und Nationalsozialismus. Anspruch und Grenzen des Geschichtsunterrichts*. Frankfurt am Main: Campus, 2004 (Wissenschaftliche Reihe des Fritz Bauer Instituts 11) (=2004b).

Münker, Stefan. »Virtualität«, in: Alexander Roesler und Bernd Stiegler (Hg.), *Grundbegriffe der Medientheorie*. Paderborn: Fink, 2005, 245 – 250.

Mütter, Bernd. »Historische Reisen und Emotionen: Chance oder Gefahr für die geschichtliche und politische Erwachsenenbildung«, in: Bernd Mütter und Uwe Uffelmann (Hg.), *Emotionen und historisches Lernen. Forschung – Vermittlung – Rezeption*. 3., unveränderte Auflage Hannover: Verlag Hahnsche Buchhandlung, 1996, 165 – 180, (Studien zur internationalen Schulbuchforschung 76).

Mütter, Bernd und Uwe Uffelmann (Hg.). *Emotionen und historisches Lernen: Forschung – Vermittlung – Rezeption*. 3., unveränderte Auflage Hannover: Verlag Hahnsche Buchhandlung, 1996 (Studien zur internationalen Schulbuchforschung 76) (=1996a).

Dies. »Die Emotionsproblematik in der Geschichtsdidaktik: Tagungsfazit und Forschungsperspektiven«, in: Bernd Mütter und Uwe Uffelmann (Hg.), *Emotionen und historisches Lernen. Forschung – Vermittlung – Rezeption*. 3., unveränderte Auflage Frankfurt am Main: Diesterweg, 1996, 367 – 385 (=1996b).

Roesler, Alexander. »Rückkanal«, in: Alexander Roesler und Bernd Stiegler (Hg.), *Grundbegriffe der Medientheorie*. Paderborn: Fink 2005, 218 – 221.

Roesler, Alexander und Bernd Stiegler (Hg.). *Grundbegriffe der Medientheorie*. Paderborn: Fink, 2005.

Rüsen, Jörn. »Trauer als historische Kategorie. Überlegungen zur Erinnerung an den Holocaust in der Geschichtskultur der Gegenwart«, in: Hanno Loewy und Bernhard Moltmann (Hg.), *Erlebnis – Gedächtnis – Sinn: Authentische und konstruierte Erinnerung*. Frankfurt am Main: Campus, 1996, 57 – 78.

Rüsen, Jörn. *Zerbrechende Zeit. Über den Sinn der Geschichte*. Köln, Weimar und Wien: Böhlau, 2001.

Schlögel, Karl. *Im Raume lesen wir die Zeit. Über Zivilisationsgeschichte und Geopolitik.* München: Hanser, 2004.

Young, James Edward. *Writing and Rewriting the Holocaust. Narrative and the Consequences of Interpretation.* Bloomington, IN: Indiana University Press, 1988.

Zülsdorf-Kersting, Meik. *Sechzig Jahre danach: Jugendliche und Holocaust. Eine Studie zur geschichtskulturellen Sozialisation.* Berlin: Lit, 2007.

Berit Pleitner

Kundschafter in einer anderen Welt? Überlegungen zur Funktion der Emotionen in Living-History-Darstellungen

> *Wie war das eigentlich früher?* Wie viele historische Romane, Abenteuerfilme,
> Gespräche oder wissenschaftliche Arbeiten leben nicht von dieser Frage?
> Sie fasziniert Kinder ebenso wie Erwachsene, Stammtischbrüder wie Historiker.
> Auch *Schwarzwaldhaus 1902* hatte sich diese Frage gestellt – und mit einer
> unorthodoxen Methode nach Antworten gesucht.[1]

Die »unorthodoxe Methode«, die der Südwestfunk im Zusammenhang mit seiner Serie *Schwarzwaldhaus 1902* anpreist, ist Living History, bei der das Leben vergangener Zeiten zu Unterhaltungs-, Vermittlungs- oder Forschungszwecken nachgespielt wird. Jay Anderson, einer der Pioniere der Living-History-Forschung, definiert Living History als »die Simulation des Lebens in einer anderen Zeit mit dem Ziel ihrer Erforschung, Interpretation und/oder theatralischen Wiedergabe.«[2]

Als ihre Geburtsstunde gilt die Eröffnung des ersten Freilichtmuseums Skansen bei Stockholm (Schweden) durch Arthur Hazelius im Jahr 1891. Detailgenau richtete Hazelius ganze Gebäudekomplexe in Aufbau und Innenausstattung entsprechend dem Stil des späten neunzehnten Jahrhunderts wieder her – inklusive der Bewohnerinnen und Bewohner, gespielt von Darstellerinnen und Darstellern in zeitgenössischer Kleidung. Neben den skandinavischen und niederländischen Museen haben vor allem die angloamerikanischen Institutionen diese Methode der Geschichtsdarstellung und -vermittlung aufgegriffen und weiterentwickelt.[3] In einer detailliert rekonstruierten historischen Umgebung bewegen sich die Darstellerinnen und Darsteller so, als ob sie in der nachgestellten Zeit leben würden. Mit den Besucherinnen und Besuchern kommen sie über »ihr« Leben gerne ins Gespräch. Zu den bekanntesten dieser Museen zählen in den USA Plimoth Plantation (Massachusets) oder Colonial Williamsburg (Virginia) sowie in Großbritannien das Black Country Living Museum (Birmingham) oder das JORVIK Viking Center (York). Zu besonderen

---

1 Südwestrundfunk. »Schwarzwaldhaus 1902«, http://www.swr.de/schwarzwaldhaus1902/ index.html (zuletzt geprüft am 5. März 2008, Seite wurde eingestellt).
2 Hier zitiert nach Klöffler 2008, 135.
3 Vgl. Lässig 2006; Schindler 2003; Homepage der American Association for Living History, Farm and Agricultural Museums, http://www.alhfam.org (zuletzt geprüft am 31. Januar 2013).

Anlässen werden historische Orte durch Living History auf die gleiche Weise belebt – so zu den Jahrestagen der Schlacht von Gettysburg (1863 in Pennsylvania), an denen nicht nur die Schlacht nachgestellt, sondern auch das Lagerleben nachempfunden wird.[4]

Galt die ursprüngliche Zielsetzung von Hazelius der Konservierung bestimmter Kultur- und Lebensformen[5], so hat Living History sich nicht zuletzt durch die zunehmende Mediatisierung weiter ausdifferenziert und neue Schwerpunkte gesetzt. Oberstes Ziel von Fernsehsendern, Veranstaltern von Mittelaltermärkten oder großen Stadtjubiläen ist weniger die Bildung als vielmehr der kommerzielle Erfolg.[6] Für die meisten Darstellerinnen und Darsteller, die in die Rolle von Römern, Wikingern o. ä. schlüpfen, ist Living History hingegen eine abwechslungsreiche (und teure!) Freizeitbeschäftigung. Sie geben als Grund zum Mitmachen häufig »Spaß an der Geschichte«[7] an.

Die unterschiedlichen Einschätzungen darüber, wie ausgeprägt der Bildungs-, Unterhaltungs- oder kommerzielle Wert von Living History sein sollte, führt zu einer großen Bandbreite an Angeboten, die zwischen seriösen und äußerst reflektierten Darstellungen einerseits und »Geschichte light zum Mitmachen«[8] andererseits variieren – was einen Vergleich zwischen den unterschiedlichen Living-History-Darstellungen erschwert.[9]

Trotz dieser Disparitäten soll im Folgenden der Versuch unternommen werden, einige generelle Bemerkungen zur Funktion der Emotionen in der Living History zu machen, bevor ich die Grenzen der Erkenntnismöglichkeiten aufzeigen und abschließend skizzieren möchte, inwieweit Living History dem historischen Lernprozess förderlich sein kann.

Emotion und Kognition in der Living History

Über die Ziele ihres Vereins sagt die *Vindelikerkohorte*:

> Die Aktiven verstehen es, bei ihren Auftritten die Besucher fundiert und begeisternd in die Römerzeit zu versetzen, ein lebendiges Bild vom Alltag dieser faszinierenden

---

4 Vgl. Hart 2007.
5 Vgl. Homepage des Freilichtmuseums Skansen, http://www.skansen.se (zuletzt geprüft am 31. Januar 2013).
6 Vgl. Blomann 2007.
7 4. Vindelikerkohorte e.V. Mitgliedschaft im Verein, http://www.vindeliker-kohorte.de/mit gliedschaft.htm (zuletzt geprüft am 31. Januar 2013).
8 O.V. 2005a.
9 Vgl. Pleitner 2011. Die unterschiedlichen Ausdrucksformen der Living History untersucht das von der Volkswagenstiftung geförderte interdisziplinäre Projekt der Universität Tübingen »Living History. Reenacted Prehistory between Research and Popular Performance«, http://www.livinghistory.uni-tuebingen.de (zuletzt geprüft am 31. Januar 2013).

Epoche zu bieten und bleibende Eindrücke nicht nur vom militärischen Alltag zu vermitteln.[10]

Dass oft angepriesen wird, Geschichte werde hier lebendig, eine Epoche zum Leben erweckt und das Publikum könne gleichsam in die Geschichte eintauchen, ist nicht nur dem Zweck geschuldet, Besucher anzuziehen, sondern zeigt darüber hinaus, welch ungeheuer großen Anteil die sinnliche Wahrnehmung und damit Gefühle an dieser Form der Geschichtsdarstellung haben. In einem sehr umfassenden Sinne beschreibt Stacy Roth als Living History alle Handlungen, mit Hilfe derer eine gefühlte Verbindung mit der Vergangenheit hergestellt werden kann. Es handele sich dabei um »history expressing itself in vital form«.[11] Im Umkehrprinzip heißt das: Ohne diese gefühlte Verbindung können wir uns den vitalen, lebendigen Kern der Geschichte gar nicht erschließen.

Die vielen Living-History-Veranstaltungen im englischsprachigen Raum und zunehmend auch in Deutschland[12] zeigen, dass hier offensichtlich das Interesse vieler Menschen getroffen wird, seien sie nun Darstellerinnen bzw. Darsteller oder Zuschauerinnen bzw. Zuschauer. Die versprochene sinnliche Wahrnehmung mag verkaufsfördernd sein und die Bedürfnisse der Erlebnisgesellschaft (Gerhard Schulze)[13] befriedigen. Doch sie weist auch auf das Problem hin, dass es sich bei der Konstruktion von Geschichte um einen abstrakten Prozess handelt, der einige Anstrengung erfordert. Es müssen Bilder vor unserem inneren Auge entstehen, Zusammenhänge geknüpft, kulturelle Wertesysteme verstanden werden. Diese Leistung kann keine rein kognitive sein, sie bedarf gleichermaßen der Imagination und der der Empathie, des Ein*fühlung*svermögens.

Bei der Konstruktion von Geschichte bedienen wir uns folglich sowohl kognitiver als auch emotionaler Zugänge. Auch nach dem Konzept der Affektlogik von Luc Ciompi sind Denken (Kognition) und Fühlen (Emotion, bei Ciompi: Affekt[14]) als zwei Seiten einer Medaille zu betrachten: »Fühlen und Denken (oder affektive und kognitive Funktionen) wirken ständig obligat zusammen.«[15] Dabei nehmen die Emotionen als »biologisch verankerte Energien«[16] und die kognitiven Strukturen durch kontinuierliche Wechselwirkungen aufeinander

---

10 4. Vindelikerkohorte e.V. Unser Verein, http://www.vindeliker-kohorte.de/unser_verein.htm (zuletzt geprüft am 31. Januar 2013).

11 Roth 1998, 9.

12 Siehe für Veranstaltungen mit Bezug zum Mittelalter *Mittelalter Wiki*. Veranstaltungen 2012, http://de.mittelalter.wikia.com/wiki/Historische_Veranstaltungen_2012 (zuletzt geprüft am 15. August 2012, Seite wurde eingestellt).

13 Schulze 1992.

14 Ciompi verwendet den Begriff *Affekt* als »Oberbegriff für gefühlsartige Erscheinungen aller Art«, Ciompi und Endert 2011, 18.

15 Ebd. 44.

16 Ebd. 30.

Einfluss. »Affekte sind das energetisch-dynamische und körperliche Element von psychischen Leistungen, während Kognitionen das strukturierende Element liefern, das die affektiven Energien formt und kanalisiert.«[17]

Wenn also Denken nicht ohne Fühlen möglich ist und ohne die Gefühle folglich keine verstehende Annäherung an die Vergangenheit, wenn zweitens der Untersuchungsgegenstand selber nur verkürzt wahrgenommen wird, sobald man die Gefühle aus ihm ausschließt, dann lohnt es sich, die Living History ernsthafter zu betrachten und sich zu fragen, ob sie nicht ein sinnvolles Instrument des historischen Verstehens sein kann.

Dabei muss unterschieden werden zwischen der Living History, die zuvorderst der Geschichtsvermittlung dient, und der Living History als Forschungsinstrumentarium.

Bei ersterer richtet sich der *Act* an das Publikum, das Einblick bekommen soll in die dargestellte Epoche. Es sind also die Gefühle der Zuschauerinnen und Zuschauer, die angesprochen werden. Dieser Darbietung von Living History begegnen wir z. B. in Living-History-Museen, auf kostümierten Stadtführungen oder bei Events zu Stadtjubiläen. Auf diesen Aspekt werde ich unter *Chancen der Living History im historischen Lernprozess* näher eingehen.

Wenden wir uns zunächst der Form der Living History zu, die sich eher als forschend versteht. Hier steht der Untersuchungsgegenstand selber im Mittelpunkt und das Publikum kann u. U. ganz ausgeschlossen werden. Die experimentelle Archäologie interessiert sich dafür, wie Bauten und Gerätschaften in früheren Jahrhunderten und Jahrtausenden benutzt wurden. Das ist aufgrund der geringen Anzahl an Funden oft kaum mehr nachvollziehbar, und so begründet Mamoun Fansa: »Vielfach erschließen sich ihre mutmaßlichen oder wahrscheinlichen Funktionen erst durch den nachvollziehenden Gebrauch von Rekonstruktionen.«[18]

Für die Frage nach dem Stellenwert der Emotionen in der Begegnung mit Geschichte ist die experimentelle Archäologie dieser Form nachrangig und wird im weiteren Verlauf nicht weiter berücksichtigt werden. Doch geht es vielen Living History Darstellerinnen und Darstellern um eine Art experimenteller Archäologie der Gefühle: um die Frage, wie historische Personen wohl empfunden haben mögen und warum sie auf eine bestimmte Weise gehandelt haben. Diese Art der Living History hat zum Ziel, den Menschen als Ganzes in den Blick und die Einheit von Kognition und Emotion ernst zu nehmen. Vielleicht, so die Idee, verstehen wir besser, warum Menschen auf eine bestimmte Weise gehandelt haben, wenn wir uns selber in eine vergleichbare Situation begeben. Living History rückt damit körper- und handlungsorientierte Methoden in den Mit-

---

17 Ebd. 23.
18 Fansa 2001.

telpunkt. Eine historische Person wird dabei nicht nachgespielt wie im Theater – es gibt in der Regel keine vorgefertigten Texte. Vielmehr geht es darum, mithilfe des Wissens über eine Zeit innerhalb der nachgestellten Rahmenbedingungen zu agieren, diese Person mit Leben zu füllen – und damit auch mit Gefühlen. Die Rahmenbedingungen sollen dafür so authentisch wie möglich sein. Das Wissen über die Epoche gilt als Voraussetzung für einen gelungenen *Act:*

> Eine ungeschriebene Regel im Reenactment besagt, daß sämtliche Ausrüstung so originalgetreu wie möglich sein muß. Dies gilt für ein einfaches Paar Schuhe genauso wie für einen kompletten Schiffsnachbau. Um solche Ausrüstung herzustellen ist gründliche Nachforschung erforderlich. Als Quellen und Vorbilder dienen vornehmlich Grabungsfunde, zeitgenössische Abbildungen (Manuskripte, Bildsteine, Statuen), Beschreibungen in historischen Texten.[19]

Grenzen der Living History

Der Trugschluss einiger Darstellerinnen und Darsteller besteht nun darin, dass sie meinen, eine hohe Authentizität der Ausstattung, des Ortes und der Handlungsabläufe (z.B. bei einer Schlacht) könne auch echte historische Gefühle generieren. Die Suche nach den anderen, fremden Lebensumständen kann unter Umständen gar zu einer Art Wettkampf um das extremste Erlebnis führen: Wer trägt die unbequemste Kleidung oder ist am schlimmsten seekrank auf der Überquerung des Ärmelkanals im Wikingerschiff? Frei nach dem Motto: *Je schlimmer, desto näher dran,* schafft sich hier die Vorstellung Raum, dass »the most intense manifestation of suffering is most authorized to occupy the voice of history.«[20]

Living History, die sich so versteht, basiert auf der Fehlannahme, dass Gefühle über die Zeit hinweg unveränderlich seien. Doch abgesehen davon, dass wir uns dem tatsächlichen Empfinden einzelner Personen kaum werden nähern können, haben sich diese Gefühle auch in ihrem Ausdruck und in ihrer gesellschaftlichen Bedeutung verändert. Sie sind geprägt durch den gesellschaftlich-kulturellen Kontext, in dem sie lebten, denn »societies bend, shape, encourage and discourage the expression of various emotions. Emotions depend on language, cultural practices, expectations, and moral beliefs.«[21]

So ist es unmöglich, allein aufgrund der beim *Act* erlebten Emotionen Schlussfolgerungen über die Befindlichkeiten von Menschen vergangener Zeit zu ziehen. Dass der *mindful body* immer vom sozialen Kontext abhängig ist, in

---

19 Skodell o. J.
20 Agnew 2004, 331.
21 Rosenwein 2002, 837.

dem er agiert, und die Emotionen damit (auch) kulturell geprägt sind, wird hier unterschlagen. Der einzelne Darsteller mag das Erlebte für sich mental verarbeiten und um eine Lebenserfahrung reicher sein. Diese sagt aber nur etwas über die Jetzt-Zeit aus – darüber, was in unserer Kultur als anstrengend, unangenehm oder nicht zumutbar empfunden wird. Es lassen sich unter Umständen Rückschlüsse darüber ziehen, welche Lebensbedingungen Menschen unseres Kulturkreises besonders fern und fremd erscheinen. Wie sich diese für unsere Vorfahren angefühlt haben mögen, bleibt aber dahingestellt. Wenn überhaupt, lernen wir also etwas über uns, nicht aber über die Geschichte.

Diese Erkenntnis mag Historikern banal erscheinen. Doch in Zeiten, da der Südwestrundfunk für seine Living-History-Sendung *Schwarzwaldhof 1902* den Grimme-Preis erhält und die kostümierte Stadtführung zum Repertoire fast aller größeren Fremdenverkehrsvereine gehört, kann man sich der Tatsache nicht verschließen, dass diese Art der Geschichtsdarstellung von vielen praktiziert und rezipiert wird und damit einen nicht unerheblichen Einfluss auf das öffentliche Geschichtsbewusstsein nimmt. Problematisch dabei ist, dass Living History sich den Anschein einer Quelle gibt oder zumindest von vielen Besucherinnen und Besuchern so wahrgenommen wird. Dies gilt insbesondere, wenn es sich um konsequent durchgehaltene *first-person-interpretation* handelt, bei der die Darstellerinnen und Darsteller vorgeben, kein Wissen zu haben, dass über den Erfahrungshorizont der dargestellten historischen Person hinausgeht – sei es zeitlich, sei es lebensweltlich. Auch die inszenierte Aufbahrung der Gefallenen der Märzrevolutionen auf dem Gendarmenmarkt oder der Einzug Napoleons nach Berlin scheinen zumindest den Anspruch zu erheben, einen geschichtlichen Moment so wiederzugeben, wie er sich tatsächlich abgespielt hat – und erschweren damit den Besucherinnen und Besuchern den distanzierten Blick und das kritische Hinterfragen.

Das gleiche gilt, wenn Darstellerinnen und Darsteller sich für das Fernsehen in eine bestimmte Epoche versetzen lassen und dies von den Sendern gar als »Dokumentation« verkauft wird.[22] Ein Auszug aus einem Interview mit Regisseur Volker Heise, der für die Living-History-Sendung *Abenteuer 1927 – Sommerfrische* im Ersten Deutschen Fernsehen verantwortlich zeichnete, verdeutlicht diese zugrunde liegenden Missverständnisse:

> Wir schaffen zuerst die historische Situation Gutshaus 1927 und dokumentieren dann, was im Gutshaus passiert. Wir geben auch Ereignisse vor, die 1927 wahrscheinlich gewesen wären, mit denen sich die Protagonisten auseinandersetzen müssen, um diese Zeit auch sinnlich zu erfahren. Die Protagonisten sind so Kundschafter in einer anderen Welt, durch deren Augen wir und die Zuschauer das Jahr 1927 auf einem Gutshof

---

22 So z.B. die als Dokumentation angepriesene ARD-Serie *Steinzeit – das Experiment*; siehe hierzu auch Merhof 2007.

erleben. Gleichzeitig reflektieren sie mit ihrem Wissen von heute das Leben von damals: Ihre Stellung in der Hierarchie, die Arbeit, den Alltag. Diese, auch für uns oft überraschenden Erkenntnisse, sind das eigentliche Ziel von »Living History«.[23]

Nein, die Darsteller sind keine Kundschafter in einer anderen Welt und wir erleben nicht das Jahr 1927 durch ihre Augen. Wir erleben, wie Menschen von heute handeln, wenn sie unter völlig veränderten Bedingungen leben. Heise postuliert jedoch, dass es sich um historisches Wissen handelt, das hier generiert wird, und begründet dies mit der hohen Authentizität der Umgebung:

> Wir versuchen, die historische Situation im und um das Gutshaus so perfekt wie möglich nach dem Vorbild von 1927 zu gestalten und während der Dreharbeiten auch aufrecht zu erhalten. Dafür betreiben wir einen großen Aufwand an Recherche, die dann in Kostüme, in die Ausstattung, in die Handbücher mit den Rollenbeschreibungen für die Protagonisten einfließt. Jede Einzelheit muss stimmen, von der Inneneinrichtung bis zu den Autos, Radiosendungen, Zeitungen und Streichholzschachteln.
>
> Das mag perfektionistisch klingen, ist es auch, aber mit diesem Perfektionismus sagen wir den Protagonisten: Wir wollen eine ernsthafte Auseinandersetzung mit dem Thema. Nur dann können wir auch von ihnen Ernsthaftigkeit erwarten. Und es ist jedes Mal eine Katastrophe, wenn wir etwas übersehen, wenn etwa ein Preisschild mit Strichcode nicht abgekratzt wurde, weil diese Erinnerung an die Gegenwart sofort den historischen Raum zerstört.[24]

Abgesehen davon, dass der Regisseur hier suggeriert, man befinde sich mental tatsächlich in der Vergangenheit und würde nur durch den falschen Strichcode wieder ins Heute geholt, übersieht er die Tatsache, dass sich ein *historischer Raum* nicht nur aus Gegenständen zusammensetzt, sondern auch aus gesellschaftlichen Werten, Normen und Strukturen. In diesem Raum handeln Menschen, die dabei von ihren ganz persönlichen Vorlieben und Dispositionen ebenso geleitet werden wie von den eben angesprochenen gesellschaftlichen Strukturen und Kommunikationsformen. Und diese lassen sich eben nicht erforschen, indem man einfach nur die Kulisse verändert und von allen Preisen den Strichcode entfernt.

Da auch den Fernsehmachern dieses Dilemma durchaus bewusst ist, geben sie ihren Darstellern einen Grundstock historischen Wissens über die strukturellen Zusammenhänge der Epoche mit. Im Falle von *Abenteuer 1927 – Sommerfrische* heißt dies zum Beispiel,

> dass man sich nicht setzen darf, so lange eine Dame noch steht. Dass man sich bei Tisch keinen »Guten Appetit« wünscht – das galt als gewöhnlich. Dass man beim Anreichen des Brotkorbs nicht nur ein Stück Brot herausnimmt, sondern den Korb annimmt. Bei

---

23 »Jedes Detail muss stimmen«, 2005c.
24 Ebd.

Tisch werden gewisse Gesprächsthemen vermieden: Man sprich nicht über Religion, Politik und Geld.[25]

Diese an sich sinnvolle Unterweisung ist als Darstellung historischer Zusammenhänge bereits eine Interpretation, und sie kann die Darsteller auf recht einseitig vorgezeichnete Wege lenken. Stiltrainer Uwe Fenner antwortet auf die Frage nach grundlegenden Veränderungen der letzten 80 Jahre:

> Nun, nehmen wir eine der grundlegenden Veränderungen als Beispiel: die Emanzipation der Frau. Früher wurde die Frau von den Männern im Allgemeinen und ihrem Mann im Speziellen als das Wertvollste überhaupt betrachtet. Sie wurde verehrt, hofiert und beschützt. Bei Tisch hatte ihr Sitznachbar die Aufgabe, sie zu unterhalten. Es war völlig selbstverständlich, dass der Ehemann die Koffer trug und die Söhne zu ihrer Mutter aufschauten und sie verehrten. Ich z.B. habe noch drei Brüder und wir haben uns bemüht, es unserer Mutter so bequem wie möglich zu machen, indem wir ihr die Hausarbeit abnahmen. Wenn eine Dame den Raum betrat, stand man auf. Wenn man einen Brief schrieb, schrieb man diesen nie an »Frau und Herr Meier«, sondern immer an »Herrn und Frau Meier«, allein aus dem Grunde, weil man die Frau nicht schutzlos am Anfang der Zeile stehen lassen wollte. Heute ist es genau andersherum: Es gilt überall die Devise »Ladies first« und dementsprechend auch als höflich, die Dame in der Adresse eines Briefes zuerst zu nennen. Und es steht auch nicht unbedingt jemand auf, wenn eine Dame den Raum betritt.[26]

Auf der Grundlage einer solchen recht einseitig interpretierten Vorgabe rekonstruieren die Darsteller die historische Situation zum zweiten Mal, und werden trotz dieser doppelten Deutungsebenen am Ende wie *Kundschafter einer anderen Welt* präsentiert.

Chancen der Living History im historischen Lernprozess

Bleibt denn folglich gar nichts übrig von den Zielen der Living History, die »a viable mode of presenting and provoking thought about the past«[27] sein will? Ihr kommt zumindest das große Verdienst zu, die so lange missachtete Verbindung von Denken und Fühlen ins Bewusstsein gerückt zu haben. Ihr großer Erfolg in den anglo-amerikanischen, skandinavischen und Benelux-Ländern, der sich in den vergangenen zwei Jahrzehnten immer mehr auch auf Deutschland ausdehnt, lässt darauf schließen, dass die Verknüpfung dieser beiden Aspekte im alltäglichen bzw. unreflektierten Geschichtsbewusstsein bereits verankert war und

---

25 »Etikette war 1927 nicht wichtiger als heute«, 2005b.
26 Ebd.
27 Reid 1997.

weiter gefestigt wird. Höchste Zeit also, die Vorteile der Living History in den Blick zu nehmen, ohne dabei ihre Schwachstellen zu vertuschen.

Living History ist, um es noch einmal zu sagen, keine Quelle, sondern eine Darstellung, d. h. eine bereits getätigte Konstruktion von Geschichte, die in eine bestimmte Ausdrucksform gebracht worden ist. Notwendig ist daher die permanente Beachtung der zwei Zeitebenen, die die Darstellerin bzw. den Darsteller und die dargestellte historische Person miteinander verbinden (oder sie voneinander trennen!). In dem Moment, da man nicht vorgibt, in die Vergangenheit einzutauchen, sondern die Zeitebenen klar trennt und die Kontraste zwischen der eigenen Welterfahrung und dem Erlebten thematisiert, kann der Schwerpunkt auf die Frage der Historizität gelegt werden. Dazu gehört eine fundiert vorgenommenen Kontextualisierung, die nicht vorgibt, den *mindful body* unserer Zeit in die Vergangenheit zurückversetzen zu können. Dann vermag die Living History tatsächlich Chancen im Prozess der verstehenden Deutung der Vergangenheit zu bieten.

Sie tut dies, indem sie sich konsequent als *eine* mögliche Darstellungsform und Interpretation von Geschichte präsentiert und als Instrument der Geschichtsvermittlung bzw. der Begegnung mit Geschichte (nicht der Vergangenheit!) eingesetzt wird. Dabei spielt die Versprachlichung der Simulation eine entscheidende Rolle. Dies geschieht häufig (aber nicht zwangsläufig) in Interaktion der Darstellerinnen und Darsteller mit den Besucherinnen und Besuchern. Letztere werden explizit aufgefordert, Fragen zu stellen, erstere verwickeln das Publikum auf mannigfaltige Art und Weise in ein Gespräch über die Darbietung. Auch die Reenactments großer Schlachten, die noch am ehesten einer Theateraufführung gleichen, da sie als in sich abgeschlossene Handlung keinen alternativen Verlauf dulden, werden häufig durch die Inszenierung eines Feldlagers begleitet, durch das die Besucherinnen und Besucher zwanglos schlendern und den Truppenangehörigen direkt begegnen können. So bietet sich auch hier die Möglichkeit, ins Gespräch zu kommen.

Welchen Verlauf diese Gespräche nehmen und welche Form historischen Lernens hier angestoßen wird, ist meines Wissens bislang noch nicht fundiert untersucht worden. Hier liegt ein Forschungsdesiderat vor, das erst von wenigen Wissenschaftlern, zumeist aus dem Bereich des Museumswesens, angegangen wird.[28] Einen – zugegebenermaßen nur sehr kleinen – Eindruck mag die Auswertung eines Geschichtstages ergeben, der im Juni 2007 für alle Schüler des achten Jahrgangs (140 Schüler) an einer Jungenschule in Southend-on-Sea (Großbritannien) durchgeführt wurde. Dieser Tag zum Thema *The Civil War* (von 1642 bis 1649/51) bestand aus vier verschiedenen Lernangeboten: einem einführenden Vortrag, der einen allgemeinen Überblick bot, einem Hands-on-

---

28 Siehe das Forschungsprojekt von Jones o. J.

Angebot (Ausprobieren von Waffen und Ausrüstung), eine Vorlesung über die Schlacht von Marston Moor und eine Begegnung mit drei Living-History-Darstellern. Die Schüler rotierten, sodass sie alle Angebote wahrnehmen konnten.

Die folgende Auswertung des Tages im Hinblick auf die Frage, in welcher Art Living History zum historischen Lernprozess beitragen kann, erfolgt auf Grundlage meiner Beobachtungen sowie der Auswertung von anonymisierten Evaluationsbögen, die die Schüler am Ende des Tages ausfüllten. Neben geschlossenen Fragen (Bewertung der Angebote auf einer Skala von *excellent* über *very good, okay* und *disappointing* bis *poor*) hatten die Schüler die Möglichkeit, im Freitext Stellung zu dem Tag zu beziehen.[29]

Insgesamt haben die Schüler die Living-History-Darstellung der Gruppe *The Past People* sowohl hinsichtlich des Lernzuwachses als auch des Unterhaltungswertes positiv bewertet. 114 Schüler markierten »I consider the session for enjoyment« mit *excellent* oder *very good*, nur 16 antworteten *okay* oder *disappointing*, keiner kreuzte *poor* an. Ein klein wenig schlechter, aber insgesamt immer noch ausgesprochen positiv fiel die Bewertung für »I consider the session for learning« aus: 97 Schüler antworteten mit *excellent* und *very good*, 30 mit *okay* und *disappointing*, drei mit *poor*.

Die Living-History-Gruppe ermöglichte den Schülern, mit drei historischen Personen in Kontakt zu treten: einem männlichen Royalisten, einer weiblichen Anhängerin des Königshauses und einem Parlamentarier. Die Schüler trafen nacheinander auf alle drei Personen und wurden von diesen zu einem Gespräch angeregt. Für die Schüler war dies keine reine Unterhaltung fernab vom normalen Schulalltag: »It was educational« (Nr. 15 und 93) schreiben mehrere Schüler in der offenen Antwort oder »You learnt a lot« (Nr. 37, 20 und 12). Sie empfanden es offensichtlich als ernst zu nehmendes Lernarrangement.

Die Versuchung, diese zunächst doch etwas fremdartig anmutenden Personen, von denen man natürlich wusste, dass sie nicht wirklich eine Zeitreise hinter sich hatten, durch unangemessene Fragen aufs Glatteis zu führen, war für einige Schüler dennoch recht groß: »The actors were very good, as they kept in character, and we enjoyed it a lot. However, people did ask them stupid questions« (Nr. 72) schreibt ein Schüler, und ein anderer merkt an: »In some areas, such as the Past People re-enactors, it veered off to ask questions about things that were irrelevant« (Nr. 37). Diese beiden Anmerkungen sind Einzelfälle und sollten nicht darüber hinwegtäuschen, dass die Situation insgesamt ernsthaft behandelt wurde.

---

29 Alle Evaluationsbögen liegen mir im Original vor. Sie sind durchnummeriert, sodass ein Rückbezug aller folgenden Zitate zum Original möglich ist. Da es sich vornehmlich um geschlossene und um nur eine offene Frage handelt, wird bei den Zitaten auf die Angabe von Seite und Zeile verzichtet.

Welche Aspekte historischen Lernens ließen sich anhand dieses Einsatzes von Living History realisieren? Auffällig war zunächst einmal, wie sehr die Schüler sich von den Darstellern dazu motivieren ließen, Fragen zu stellen. Folglich hat der *Act* ihr situatives Interesse geweckt. Interesse und eine positive Lernatmosphäre sind wichtige Voraussetzungen für einen gelungenen Lernprozess.

Dass die Schüler Fragen generierten, hat beim historischen Lernen darüber hinaus eine fundamentale Bedeutung, denn die historische Frage steht am Anfang jedes Forschungsprozesses. So ist die Fragekompetenz eine der grundlegenden Kompetenzen historischen Lernens.[30] Der problemorientierte Unterricht setzt genau hier an: Das Thema einer Unterrichtsstunde oder -einheit erscheint zunächst als Frage oder Fragen an die Vergangenheit.[31] Während Schülerinnen und Schüler höherer Jahrgänge bereits Problemstellungen mit einem relativ hohen Komplexitätsgrad bearbeiten können, sollen sie im Anfangsunterricht zunächst die Kompetenz entwickeln, historischen Wandel wahrzunehmen: Etwas sieht anders aus, hört oder fühlt sich anders an, als ich es gewohnt bin – wie kommt das?[32]

Unterschiede zu erkennen und zu hinterfragen muss nicht weniger geübt werden als Antworten zu finden. Hier bietet die Living History gute Möglichkeiten. Die Einladung zur Interaktion ist Teil der Inszenierung. Fragen an die Darstellerinnen und Darsteller können unterschiedlichen Umfangs sein – von der punktuellen, persönlichen Frage (im vorliegenden Fall zum Beispiel: Sind Sie verheiratet? Wo ist ihr Mann? Haben Sie selber gekämpft? Sind Sie verletzt worden?) bis zur abstrakten, übergeordneten Frage (Hat der Bürgerkrieg Veränderungen in Ihrem Leben hervorgerufen? Warum halten Sie die Monarchie für die bessere Regierungsform?). Jede Schülerin, jeder Schüler kann hier einsteigen und sich durch das Gespräch und die Vorführung zu eigenen Fragen anregen lassen. Das ist in einem so abstrakten Denkfach wie Geschichte oft nicht einfach. Für leistungsschwächere Schülerinnen und Schüler kann Living History ein Glücksfall sein: Im Unterricht behandelte Texte und Quellen erweisen sich ihnen häufig als sperrig, wohingegen die Living-History-Darstellerinnen und -Darsteller sich auf die Lerngruppe einstellen und sie zu einem schrittweisen Zugang zum Thema animieren können. Die eben genannte Frage an die Darstellerin, ob sie verheiratet sei, ist sicher noch keine historische, doch ausgehend von diesen, aus der Lebenswelt der Schüler stammenden und durch die Inszenierung aufgeworfenen Fragen lassen sich spezifisch historische Fragestellungen entwickeln, z. B.: Welche gesellschaftliche Position nahmen verheiratete

---

30 Als solche findet sie Eingang in verschiedenen historischen Kompetenzmodellen, z. B. Körber 2007 sowie Pleitner und Reeken 2010.
31 Vgl. Demantowsky 2012.
32 Vgl. Pleitner 2009.

bzw. unverheiratete Frauen ein? Hatten sie unterschiedliche Handlungsspielräume? Welche Möglichkeiten politischer Einflussnahme hatten Frauen überhaupt zur Zeit des Bürgerkriegs?

Es zeigt sich hier, dass der Anteil der Emotionen am Lernprozess über die
reine Motivation der Schüler hinausging. Dass sie ein Interesse am Lerngegenstand entwickelten und ihre Aufmerksamkeit ganz darauf richteten, ist schon
viel wert. Darüber hinaus führte diese Darbietung dazu, dass Fragestellungen
entwickelt wurden, die die »allgegenwärtigen Wechselwirkungen zwischen
Fühlen und Denken«[33] einbezogen. Ein Bürgerkrieg lässt sich nicht auf militärische Taktiken und politische Entscheidungen reduzieren – es geht auch darum,
wie sich eine solche Situation auf kollektive und individuelle Emotionen aus-
wirkte bzw. wie diese Emotionen umgekehrt bestimmte Situationen hervorzu-
rufen vermochten. Die vermeintlich simplen Fragen wie »Warum haben Sie sich
in diesem Krieg (auf dieser oder jener Seite) engagiert?«, »Hat dieser Bürgerkrieg Sie als Zivilperson gefährdet?« oder »Wie hat der Krieg Ihr Leben verändert?« führten die Schüler auf den Weg der verstehenden Annäherung an Geschichte. Im Gegensatz zum Erklären ist das Verstehen subjektgebunden und
bedarf der Empathie, ohne die menschliches Handeln überhaupt nicht nachvollziehbar wäre. Living History erleichtert offensichtlich diese mentale Operation.

Es muss den Schülerinnen und Schülern dabei jedoch ganz deutlich werden,
dass die Antworten der Darstellerinnen und Darsteller *deren* Interpretation
sind. Der Lernprozess geht mit dem Ende des *Acts* folglich nicht zu Ende, sondern in seine nächste Phase: Die Fragen werden nun an Quellen und weitere
Darstellungstexte herangetragen und die Ergebnisse mit der Deutung der Darstellerinnen und Darsteller verglichen. Die Quelle wird damit nicht nachrangig,
sondern nur zeitlich später behandelt.

Verbleiben wir noch einen Moment bei der Darbietung der *Past People*. Ein
Schüler schreibt darüber: »I thought the best part of the day was the re-enactors
because they helped me imagine what people would have been like during the
civil war« (Nr. 27). Hier wird deutlich, welche bedeutsame Rolle die historische
Imagination spielt.[34] Sie ist das Eingangstor zum historischen Lernen – denn
wenn einem diese Vorstellungswelt verschlossen bleibt, kann der gesamt Lernprozess nicht initiiert werden. Ein zweiter Schüler unterstützt diese Einschätzung. Er schreibt: »I feel the Past People really helped to get me to think how the
people from that time would have thought and as such give me a greater understanding of the civil war« (Nr. 70). Zu einer interessanten Einschätzung gelangt ein weiterer Schüler, der folgende Bemerkung machte: »The Past People

---

33 Ciompi 2011, 34.
34 Vgl. Schörken 1994.

historical re-enactors were good in giving views of what people would do those days with good interactivity but I don't think much was actually learnt about the civil war itself« (Nr. 76).

Was versteht dieser Schüler unter historischem Lernen? Es wäre interessant ihn zu fragen, was für ihn »the civil war itself« meint. Zu vermuten steht, dass er sich dabei mehr auf die Kriegshandlungen bezieht, vielleicht auch auf die konkreten politischen Konsequenzen – in jedem Fall etwas, das wir gemeinhin mit *Fakten* umschreiben. Wie Menschen im Alltag damit umgegangen sind, interessiert ihn zwar, scheint aber hinsichtlich des Lerngegenstandes nur zweitrangig zu sein. Darauf lassen auch seine Einschätzungen der einzelnen *sessions* schließen. So gibt er den beiden Vortragsteilen des Tages *for learning* ein *excellent*, dem Living History Teil nur ein *okay*. Das Handeln einzelner Menschen – die *kleine Geschichte* – und die *große politische Geschichte* werden hier deutlich getrennt.

Dabei stellt der moderne Geschichtsunterricht gerade das menschliche Handeln in den Mittelpunkt. Im niedersächsischen Kerncurriculum für Gymnasien, Jahrgang 5–10, Fach Geschichte, heißt es: »Schülerinnen und Schüler erfahren im Geschichtsunterricht, was Menschen erlebt, gedacht, getan, aber auch erlitten haben und welches Bild wir uns davon machen.«[35]

Da die meisten der teilnehmenden Schüler die Living-History-Darbietung als lehrreich eingeschätzt haben, scheinen sie Living History als eine vielversprechende Möglichkeit des Zugangs zu anderen, uns fremden Denk- und Handlungsweisen zu verstehen. Sie kann als Methode nicht allein stehen, aber sie kann eine hilfreiche Ergänzung bieten, für einige gar so etwas wie den Schlüssel zur historischen Vorstellungswelt.[36]

Neben der Unterstützung der Fragekompetenz und des historischen Verstehens gibt es noch einen dritten Grund, warum Living History seinen Platz im Geschichtsunterricht haben sollte. Die Schüler in Southend-on-Sea unterhielten sich mit drei verschiedenen historischen Personen, die drei Standpunkte vertraten, drei Lebensgeschichten darstellten, drei verschiedene soziale Hintergründe aufrollten. Es ist natürlich jeweils nur eine Interpretation der historischen Personen, sodass man nicht von Multiperspektivität sprechen kann, die in der Geschichtsdidaktik begrifflich auf die Arbeit mit historischen Quellen be-

---

35 Niedersächsisches Kultusministerium 2008, 7.
36 In Deutschland wird Living History sehr viel zögerlicher für den Unterricht nutzbar gemacht. Das mag zum einen logistische Gründe haben: Die Anzahl der Vereine ist im Vergleich zu Großbritannien deutlich geringer, sodass es für viele Schulen keine entsprechende Gruppe in räumlicher Nähe gibt. Die meisten Mitglieder dieser Gruppen sind zudem berufstätig und unter der Woche nicht so flexibel. Zum anderen sind den Lehrkräften die Angebote möglicherweise weniger bekannt, da sie erst seit kurzem Eingang in die unterrichtspraktische Literatur finden; vgl. Themenheft *Antike in der Geschichtskultur* 2011.

grenzt ist. Dennoch regen diese unterschiedlichen, auf ihre Art jeweils bewusst einseitigen Darstellungen von Geschichte dazu an, über Handlungsoptionen im Rahmen eines bestimmten historischen Kontextes nachzudenken. Die Schülerinnen und Schüler erkennen, dass der Fortgang der Geschichte keineswegs festgeschrieben ist, sondern dass in Gesellschaften unterschiedliche Kräfte wirken und an der Gestaltung des politischen, kulturellen, religiösen usw. Lebens beteiligt sind. Gerade für die Arbeit mit Schülerinnen und Schülern ist dies ein sehr wichtiger Aspekt. Ihnen fällt es oft schwer, sich in einen Moment hineinzuversetzen, in dem noch offen war, was weiterhin passieren würde – ob z. B. die Monarchie bestehen bleiben oder gestürzt werden würde. Die Begegnung mit den Living-History-Darstellerinnen und -Darstellern führt ihnen deutlich vor Augen, dass sich der Wandel in der Geschichte durch innergesellschaftliche Auseinandersetzungen vollzieht. Die von mir beobachteten Schüler konnten die Sichtweisen aller Darsteller hören, und sie stellten einige Fragen an einen Darsteller auf der Grundlage dessen, was sie von einem anderen Darsteller gehört hatten. So konnten sie ihre Erkenntnisse über Motivationen und Handlungsspielräume der Menschen während des Bürgerkriegs vertiefen. Ein Schüler hat diesen Aspekt auf den Punkt gebracht:

> Also talking to the Past people actors was excellent [...] But I did feel it would have been better if we could have talked to the individuals more than once. Saying what the other people had said and giving them a chance to rebut and re-argue their case (Nr. 74).

Fazit

Zusammenfassend lässt sich sagen, dass die Ansprache der Gefühle durch Living History eher förderlich als hinderlich für das historische Lernen ist. Natürlich ist es nicht möglich, sich in eine Zeit zurückzuversetzen und Gefühle nachzuerleben. Doch ist dies noch kein Grund, Living History per se als *falsche* Geschichtsdarstellung abzutun. Ahistorisch ist sie in dem Moment, wenn die Zeitebenen nicht mehr getrennt werden und die persönlichen Erfahrungen der Darsteller zu historischen Erfahrungen oder gar als zu allgemeingültigen Aussagen (v)erklärt werden. Fruchtbar gemacht werden kann die Simulation jedoch, wenn beide Zeitebenen in die Reflektion einfließen und die Darbietung nicht eins zu eins übertragen, sondern verstehend gedeutet wird. Dann kann es zu einer Aussage kommen wie »I think today was enjoyable yet educational« (Nr. 93).

Darüber hinaus sollte man bedenken, dass Unterhaltungsangebote das Freizeitverhalten der meisten Menschen prägen. Aufgabe der Schule ist, Schülerinnen und Schüler zu befähigen, sich in unserer Gesellschaft zurechtzufinden, und das macht ein Aufgreifen außerschulischer Phänomene notwendig – nicht, indem die

Methoden für den Unterricht kopiert, sondern vielmehr, indem sie kritisch in den Lernprozess integriert werden. Wir begegnen der Geschichte außerhalb der Schule potenziell viel häufiger als in der Schule, und es ist fraglich, ob sich Schülerinnen und Schüler nach ihrem Schulabschluss überhaupt noch einmal zielgerichtet, gar wissenschaftlich mit ihr auseinandersetzen werden. Viel wahrscheinlicher scheint mir, dass ihre Geschichtsbegegnungen mehr oder weniger zufällig und vor allem touristisch und freizeitorientiert sein werden. Wird Living History selber zum Unterrichtsgegenstand, können die Schülerinnen und Schüler ihre Dekonstruktionskompetenz schulen. Sie lernen zu unterscheiden zwischen einem erlebnis- und konsumorientierten, vielleicht gar emotional überwältigenden Umgang mit der Geschichte durch bestimmte unreflektierte Living-History-Darbietungen einerseits und einem Nachdenken über Geschichte, das fordert, Fühlen und Denken gleichermaßen in den Blick zu nehmen. Der schulische Geschichtsunterricht ist der Ort, an dem dies geschehen sollte.

Literatur

Agnew, Vanessa. »Introduction: What is Reenactment?«, in: *Criticism* 46 (3) (2004), 327 – 339.

Blomann, Julian. *Geschichte verkaufen. Eventkultur als Arbeitsfeld.* Saarbrücken: VDM Verlag Müller, 2007.

Ciompi, Luc und Elke Endert. *Gefühle machen Geschichte. Die Wirkung kollektiver Emotionen – von Hitler bis Obama.* Göttingen: Vandenhoeck & Ruprecht, 2011.

Demantowsky, Marco. »Unterrichtsmethodische Strukturierungskonzepte«, in: Hilke Günther-Arndt (Hg.), *Fachmethodik. Geschichts-Methodik. Handbuch für die Sekundarstufe I und II.* 4. Auflage Berlin: Cornelsen Scriptor, 2012, 63 – 76.

»Etikette war 1927 nicht wichtiger als heute – sie war nur selbstverständlicher! Ein Interview mit Stiltrainer Uwe Fenner«, in: *DasErste.de,* [2005], http://www.daserste.de/abenteuer1927/interview_stiltrainer.asp (zuletzt geprüft am 31. Januar 2013) (=2005b).

Fansa, Mamoun. »Möglichkeiten und Grenzen der experimentellen Archäologie«, in: *Archäologie Online,* 27. November 2001, http://www.archaeologie-online.de/magazin/thema/experimentelle-archaeologie/moeglichkeiten-und-grenzen-der-experimentellen-archaeologie/seite-1/ (zuletzt geprüft am 31. Januar 2013).

»Gute Burg, schlechte Burg«, in: *Spiegel Online,* 3. Februar 2005, http://www.spiegel.de/kultur/gesellschaft/0,1518,339995,00.html (zuletzt geprüft am 31. Januar 2013) (=2005a).

Hart, Lain. »Authentic Recreation. Living History as Leisure«, in: *Museum and Society* 5 (2) (2007), 103 – 124.

»Jedes Detail muss stimmen. Interview mit Regisseur Volker Heise«, in: *DasErste.de,* [2005], http://www.daserste.de/abenteuer1927/interview_regie.asp (zuletzt geprüft am 31. Januar 2013) (=2005c).

Jones, Ceri. »Making the ›Meaningless‹ Meaningful: Can Museums Contribute to the Development of Historical Consciousness in Young People Through Using Living History, Costumed Interpreters and Performance?«. School of Museum Studies, University of Leicester, o. J., http://www2.le.ac.uk/departments/museumstudies/research/phd-student-research/ceri-jones (zuletzt geprüft am 31. Januar 2013).

Klöffler, Martin. »Living History in Museen – aus der Sicht von Akteuren«, in: Jan Carstensen, Uwe Meiners und Ruth-E. Mohrmann (Hg.), *Living History in Museen. Möglichkeiten und Grenzen einer populären Vermittlungsform.* Münster: Waxmann, 2008, 135–150.

Körber, Andreas (Hg.). *Kompetenzen historischen Denkens. Ein Strukturmodell als Beitrag zur Kompetenzorientierung in der Geschichtswissenschaft.* Neuried: Ars Una, 2007.

Lässig, Simone. »Clio in Disneyland? Nordamerikanische Living History Museen als außerschulische Lernorte«, in: *Zeitschrift für Geschichtsdidaktik* 5 (2006), 44–69.

Merhof, Johanna. »Steinzeit-Leben als extremes Survival-Training«, in: *Welt Online,* 28. Mai 2007, http://www.welt.de/fernsehen/article901114/Steinzeit-Leben-als-extremes-Survival-Training.html (zuletzt geprüft am 31. Januar 2013).

Niedersächsisches Kultusministerium (Hg.). *Kerncurriculum für das Gymnasium Schuljahrgänge 5–10. Geschichte.* Hannover, 2008, http://db2.nibis.de/1db/cuvo/datei/kc_gym_gesch_08_nib.pdf (zuletzt geprüft am 31. Januar 2013).

Pleitner, Berit. »Warum wohnt im Schloss kein König mehr? Kompetenzorientiert unterrichten unter historischer Perspektive«, in: *Grundschulunterricht Sachunterricht* 56 (4) (2009), 13–18.

Ders. »Living History«, in: *Geschichte in Wissenschaft und Unterricht* 62 (3/4) (2011), 220–233.

Pleitner, Berit und Dietmar von Reeken. *Die historische Perspektive im Sachunterricht. Entwurf für den Perspektivrahmen Sachunterricht der Gesellschaft für Didaktik des Sachunterrichts.* Stand: Oktober 2010, http://www.geschichte.uni-oldenburg.de/download/Historische_Perspektive_Oktober_2010_Onlineversion.pdf (zuletzt geprüft am 31. Januar 2013).

Reid, Debra. »Research and Living History. Facing the Challenges«, in: *The Association for Living History, Farm and Agricultural Museums,* 1997, http://www.alhfam.org/whitepapers/alhfam.research.html (zuletzt geprüft am 31. Januar 2013).

Rosenwein, Barbara H. »Worrying About Emotions in History«, in: *The American Historical Review* 107 (3) (2002), 821–845.

Roth, Stacy. *Past into Present. Effective Techniques for First-Person Historical Interpretation.* Chapel Hill: UNC Press, 1998.

Schindler, Sabine. *Authentizität und Inszenierung. Die Vermittlung von Geschichte in amerikanischen Historic Sites.* Heidelberg: Winter-Verlag, 2003.

Schörken, Rolf. *Historische Imagination und Geschichtsdidaktik.* Paderborn und Zürich: Schöningh, 1994.

Schulze, Gerhard. *Die Erlebnisgesellschaft. Kultursoziologie der Gegenwart.* Frankfurt am Main: Campus, 1992.

Skodell, Henry. »Was ist Reenactment?«, in: *High Quality Reenactment,* o. J., http://www.reenactment.de/reenactment_start/reenactment_startseite/was_ist_re enactment/was_ist_reenactment.html (zuletzt geprüft am 31. Januar 2013).

»Themenheft Antike in der Geschichtskultur«, in: *Geschichte lernen* 140 (2011).

Matthias Heyl

Mit Überwältigendem überwältigen?
Emotionen in KZ-Gedenkstätten

Gedenkstätten mit zeitgeschichtlichem Fokus sind in der Regel Orte, an denen wir mit Emotionen und Kontroversen, zuweilen sogar mit hoch emotional ausgetragenen Kontroversen, konfrontiert werden. Das ist keine Selbstverständlichkeit, hat sich die Bedeutung des Begriffes der Gedenkstätte in der deutschen Öffentlichkeit doch seit 1945 massiv gewandelt. In der Regel haben wir heute Orte vor Augen, die meist auf historische, politisch begründete Gewalt-, Verbrechens- und Unrechtserfahrungen verweisen. Darauf, dass diese Eindeutigkcit keineswegs selbstverständlich ist, verweist Jan-Philipp Reemtsma, wenn er betont, dass etwa die KZ-Gedenkstätten zuallererst als Gedenkorte für die Überlebenden und ihre Nachkommen und als »Orte der Dokumentation zu Beweiszwecken« dienten, und sich damit von »Erinnerungsorte[n] anderer Art« abheben.[1] Reemtsma benennt als »Erinnerungsorte anderer Art« Kriegsgräberstätten und Kriegerdenkmäler, die vor 1945 das Bild des Gedenkortes viel mehr bestimmten:

> Auch sie sind Orte, an denen sich Hinterbliebene versammeln können. Auch das würde aufhören, wenn die besonderen Namen, die auf dem Denkmal goldunterlegt eingegraben sind, niemandem mehr etwas sagen. Aber das Denkmal selber soll dem Ort noch weiterhin etwas sagen; vielleicht, dass eine künftige Generation im Kriegsfalle ebenso leichten Herzens ins Feld ziehen möge, wie das von den Gefallenen behauptet wird. Oder auch nur, dass sie versichert sein sollen, dass auch ihrer einst gedacht werden wird. Jedenfalls dient das Denkmal zur Sinnstiftung vor Ort.[2]

Während Gedenkstätten in der heutigen deutschen Wahrnehmung meist auf eine negative Geschichte rekurrieren, war das Bild der affirmativen Gedenkorte und -stätten, die einem positiven Beispiel und Vorbild ein sinnstiftendes Denkmal setzten, vordem maßgeblicher. Aber selbst die Soldatenfriedhöfe des Ersten und Zweiten Weltkriegs führen uns – ihrer ursprünglichen Intention zuwider – in unserer heutigen Wahrnehmung weniger das einst bezweckte Pa-

---

1 Vgl. Reemtsma 2010, 4.
2 Ebd.

thos heroischer Vorbilder vor Augen als vielmehr das massenhafte Elend des Krieges.[3]

Zur Verdeutlichung ein Beispiel, an dem sich beide Gedenkstättentypen – das heroisierende affirmative Totengedenken und das Gedenken der Opfer der nationalsozialistischen Massenverbrechen – auf verstörende Weise begegnen: Im mecklenburgischen Wöbbelin, zwischen Ludwigslust und Schwerin gelegen, wurde der 1813 bei einem Gefecht gefallene Dichter Theodor Körner bestattet, der sich als patriotischer Kämpfer gegen die napoleonische Besetzung dem Lützowschen Freikorps angeschlossen hatte. Das Grabdenkmal, nach Plänen des Architekten Gottlob Friedrich Thormeyer errichtet und 1814 auf dem Friedhof feierlich eingeweiht, »entwickelte sich schon kurz nach dessen Tod zur national-patriotischen Gedenkstätte«. 1938 wurde die Theodor-Körner-Gedenkstätte zu einer nationalsozialistischen Weihestätte umgestaltet. In den letzten Monaten des Zweiten Weltkrieges errichtete die SS in unmittelbarer Nähe zur Stadt Ludwigslust ein Außenlager des Hamburger Konzentrationslagers Neuengamme, das KZ Wöbbelin. Nach der Befreiung des Lagers durch amerikanische Truppen wurden Opfer dieses Lagers im Umfeld der Körner-Gedenkstätte beigesetzt, 1965 erfolgte die Widmung als Gedenkstätte für die dort beigesetzten KZ-Häftlinge.[4] Wie reflektiert nun die heutige Gedenkstätte dieses Amalgam zweier Gedenkanlässe an einem Ort? Auf der Website der Mahn- und Gedenkstätten Wöbbelin heißt es recht lapidar heute:

> Das Gebäude der Mahn- und Gedenkstätten wurde zur Ehrung Theodor Körners errichtet. Der patriotische Poet ist am 26. August 1813 während eines Gefechtes in den Napoleonischen Befreiungskriegen tödlich verwundet worden. Seit 1965 wird hier auch dem Schicksal derer gedacht, die am Ende des 2. Weltkrieges in dem Konzentrationslager nahe Wöbbelin zu Tode kamen. Auf dem Gelände, wo Theodor Körner zu Grabe gebettet wurde, sind auch etwa hundertsechzig von den mehr als eintausend Toten des KZ-Auffanglagers bei Wöbbelin begraben.[5]

Während das affirmative Körner-Gedenken – je nach Zeit und Deutung – patriotische, nationalistische oder chauvinistische Verehrung, Pathos (als besondere, gesteigerte und weihevoll gerahmte Form der Emotionalität) und Bereitschaft aufrufen sollten, seinem Beispiel zu folgen, konfrontieren die Gräber der Opfer des KZ Wöbbelin die Besucherinnen und Besucher mit dem Faktum der nationalsozialistischen Massenverbrechen. Ich bin kein Kenner der Geschichte *dieses* Gedenkortes, um nun genau beschreiben zu können, welches Bild die 1965

---

3 Wenn man weiß, dass dieser eklatante Perspektivwandel in relativ überschaubarer Zeit stattgefunden hat, darf man sich auch ein wenig fürchten, weil sich derlei nicht immer nur zum Guten ändert…

4 Vgl. Jacobeit 1998.

5 Förderverein Mahn und Gedenkstätten Wöbbelin – Theodor Körner – KZ Wöbbelin e.V. o.J.

den Toten des KZs gewidmete Gedenkstätte auf diesen Ort projiziert hat – es gibt eine gewisse Wahrscheinlichkeit, dass auch dort – wie in anderen Gedenkstätten der DDR – der Bezug auf das KZ als historische Negativfolie offensiv mit dem Bild des heroischen, letztlich siegreichen antifaschistischen, kommunistischen Widerstands ins Positive gewendet wurde. Für andere Orte weiß ich zu beschreiben, wie in der DDR versucht wurde, den KZ-Gedenkstätten auch ein affirmatives Pathos beizugeben – etwa mit dem Epitaph von Anna Seghers am Eingang der 1959 eingeweihten Nationalen Mahn- und Gedenkstätte Ravensbrück, wo es über die im Frauen-Konzentrationslager Ravensbrück inhaftierten Frauen appellatorisch heißt:

SIE SIND UNSER ALLER MÜTTER UND SCHWESTERN. IHR KÖNNTET HEUTE WEDER FREI LERNEN NOCH SPIELEN, JA IHR WÄRET VIELLEICHT GAR NICHT GEBOREN, WENN SOLCHE FRAUEN NICHT IHREN ZARTEN, SCHMÄCHTIGEN KÖRPER WIE STÄHLERNE SCHUTZSCHILDER DURCH DIE GANZE ZEIT DES FASCHISTISCHEN TERRORS VOR EUCH UND EURE ZUKUNFT GESTELLT HÄTTEN.[6]

Noch ist die langewährende gedenkstättenpädagogische Praxis der DDR seit Gründung der Nationalen Mahn- und Gedenkstätten Ende der 1950er/Anfang der 1960er Jahre kaum umfassender untersucht. Wir wissen um die ideologisch aufgeladene, sinnstiftende Funktion der Gedenkstätten, die weniger auf die anlassgebende Geschichte in ihrer Komplexität gerichtet war, als vielmehr auf eine auch zuweilen pathetisch gerahmte, sinnstiftende Unterstützung des Gründungsmythos der DDR. Die Gedenkstätten betonten den heldenhaften antifaschistischen Widerstand unter Führung der Kommunisten, der sich in der Gründung der DDR vollendet sah. Die schockierende Konfrontation mit dem Grauen der Lager galt mehr als Mittel der Aufklärung über das wahre Gesicht des Kapitalismus als der Wahrnehmung der Pein der Opfer als Teil der Wahrnehmung des Ortes und seiner Geschichte.[7] Die semantische Trennung nach *Kämpfern gegen den Faschismus* und *Opfern des Faschismus* zog dabei eine auch hierarchische Linie der gesellschaftlichen Anerkennung.

Dieses Feld DDR-spezifischer normativer Rahmungen von Gedenkstättenerfahrungen ist keineswegs schon sozialwissenschaftlich valide untersucht, etwa mit Blick auf die Frage, in welcher Form Emotionalität aufgerufen, herausgefordert und in der Praxis Raum gegeben wurde. Auch ist weithin noch nicht untersucht, welche Räume es jenseits normativ gesetzter Erwartungen für Emotionalität und Kontroversität – etwa in abseitigen Nischen im Gefüge der staatlich verantworteten Jugendstunden zur Vorbereitung der Jugendweihe oder in den Freiräumen kirchlicher Rüstzeiten – gegeben haben mag. Ebenso wenig

---

6 Vgl. Eschebach 1999, in der frühen Nachkriegszeit 13 – 38, zu Seghers Worten insbesondere 31.
7 Vgl. etwa für Sachsenhausen Morsch 1996.

haben wir genauere Kenntnis mit verlässlicher Repräsentativität, welche Gedenkstättenerfahrungen in diesen angedeuteten Rahmungen oder *gegen* sie die Gedenkstättenbesucherinnen und -besucher damals gemacht haben und welche Wirkungen das auf ihre heutige Sicht auf diese Orte und ihre Geschichte hat.

In unserer heutigen pluralistischen Gesellschaft agieren Gedenkstätten immer – zumal, wenn sie auf historische Gewalt- und Verbrechenskomplexe verweisen – in einem gesellschaftlichen Feld vielfältiger Erwartungen. Als – selbst wieder heterogene – Akteure, die ihre Erwartungen an Gedenkstätten richten, seien hier Überlebende oder Betroffene und deren Nachkommen, ob als Individuen oder im Verband, Wissenschaftlerinnen und Wissenschaftler, Besucherinnen und Besucher, die Politik und die Gedenkstättenmitarbeiterinnen und -mitarbeiter selbst genannt. Zuweilen artikulieren sie sehr unterschiedliche, manchmal sogar einander widersprechende oder ausschließende Ansprüche an die Gedenkstätten. Die Gedenkstättenpädagogik sieht sich dadurch den heute wiederum vielfältigen Erwartungen verschiedener Akteure in Bildungsprozessen gegenüber (mit den Normierungen etwa der schulischen Wahrnehmung der Gedenkstätten als außerschulischem Lern- und Bildungsort), denen der Schulverwaltungen und Rahmenrichtlinien, der Geschichtsdidaktik und im konkreten Bildungsprozess insbesondere denen der Lehrerinnen und Lehrer und der Schülerinnen und Schüler. Und schließlich spielen auch die Erwartungen der Gedenkstättenpädagoginnen und -pädagogen selbst – im skizzierten Feld der den Gedenkstätten eigenen Erwartungsfelder von Überlebenden/Betroffenen, Wissenschaft und Politik – in unsere Arbeit hinein.

Überwältigung ist eine der zentralen Kategorien des Beutelsbacher Konsenses, mit dem nach erbitterten Debatten 1976 bundesweite Standards für die politische Bildung formuliert wurden. Im Diskurs wurde der Terminus noch durch die Zufügung des Wortes *Verbot* – im Sinne des *Überwältigungsverbots* – gleichsam normativ erhöht. Jenseits dieser normativen Aufladung will ich sie in diesem Beitrag zur Bedeutung von Emotionen in der historisch-politischen, gedenkstättenpädagogischen Praxis später wieder aufrufen.

Wenn ich bereits auf das Manko verwiesen habe, dass die gedenkstättenpädagogische Praxis der DDR kaum als gut erforscht gelten kann, so muss auch die bundesdeutsche gedenkstättenpädagogische Praxis, was empirisch valide Untersuchungen betrifft, gerade hinsichtlich emotionaler Erwartungen und Reaktionen der Besucherinnen und Besucher und insbesondere im Setting des schulischen Gedenkstättenbesuchs, als weithin unerforscht gelten.

Zwar gibt es mittlerweile einige Studien, die das Geschichtsbewusstsein Jugendlicher und junger Erwachsener mit Blick auf die Geschichte des Nationalsozialismus und seiner Verbrechen untersuchen, über die Meik Zülsdorf-

Kerstings Dissertation bis in das Jahr 2006 einen guten Überblick verschafft.[8] In diesen Studien findet die gedenkstättenpädagogische Praxis als kleiner Ausschnitt historisch-politischer Bildung selbst nur marginale Wahrnehmung, und Emotionalität wird als Beobachtungsgegenstand auch nur gestreift. Für das Feld der Gedenkstättenpädagogik selbst weist Bert Pampel seit den 1980er Jahren immerhin 34 empirische Studien auf der Basis von Befragungen von Gedenkstättenbesucherinnen und -besuchern in einer Übersicht nach, auf die wir Bezug nehmen könnten.[9] Allerdings ist das Gesamtbild dieser Arbeiten sehr uneinheitlich.[10] Es gehört zum Elend notorisch unterfinanzierter Gedenkstätten, dass ihnen eine sozialwissenschaftlich valide, konsistente und vergleichbare Besucher- und Wirkungsforschung kaum möglich ist. Die Kategorie der Emotionalität im Feld der Gedenkstättenpädagogik wird dort kursorisch aufgerufen, aber ist selbst kein zentraler Untersuchungsgegenstand.

Auf *Betroffenheit* als Form emotionalen Engagements verweisen Sven Gareis und Malte von Vultejus in ihrer 1987 vorgelegten Studie auf der Basis von 1.035 Interviews mit einer Zufallsauswahl deutschsprechender Besucherinnen und Besucher der Gedenkstätte Dachau:

> Die KZ-Gedenkstätte löst zwar bei den Besuchern Betroffenheit aus, aber offenbar hängt der Grad der Betroffenheit von den Einstellungen ab, die schon vor dem Besuch der Gedenkstätte vorhanden waren. Befragte, die bereits eine eher negative Einstellung zur Gedenkstätte hatten, ändern diese auch unter dem Eindruck des Besuches nicht. Die Gedenkstätte wirkt demzufolge eher auf Befragte, die schon mit einer gewissen Bereitschaft zum emotionalen Engagement nach Dachau kommen.[11]

Dabei machten Gareis und von Vultejus bei 25 % »starke emotionale Betroffenheit«, bei 65 % eine »spürbare, aber nicht allzu starke Betroffenheit« und bei 15 % »keine besondere Betroffenheit« aus[12] – und bleiben uns doch die Erklä-

---

8 Zülsdorf-Kersting 2007, 35–121.
9 Pampel 2007, 408–413.
10 Zum Teil sind sie aufgrund der sehr kleinen Stichproben wenig aussagekräftig, zuweilen scheint ihr Forschungsdesign den eigenen Ansprüchen und sozialwissenschaftlichen Standards kaum zu genügen. So hat beispielsweise der damalige Lehramtsstudent René Mounajed zwischen Oktober 1999 und Juli 2000 immerhin 861 Schülerinnen und Schüler, die die Gedenkstätte Ravensbrück im Rahmen eines Projekttages besucht hatten, zu ihren Einstellungen mit Blick auf »Juden, Zigeuner, Ausländer und Schwule« befragt, um festzustellen, dass ein Teil von ihnen auch nach dem Gedenkstättenbesuch »typisch negative Vorbehalte« beibehielten, obwohl sie doch zuvor »ihre Betroffenheit mit den Opfern von Ravensbrück« bekundet hätten, vgl. Mounajed [2000], 2. Im Forschungsdesign war u. a. nicht reflektiert worden, welchen Einfluss normative Rahmungen durch die bekannte »hohe soziale Erwünschtheit« bestimmter Antworten auf das Antwortverhalten der Probanden haben; Ahlheim und Heger 2003, 85.
11 Gareis und Vultejus 1987, Zusammenfassung (e) Auswertung s.p.
12 Ebd. 30 ff. und 118.

rung schuldig, woran sich der Grad der »Betroffenheit« bemisst. In einer un-
veröffentlichten Studie Wilfried Schubarths heißt es:

> Die Nationale Mahn- und Gedenkstätte Buchenwald verfügt über beträchtliche Po-
> tenzen der Wirkung auf jugendliche Besucher. Das betrifft vor allem den nachweis-
> baren Informationsgewinn über das Leben im KZ und die starken (kurzfristigen)
> emotionalen Wirkungen.[13]

Sowohl in den Dachauer, als auch in den Buchenwalder Beobachtungen werden
mit dem Begriff der wahrgenommenen »Betroffenheit« und der »starken
(kurzfristigen) emotionalen Wirkungen« eher blitzlichtartige Beobachtungen
referiert, als dass hier tatsächlich aussagekräftige Öffnungen hin zum Feld
emotionaler Reaktionen und Wirkungen bei den Gedenkstättenbesucherinnen
und -besuchern geschaffen würden.

Unter Gedenkstättenpädagoginnen und -pädagogen konsensfähig dürfte
Günter Morschs in der Gedenkstätte und Museum Sachsenhausen gewonnene
Wahrnehmung sein, dass die meisten Besucherinnen und Besucher, die überhaupt mit reflektierten Erwartungen in die Gedenkstätte kommen, vom Besuch
»einen sinnlichen Zugang zu den materiellen Spuren« und »eine fühlbare Verlebendigung der eigenen bisherigen Kenntnisse« suchen. Die »Erwartung eines
auratischen, emotionalen Erlebnisses verbindet sich mit einem ganz allgemeinen, unspezifischen Interesse an der Geschichte der NS-Zeit.«[14] Mit den Begriffen »sinnlicher Zugang«, »fühlbare Verlebendigung« und »Erwartung eines
auratischen, emotionalen Erlebnisses« ruft Morsch Kategorien auf, die auf
emotionale Wahrnehmungen und affektive Besetzungen der Gedenkorte verweisen. Ich erspare Ihnen an dieser Stelle meinen grundsätzlicheren Dissens mit
Morsch und anderen, um die Begriffe »Aura« und »Authentizität« zu entfalten.[15]
Was mir in Vorbereitung dieses Aufsatzes aber noch einmal wichtiger geworden
ist, ist, die »auratische Wirkung« der Gedenkstätten nicht als eine den Gedenk-
korten innewohnende Eigenschaft zu begreifen, die Voraussetzung ihrer
Wahrnehmung ist, sondern sie als Ergebnis und Erzeugnis normativer Besetzungen zu verstehen, die auch in Bildungsprozessen re-produziert werden.

Die Gedenkorte werden von uns mit *auratischen Erwartungen* besetzt, um in
der Aura eine Sphäre des besonderen Respekts zu schaffen und abzusichern. Der
Begriff der Aura verweist auch auf ihren Ursprung im Religiösen. Dort werden
Orte und Gegenstände mit einer sakralen Aura versehen, um Profanes von
Heiligem zu scheiden. Die sakrale Aura garantiert höchstnormativ den beson-
deren Respekt und die Erhöhung des Sakralen. So wird eine nichthinterfragbare

---

13 Schubarth o. J., 11.
14 Morsch 2002, 44.
15 Nachzulesen in Heyl 2010a, 2010b und 2010c, 47–50.

Tabu-Sphäre geschaffen, die nicht adäquate, respektlose Annäherungen verhindern soll.

Gedenkstätten, die uns mit Spuren einer Gewalt- und Verbrechensgeschichte konfrontieren, sind, wenn wir sie ernst nehmen, zutiefst »verunsichernde Orte«.[16] Sie »dienen gleichermaßen als Vermittlungsgegenstand und -medium«[17] und bezeugen, dass Gewalt und Verbrechen nicht nur möglich waren, sondern dass sie damit – unter bestimmten Bedingungen – zum Repertoire menschlichen Verhaltens gehören. Gedenkorte, die dem Gedenken Gepeinigter und Ermordeter gewidmet sind, symbolisieren einerseits die Verletzlichkeit menschlicher Würde und Existenz, sie erinnern aber auch daran, was Menschen anderen Menschen anzutun in der Lage sind. Damit verweisen sie auf zweierlei: auf die Gewalterfahrungen (der Opfer) und die Gewaltausübung (durch die Täter). Damit ist einerseits die in unserer Gesellschaft normativ verankerte Erwartung verknüpft, dass die Gedenkstätten nach der Erfahrung totaler Entwürdigung einen Beitrag leisten, die Würde der Opfer wieder herzustellen – nichts soll sich ausgerechnet hier ereignen, was dazu angetan wäre, die Würde der Opfer wieder oder weiter zu verletzen. Anderseits konfrontiert uns die Geschichte dieser Orte mit dem Wissen, dass es Menschen gab, die sich um die Würde der noch lebenden Opfer nicht scherten, indem sie sie zu Opfern machten. Das verweist auf das hohe potenzielle Risiko, dem der Ort auch gegenwärtig aufgrund mangelnder Sensibilität und mangelnden Respekts ausgesetzt ist. Dagegen steht die auratische Erwartung, die etwa Lehrerinnen und Lehrer wahrnehmen, wenn sie ihre Schülerinnen und Schüler vor dem Gedenkstättenbesuch darauf orientieren, dass dort angemessenes Verhalten erwartet werde. Nicht immer wird die Frage der Angemessenheit bewusst und offen verhandelt. Dadurch entsteht zuweilen eine Sphäre der zusätzlichen Unsicherheit und Befangenheit – eine ausschließende Atmosphäre, die eher markiert, dass dort bestimmtes (oder unbestimmtes) Verhalten unerwünscht sei, als dass explizit formuliert würde, welches Verhalten denn erwünscht sei. Viele Lehrerinnen und Lehrer artikulieren mir gegenüber ihre Sorge, dass ihre Schülerinnen und Schüler sich nicht angemessen verhalten, und häufig teilt sich mir im Verlauf einer Gruppenbetreuung mit, dass ihre Befangenheit in eine Reihe dem Gedenkstättenbesuch

---

16 Vgl. Thimm, Kößler und Ulrich 2010.
17 Dazu schreiben Verena Haug und Barbara Thimm weiter: »Dieser Aspekt wird als Anschaulichkeit von Geschichte häufig als besondere Lernchance positiv hervorgehoben, beinhaltet aber auch spezifische Spannungen. Insbesondere die KZ-Gedenkstätten stehen in der Tradition des Opfergedenkens und sind nicht in erster Linie als pädagogische Orte errichtet worden, auch wenn sie in ihrer mahnenden Funktion immer bereits auch einen erzieherischen Anspruch hatten. Mit wachsendem zeitlichem Abstand zum historischen Geschehen werden sie jedoch mehr und mehr als ›Lernorte‹ betrachtet, die den Charakter der Einrichtungen als Gedenkstätten dennoch bewahren sollen.«, Haug und Thimm 2007, 13.

putativer vorgeschalteter Verbote mündete. Die Schülerinnen und Schüler sind
dann oft orientiert, dass sie etwa während des Gedenkstättenbesuchs nicht
essen, nicht lachen und nicht laut sein sollen. Es gibt eine Verunsicherung, ob es
sichere Räume gebe, an denen vielleicht doch gegessen und getrunken werden
dürfe (was bei einer Geländeführung an warmen Sommertagen unabdingbar
notwendig sein kann). Lehrerinnen und Lehrer sowie Schülerinnen und Schüler
fragen vorsichtig, ob und wo fotografiert werden darf.

Diese Sphäre der Verunsicherung und Befangenheit schafft eine Rahmung für
einen Gedenkstättenbesuch, die fast unweigerlich Auswirkungen auf die jeweilige Wahrnehmung des Ortes hat. Gleichzeitig absorbiert sie Aufmerksamkeit
und lenkt zu einem Teil von dem ab, was hier zu sehen, zu erfahren und zu
reflektieren wäre. So entsteht bei manchen Besucherinnen und Besuchern
gleichsam ein Modus der »gezogenen Handbremse«, eine merkliche habituelle
Blockade, die den Zugang zu der schwierigen und komplexen Geschichte des
Ortes mit all ihren Zumutungen zusätzlich erschwert – oder, umgekehrt, das
Ausweichen erleichtert.

Die emotionale Spannung wird durch eine zweite Komponente auratischer
Erwartungen erhöht, die Günter Morsch mit den Begriffen »sinnlicher Zugang«,
»fühlbare Verlebendigung« und »Erwartung eines auratischen, emotionalen
Erlebnisses« anspricht. Durch die Sphäre der Befangenheit wird ein verdruckster Erwartungshorizont geschaffen, der signalisiert, dass die Gedenkstätte ein
besonderer emotionaler Raum sei, die gegen Regelverstöße geschützt werden
müsse. Gleichzeitig signalisieren Erwachsene – Lehrerinnen und Lehrer oft
ebenso wie Eltern – dass angesichts der dort zu thematisierenden, im Wortsinne
überwältigenden Gewaltgeschichte auch überwältigende emotionale Reaktionen
möglich sind. Jugendliche begreifen aus der Befangenheit ihrer Lehrerinnen und
Lehrer heraus häufig, dass in der Gedenkstätte etwas geschehen könnte, was sie
mit ihren Alltagserfahrungen überhaupt nicht antizipieren können. Da die KZ-
Gedenkstätte ein historischer Ort schrecklicher Verbrechen ist, erwarten sie,
irgendwie sinnlich, fühlbar, emotional berührt zu werden, und sie merken aus
dem Verhalten ihrer Lehrerinnen und Lehrer, dass diese den Gedenkstättenbesuch auch gerade wegen der Erwartungen an eine besondere affektive Leistung
mit ihnen durchführen. Die Fahrt an den historischen Ort des Nationalsozialismus und seiner Verbrechen soll in der Erwartung mancher Lehrerinnen und
Lehrer das im schulischen Unterricht theoretisch Erfahrene konkretisieren, soll
eine affektive Ebene ansprechen, die Relevanz des Themas fühlbar machen, da
dies – auch der Beschreibung von vielen Jugendlichen – aus Büchern allein oder
im Unterricht kaum gelinge: sich eine Vorstellung von *alledem* zu machen.

»Betroffenheitspädagogik«[18] und das Lernziel
Empathie als Überforderungsszenario

Zuweilen geht diese Erwartung an die Schülerinnen und Schüler einher mit einer Rahmung, die, oft in den Zügen einer Karikatur, die – wie jede gute Karikatur – auch wahre Züge trägt, als »Betroffenheitspädagogik« gescholten wird. Dann erscheint der Gedenkstättenbesuch gleichsam als erlebnispädagogische Ergänzung zum schulischen Unterricht über den Nationalsozialismus, in der die Gedenkstättenpädagoginnen und -pädagogen gleichsam als Schaustellerinnen bzw. Schausteller des Grauens (»Gehen Sie mit uns bitte zum Prügelbock und ins Krematorium, und sprechen Sie gerne drastisch über die medizinischen Experimente!«) vor Ort die aufrüttelnde Konkretion zum Schulstoff liefern mögen. Oft wird dies mit der zuweilen unausgesprochenen, jedoch starken Erwartung verbunden, die Jugendlichen sollten beim Gedenkstättenbesuch in emotionalen Lernprozessen Empathie mit den Opfern des Nationalsozialismus entwickeln. Wir wissen aber, dass Drastik und Überwältigung ebenso dazu geeignet sind, Zugänge zu verschließen, da wir um das Widerstandspotenzial Jugendlicher wissen, die sich – meines Ermessens zu Recht – dagegen wehren, wenn sie zum Objekt einer Choreografie der Emotionen von außen gemacht werden. Gerade die hohe soziale Erwünschtheit gewisser emotionaler Reaktionen blockiert die emotionale Auseinandersetzung.

Gleichzeitig ist es verquer, Empathie*bildung* ohne Empathie*übung* forcieren zu wollen. Die Erwartung von emotional eingeleiteten Prozessen der Empathiebildung läuft auch und gerade in schulischer Hinsicht an dem Mangel an Empathieerfahrungen der Jugendlichen in die Irre. Bei Gruppen, deren Gedenkstättenbesuch die Züge einer Zwangsvorführung trägt, müssen wir oft ein hohes Maß an Empathiefreiheit zwischen Lehrerinnen und Lehrern und ihren Schülerinnen und Schülern wahrnehmen. Hinzu kommt die besondere thematische Aufladung: Im Geschichtsunterricht über die Französische Revolution beispielsweise wird sich die Anforderung, etwa Empathie mit den Sansculotten zu entwickeln, eher in Grenzen halten. Das Empathiegebot entsteht in besonderer Weise und mit besonders hoher sozialer Erwünschtheit im Geschichtsunterricht meist mit Blick auf die Opfer des Nationalsozialismus. Noch viel grundsätzlicher aber gilt: Um Empathie üben zu können, muss man bereits Empathie geübt und erfahren haben.

Empathie ist wohl eher eine hoch anspruchsvolle Annäherungsweise an jeweils andere als ein leicht erreichbares Lernziel. Zwar kann beispielsweise eine

---

18 Den Begriff haben Thomas Ziehe und Herbert Stubenrauch bereits Anfang der 1980er Jahre in ihrer kritischen Auseinandersetzung mit der »subjektiven Wende« der Pädagogik geprägt, vgl. Ziehe und Stubenrauch 1982, 155 ff.

biografisch konkrete Herangehensweise Zugänge zur individuellen Dimension öffnen und die Relevanz eines Geschehens nachvollziehbarer werden lassen, aber genauso finden wir die schnelle Schließung, von der Adorno berichtete:

> Man hat mir die Geschichte einer Frau erzählt, die einer Aufführung des dramatischen Tagebuchs der Anne Frank beiwohnte und danach erschüttert sagte: ja, aber das Mädchen hätte man doch wenigstens leben lassen sollen. Sicherlich war selbst das gut, als erster Schritt zur Einsicht. Aber der individuelle Fall, der aufklärend für das furchtbare Ganze einstehen soll, wurde gleichzeitig durch seine Individuation zum Alibi des Ganzen, das jene Frau darüber vergaß. Das Vertrackte solcher Beobachtungen bleibt, dass man nicht einmal um ihretwillen Aufführungen des Anne-Frank-Stückes, und Ähnlichem, widerraten kann, weil ihre Wirkung ja doch, soviel einem daran auch widerstrebt, so sehr es auch an der Würde der Toten zu freveln scheint, dem Potential des Besseren zufließt.[19]

KZ-Gedenkstätten als projektive Felder[20]

In das Feld der Gedenkstätten zurückkehrend, referiert Bert Pampel, dass auf Interviews gründende Untersuchungen die Beobachtung »enttäuschter Erwartungen nach anschaulicher und wirklichkeitsnaher Vermittlung« vielfach bekräftigten.[21] Die exemplarisch wiedergegebene Aussage eines Schülers nach dem Besuch in der Gedenkstätte Buchenwald:

> Ich habe gedacht, da stehen Baracken, da kann man reingehen, da stinkt's vielleicht noch. Und da sind noch irgendwelche Sachen, die da rumliegen, die die Häftlinge anhatten oder irgendwelches Geschirr, aus dem Häftlinge gegessen haben. Aber es war ja alles weg, da war ja freie Fläche. Da war gar nichts mehr.[22]

kommentiert Pampel als Beleg für die Schwierigkeit

> für die meisten Schüler […], sich wie erhofft in die Gefangenen einzufühlen und deren Leiden nachzuvollziehen, je weniger Relikte es zu sehen gibt. Die Enttäuschung solcher Ansprüche endet oft in Frustration, die den gesamten Besuch negativ beeinflussen kann. An anderen Orten, zum Beispiel in Gaskammern, in Krematorien oder in Operationsräumen für medizinische Versuche, werden die Erwartungen der Schüler

---

19 Adorno 1997c, 22.
20 Als Grundlagentext empfehle ich Assmann und Brauer 2011. Außerdem danke ich der niederländischen Kollegin Dienke Hondius für das bislang unveröffentlichte Skript ihres Vortrags »Inspiration for action in commemoration. The potential of honest conversations about the choices we make« (Hondius 2012), in dem sie die wachsende Bedeutung emotionaler Zugänge in der schulischen, gedenkstättenpädagogischen und musealen Praxis zum Themenfeld nationalsozialistische Massenverbrechen seit den 1980er Jahren darstellt und kritisch kommentiert.
21 Pampel 2007, 101.
22 Fischer und Anton 1992, 101.

nach Anschaulichkeit und Gänsehaut erfüllt oder gar übertroffen. Allerdings gelingt es anscheinend nur wenigen Schülern in solchen Situationen, die eigenen Erwartungen nach Nacherlebbarkeit kritisch zu reflektieren.[23]

Hier aber genau muss gedenkstättenpädagogische Arbeit auch einsetzen – Räume schaffen, um derlei Erwartungen auch dann zu formulieren, wenn sie nicht der Rahmung sozialer Erwünschtheit entsprechen, um die kognitive Dissonanz zwischen eigener Erwartung, eigener Enttäuschung und Furcht vor Sanktionierung der Erwartung zum Sprechen zu bringen. Nur so wird der Unterschied zwischen der Erwartung, ein KZ zu besuchen und doch nur wieder in der Gedenkstätte gelandet zu sein, zum Ausgangspunkt einer Auseinandersetzung mit Geschichte, die einen neuen, verstörenden Blick eröffnet – wie Überlebende manchmal formulieren: »Ihr könnt es Euch gar nicht vorstellen! G'ttlob könnt Ihr Euch das gar nicht vorstellen!« Oder mit Insa Eschebach gesprochen: »Dieser Ort kann auf keinen Fall halten, was die Vorstellungen von ›den Konzentrationslagern‹ gewissermaßen ›versprochen‹ haben«,[24] und – in den Worten Ruth Klügers – »wer dort etwas zu finden meint, hat es wohl schon im Gepäck mitgebracht.«[25]

Welche emotionalen Bilder ruft der Berliner Lehrer auf, der vor der Projektwoche für den Besuch der Gedenkstätte und Museum Sachsenhausen auf einem A4-Blatt unter der Überschrift »Das Konzentrationslager Sachsenhausen – Arbeitslager und Todesfabrik« mit den Worten wirbt:

Du interessierst dich für die schlimmste Zeit der deutschen Geschichte, die ›Nazizeit‹? Du bist bereit, dich auf ›harte Themen‹ wie Hunger, Folter und Mord einzulassen? Du bist in der Lage, aufmerksam und aktiv bei einer längeren Führung zuzuhören? Du arbeitest gerne selbständig in Kleingruppen und bist ganz ›gut zu Fuß‹? Du bist bereit, dich mit ca. 5 € und 4 Fahrkarten (ABC) am Projekt zu beteiligen? Du findest Herrn X. nicht sooo schlimm? Dann bewirb dich für das Projekt Nr. 22!

Wird der Ort halten können, was Kollege X. im Text, der gleichsam emotionale Stahlgewitter ankündigt, und mit vier ikonischen Fotos – Innenansicht des Krematoriums, »Arbeit macht frei« auf dem Lagertor, Nahaufnahme und Totale von Häftlingsappellen – verspricht?

Pampel referiert aus den vorliegenden Studien zur Besucherforschung als emotionale Reaktionen auf den Gedenkstättenbesuch die Frustration über die »Unvorstellbarkeit, [das] Erschrecken und [die] Erleichterung darüber, solche Orte des Todes schnell wieder verlassen zu können«.[26]

---

23 Pampel 2007, 101 – 102.
24 Eschebach 2008, 40.
25 Klüger 1992, 75.
26 Pampel 2007, 102.

Andere aufgerufene emotionale Reaktionen wie »Verunsicherung, Hilflosig-
keit, Fassungslosigkeit, Sprachlosigkeit, Niedergeschlagenheit und Traurigkeit,
Angst vor den Menschen, Wut, Ekel und Abscheu«[27] lesen sich wie Spiegelungen
dessen, was wir in der psychologischen Literatur zu Extremtraumatisierungen
bei Überlebenden der Lager über den emotionalen Horizont der Lagerexistenz
beschrieben finden. Diesen Emotionen waren die Häftlinge im Lager schutzlos
und im Extremen ausgesetzt. Das Repertoire gegenwärtiger mit den einstigen
Lagerorten verbundenen Verunsicherungen und Ängste findet einen gewissen
Anschluss an die Gewalterfahrung der Häftlinge, wenn etwa Jean Améry sein
erstmals 1966 erschienenes Buch *Jenseits von Schuld und Sühne* mit dem Un-
tertitel *Bewältigungsversuche eines Überwältigten* versah und sich dagegen
verwahrt, »in schöner Detachiertheit« mit dem Begriff des »KZ-Syndroms«
etikettiert zu werden. Améry schreibt:

> Wir alle seien, so lese ich in einem kürzlich erschienenen Buch über ›Spätschäden nach
> politischer Verfolgung‹ nicht nur körperlich, sondern auch psychisch versehrt. Die
> Charakterzüge, die unsere Persönlichkeit ausmachen, seien verzerrt. Nervöse Ruhe-
> losigkeit, feindseliger Rückzug auf das eigene Ich seien die Kennzeichen unseres
> Krankheitsbildes. Wir sind, so heißt es, ›verbogen‹. Das lässt mich flüchtig an meine
> unter der Folter hinterm Rücken hochgedrehten Arme denken.[28]

Die Darstellung der Verbrechensgeschichte des Nationalsozialismus trägt immer
auch und unweigerlich überwältigende Züge, die das Moment der gewaltsamen
Überwältigung der Häftlinge spiegeln, im dialektischen Sinne noch aufheben.
Wir tun alle gut daran, uns vor der ganzen Wucht dieser Gewalterfahrung der
Häftlinge zu schützen, die in Spuren noch erhalten ist in ihren Berichten, ihren
Verletzungen, in den Spuren an den Tatorten, in den Artefakten und Asservaten
der einstigen Verbrechen. Wir kommen nicht umhin, die Gewalt wahrzunehmen
und zu thematisieren, aber stete Aufgabe für die Gedenkstättenpädagogik ist es,
zu einer balancierten und nuancierten Darstellung zu kommen, die selbst nicht
verletzt, beschädigt oder anderen Gewalt antut. Mit den – im Gespräch geäu-
ßerten – Worten der Psychoanalytikerin und Überlebenden Margrit Rustow:
»Die Gewalt muss ein Ende haben!«

Vor einigen Jahren sah ich im Vorbeigehen, wie sich in der Gedenkstätte
Ravensbrück ein junges Mädchen aus einer norwegischen Besuchergruppe
herauslöste, auf einen Laternenpfahl zuschoss und halb leise wimmernd, halb
laut heulend, heftig dagegen trat. Ein Mädchen und ein Junge aus der gleichen
Gruppe waren ihr eilends gefolgt, und als ich näher kam, bekam ich mit, wie das
noch immer weinende Mädchen den trostspendenden Freunden unter Tränen
erklärte – soweit ich ihre norwegischen Worte verstand – dass sie so entsetzlich

27 Ebd.
28 Améry 1980, 110.

wütend darüber sei, »was die Deutschen den Unseren« angetan hätten. Dieses Geschehen nahm wenig Zeit, aber meine ganze Aufmerksamkeit im Vorbeigehen in Anspruch. Ich war einerseits besorgt um das Mädchen, das ich aber von seinen Freunden gut umsorgt sah, und andererseits war ich überrascht über die Heftigkeit der emotionalen Reaktion. Ich begriff, dass sie mit einer der zahlreichen norwegischen Gruppen nach Ravensbrück gekommen war, die in Erinnerung an norwegische Häftlinge und an die Befreiung zahlreicher Häftlinge durch das schwedische Rote Kreuz noch vor der Befreiung der Lager oft vier, fünf KZ-Gedenkstätten innerhalb von fünf Tagen besuchten – damals noch mit einem so dichten Programm, dass sie vormittags in der KZ-Gedenkstätte Sachsenhausen gewesen waren, bevor sie, auf dem Weg zur Fähre nach Hause, in der KZ-Gedenkstätte Ravensbrück Halt machten. Dies war also innerhalb kürzester Zeit der letzte Besuch einer KZ-Gedenkstätte von mehreren, unterbrochen durch lange Busfahrten von einem Gedenkort zum nächsten – ein Überforderungsszenario schon für viele Erwachsene. Und es beeindruckte mich bei diesem affektiven Ausbruch neben der Heftigkeit auch der formulierte Inhalt: Wut. Aus einer Reihe von emotionalen Reaktionen auf die Geschichte des Ortes heraus hatte das Mädchen Wut entwickelt, rasende Wut. Ich überlegte einerseits, was in der Führung, die das Mädchen verlassen hatte, wie thematisiert worden sein mochte, und andererseits, warum mir so etwas in meinen Führungen noch nicht passiert ist. Ich bemühe mich zwar, Emotionalisierungen nicht zu forcieren, weiß aber um die performative Qualität, die selbst in einer gewissen Lakonie liegen kann. Aber Wut, so schien mir, war eine überaus adäquate emotionale Reaktion auf das, was in Ravensbrück erzählt wird, auf das, was dort geschehen ist. Unter deutschen Jugendlichen nehme ich selten Wut wahr, obwohl es doch so naheliegend wäre, *auch* wütend darüber zu sein, was dort geschehen ist; wütend zu sein über eine Geschichte, der man an diesem Ort nun vermittelt ausgesetzt ist; wütend darüber zu sein, dass man nun mit einer solchen Geschichte dasitzt. Aber Wut braucht ein personales Ziel – für das norwegische Mädchen »die Deutschen«, also die anderen. Ich überlegte, ob in deutschen Gruppen weniger Wut anzutreffen sei, weil die Wut auf die Täter für einen Teil der Teilnehmenden einen – meist konfusen – Bezug zu den *Ihrigen*, den *Unseren* herstellen würde, weil es eine im Wortsinne reife, von Autonomie zeugende Leistung ist, sich in der eigenen Gruppe auch nur partiell von den *Unsrigen* distanzieren zu können.

Emotionale Reaktionen zu erkennen und zu deuten, bedarf eines geübten Sensoriums. Selten sind wir in unseren pädagogischen Milieus wirklich in der Lage, mit einem diagnostischen Blick trennscharf zu differenzieren zwischen den verschiedenen, oft phänotypisch dicht beieinanderliegenden emotionalen Regungen. Eine Distanziertheit oder Erstarrung gilt schnell als Äußerung von Gleichgültigkeit und Langeweile, kann aber auch Ausdruck ganz gegenteiliger

Empfindungen sein – als Versuch, der emotionalen Überforderung zu begegnen, sich dagegen zu wappnen, zu armieren.

Wie deute ich das ganz andere »Austicken« eines Achtklässlers, der sich zwischen ehemaliger Lagermauer und dem Überrest des Krematoriums zum Abschluss einer etwa 90-minütigen Führung ermattet auf die Treppenstufen setzte und während meiner Erzählung darüber, was dort rundherum geschehen ist, aufsprang und laut ausrief: »Oh Scheiße, ich glaub', ich hab' 'nen toten Juden am Arsch!«? Selbstredend verstieß er auf verstörende Weise gegen sprachliche Konventionen, aber was er ganz offensichtlich in dem Moment begriffen hatte, ist, dass der Ort insgesamt in besonderer Weise mit Tod konterminiert ist – und ihn damit auf verstörende Weise konfrontiert. Stelle ich seine – intendierte oder nicht intendierte? – Provokation in den Mittelpunkt, oder die historische Provokation: das Skandalon, dass Ravensbrück das war, was es war, und das ganz eigentlich nicht hätte sein dürfen…?

Pampel referiert auch »Äußerungen von Gleichgültigkeit und Langeweile«, die nicht »nur Folge emotionaler Abstumpfung, fehlender Anschaulichkeit oder mangelhafter Vorbereitung« seien, sondern »Ausdruck einer Verweigerungshaltung gegenüber moralischem Druck.«[29]

Und Marion Klein resümiert in ihrer 2012 vorgelegten Studie über *Schülerinnen und Schüler am Denkmal für die ermordeten Juden Europas,*

> dass sich die Schüler(innen) in einem Dilemma befinden. So sehen sie sich einerseits mit dem normativen Anspruch konfrontiert, Gefühle der Trauer mit dem Denkmal und dem Thema Holocaust zu verbinden, verfügen andererseits jedoch nicht über eine gemeinsame milieu- bzw. generationenspezifische Erfahrungsbasis mit den Opfern, die hierfür Voraussetzung wäre. Während ein Teil der Jugendlichen auf das Dilemma mit einer Zurückweisung der gebotenen Trauer reagiert und das Denkmal bzw. das Stelenfeld im Rahmen ästhetischer Erfahrung authentisiert, versucht ein anderer Teil der Jugendlichen das Dilemma durch die Konstruktion imaginativer, gemeinsamer konjunktiver Erfahrungsräume mit dem Opfer bzw. im Einzelfall mit den Täter(inne)n bzw. Mitläufer(inne)n zu ›lösen‹.[30]

Cornelia Fischer und Hubert Anton zitieren in ihrer Studie, die vor nun schon 20 Jahren erschienen ist, die Aussage einer oder eines Jugendlichen nach dem Gedenkstättenbesuch: »Es wurde einem aufgezwungen, dass man da mitfühlt und so. Ich fand schon schlimm, was ich da gesehen habe. Aber sich da reinversetzen, was die Leute damals empfunden haben, das kann man doch gar nicht.«[31]

---

29 Pampel 2007, 102.
30 Klein 2012, 360.
31 Fischer und Anton 1992, 108.

Diese im letzten Satz – »Aber sich da reinversetzen, was die Leute damals empfunden haben, das kann man doch gar nicht.« – formulierte Wahrnehmung von Alterität ist meines Erachtens gerade nicht als Scheitern einer empathischen Annäherung zu begreifen, sondern ihr kluges Ergebnis, da empathische Annäherung nicht als empathische Aneignung oder – im doppeltem Wortsinne – empathische Überwältigung missverstanden wurde, wie es der aufgezwungene Anforderungskanon der Lehrerin offenbar suggerierte.

Was wir in der gedenkstättenpädagogischen Arbeit dringend brauchen, ist neben der multiperspektivischen »Wendung aufs Subjekt«[32], auf die Akteure des anlassgebenden historischen Geschehens – oft in der Hilbergschen Formel mit den Begriffen »Täter, Opfer, Zuschauer«[33] gefasst – eine ebenso deutliche Wendung aufs Subjekt der Akteure gegenwärtiger Bildungsarbeit, die – mit Kurt Brendler gesprochen – eine »reflexive Wendung auf das Selbst und Verstehen der Schuld« als

> Wiedergewinnung von Distanz zu den Tätern und Opfern durch Einsicht in die psychologischen Mechanismen und moralischen Implikationen von Gleichgültigkeit, Feigheit und Destruktivität; Wahrnehmung des eigenen täteraffinen Antriebspotentials ermöglicht.[34]

Diese reflexive Wendung schließt aber eine zweite »Wendung aufs Subjekt« im pädagogischen Bildungs- und Auseinandersetzungsprozess ein: die notwendige Wahrnehmung der Lernenden als Subjekte. Das heißt, dass die pädagogische Auseinandersetzung mit der Geschichte des Nationalsozialismus und seinen Verbrechen in einer deutlichen Subjektorientierung die Interessen der Teilnehmenden als einen der Ausgangspunkte jeglicher Auseinandersetzung und Projektarbeit reflektieren und ansprechen müssen.

Assmann und Brauer verweisen auf die mittlerweile ge- und beiläufige Medienproduktion Jugendlicher während ihrer Gedenkstättenbesuche.[35] (Handy) Fotografien und Besuchervideos nennen sie dort »eine neue Quelle für den Rezeptionsprozess jugendlicher Gedenkstättenbesucher«, wobei es eher Erzeugnisse und Dokumente ihrer Rezeption empirische Quellen für unsere Deutung ihrer Rezeption sind. Auf den Servern von YouTube und anderen liegt einiges an empirischem Material, das wir zu deuten lernen sollten. Oder wir können den Weg gehen, den wir in Ravensbrück mit dem Modell der Fotospaziergänge eingeschlagen haben. Die Teilnehmenden haben eine Stunde Zeit, die

---

32 Vgl. Adorno 1997c, 571: »Aufarbeitung der Vergangenheit als Aufklärung ist wesentlich solche Wendung aufs Subjekt, Verstärkung von dessen Selbstbewußtsein und damit auch von dessen Selbst.«; vgl. auch Adorno 1997b, 676 und 1997a, 39.

33 Hilberg 1992.

34 Brendler 1991, 248.

35 Assmann und Brauer 2011, 91.

Gedenkstätte zu erkunden und sich ein Bild vom Ort zu machen. Jeder ist aufgefordert, einen Ort, ein Gebäude, ein Exponat, einen Blick fotografisch festzuhalten, der dann einer der Gesprächsanlässe für die anschließende Gruppendiskussion ist, in der Fragen wie »Was ist zu sehen?« und »Warum habe ich es aufgenommen?« am Anfang stehen, aber auch die Wahrnehmung von Stereotypenbildungen schon in der jeweils eigenen Gruppe. Die Kollegin Katja Anders hat eine erste Untersuchung vorgelegt, in der sie die so eingefangenen Blicke auf Ravensbrück zu deuten versucht.[36]

Mehrfache Subjektorientierung

Mir ist es am Ende wichtig, eine mehrfache Subjektorientierung in der historisch-politischen Bildungsarbeit als unabdingbaren und unhintergehbaren Standard gedenkstättenpädagogischer Praxis festzuschreiben. So wie Gedenkstätten, die auf historische Verbrechensgeschichte, Gewalterfahrung und Gewaltausübung verweisen, den Opfern als Subjekten verpflichtet sind, ist die gedenkstättenpädagogische Bildungsarbeit darauf verpflichtet, allen Akteuren des Bildungsprozesses den Respekt ihres Subjektstatus zu zollen – denen, deren Geschichte Gegenstand der Auseinandersetzung ist, wie denen, mit denen die Auseinandersetzung betrieben wird, also Lehrerinnen und Lehrer, Jugendlichen und Gedenkstättenmitarbeiterinnen und -mitarbeitern. Das schließt die Offenheit ein, sich nicht nur dem Risiko der Kontroverse auszusetzen, sondern Kontroversität sichtbar und verhandelbar zu machen, die in der Heterogenität der Ansprüche kaum ausbleiben kann. Wie Sutor schreibt: »Der rationale und kommunikative Anspruch politischer Bildung« an sich könne

> nur eingelöst werden, wenn die subjektive Reflexion auch zu einer intersubjektiven wird, die Teilnehmer also zu Perspektivenaustausch und -wechsel fähig und bereit sind, und wenn darüber hinaus der Erfahrungshorizont der Gruppe überschritten wird im Bemühen um die Erkenntnis der Wechselwirkungen zwischen eigener Lebensgeschichte und gesellschaftlich-politischen Entwicklungen.[37]

Schließlich sei Ziel jeder »Subjektorientierung politischer Bildung«, die »auch als Erfahrungs- oder Teilnehmerorientierung bezeichnet« werde,

> die Teilnehmer aus ihrer pädagogischen Objektrolle zu lösen, sie zur Artikulation und Reflexion ihrer eigenen Meinungen, ihrer Erfahrungen, ihrer Lebensgeschichte zu motivieren, dabei ausdrücklich auch das Emotionale zur Geltung kommen zu lassen.[38]

---

36 Anders 2011.
37 Sutor 2002, 27.
38 Ebd.

Das setzt auch eine hohe pädagogische Professionalität voraus, die an beständigen Überforderungen – auch auf dem Feld der Gedenkstättenpädagogik selbst, Schaden zu nehmen droht. Zur Professionalität gehört dann auch, nicht nur die Grenzen der anderen zu respektieren, sondern auch die eigenen Grenzen zu kennen und zu respektieren. Wieder sind es zu meiner Überraschung die überaus geschätzten Kolleginnen Verena Haug und Barbara Thimm, die einen Teil dieses Überforderungsszenarios affirmativ ausformulieren:

> Der Bildungsauftrag von Gedenkstätten beansprucht dennoch, die Adressat/inn/en auch auf der persönlichen Ebene, insbesondere der Einstellungsebene, zu erreichen, und beschränkt sich nicht auf reine Kenntnisvermittlung. Zwar soll ein möglichst differenziertes Geschichtsbild vermittelt werden, das auch reflexive Deutungen erlaubt und Geschichte als Konstruktion erkennbar macht. Dieses Lernen ›über‹ die Geschichte gilt aber nicht als Selbstzweck, sondern vor allem als Voraussetzung für weitere Lernziele. Es soll einerseits Gedenken im Sinne einer emotionalen und zweckfreien Hinwendung zu den Opfern ermöglichen, andererseits zu gegenwartsrelevanten Erkenntnissen führen. Dabei geht es zurzeit vor allem um das Entwickeln und Bestärken demokratischer Grundhaltungen und Umgangsformen sowie die Anerkennung von Menschenrechten und Toleranz als Grundlagen eines friedlichen Zusammenlebens. Zusammenfassend lassen sich drei Hauptaufgaben der Gedenkstättenpädagogik wie folgt darstellen: An erster Stelle steht die Vermittlung historischer Zusammenhänge. Sie ist den geschichtswissenschaftlichen Erkenntnissen zum konkreten Ort verpflichtet und soll die Reflexion über die Konstruktivität von Geschichte und den gesellschaftlichen Umgang mit dem Ort anregen. Zweitens soll durch die Vorstellung von Biografien und die Betonung einzelner Schicksale die Empathiefähigkeit mit den Opfern nationalsozialistischer Verfolgung gefördert werden. Drittens soll die Auseinandersetzung mit dem historischen Geschehen, seinen Ursachen und Folgen sowie mit den Fragen, die daraus an die Gegenwart gestellt werden können, die Herausbildung demokratischer Einstellungen und Werte sowie demokratisches, soziales und politisches Handeln fördern.[39]

1. Der Versuch, in einer betroffenheitspädagogischen Setzung Empathie erzeugen zu wollen, funktioniert schlichtweg nicht, da
   a. er Widerstandspotenziale Jugendlicher gegen eine Choreografie der Emotionen von außen weckt – eine gleichsam gesunde Haltung und ein ganz normaler psychischer Reflex gegenüber Überwältigungsversuchen durch Dritte.
   b. Überwältigung selbst Ausdruck des Fehlens, der Abwesenheit, des Versagens von Empathie ist. Empathiebildung setzt Übung von und in Empathie voraus. Wie sollen Jugendliche in einer Situation Empathie

---

39 Haug und Thimm 2007, 13.

entwickeln können, wenn wir es ihnen gegenüber gerade dann an der ihnen zustehenden Empathie fehlen lassen?

2. Der Versuch, in einer betroffenheitspädagogischen Setzung Empathie erzeugen zu wollen, ist auch ethisch unzulässig. Gerade an einem historischen Ort totaler Überwältigung scheint es mir gänzlich unlauter,

a. die überwältigenden Gewalterfahrungen der Opfer verzwecken und instrumentalisieren zu wollen und

b. Formen der Überwältigung gegen Jugendliche in Stellung zu bringen, um sie emotional zu berühren.

Das Lernen am außerschulischen Ort bietet Chancen – generell, aber hier im Besonderen, da die Gedenkstätten ihre anlassgebende Geschichte gleichsam materiell verbürgen. Dennoch dürfte die Wirkung gedenkstättenpädagogischer Projekte begrenzt sein, da sie in der Regel kurz sind und aus den geübten schulischen Routinen herausfallen, für die Jugendlichen aber die Adaption rückversichernder konventioneller Rahmungen (oft werden von Erwachsenen genannt: Kirchgang oder Friedhofsbesuch) meist schwierig oder unmöglich ist, da sie an diesen den Erwachsenen vertrauten Konventionen gar nicht mehr hinlänglich teilhaben. Der Gedenkstättenbesuch läuft Gefahr, als eigene Form der historischen Sonderpädagogik missverstanden zu werden und damit sein Potenzial zu verlieren.

Gerade Gedenkstätten tun gut daran, in ihrer Bildungsarbeit geschützte Räume für emotionale Wahrnehmungen und Äußerungen ihrer Besucherinnen und Besucher zu garantieren, ohne sich und die Gruppenteilnehmenden mit deren Ausgestaltung zu überfordern.

Literatur

Adorno, Theodor W. »Einleitung«, in: *Gesammelte Schriften Band 5. Zur Metakritik der Erkenntnistheorie. Drei Studien zu Hegel.* Herausgegeben von Rolf Tiedemann. Frankfurt am Main: Suhrkamp, 1997, 12–47 (Suhrkamp Taschenbuch Wissenschaft) (=1997a).

Ders. »Erziehung nach Auschwitz«, in: *Gesammelte Schriften Band 10/2. Kulturkritik und Gesellschaft II.* Herausgegeben von Rolf Tiedemann. Frankfurt am Main: Suhrkamp, 1997, 674–690 (=1997b).

Ders. »Was bedeutet: Aufarbeitung der Vergangenheit«, in: *Gesammelte Schriften Band 10/2. Kulturkritik und Gesellschaft II.* Herausgegeben von Rolf Tiedemann. Frankfurt am Main: Suhrkamp, 1997, 555–572 (=1997c).

Ahlheim, Klaus und Bardo Heger. *Die unbequeme Vergangenheit. NS-Vergangenheit,*

Holocaust und die Schwierigkeiten des Erinnerns. 2. Auflage Schwalbach/Taunus: Wochenschau-Verlag, 2003 (Studien zur Politik und Wissenschaft).

Améry, Jean. *Jenseits von Schuld und Sühne. Bewältigungsversuche eines Überwältigten.* 2. Auflage Stuttgart: Klett-Cotta, 1980.

Anders, Katja. »Fotografie als didaktische Methode der Gedenkstättenpädagogik. Der Blick Jugendlicher auf die Mahn- und Gedenkstätte Ravensbrück«. Magisterarbeit, Universität Potsdam, 2011.

Assmann, Aleida und Juliane Brauer. »Bilder, Gefühle, Erwartungen. Über die emotionale Dimension von Gedenkstätten und den Umgang von Jugendlichen mit dem Holocaust«, in: *Geschichte und Gesellschaft* 37 (1) (2011), 72 – 103.

Brendler, Kurt. »Die Unumgänglichkeit des ›Themas‹ Holocaust für die Enkelgeneration«, in: Kurt Brendler und Günter Rexilius (Hg.), *Drei Generationen im Schatten der NS-Vergangenheit. Beiträge zum Internationalen Forschungskolloquium Lernen und Pseudo-Lernen in der Aufarbeitung des Holocaust.* Wuppertal: Bergische Universität – Gesamthochschule, Fachbereich Gesellschaftswissenschaften, 1991, 220 – 258 (Wuppertaler sozialwissenschaftliche Studien 4).

Eschebach, Insa. »Zur Formensprache der Totenehrung. Ravensbrück in der frühen Nachkriegszeit«, in: Insa Eschebach, Sigrid Jacobeit und Susanne Lanwerd (Hg.), *Die Sprache des Gedenkens. Zur Geschichte der Gedenkstätte Ravensbrück 1945 – 1995.* Berlin: Edition Hentrich, 1999, 13 – 38 (Schriftenreihe der Stiftung Brandenburgische Gedenkstätten 11).

Dies. »Wege zur ›erlebten Geschichte‹. Zur Visualisierung von Erinnerungen in der Gedenkstättenpraxis«, in: Manfred Grieger (Hg.), *Forschungen, Positionen, Dokumente. Schriften zur Unternehmensgeschichte von Volkswagen (FPD), Band 2: Die Zukunft der Erinnerung. Eine Wolfsburger Tagung.* Wolfsburg: Historische Kommunikation der Volkswagen-Aktiengesellschaft, 2008, 37 – 46.

Fischer, Cornelia und Hubert Anton. *Auswirkungen der Besuche von Gedenkstätten auf Schülerinnen und Schüler. Breitenau – Hadamar – Buchenwald. Bericht über 40 Explorationen in Hessen und Thüringen.* Wiesbaden: Hessische Landeszentrale für politische Bildung / Erfurt: Landeszentrale für Politische Bildung Thüringen, 1992.

Förderverein Mahn und Gedenkstätten Wöbbelin – Theodor Körner – KZ Wöbbelin e.V. Mahn- und Gedenkstätten Wöbbelin, http://www.kz-woebbelin.de (zuletzt geprüft am 31. Januar 2013)

Gareis, Sven und Malte von Vultejus. *Lernort Dachau? Eine empirische Einstellungsuntersuchung bei Besuchern der KZ-Gedenkstätte Dachau.* Berlin: Janssen, 1987.

Haug, Verena und Barbara Thimm. »Projektdokumentation ›Aus der Geschichte lernen?‹ Entwicklung zeitgemäßer Seminarkonzepte zur Vermittlung der NS-Geschichte insbesondere an Gedenkstätten im Kontext einer historisch-politischen Bildungsarbeit in Demokratie fördernder Perspektive«. Dachau: Jugendgästehaus Dachau, 2007, http://www.cap.lmu.de/download/2007/gedenkstaetten.pdf (zuletzt geprüft am 31. Januar 2013).

Heyl, Matthias. »Erziehung nach Auschwitz – Bildung nach Ravensbrück. Historisch-politische Bildung zur Geschichte des Nationalsozialismus und seiner Verbrechen«, in: Klaus Ahlheim und Matthias Heyl (Hg.), *Adorno Revisited. Erziehung nach Auschwitz und Erziehung zur Mündigkeit heute.* Hannover: Offizin, 2010, 89 – 125 (Kritische Beiträge zur Bildungswissenschaft 3) (=2010a).

Ders. »›Forensische Bildung‹ am historischen Tat- und Bildungsort – ein Plädoyer gegen das Erspüren von Geschichte«, in: Christian Geißler und Bernd Overwien (Hg.), *Elemente einer zeitgemäßen politischen Bildung.* Berlin: LIT, 2010, 189–202 (Kinder – Jugend – Lebenswelten. Transnationale und interkulturelle Studien 4) (=2010b).

Ders. »Historisch-politische Bildung zur Geschichte des Nationalsozialismus und seiner Verbrechen im 21. Jahrhundert«, in: Till Hilmar (Hg.), *Ort, Subjekt, Verbrechen. Koordinaten historisch-politischer Bildungsarbeit zum Nationalsozialismus.* Wien: Czernin, 2010, 23–53 (=2010c).

Hilberg, Raul. *Täter, Opfer, Zuschauer. Die Vernichtung der Juden 1933–1945.* Übersetzt von Hans Günter Holl. Frankfurt am Main: S. Fischer, 1992.

Hondius, Dienke. *Inspiration For Action in Commemoration. The Potential of Honest Conversations About the Choices We Make.* Vortrag gehalten auf der Konferenz »Engaging Youth in Learning About the Holocaust and Human Rights in the 21st Century«, Berlin, 19. Januar 2012.

Jacobeit, Wolfgang. »Zur Neugestaltung der Mahn- und Gedenkstätten Wöbbelin bei Ludwigslust«, in: *Gedenkstättenrundbrief* 84 (1998), 8–18, http://www.gedenkstaettenforum.de/nc/gedenkstaetten-rundbrief/rundbrief/news/zur_neugestaltung_der_mahn_und_gedenkstaetten_woebbelin_bei_ludwigslust/ (zuletzt geprüft am 31. Januar 2013).

Klein, Marion. *Schülerinnen und Schüler am Denkmal für die ermordeten Juden Europas. Eine empirisch-rekonstruktive Studie.* Wiesbaden: Verlag für Sozialwissenschaften, 2012.

Klüger, Ruth. *Weiter leben. Eine Jugend.* Göttingen: Wallstein-Verlag, 1992.

Morsch, Günter (Hg.). *Von der Erinnerung zum Monument. Die Entstehungsgeschichte der Nationalen Mahn- und Gedenkstätte Sachsenhausen.* Berlin: Edition Hentrich, 1996 (Schriftenreihe der Stiftung Brandenburgische Gedenkstätten 8).

Ders. »Authentische Orte von KZ-Verbrechen. Chancen und Risiken aus der Sicht der Besucherforschung«, in: Eduard Fuchs, Falk Pingel und Verena Radkau (Hg.), *Holocaust und Nationalsozialismus.* Innsbruck u. a.: Studien-Verlag, 2002, 42–47 (Konzepte und Kontroversen 1).

Mounajed, René. *Methodische Ansätze und Projekte in der Arbeit gegen Rechtsextremismus.* Unveröffentlichtes Manuskript, [2000].

Pampel, Bert. *›Mit eigenen Augen sehen, wozu der Mensch fähig ist.‹ Zur Wirkung von Gedenkstätten auf ihre Besucher.* Frankfurt am Main und New York: Campus, 2007 (Campus Forschung 924).

Reemtsma, Jan Philipp. »Wozu Gedenkstätten?«, in: *Aus Politik und Zeitgeschichte* 60 (25–26) (2010), 3–9, http://www.bpb.de/apuz/32663/wozu-gedenkstaetten (zuletzt geprüft am 31. Januar 2013).

Schubarth, Wilfried. *Zu Wirkungen eines Gedenkstättenbesuches bei Jugendlichen.* Unveröffentlichtes Manuskript, Leipzig, o. J.

Sutor, Bernard. »Politische Bildung im Streit um die ›intellektuelle Gründung‹ der Bundesrepublik Deutschland. Die Kontroversen der siebziger und achtziger Jahre«, in: *Aus Politik und Zeitgeschichte* 52 (B45) (2002), 17–27, http://www.bpb.de/shop/zeitschriften/apuz/26619/politische-bildung (zuletzt geprüft am 31. Januar 2013).

Thimm, Barbara, Gottfried Kößler und Susanne Ulrich (Hg.). *Verunsichernde Orte.*

Selbstverständnis und Weiterbildung in der Gedenkstättenpädagogik. Frankfurt am Main: Brandes & Apsel 2010 (Schriftenreihe des Fritz-Bauer-Instituts 21).

Ziehe, Thomas und Herbert Stubenrauch. *Plädoyer für ungewöhnliches Lernen. Ideen zur Jugendsituation.* Reinbek bei Hamburg: Rowohlt, 1982 (rororo Sachbuch Politische Erziehung 7410).

Zülsdorf-Kersting, Meik. *Sechzig Jahre danach: Jugendliche und Holocaust. Eine Studie zur geschichtsdidaktischen Sozialisation.* Münster: LIT, 2007 (Geschichtskultur und historisches Lernen 2).

.

Alfons Kenkmann

Schriftzeugnis – Bildquelle – Re-enactment.
Emotionen und Medien im Prozess historischen Lernens

Beim Prozess historischen Lernens stehen die drei zentralen Formen geistiger Vergegenwärtigung im Mittelpunkt[1]: die symbolischen Aneignungen mittels Sprache und Schrift, die Aneignungen über ikonische Repräsentationen durch das stehende wie laufende Bild und die Aneignung über das enaktive, das eigentätige Moment. Alle drei Dimensionen historischen Lernens scheinen Gefühle aufgreifen zu können, beziehungsweise die Emotionen haben die Dimensionen erst in die vorliegende innere Ordnung gebracht. Mit diesen Vermutungen und Fragen nähern wir uns einem Verständnis von Emotionengeschichte als »produktive Herausforderung.«[2]

1.

Zum Feld Emotionen und symbolische Aneignung mögen zur Veranschaulichung zwei Zugriffe aus dem Eisberg der Zeitgeschichte genügen. Sie stammen aus der Zeit der nationalsozialistischen Diktatur bzw. unmittelbar nach der Befreiung vom NS-Regime und thematisieren die Erfahrungen jüdischer Opfer. Die erste Schriftquelle bringt den Leidenshorizont eines jüdischen Mädchens unmittelbar vor dessen Ermordung zum Ausdruck, die zweite die Erfahrungen eines jüdischen Jungen, der den Holocaust überlebt hat.

Die Quellen sind Tagebucheintragungen, Aufzeichnungen und Briefen von Holocaustopfern entnommen – wie sie im Raum »Die europäische Dimension des Massenmords an den Juden« im Ort der Information am Denkmal für die ermordeten Juden Europas zu Füßen der Besucher präsentiert werden.[3] Wiedergegeben wird nachfolgend die in polnischer Sprache verfasste Nachschrift

---

1 Vgl. Bruner 1974.
2 Hitzer 2011.
3 Stiftung Denkmal für die ermordeten Juden Europas 2005, 44.

der zwölf Jahre alten Judith Wischnjatskaja unter dem in Jiddisch abgefassten Brief ihrer Mutter an den Vater:

> 31. Juli 1942 – Lieber Vater! Vor dem Tod nehme ich Abschied von Dir. Wir möchten so gerne leben, doch man lässt uns nicht, wir werden umkommen. Ich habe solche Angst vor diesem Tod, denn die kleinen Kinder werden lebend in die Grube geworfen. Auf Wiedersehen für immer. Ich küsse dich inniglich. – Deine J.[4]

Im zweiten Fall erzählte der 16-jährige Jankiel Baran seine Überlebensgeschichte einen Tag nach der militärischen Kapitulation am 9. Mai 1945 einem Mitglied der Zentralen Jüdischen Historischen Kommission im Flüchtlings-Haus in Breslau. Ort des Geschehens ist Ostgalizien:

> Im Frühling 1942 umzingelte man eines Tages das Ghetto am Morgen. Alle Juden wurden zum Judenrat gerufen, um sich in der Evidenz[5] der Spezialisten zu registrieren, denen man Fachausweise herausgab. Die Registrierung dauerte bis zum Abend. Alle, die damals keinen Fachausweis erhielten, begann man mit Autos wegzubringen nach IRKA PALAKA[6] (4 km von Luck), wo Gruben vorbereitet waren (von Polen und Juden aus anderen Lägern gegraben). Dort erschoss und vergrub man alle. Vor dem Erschießen mussten sich alle nackt ausziehen. Kleine Kinder erschoss man nicht: man warf sie lebend in die Grube oder tötete sie, indem man sie an Bäume oder Steine schmetterte. Die bei dieser Aktion beschäftigten SS-Männer und Ukrainer hatten dort vorbereitetes Essen und Schnaps, man aß, trank, sang, spielte. Diese Aktion dauerte 17 Tage. Es fielen in ihr etwa 20.000 Menschen. Einigen gelang es sich zu retten, sogar aus den Gruben entkommend. Nach dieser Aktion blieben im Lager etwa 1000 Personen, lauter Fachleute.[7]
> Während dieser Aktion flüchtete ich auf Zureden der Mutter (welche damals mit den Schwestern ebenfalls weggebracht wurde) auf den Boden des Nachbarhauses. Wir waren dort 35 Personen versteckt. Wir blieben dort 6 Tage lang. Es war höllisch heiß, wir hatten weder Wasser noch Essen, man konnte es vor Hitze nicht aushalten. Wir hatten solchen Durst, dass die Mehrzahl in Flaschen urinierte und wir den eigenen Urin tranken. Man suchte mehrfach in der Nähe, entdeckte uns aber erst am 6. Tage. Sie brachten uns in einen Lagerraum, von wo ich ausriss, mich auf Wassersuche begebend. Ich begegnete 3 Juden, welche mich auf einen anderen Dachboden mitnahmen, wo bereits 150 Menschen verborgen waren. Es war dort eine Frau mit einem Kind, welche sehr unruhig war, verriet Anzeichen einer Nervenkrise und als sie begann, sich laut zu betragen, da erwürgte der Kommandant des Bodens, welcher die Situation sehr energisch beherrschte und Ruhe zu halten verstand – zwecks Rettung aller anderen – diese Frau eigenhändig.[8]

---

4 Vgl. Richarz 2005, 84.
5 Übersicht.
6 Górka-Połonka.
7 Die zur Arbeit ausgesuchten Juden, die von der Ermordung ausgenommen worden waren, lebten nun in einem Zwangsarbeitslager, das die SS im Oktober 1941 eingerichtet hatte.
8 Tych, Kenkmann und Kohlhaas 2009, 72.

Das Leben jüdischer Kinder in der Zeit der Verfolgung war geprägt von Gewalt und Tod, körperlichen und seelischen Strapazen. Die Verfolgung, die Angst um das eigene Leben und das der Familie, die Angst vor Entdeckung und die Sorge um das Schicksal der Familie beherrschten den Alltag.[9] Die Jungen und Mädchen kannten Angst, Verzweiflung und Resignation, die Isolation im Versteck, das Miterleben von Massenerschießungen, die eigene Todesangst.

Im Unterschlupf mit anderen jüdischen Verfolgten konnte die Situation entstehen, dass die Gruppe befürchten musste, durch ein einzelnes Mitglied verraten zu werden. In diesem Fall konnte die Gruppe oder ihr Anführer be-schließen, den für alle potenziell gefährlichen Menschen zu töten, um das Überleben der Gruppe zu sichern. Es kam vor, dass in Familien die eigenen Angehörigen ermordet wurden, um die anderen nicht zu verraten.[10]

Beide Texte führen an die Grenzen individueller Imagination, führen den Rezipienten unfassbar nah an den Orkus zeithistorischen Grauens. Aber kann es den Rezipienten heute überhaupt gelingen, sich die hier festgehaltenen psy-chischen Grenzsituationen schierer Verzweiflung und Angst symbolisch anzu-eignen? Jedes offenbarte Gefühl der jüdischen Kinder ist ein individuelles, nicht übertragbares, emotionales Zeugnis, das in seiner Historizität nicht nachgefühlt werden kann. Zudem ist zu überlegen, ob diese Beispiele gegen das Überwäl-tigungsverbots des Beutelsbacher Konsenses verstoßen, da sie die Leserinnen und Leser leicht emotional überfordern können.

2.

Der zweite Weg geistiger Vergegenwärtigung zielt auf die ikonische Repräsen-tation. Hier gibt es seit ungefähr 150 Jahren eine unermessliche Fülle von Bei-spielen, die bildhaft emotionale Offerten bieten. Man denke nur an die im Nass-Kollodium-Verfahren gefertigten Fotos des André Adolphe Eugène Distéri von (vermeintlichen) Aktivisten der Pariser Kommune im Mai 1871, deren Leich-name für das Objektiv des Fotografen in Holzsärgen zurechtgerückt wurden[11] – oder im Bereich der bewegten Bilder an die Amateurvideoaufnahmen von der Ermordung John F. Kennedys in Dallas 1963.[12]

Im Folgenden konzentriert sich der exemplarische Zugriff auf das Medium *Comic*. Es liefert einen sehr speziellen Zugang zur Kategorie Gefühl.[13] Worauf

---

9 Vgl. Marks 1994, 249–262.
10 Vgl. Kenkmann, Kohlhaas und Wolter 2011, 7–8.
11 Vgl. Koetzle 2005.
12 Vgl. Machat 2008.
13 Zum Zusammenhang von Emotionen und Zeitgeschichte im Medium Comic vgl. auch Balzer und Frahm 2011.

stützen sich die Befunde, die belegen wollen, dass Comics in der Rezeption Gefühle auslösen? Kann ein Comic überhaupt historische Fakten emotional kodieren? Oder stellt sich hier ein Gefühl, wenn überhaupt, nur am Rande ein? Vielleicht ist die zum Teil festzumachende Ignoranz gegenüber Emotionen hervorgerufen durch Comics auch ein generationelles Problem der Mitte/Ende der 1950er Jahre Geborenen? Der Zugang zum Comic also ein Produkt einer spezifischen Generationslagerung? Denn, so zitiert Ute Frevert Gustav Flaubert, »[j]ede Generation [...] durchlaufe ihre eigenen ›Lehrjahre des Gefühls‹«.[14] In manchem Gefühlshaushalt nahm jedenfalls der Comic, oder genauer der historisierende Comic, wenn überhaupt nur eine sehr, sehr marginale Stellung ein. Dies nährt die Skepsis, ob Comics und insbesondere Geschichtscomics im historischen Lernprozess überhaupt generell zu emotionalisieren vermögen. Nach einer Lektüre der Studien *Jugend, Information, Multimedia (JIM)* und *Kinder und Medien (KIM)* des Medienpädagogischen Forschungsverbundes Südwest aus den Jahren 2005 und 2006 scheinen die jüngeren Jahrgänge der 6- bis 13-jährigen Kinder dem Medium ein größeres Interesse entgegenzubringen und den Comic eher zur beliebten Freizeitlektüre zu er- und verklären als es die Gruppe der 12- bis 19-Jährigen macht,[15] die aber wiederum zu dem Jahrgangscluster zählt, das laut Lehrplan und Fächerangebot am ehesten die Chance historischen Lernens erfährt.

Was nützen Comics, die in ihrer Narration oftmals fundamentale Fehler aufweisen, im Prozess historischen Lernens? Was nützen Comics, wenn sie sich den Triftigkeitsansprüchen der historischen Narration entziehen?[16]

Gestattet sei an dieser Stelle ein Beispiel aus dem vom Anne Frank Haus Amsterdam und dem Widerstandsmuseum Friesland herausgegebenen Comic *Die Entdeckung* von Eric Heuvel (siehe Abb. 1). In Verkennung der historischen Fakten werden in ihm als Besatzungsakteure im Jahre 1943 die Figuren in deutscher Wehrmachts- bzw. SS-Uniform gezeichnet, dabei stellten die Angehörigen der deutschen Ordnungspolizei seit 1940 die Repräsentanten der von den Deutschen zivilverwalteten Niederlande, die auch die Razzien gegen streikende Niederländer im genannten Jahr durchführten.[17] Auch für die ebenfalls im Comic aufgegriffene standrechtliche Hinrichtung von Streikaktivisten zeichnete die *groene politie* (grüne Polizei), also die deutsche Ordnungspolizei verantwortlich.[18] Nach Hans-Jürgen Pandel verfügt ein Geschichtscomic »über Faktenauthentizität, wenn zumindest exemplarisch nachgewiesen werden kann, dass die geschilderten Personen tatsächlich gelebt haben und die Ereignisse

---

14 Zitiert nach Frevert 2009, 194.
15 Vgl. Mounajed 2008, 212.
16 Vgl. Hamann 2007, 170.
17 Vgl. Spieker 2002.
18 Vgl. Heuvel 2003, 39.

Abb. 1: Ausschnitt aus dem Comic *Die Entdeckung* von Eric Heuvel (Heuvel 2003, 39)

tatsächlich vorgefallen sind. Fiktive Personen und Handlungen dürfen verwendet werden, wenn diese die historische Situation und die Großchronologie nicht verändern.«[19] Welch eine breite Ausdeutung des Authentizitätsbegriffs! Fällt die falsche Identifizierung der deutschen Täter auch noch unter die vertretbare Faktenauthentizität, da der Fakt der Hinrichtung von Streikenden durch Deutsche nicht außen vor blieb?

Nach Christine Gundermann entsteht im Prozess historischen Lernens mit dem Medium Comic narrative Kompetenz »nur bei der Möglichkeit der Reflexion des angebotenen Narrativs«[20]. Müsste aber nicht besser vom Zeichner selbst die Triftigkeit seines Deutungsangebots im Vorhinein abgeklopft werden? Der Niederländer Heuvel lässt einiges an historischem Hintergrundwissen vermissen. Ist dies für das Genre Comic beim Einsatz im geschichtsdidaktischen

---

19 Zitiert nach Gundermann 2007, 82.
20 Gundermann 2011, 3.

Feld akzeptabel? Müssten die Wissenslücken nicht im Vorfeld des Einsatzes in der historisch-politischen Bildung behoben werden?

Ein wenig unzufrieden lässt einen die zugespitzte These zurück, Comics selbst erzählten *nicht,* sondern sie böten »dem Leser einen kohärenten Rahmen, den dieser mit Narration ausfüllen« müsse. Je »weniger Zeit und Raum der Geschichte [dabei] aus eigener Erfahrung oder Wissensbeständen bekannt [sind], ... desto mehr Imagination«.[21] Für René Mounajed sind Geschichtscomics jedoch »visuelle Geschichtserzählungen. Sie leben [...] von den Geschichts-Imaginationen ihrer Künstler. Auch ihre Qualität in Bezug auf historische Triftigkeit [...] [ist] abhängig von deren geschichtswissenschaftlichen Interessen«[22] und ihrem Vorwissen. Die Leser erhielten »weniger eine Einladung zur Entwicklung eigener Geschichts-Imaginationen als vielmehr anschauliche Versionen unterschiedlich fremder und abstrakter historischer Themen.«[23] Wir stellen fest: Die Comic-Experten unter den Historikerinnen und Historikern sind sich also uneins, inwiefern Comics die Imagination von Schüler anregen (sollen). Gattungskompetenz der Schüler ist damit beim spezifischen Medium *Comic* unverzichtbar.

Die emotionale Kodierung im Comic scheint stark überschätzt, insbesondere bei historisierenden Comics, die bisweilen aufgrund der dem Medium eigenen Gestaltungsprinzipien unscharf und mitunter banal ausfallen (ich nehme hier *Maus* von Art Spiegelman nachdrücklich aus). Anders sieht es mit Comics aus, die explizit Quellencharakter aufweisen wie z. B. eine aus dem Jahr 1943 überlieferte Bildergeschichte aus den Niederlanden (siehe Abb. 2).[24]

Im Januar 1943 wurde das Ehepaar Nico und Malchen Herschel aufgefordert, sich im Ghetto von Amsterdam einzufinden. Um den Zugriff der nationalsozialistischen Akteure auf den neugeborenen Sohn Tsewie (Zwi) Joseef zu verhindern, gaben die Eltern ihn in die Fürsorge von Freunden. Der Vater entwarf und schuf für seinen Sohn einen von Hand gezeichneten Kalender, in dem er seine Vorstellungen vom späteren Lebensweg seines Sohnes festhält: Tsewie Joseef verlebt eine glückliche Kindheit. Ab 1948 besucht das sportbegeisterte Kind die Schule. Da die Gründung Israels ihn beeindruckt, zieht er als junger Erwachsener 1962 im Alter von 20 Jahren nach Israel, wohin ihm die Eltern zwei Jahre später, 1964, folgen. 1967 wird Twesie Joseef dann selbst Vater. Soweit die familialen Zukunftsvisionen des Vaters Nico Herschel im Januar 1943, die als immanenten Auftrag eine feste Einbindung des Sohnes in die jüdische Tradition

---

21 Ebd.
22 Mounajed 2008, 203.
23 Ebd.
24 Dierl u. a. 2011, 341.

Abb. 2: Kalender von Nico Herschel für seinen Sohn Tswie Joseef (1943) (Dierl u. a. 2011, 342, United States Holocaust Memorial Museum, courtesy of Tswi Herschel)

erhoffen. Doch die gezeichneten Visionen zeigen sich wenig kompatibel mit der Wirklichkeit.

Sohn Tsewie Joseef überlebte mit der Unterstützung von niederländischen Widerstandsgruppen in einem verborgenen Versteck. Die Eltern Nico und Malchen Herrschel wurden via Westerbork nach Sobibor deportiert, wo sie am

23. Juli 1943 ermordet wurden.[25] Dieser Comic evoziert Gefühle. Der Betrachter tritt ein in die Vergangenheit und erfährt von den elterlichen Zukunftshoffnungen in einer Zeit des Grauens. Die elterliche Perspektive rührt emotional an, denn es geht um die gedachten Zukünfte von Menschen, von denen wir wissen, dass es keine derartige Zukunft für sie gab.

Was nun lässt sich mit solch einer Quelle heute anfangen? In der Regel wird in musealen Institutionen der Geschichtsvermittlung der Comic selten zum Ausstellungsstück. Wenn überhaupt, taucht er nur als kurz kommentiertes Fundstück auf. So der illegal von Angehörigen einer Friedensinitiative erstellte *Asterix in Bombenstimmung*, der in einer Vitrine der Dauerausstellung im Bonner Haus der Geschichte neben vielen anderen Objekten präsentiert wird. Nur in Ausnahmefällen erhält ein Comic in einer historischen Dauerschau ein besonderes Gewicht in der Gesamtnarration. Ein Beispiel bietet das Jüdische Museum München.

Hier werden in sieben Installationen verschiedene Erinnerungsmedien wie Stimmen (von Zeitzeugen), Orte, Bilder, Rituale, Zeiten, Sachen (Objekte) vorgestellt.[26] Die letzte der sieben Installationen widmet sich »[k]ünstlerische[n] Interventionen« wie den »Zeichnungen eines Comic-Künstlers zum jüdischen Leben heute«.[27] Der Auftrag zu den Zeichnungen wurde erteilt, nachdem der Boom des Geschichtscomics, der in der Dekade zwischen Mitte der 1980er und 1990er Jahre beheimatet ist, bereits im Abklingen begriffen war.[28] Auf Einladung des Museums »ließ der amerikanische Comiczeichner Jordan B. Gorfinkel im Jahr 2006 in zehn Comicstrips zwei seiner Figuren nach München reisen«[29]: den in Polen geborenen und in München aufgewachsenen Holocaustüberlebenden und in die USA emigrierten Sejde in Begleitung des jungen amerikanischen Juden Bernie (siehe Abb. 3).

Der Münchenbesuch thematisiert die ambivalenten Gefühle Sejdes bei der Rückkehr in seine Heimatstadt ebenso wie das Thema der jüdischen Identität heute.[30]

Bringt den Besucher der Dauerausstellung des Jüdischen Historischen Museums aber dieser Comic, diese künstlerische Intervention, zur gefühlvollen Aneignung, wie es die dort in Audioinstallationen präsentierten Zeitzeugenaussagen und »Lieblings-Objekte« der Kuratoren vermögen, die uns eindrücklich vor Augen führen, dass heftigste Gefühle, »Leidenschaften … auch vor

25 Vgl. ebd.
26 Fleckenstein und Purin 2007, Inhaltsverzeichnis.
27 Jüdisches Museum München o. J.
28 Vgl. Munier 2000.
29 Fleckenstein und Purin 2007, 72.
30 Vgl. ebd. 73.

Abb. 3: Ausschnitt aus dem Comic von Jordan B. Gorfinkel gezeichnet für das Jüdische Museum München (2006) (Fleckenstein und Purin 2007, 72)

Museumstoren nicht halt[machen]«?[31] Deren Aura weiß der Comic nichts entgegenzusetzen. Er hat nicht den Hauch einer Chance.

3.

Das dritte Moment geistiger Vergegenwärtigung – das enaktive, spielerische, eigenaktive – schafft ebenfalls Platz für Gefühlszugänge über die Methoden des Re-enactments und der *living history*. Der britische Philosoph und Historiker Robin George Collingwood führte in *The Idea of History* Re-enactment als eine historische Erkenntnismethode ein: »the historian must re-enact the past in his own mind«[32]. Diesem Diktum liegt die Überzeugung zu Grunde, dass es prinzipiell möglich ist, Gedanken von historischen Akteuren nachzuvollziehen (to re-enact). Auf Grundlage dieser Idee, hat sich die Nachstellung militärischer Schlachten aber auch die Inszenierung anderer historischer Ereignisse nicht nur als Methode historischen Verstehens sondern auch als populäres Geschichtsentertainment etabliert.[33] Das Gefühl – und das ist von besonderem Interesse – wird hier nicht ausdrücklich erwähnt.

---

31 Vogel 2012.
32 Collingwood 1946, 282.
33 Davon zeugt eine Vielzahl von Webseiten, auf denen sich Re-enactment-Initiativen

Enger an der Emotion – das zeigt auch der Beitrag von Berit Pleitner in diesem Band – ist der Ansatz der Living History. Ein Begriff aus der US-amerikanischen Museumsdidaktik, der, so Simone Lässig, »gleichermaßen eine Bewegung, eine Philosophie, ein Bildungsinstrument und eine spezielle Technik der musealen Präsentation und Vermittlung von Geschichte bezeichnet«[34]. Die Besucher »sollen Geschichte […] rational wie emotional, also über ihren Verstand und alle ihre Sinne aufnehmen«[35], sollen »von ihrer Geschichte im wahrsten Sinne des Wortes Besitz *ergreifen*, um sie tatsächlich zu *begreifen*.«[36] Folgt man diesem Begriffsverständnis bei der Sichtung geschichtskultureller Institutionen, ist typisch für Living-History-Museen, »dass die Geschichte ›großer Männer‹ und Eliten, politischer Entscheidungen, Krisen und diplomatischer Anstrengungen weitgehend ausgeblendet bleibt«.[37] Hier zeigt sich eine deutliche Parallele zu der deutschen Geschichtswerkstättenbewegung, der »Grabe, wo du stehst-Bewegung, die aus Schweden Ende der 1970er Jahre zu uns hinübergeschwappt ist und die so eminent wichtig für die Wiederentdeckung des Subjekts in der deutschen Geschichtswissenschaft war.«[38] Schon damals, als *Der rote Großvater erzählt[e]*[39], ist mit der Erfahrungsgeschichte das Gefühl als wesentliche Eigenschaft des Subjekts ausgemacht und starkgeschrieben worden. Das didaktische Potenzial des Living-History-Konzepts baut auf dem Prinzip des entdeckenden, forschungsorientierten Lernens auf, berücksichtigt aber auch erfahrungsgestützte Zugriffe und offeriert damit auch emotionale Aneignungsräume. Re-enactment-Unternehmungen und Living-History-Modelle integrieren Momente außerschulischer Geschichtskultur in den Geschichtsunterricht. Historische Stätten, Museen, Gedenkstätten und Archive, die selbst eine Entwicklung zu Häusern der Geschichte durchmachen,[40] als Institutionen außerschulischer Geschichtskultur kommen nicht umhin, diese Ansätze ernst zu nehmen. Sei es auf dem Felde des Re-enactments römischer Herrschaft an der historischen Stätte der antiken Metropole Ephesos 50 v. Chr. oder der Landung amerikanischer GIs in der Normandie 1944.

Die Beispiele mögen eines anzeigen: eine Entwicklung hin zur Eventisierung der musealen Welten, ohne die die Häuser der Geschichte nicht mehr auszukommen meinen. Die Trademark *Geschichte erleben* der Stiftung Haus der Ge-

---

präsenren und für sich werben, z. B. http://www.geschichte-u-reenactment.de/index.php?page=Home (zuletzt geprüft am 31. Januar 2013).
34 Lässig 2006, 47.
35 Ebd. 48.
36 Ebd. – H.i.O.
37 Ebd.
38 Vgl. Grotrian 2009, 246–247.
39 Vgl. Weltkreis Literatur der Arbeitswelt 1975.
40 Vgl. Kenkmann 2012.

schichte Bonn bietet hierfür ein eindrucksvolles Beispiel. Event und Emotion gehen dabei eine Synthese ein, die sich zumeist von der Aura des Dings, des Objektes, gelöst hat. Mit starker Unterstützung geschichtspolitischer Akteure werden vor allem Museen mit enger Verbindung zum Event mit Preisen ausgezeichnet. Beispiele hierfür sind das House of Terror in Budapest und die museale *Jukebox* am Rhein, das Haus der Geschichte in Bonn. Eines fällt auch im Kontext des Re-enactmentbooms am Beispiel der Gedenkstätten an die NS-Gewaltherrschaft in Deutschland besonders auf: Im Gegensatz zu den altbekannten Gedenk-Ritual-Beispielen an Gedenktagen, durch die sich »Geschichtsgefühle […] kaum wecken lassen«[41] – ist beim Re-enactment an den Orten der Erinnerung die hohe Eigenleistung der Nicht-Mehr-Zeitzeugengeneration hervorzuheben. Aus diesem Grund sind die methodischen Zugänge des Re-enactments in der zukünftigen Gedenkstättenpädagogik nach dem Verlust der Zeitzeugen nicht mehr wegzudenken.

Mit der Hinwendung des Museums zum enaktiven Element geht einher die Eventisierung und Emotionalisierung historischer Stoffe in Filmen und Dokumentationen im Fernsehbereich bis hin zum Reality-TV vor historischem Hintergrund, wie z. B. in der Knoppschen Reihe *Die Deutschen, Teil II.* Geschichte hat nicht mehr einen – mitunter auch spröden – Eigenwert an sich, sondern wird als Erlebnis zelebriert. Von daher verwundert es nicht, wenn historische Dokumentationen in Zukunft – wie es in einem internen Fortbildungsskript für freie Mitarbeiterinnen und Mitarbeiter des Westdeutschen Rundfunks heißt – vor allem *touchy* sein, also Emotionen ansprechen sollen.

Auch nach eingehender Lektüre Emmanuel LeRoy Laduries *Geschichte des Dorfes Montaillou*[42], Grimmelshausens *Simplicissimus*[43] und der *Lebensgeschichte von Johann Christoph Pickert*[44] können Angebote der Living History nur vorgeben, »alltägliches Leben in anderen Zeiten zu simulieren und zu inszenieren«[45]. Über die vergangene, reale Befindlichkeit der historischen Personen und deren historische Emotionalität, den Gefühlen, die sie in ihren Herzen trugen, können wir leider nichts erfahren. Diese sind unwiderruflich verloren, da das »Nachstellen von historischen Situationen […] unlösbar mit dem Hier und Jetzt des Rekonstruierenden verbunden«[46] ist.

Wir dürfen für die nahe Zukunft gespannt sein auf die sich ändernden Rituale, Routinen und Re-enactments in der Bildungsarbeit an den historischen Museen, aber auch an den Arbeitsorten der Erinnerung an die NS-Herrschaft und die

---

41 Welzer 2009.
42 LeRoy Ladurie 2000.
43 Grimmelshausen 1967.
44 Pickert 2006.
45 Lässig 2006, 49.
46 Hickethier 2009.

SED-Diktatur. Wir sollten dabei aber die Geschichte nicht nur »in die Verantwortung für den Selbstdruck unserer Gegenwart« stellen, sprich unter die All-
macht des Gegenwartsbezugs, der in der historischen Betrachtung derzeit auch
das Gefühl einschließt, sondern auch darauf achten, dass »ihr jene Fähigkeit
[nicht] ausgetrieben wird, die Distanz heißt.«[47]

4.   Resümee

Weit eher als für historische Dauerschauen eigens geschaffene Geschichtscomics
und emotionsgeladene Outdoor-Re-enactments rufen die präsentierten Ding-
welten – der Brief, die Zeitzeugen-Stimme, der Amsterdamer Bilderzyklus –
Gefühlsimpulse ab.

Auch in nicht alltäglichen Artefakten, lebensgeschichtlichen Mitbringseln,
die häufig den Asservatenkammern von Museen, Archiven und Gedenkstätten
überlassen werden, sind (Lebens)Geschichten und Gefühle konserviert. So
wurde dem Geschichtsort Villa ten Hompel in Münster, einem Lernort für Po-
lizei- und Verwaltungsgeschichte, eine SKAI-Aktentasche überlassen (siehe
Abb. 4).

Abb. 4: Geschichtsort Villa ten Hompel, Depositum 72 (mit freundlicher Genehmigung
von Christoph Spieker, Geschichtsort Villa ten Hompel)

---

47 Jeismann 2008, 32.

Sie gehörte einem einfachen Mann des zwanzigsten Jahrhunderts – Walter Reichenbach, geboren 1901. Als er im Jahr 2001 fast 100-jährig verstarb brachte sein Altenpfleger die Aktentasche in den Geschichtsort. In der Aktentasche befand sich lediglich eine von Reichenbach angelegte Mappe »Meine Rentenversicherung« mit abgehefteten Anträgen und Ablehnungsbescheiden.

Das ist alles, was von einem »Jahrhundertleben« übrig geblieben ist. In einem solchen Moment der Erkenntnis haben »Gefühle wirklich etwas in der Geschichte zu suchen.«[48]

Literatur

Balzer, Jens und Ole Frahm. »Tragik, Schock, Ratlosigkeit. Zeitgeschichte im Comic«, in: *Geschichte und Gesellschaft* 37 (1) (2011), 47 – 71.

Bruner, Jerome. *Entwurf einer Unterrichtstheorie.* Übersetzt von Arnold Harttung. Berlin: Berlin Verlag / Düsseldorf: Pädagogischer Verlag Schwann, 1974.

Collingwood, R. G. »History as Re-enactment of Past Experience«, in: *The Idea of History.* Oxford: Oxford University Press, 1946, 282 – 302.

Dierl, Florian u. a. (Hg.). *Ordnung und Vernichtung. Die Polizei im NS-Staat. Eine Ausstellung der Deutschen Hochschule der Polizei, Münster, und des Deutschen Historischen Museums, Berlin, 1. April bis 31. Juli 2011.* Katalog. Dresden: Sandstein, 2011, 341.

Fleckenstein, Jutta und Bernhard Purin (Hg.). *Jüdisches Museum München.* München u. a.: Prestel, 2007.

Frevert, Ute. »Was haben Gefühle in der Geschichte zu suchen?«, in: *Geschichte und Gesellschaft* 35 (2) (2009), 183 – 208.

Grimmelshausen, Hans Jakob Christoffel von. *Der abenteuerliche Simplicissimus. Vollständige Ausgabe mit Illustrationen, Worterklärungen und Anmerkungen.* Herausgeben von Alfred Kelletat. München: Winkler, 1967.

Grotrian, Etta. »Geschichtswerkstätten und alternative Geschichtspraxis in den achtziger Jahren«, in: Wolfgang Hardtwig und Alexander Schug (Hg.), *History Sells! Angewandte Geschichte als Wissenschaft und Markt.* Stuttgart: Steiner, 2009, 243 – 253.

Gundermann, Christine. *Jenseits von Asterix. Comics im Geschichtsunterricht.* Schwalbach/Taunus: Wochenschau-Verlag, 2007 (Methoden historischen Lernens).

Gundermann, Christine. *Emotionale Codierung historischer Fakten? Comics als Medium historischen Lernens.* Vortrag vorgetragen auf der Tagung »Emotionen und historisches Lernen revisited«, Berlin 6. – 8. Juli 2011.

Hamann, Christoph. *Visual History und Geschichtsdidaktik. Bildkompetenz in der historisch-politischen Bildung.* Herbolzheim: Centaurus Verlag, 2007.

Heuvel, Eric. *Die Entdeckung.* Übersetzt von Waltraud Hüsmert. Zaandam: Anne Frank House, 2003.

Hickethier, Knut. »Zeitgeschichte in der Mediengesellschaft. Dimensionen und Forschungsperspektiven«, in: *Zeithistorische Forschungen/Studies in Contemporary Hi-*

---

48 Frevert 2009, 183.

story, Online-Ausgabe, 6 (3) (2009), http://www.zeithistorische-forschungen.de/site/ 40208121/default.aspx (zuletzt geprüft am 31. Januar 2013).

Hitzer, Bettina. »Emotionsgeschichte – ein Anfang mit Folgen«, in: *H-Soz-u-Kult*, 23. November 2011, http://hsozkult.geschichte.hu-berlin.de/forum/2011 – 11 – 001 (zuletzt geprüft am 31. Januar 2013).

Jeismann, Michael. »Der Feind, das ist die Geschichte. Historiker als story teller«, in: *Geschichte für heute* 1 (4) (2008), 29 – 32.

Jüdisches Museum München. »Dauerausstellung Stimme_Orte_Zeiten«, http://www. juedisches-museum-muenchen.de/ (zuletzt geprüft am 31. Januar 2013).

Kenkmann, Alfons, Elisabeth Kohlhaas und Astrid Wolter. ›*Vor Tieren hatten wir keine Angst, nur vor Menschen‹. Kinder über den Holocaust in Polen. Didaktische Materialien.* 2. Auflage Münster: Villa ten Hompel, 2011 (Reihe Didaktische Bausteine Villa ten Hompel 7).

Kenkmann, Alfons. »Archive und ihre Bedeutung für die historische Bildung«, in: LVR-Archivberatungs- und Fortbildungszentrum (Hg.), *Archive als Bildungspartner. 45. Rheinischer Archivtag. Fachtagung, Bildungspartner NRW – Archiv und Schule‹. Remscheid 7.–8. Juli 2011. Beiträge.* Bonn: Habelt, 2012, 16 – 29 (Archivhefte 42).

Koetzle, Michael. *Photo Icons. Die Geschichte hinter den Bildern. 1827 – 1991.* Köln u. a.: Taschen Verlag, 2005.

Lässig, Simone. »Clio in Disneyland? Nordamerikanische Living History Museen als außerschulische Lernorte«, in: *Zeitschrift für Geschichtsdidaktik* 5 (2006), 44 – 69.

LeRoy Ladurie, Emmanuel. *Montaillou – Ein Dorf vor dem Inquisitor 1294 – 1324.* Übersetzt und bearbeitet von Peter Hahlbrock. Berlin: Ullstein, 2000.

Machat, Sybille. »Der Jahrhundertmord. Attentat vor laufender Kamera«, in: Gerhard Paul (Hg.), *Das Jahrhundert der Bilder. Band II – 1949 bis heute.* Göttingen: Vandenhoeck & Ruprecht, 2008, 282 – 289.

Marks, Jane. *Die versteckten Kinder. Dokumente von Angst und Befreiung.* Übersetzt von Hildegard Doerr. Augsburg: Pattloch Verlag, 1994.

Mounajed, René. »›Geht doch rüber‹ – Zeithistorisches Lernen mit Geschichtscomics. Erste Ergebnisse einer empirischen Studie«, in: Michele Barricelli und Julia Hornig (Hg.), *Aufklärung, Bildung, ›Histotainment‹? Zeitgeschichte in Unterricht und Gesellschaft heute.* Frankfurt am Main: Lang, 2008, 201 – 222.

Munier, Gerald. *Geschichte im Comic. Aufklärung durch Fiktion? Über Möglichkeiten und Grenzen des historisierenden Autorencomic der Gegenwart.* Hannover: Unser Verlag, 2000.

Pickert, Johann Christoph. *Die Lebensgeschichte des Johann Christoph Pickert.* Herausgegeben von Christoph Schreckenberg und Gotthardt Frühsorge. Göttingen: Wallstein-Verlag, 2006.

Richarz, Monika. »Schreiben im Angesicht des Todes. Texte aus Ghettos und Lagern, ihre Autoren, ihre Überlieferung«, in: *Stiftung Denkmal für die ermordeten Juden Europas. Materialien zum Denkmal für die ermordeten Juden Europas*, 2005, 78 – 93.

Spieker, Christoph. »Enttäuschte Liebe: Funktionswandel der Ordnungspolizei in den Niederlanden«, in: Johannes Houwink ten Cate und Alfons Kenkmann (Hg.), *Deutsche und holländische Polizei in den besetzten niederländischen Gebieten. Dokumentation einer Arbeitstagung. Im Auftrag des Fördervereins Villa ten Hompel.* Münster: Villa ten Hompel, 2002, 67 – 95 (Villa ten Hompel aktuell 2).

Stiftung Denkmal für die ermordeten Juden Europas (Hg.). *Materialien zum Denkmal für die ermordeten Juden Europas.* Berlin: Nicolaische Verlagsbuchhandlung, 2005.

Tych, Feliks, Alfons Kenkmann und Elisabeth Kohlhaas (Hg.). *Kinder über den Holocaust. Frühe Zeugnisse 1944–1948. Interviewprotokolle der Zentralen Jüdischen Historischen Kommission in Polen.* 3. Auflage Berlin: Metropol Verlag, 2009.

Vogel, Klaus. »Vorwort«, in: Catherine Nichols und Gisela Staupe (Hg.), *Die Leidenschaften. Ein Drama in fünf Akten. Begleitbuch zur Ausstellung in Dresden vom 25. Februar bis zum 30. Dezember 2012. Anlässlich der Ausstellung Die Leidenschaften. Ein Drama in fünf Akten, eine Ausstellung des Deutschen Hygiene-Museums Dresden, 25. Februar – 30. Dezember 2012.* Göttingen: Wallstein-Verlag, 2012, 5.

Weltkreis Literatur der Arbeitswelt (Hg.). *Der rote Großvater erzählt. Berichte und Erzählungen von Veteranen der Arbeiterbewegung aus der Zeit von 1914–1945.* Frankfurt am Main: Fischer-Taschenbuch-Verlag, 1975 (Fischer Taschenbücher 1445).

Welzer, Harald: »Harald Welzer, 50, Erinnerungsforscher«, in: *Chrismon* (1) (2009), http://www.inarchive.com/page/2010–05–29/, http://www.chrismon.de/3669.php (zuletzt geprüft am 31. Januar 2013).

Bea Lundt

Die alten bösen Lieder und die neuen Emotionen.
Transkulturelles historisches Lernen in Ghana (Westafrika)

Für Ferdinand Seibt (1927 – 2003)
anlässlich seines 85. Geburtstages im Jahre 2012

Die Lasten der kolonialen Verstrickungen

Im Jahr 2009 bin ich in das Land meines Lebens zurückgekehrt, in dem ich bereits als Studentin einige Monate verbracht habe: Es ist Ghana. Seither hat meine Universität Flensburg ihre älteren Kooperationen mit dem westafrikanischen Land auf den Bereich der Lehramtsausbildung ausgeweitet, und Verträge *(Memorandum of Understanding)* mit mehreren Hochschulen abgeschlossen. Ich lehre einige Wochen im Jahr an einer Universität in Ghana, veranstalte Tagungen und Exkursionen und begleite meine Studierenden, die an verschiedenen Einsatzorten ihr sechswöchiges Schulpraktikum in ghanaischen Schulen absolvieren.

Die Menschen in Ghana sind bekannt für ihre Spontaneität, Offenheit und Herzlichkeit. Doch begegnet man mir an den Universitäten des Landes im Fach Geschichte auch mit Misstrauen und Ablehnung. Und das ist kein Wunder. Denn zwischen uns stehen einige hundert Jahre einer bisher nicht aufgearbeiteten Vergangenheit. In unmittelbarer Nähe unserer Einsatzorte befinden sich gleich mehrere der sichtbaren Überreste europäischer Aktivitäten in Westafrika: es sind Wehrbauten an der Küste, von denen aus Handel mit Waren und mit Menschen betrieben wurde. Die meisten meiner Studierenden werden dort zum ersten Mal intensiv mit den Phänomenen Kolonialismus und Sklavenhandel konfrontiert. Von Cape Coast Castle und Elmina Castle aus wurden die Sklaven nach Amerika transportiert. Die *slave dungeons,* die schauerlichen Verliese, die einem dort gezeigt werden, die *door of no return,* die zu den Schiffen hinabführte – das sind Orte der Tränen.

Trauerarbeit um Geschichte wird auch in den Räumen der benachbarten Hochschulen geleistet: Die *University of Education Winneba* ist die größte Hochschule für Lehramtsausbildung in Afrika südlich der Sahara. Im Jahr 2011 veranstaltete ich dort einen Kurs über Weltgeschichte.

»So ein Quatsch, das ist ja nicht auszuhalten – das mit der *entangled history*. Als wären wir Brüder und Schwestern in der Geschichte!«, protestiert wütend ein Student ganz hinten im Hörsaal gegen meine Ausführungen. Unter diesem hasserfüllten Ausbruch zucke ich zusammen. Wie soll ich weiterarbeiten, solange diese entscheidende Frage offen ist? Ich muss etwas klarstellen. Entschlossen gehe ich durch den großen Raum auf ihn zu, halte ihm demonstrativ die ausgestreckte Hand hin. »We *are* brothers and sisters in history«, sage ich mit Nachdruck. Um mich herum Staunen, Schweigen, Warten. Der Student starrt mich an, in seinem Gesicht arbeitet es. Dann springt er auf, schlägt ein. Ja, er bricht in Tränen aus und umarmt mich schluchzend: »My sister!« »My brother«, antworte ich. Jetzt weinen wir alle. Danach ist an Unterricht nicht mehr zu denken. Es überstürzen sich die persönlichen Fragen an mich: wie ich lebe und mit wem und wie alt ich bin. Und wie ich mit der Schuld des Sklavenhandels umgehe? Ich gebe die Frage zurück. »We have forgiven you«, sagt ein Student mit großzügiger Geste. Großes Gelächter. Jetzt können wir gemeinsam auch makabre Scherze treiben. Ich versichere, sie nicht versklaven zu wollen. Die Klasse biegt sich vor Lachen. Wir sind wieder in der Gegenwart angelangt, in der ich ein harmloser Gast bin und die Sklavenburg draußen zerfällt. Noch nie zuvor, so sagen sie, habe ein *Obruni* (ein Weißer) mit ihnen über Kolonialismus und Sklavenhandel gesprochen. Sie hätten es nicht für möglich gehalten, dass eine Europäerin die Geschichte der verschiedenen Teile dieser Welt als *gemeinsame* versteht. Bei mir selber sind neue Zweifel aufgetaucht, ob ich es richtig mache: Zweifellos sind wir ungleiche Geschwister. Und ist es da sinnvoll, das berechtigte Misstrauen zu zerstreuen? Biedere ich mich an? Zugleich bin ich selber wütend. Denn wieso sollte ich (mit)verantwortlich sein für den Sklavenhandel? Erst später fällt mir ein, dass der Student mich aus blauen Augen prüfend betrachtete. Wie viele der Bewohner der Küstenlandschaften hat er offenbar »weiße« Gene. Was mag sich in seiner Familiengeschichte abgespielt haben? Welche Verletzungen habe ich naiv und unwissend aufgerissen, welche Zurückweisungen vielleicht auch wieder rückgängig gemacht?

Für die Herstellung symbolischer familiärer Verbundenheiten, für jenes historische *Wir*, das unser Denken prägt, ist der Augenschein nicht maßgeblich. Soeben berichtet die Presse, der amerikanische Präsident Barack Obama sei zwar nicht über seinen kenianischen Vater mit Sklaven verwandt, wohl aber über seine »weiße« Mutter, deren DNA Hinweise auf Ahnen aus Afrika zuließe, die über den Atlantik nach Amerika verbracht wurden.[1] Die Zeitungen scheinen das nicht für wahrscheinlich zu halten, sie geben zu bedenken, bei dieser Meldung könne es sich um einen Wahlkampftrick handeln, der den ersten schwarzen Präsidenten als *richtigen* Amerikaner ausweisen solle. Ein solcher muss offenbar

1 Am 1. und 2. August 2012. Ausführlich in Marshall 2012.

aus Westafrika kommen, nicht aus Hawaii. Nach Cape Coast Castle hatte Obama
ja auch 2009 sein erster Besuch in Afrika geführt.

An diesem symbolischen Ort werden die Konzepte über die genealogischen
und historischen Differenzen zwischen den Kontinenten Amerika, Afrika und
Europa sowie ihren Einwohnern fragwürdig und flüssig. *Are we really brothers
and sisters in history?* Das ist in der Tat die zentrale Frage, wenn wir das Fach
Geschichte nicht mehr über die Traditionen und Kontinuitäten der räumlichen
Nähe definieren, sondern über eine weltweite Verbundenheit. Das Misstrauen
meiner afrikanischen Studierenden – zukünftige Geschichtslehrerinnen und
-lehrer – gegenüber den Deutungen der weißen Professorin wird nur übertroffen
von ihrer Sehnsucht nach Gemeinsamkeit. Denn wir sind wirklich Geschwister.
Die Welt ist bunt und nicht schwarz-weiß.

Meine Arbeit in Ghana wird offenbar völlig dominiert von verwirrenden
Gefühlen. Ist sie primär Trauerarbeit um koloniale Verantwortung? Und wo
bekomme ich Orientierungen dafür, wie mit diesen Emotionen umgegangen
werden kann? Gibt es historische Vorbilder und Beispiele für die Bewältigung
von Schuld und Schmerz um die Geschichte?

Die Verarbeitung der *alten bösen Lieder* Europas

> Die alten, bösen Lieder,
> Die Träume schlimm und arg,
> Die laßt uns jetzt begraben,
> Holt einen großen Sarg.
> ...
> Wißt Ihr, warum der Sarg wohl
> So groß und schwer mag seyn?
> Ich legt' auch meine Liebe
> Und meinen Schmerz hinein.[2]

Heinrich Heine (1797 – 1856) spricht in seinem frühen Gedicht von bedrü-
ckenden Liedern und quälenden Träumen und nennt einen Weg, sich von diesen
zu befreien. Das lyrische Ich richtet sich an ein fiktives Kollektiv mit der Auf-
forderung, die Lasten in einem »großen Sarg« zu entsorgen. Das Tabuthema
eines aktiven *Einsargens* löst zunächst Schaudern aus. Doch ist der Meta-
phercharakter des Sarges offensichtlich, und durch verschiedene Strophen
hindurch wird nun die voluminöse Materialität des Behältnisses mit immer
neuen abstrakten Vergleichen gesteigert. Am Schluss steht eine rhetorische

---

2 Heine 1827, 170 – 171.

Frage nach der Kausalität für die inzwischen erreichten erstaunlichen Ausmaße des Gefäßes. Es ist, so wird es erklärt, »so groß und schwer«, weil neben den Liedern, um die es zunächst ging, auch die Gefühle der Liebe und des Schmerzes in ihn gelegt wurden: ein symbolischer Akt der Bewältigung von Erinnerungen, bei dem das zentrale Bild durch seine Schockwirkung in ästhetischer Verdichtung die Intensität und Wucht der Emotionen verdeutlicht.

Dieses oft zitierte Lied Heines wird vor dem Hintergrund der persönlichen Betroffenheit des Schriftstellers gedeutet, der aufgrund seiner Herkunft aus einer jüdischen Familie, aber auch angesichts seiner spitzen Feder, mit der er seiner Kritik an den politischen Verhältnissen Deutschlands Gestalt verlieh, ins Pariser Exil vertrieben wurde. Dort blickte Heine *von außen* auf sein Geburtsland und es vermischten sich in seinen Schriften die Sehnsucht nach geliebten und vertrauten Orten und Personen seiner Kindheit und Jugendjahre und die Ablehnung gegenüber den sozialen Verhältnissen und ihren Repräsentationen in Politik und Kunst. Diese Ambivalenz kennzeichnet auch das Gedicht.

Das ungeheuer eindrucksvolle Lied ist auch von Historikern oft rezipiert worden. Ferdinand Seibt (1927 – 2003) stellte es als Motto an den Anfang seines 2000 erschienenen Werkes, in dessen Titel er die von Heine beschriebene Pluralität der Lieder zu einem einzigen, offenbar zentralen Phänomen verschmolz: *Das alte böse Lied. Rückblicke auf die deutsche Geschichte 1900 bis 1945.*[3] Während Heine die ersten beiden Drittel des neunzehnten Jahrhunderts erlebte und als politischer Dichter auf diese Zeit reagierte, geht es Seibt um die Beziehungen zwischen den Ländern Europas in der ersten Hälfte des zwanzigsten Jahrhunderts, jener Ära der extremen Gewaltentfesselung durch zwei Weltkriege.

Seit 1951 haben sich Kommissionen aus Historikern, Didaktikern und Schulbuchexperten zusammengefunden, um im bilateralen Diskurs zwischen Deutschland und anderen europäischen Ländern inhaltliche Vorschläge für Schulbücher und Geschichtswerke zu unterbreiten, die Einseitigkeiten überwinden sollen und im Konsens von den verschiedenen beteiligten Gruppen getragen werden. Seibt war Mitglied der Deutsch-Tschechischen Historikerkommission und leitete bis zu seinem Tod das *Collegium Carolinum,* die Forschungsstelle für die böhmischen Länder in München. Als Mediävist dachte er im Modus der *longue durée* und bemühte sich darum, das Bewusstsein um die jahrhundertelangen gemeinsamen Traditionen innerhalb Europas zu bestärken, also jene historische Verbundenheit zu beschwören, die erst in der Phase der nationalstaatlichen Abgrenzungen und kriegerischen Auseinandersetzungen zerstört wurde. Sein Urteil über die um 1900 geborene Generation ist vernichtend. Denn die »Sünden« dieser »Großväter«, so schreibt er, »rührten dagegen

3 Seibt 2001.

aus ihrer politischen Unfähigkeit, neue taugliche Ordnungsbilder zu finden und
sich als bewußte Demokraten darin einzubinden.«[4] Gleichwohl hält er an der
Notwendigkeit des Gespräches der Generationen zur Verarbeitung von Historie
fest. Zwischen den Menschen in der Generationenfolge, so sieht es Seibt, besteht
dieses Gefühl der Liebe, das Heine mitentsorgen will, denn die *Täter* sind ja auch
Familienväter und Mütter. Zwar sind sie schuldig geworden, doch fühlt man sich
ihnen emotional verbunden, denn man ist ja aufgewachsen als Mitglied von
Gemeinschaften, die sie gegründet haben. *Rettet die Großväter,* so sollte eigentlich der Titel des Buches lauten. Woran sind diese Ahnen gescheitert? Der
Ausweitung des Radius ihrer engen, aus dem Untertanenstaat des neunzehnten
Jahrhunderts stammenden Orientierungen auf die *Welt*-Ebene waren sie nicht
gewachsen: Der Erste Weltkrieg und der ihn abschließende Weltfrieden wiesen
»die Geschichte der Welt tatsächlich in eine neue Richtung.«[5]

In der zweiten Hälfte des zwanzigsten Jahrhunderts stabilisierten sich die
erweiterten politischen Räume zu einer vertraglich gefestigten Verbindung der
europäischen Staaten. Heines Gedicht behält auch für diese Phase seine At-
traktivität. 2004 entstand ein Kompilationsfilm der 25 Mitgliedsstaaten der EU
mit dem Titel: *Europäische Visionen,* in dessen deutschem Filmbeitrag das
Gedicht eingesetzt wird. Es steht dort als Vorbild für die Tradition der Forderung, überlieferte Feindbilder und Vorurteile innerhalb der Gemeinschaft zu
überwinden.[6]

Lieder als Quelle und Korrektiv von Emotionen über Geschichte

Der Vorgang überrascht zunächst und ist erklärungsbedürftig. Denn warum
sollte ein Gedicht aus dem neunzehnten Jahrhundert im Zusammenhang mit
wichtigen Phänomenen der Geschichte bis in die Gegenwart hinein aussagekräftig sein? Ist es nicht Aufgabe der Historikerinnen und Historiker, den kollektiven Diskurs zu versachlichen, die verschiedenen Perspektiven und Argumente der beteiligten Gruppen zusammenzutragen und auf ihren Realitätsgehalt
zu prüfen? An die Gesetzmäßigkeiten der quellengebundenen rationalen Verarbeitung von Wirklichkeit ist die Gattung Lyrik aber nicht gebunden. Sie versteht sich gerade umgekehrt als gefühlvoll, wertend, individuell, ja unpolitisch.
Auch Heines Poesie folgt künstlerischen Mustern. Es fehlt völlig das für ein
klagendes Sprechen über die Geschichte typische Vokabular: Von Ländern,
Kriegen und Vertreibung ist keine Rede, auch nicht von Verlusten in der Familie

---

4 Ebd. 11.
5 Ebd.
6 Als deutscher Beitrag (2004) nach einer Idee von Lars von Trier, verfilmt von Fatih Akin.

durch Gewaltausübung der Herrschenden. Ohnehin gibt es keine Namen und Fakten, die historisch konkret zugeordnet werden könnten.

Und doch ist es offensichtlich, dass es sich um eine Auseinandersetzung mit Historie handelt. Es ist das Adjektiv *alt*, das auf eine Vergangenheit hinweist, die fortwirkt und den Lebenden zur Last wird. Ergänzend kommt ein anderes Adjektiv hinzu: *böse*, eine umfassende Negativbeschreibung, die in der Regel nur benutzt wird, wenn alle menschlichen Ethik- und Moralsysteme missachtet worden sind. Sie passt eigentlich nicht zu den *Liedern*, die ja Freude erzeugen und Menschen unterhalten sollten. »Böse Menschen haben keine Lieder« heißt es im Sprichwort.[7] Im Gegensatz zu dieser populären Aussage, die mit großer Wahrscheinlichkeit von einem Zeitgenossen Heines stammt, zeigt Heine wiederholt das gefährliche Potenzial von Liedern auf. In seinem 1843 entstandenen Versepos *Deutschland. Ein Wintermärchen* beschreibt er, wie religiöse Heilsbotschaften gezielt politisch eingesetzt werden, um Menschen ihre irdischen Forderungen vergessen zu lassen und ihren berechtigten Protest zu ersticken: »Das Eiapopeia vom Himmel« wird hier von einem ahnungslosen Kind *mit echtem Gefühl* vorgetragen. Gerade durch diese naive Gefühlsbetontheit, so zeigt er, können solche Lieder die Menschen täuschen. Der Ich-Erzähler definiert seine Aufgabe ganz aus der Ablehnung solcher *bösen Lieder* und verheißt eine Alternative: »Ein neues Lied, ein bessres Lied, o Freunde, will ich euch dichten!«[8]

Bescheiden und selbstkritisch verspricht er nicht ein *gutes*, sondern nur ein relational zu den alten *besseres* Lied. Damit überwindet er das Pathos der dominierenden literarischen Richtung seiner Zeit, der Romantik. An solchen feinen Nuancen erkennt man den nicht in platten Gegensatzpaaren denkenden großen Dichter. Eine polare Entsprechung zu den bösen Liedern vermisst man auch bei der Bestückung des Sarges: Erwarten würde man die Gefühle Hass, Wut und Verzweiflung. Heine überrascht dagegen mit dem Begriff *Schmerz*, der zudem erst an zweiter Stelle kommt. Primär wird die *Liebe* begraben, jenes Gefühl, das in der Zeit der Romantik als literarischer Topos ja eigentlich erst erfunden wurde. Als überbordendes Gefühl und unendlich fortdauernde Verbindung stellt *Liebe* ein neues Ideal des Bürgertums dar, dem zweifellos auch Heine angehörte. Gerade die *Liebe* aber, so zeigt es Heine, legitimiert die falschen Kontinuitäten, Traditionen und Töne. Wenn sie begraben wird, hört auch die Vorstellung auf, man sei unentrinnbar den Vorfahren verbunden, denen man auch ihre Bosheit und Sünden noch verzeihen müsse.

---

7 Das Sprichwort ist vermutlich abgeleitet aus einem 1804 entstandenen Gedicht von Johann Gottfried Seume.
8 Heine 1843.

Lieder sind von Generation zu Generation weitergegebene narrative Traditionen und oft an die Kinderzeit gebunden. Auch Heines Gedicht ist einfach wie ein einlullendes Wiegenlied aufgebaut; in seinen vierzeiligen Strophen reproduziert er die Vorstellungen seiner Zeit von der einzigartigen Magie der Volkspoesie. Trotz seiner Diagnose entzieht er sich gerade nicht diesem Medium. Aus der Unterscheidung zwischen den *alten bösen* und den *neuen besseren* Liedern leitet er vielmehr seine zentrale Aufgabe, ja Identität ab. Gerade im Medium der Poesie, die ganz aus Gefühlen lebt, entwirft er also eine Kritik an deren Gefahren: der religiösen und politischen Vereinnahmung des Genres zur Volksverdummung.

Ist aber diese Botschaft eines Dichters der ersten Hälfte des neunzehnten Jahrhunderts, das durch den Kampf um die bürgerlichen Revolutionen geprägt war, noch immer aktuell? In der Tat liegt in der Indifferenz, wer denn eigentlich die *bösen* Gegner und Feinde sind, gerade die überzeitliche Wirkung dieses Liedes. Der lyrische Sprecher beschreibt einen befreienden und bewussten Akt der Auswahl und Ausgrenzung negativer Traditionen aus dem Bewusstsein. Dazu lassen sich erstaunliche Parallelen seiner Wortwahl zu aktuellen Diskussionen innerhalb der Kulturwissenschaften finden: Das Dingsymbol des riesengroßen *Sarges,* der zwar kollektiv bestückt, aber nicht versenkt wird, erinnert an einen Gedächtnisspeicher, eine Art *Archiv,* das eine Ordnungsfunktion erfüllt.[9] Und auch die Kommunikationsstrukturen, die er beschreibt, entsprechen aktuellen Vorstellungen von Erinnerungsarbeit: Das Gedicht simuliert das lebendige Gespräch eines Individuums mit einer Gruppe, einem Plural von Angesprochenen. Es wird gefordert, gefragt, gemeinsam gehandelt und vertrauensvoll Persönliches mitgeteilt. Die unkontrollierbare Überwältigung durch ungewollte Gefühle wird dabei rational eingegrenzt. Der Text bestärkt sowohl das Misstrauen gegenüber den schädlichen Überlieferungen, als auch das Bewusstsein von der Kraft, sich in diese nicht einfach als passives Opfer zu ergeben, sondern sie gemeinsam zu bannen. Heine transzendiert damit das für die Romantik typische Konzept von der Natürlichkeit der Gefühle und nimmt eine sehr (post)moderne Vorstellung von ihrer Variabilität und ihrem Konstruktionscharakter voraus.

Der betont rationalen Sprache und den sachlichen Genres der europäischen Historiographie fügt der politische Dichter Heine also eine Dimension hinzu, indem er hier in satirischer Sprache vorführt, wie man von Gefühlen sprechen kann, ohne sich ihnen auszuliefern.[10] Ist dieses kulturelle Muster für Erinne-

---

9 Vgl. dazu die Diskussionen um die Gedächtnis- und Erinnerungskulturforschung, die mit den Namen Aleida und Jan Assmann verbunden sind; zuletzt Erll 2011.
10 Zur Frage nach dem historischen Aussagewert narrativer Quellen gibt es eine umfangreiche Fachliteratur.

rungsarbeit, das die räumlichen und zeitlichen Entgrenzungen von zwei Jahrhunderten überstand, als *universales* Vorbild geeignet, der Herausforderung der
globalen Welt gerecht zu werden?

Der koloniale Großvater und seine europäischen Enkel. Ein Defizit

Von historischen Schmerzen innerhalb Europas war die Rede. Doch wie steht es
um das Verhältnis dieses Kontinentes zum afrikanischen? Eine Bearbeitung der
Geschichte der Kommunikation insbesondere zwischen Afrika südlich der Sahara und europäischen Ländern wurde bisher vernachlässigt. Afrikanische
Historiker beobachten bei Besuchen in Deutschland die völlige Dominanz des
innereuropäischen Geschichtsdiskurses mit Befremden und protestieren gegen
den mangelnden Einschluss ihrer Region in Erinnerungspolitik und Sinnent-
würfe von Geschichte. Auch in Seibts typisierender Aufzählung der Großeltern,
deren Lieder zu bearbeiten sind, gibt es zwar den konservativen, christlichen,
roten, jüdischen usw. Ahnen,[11] doch fehlt die Gestalt des kolonialen Vorfahren.
Von diesem aber wüssten wir gerne mehr und wir müssen mit ihm umgehen
lernen, um die Verbundenheit der Menschen auf diesem Teil des Globusses
richtig verstehen zu können.

Dieses Defizit wird weltweit wahrgenommen. Als eigene Forschungsrichtung
definieren sich die *Postcolonial Studies,* die vor allem auf außereuropäische
Wissenschaftlerinnen und Wissenschaftler zurückgehen.[12] Diese entwerfen ein
Epochenkonzept, das das Phänomen des Kolonialismus ganz in den Mittelpunkt
stellt. Die Weltgeschichte teilen sie auf in die Epochen vor, während und nach
dem Kolonialismus, den sie für die zentrale Gelenkstelle halten. Sie fordern den
Abbau der völligen Dominanz eurozentristischer Perspektivierung im historischen Schrifttum und die Zurückschrumpfung dieses Kontinents auf eine rea-
listische relationale Größe gegenüber den anderen Räumen dieser Welt.[13] Die
zunächst unendlich scheinende globale Geschichte wird durch einen Boom von
Neuerscheinungen erschlossen, die die Historie unter internationalen Perspektiven aufbereiten und ein strukturiertes Überblickswissen vermitteln.[14]

---

11 Seibt 2001; Kapitelüberschriften, die die verschiedenen familiären Milieus kennzeichnen
    und mit den Großmüttern enden.
12 Überblicksartikel und Begriffsklärungen in deutscher Sprache finden sich in: Kreff, Knoll
    und Gingrich 2011.
13 Chakrabarty 2010. Das Werk des indischen Historikers und Mitbegründers der *Subaltern
    Studies,* der in Chicago lehrt, erschien bereits 2000 in englischer Sprache; ein Beispiel für die
    verzögerte Rezeption wegweisender Studien zu diesem Thema im deutschen Sprachraum.
14 Demel u. a. 2009–2010. Seit September 2012 erscheint die *Neue Fischer Weltgeschichte* in 21
    Bänden. Akira Iriye und Jürgen Osterhammel geben die sechsbändige *Geschichte der Welt*
    heraus, deren erster Band 2012 erschienen ist.

Noch vor wenigen Jahren war die Auffassung verbreitet, Globalität beschreibe einen gegenwärtigen Zustand, der sich in jüngster Zeit aus der Moderne herausbildete. Vormoderne Gesellschaften dagegen seien höchstens gekennzeichnet durch »Globalisierungsanläufe«, die als »Vorgeschichte der Globalisierung« bezeichnet werden könnten.[15] Langfristige Verflechtungen über die Länder und Meere werden aber nun immer weiter in die Geschichte zurückgeschrieben. Über mindestens drei Kontinente erstreckten sich während der mittelalterlichen Jahrhunderte hybride Kulturen und sie umfassten die monotheistischen Weltreligionen Judentum, Christentum und Islam.[16]

Neil MacGregor konfrontierte uns 2011 mit einer allumfassenden *Geschichte der Welt* seit ihren Anfängen. An Objekten aus allen Regionen zeigt er, wie Menschen ihren Alltag bewältigten und ihm Sinn verliehen.[17] Als Leiter des Britischen Museums weiß er sehr wohl um die Verstrickungen, die sich daraus ergeben, dass sich alle Zeugnisse menschlichen Wirkens, die er vorstellt, in London befinden. Alle Museen der Welt beruhten »auf der Hoffnung – auf der Überzeugung –, dass das Studium der Dinge zu einem besseren Verständnis der Welt führen kann.«[18] Diese Zusammenballung der materiellen Quellen, die von dieser Welt zeugen, in nur wenigen Zentren ehemals kolonialer Weltmächte ist eine Realität, die aber auch Emotionen auslöst. Denn der Verlust von Zeugnissen der eigenen Kultur nimmt Menschen ein entscheidendes Stück ihrer Identität – so sieht man es in den beraubten Regionen. Man fordert daher die Beutekunst zurück und weigert sich zum Teil auch, mit den Büchern zu arbeiten, in denen allein die Enkel der Kolonialherren die Deutungsmacht über die Abläufe der Weltgeschichte für sich in Anspruch nehmen.[19] Das Museum erinnert an den Sarg Heines, und die Europäer scheinen ihre bedrängenden Gefühle von Liebe und Schmerz um die Geschichte dorthin ausgelagert zu haben. Ein Buch wie dieses kann aber auch das Bewusstsein um die Verbundenheit wiederbeleben.

Das Thema der transkulturellen Verflechtung ist im Rahmen der Kulturwissenschaften als eines mit umfassender historischer Bedeutung definiert. Die Verarbeitung der kolonialen Aufteilung der Welt und ihrer offen und subtil fortwirkenden Strukturen stellen die wohl größten Herausforderungen an das historische Lernen der Gegenwart dar.

---

15 Vgl. etwa Osterhammel und Petersson 2007, 25.
16 Vgl. dazu etwa Borgolte und Schneidmüller 2010.
17 MacGregor 2011.
18 Ebd. 26.; vgl. dazu meine Rezension Lundt 2012b.
19 Als ich das Buch von MacGregor während meiner Gastprofessur in Ghana 2011 in meinen Kursen einsetzte, kam es fast zum Bruch mit meinen afrikanischen Kollegen, die mir vorwarfen, *kulturellen Imperialismus* zu unterstützen.

Augenhöhe herstellen und Globalität selber tun – ein Konzept

Die Geschichtsdidaktik akzeptiert diese Aufgabe etwas zögernd. Im Mittelpunkt stehen deshalb Überlegungen, wie sie im Rahmen des Geschichtsunterrichtes erfüllt werden kann. Globalgeschichte diene dazu, so Urte Kocka, den Geschichtsunterricht interessanter zu machen, eine bessere Orientierung in der Realität dieser Welt zu vermitteln und der Herausforderung der Internationalität des Klassenraumes gerecht zu werden.[20] Allerdings wehrt sie sich dagegen, den Lehrplan mit weiteren, neuen Inhalten zu (über)füllen, denn eigentlich werde ja im Geschichtsunterricht, so wird es in der Didaktik vertreten, immer schon der Umgang mit der Alterität eingeübt. Konfrontiert er doch im diachronen Modus mit der Vielfalt und Andersartigkeit der vergangenen Zeiten. Lange schon sei die Debatte um einen inhaltlichen Kanon beendet. Spätestens mit der Definition historischer Kompetenzen als Ziel für historisches Lernen sei klar, dass sie an verschiedenen Beispielen erworben werden können. Eine weltgeschichtlich orientierte Vollständigkeit sei ohnehin nicht möglich, nicht sinnvoll und nicht erstrebenswert.

Allerdings werden diese historischen Themen, die als bewährte Beispiele dienen und sich im Schulbuch und Lehrplan fortschreiben, aus einer bestimmten Perspektive aufgerollt. Diese bleibt den Strukturen der westlichen Meistererzählungen verhaftet, reproduziert das europäische Modell für gesellschaftliche Entwicklung und misst den Rest der Welt an diesem. Die *Postcolonial Studies* sprechen daher vom *Othering*, dem Vorgang der Deutung, der das Andere vom Eigenen abspaltet. Damit erst wird es zugleich auch als das Fremde definiert und ausgegrenzt. Wie sollen daher die so *Geanderten* je eine Chance haben, ihre historischen Erfahrungen auf dem Verhandlungstisch über die Deutungsmuster von Geschichte vorzufinden, geschweige denn selber an dem Vorgang der Sinngebung und Bewertung zu partizipieren?

Ich gehe daher einen anderen Weg. Denn ich bin überzeugt davon: Die Strukturen der globalisierten Welt können nur verstanden werden, wenn ein aktiver persönlicher Diskurs zwischen dem Globalen Norden und dem Globalen Süden zustande kommt, der sich auch den ambivalenten Emotionen stellt, damit wir ein *besseres Lied* singen können. Nur wenige unserer Kollegen aus Afrika kommen aber zu unseren Tagungen in Europa[21]; sie haben kaum die nötigen Kontakte, aber auch kein Geld, um lange Reisen anzutreten und ihre Arbeiten zu publizieren. Nicht zuletzt auch grenzen sie sich innerlich ab gegenüber dem

---

20 Kocka 2012.
21 Der deutsche Kolonialismus wurde als *neu entdeckt* bezeichnet. Ende 2011 fanden verschiedene Tagungen über dieses Thema in Deutschland statt, weitgehend ohne Beteiligung von Afrikanern.

westlichen Diskurs, in dem sie sich nicht aufgehoben fühlen. Also müssen wir zu ihnen gehen und das Gespräch suchen. Die Geschichtsbilder und Erinnerungen aus den verschiedenen Kulturen gilt es im Dialog multiperspektivisch miteinander zu konfrontieren. Nur auf Augenhöhe, also in der gleichberechtigten Kooperation der verschiedenen Akteure kann ein Austausch stattfinden. Räumliche Distanzen sind kein Hinderungsgrund für Verständigung, denn sie sind keine objektiven Größen, sondern von Menschen geschaffene Barrieren. Die den Globus umspannenden Kommunikationskanäle der neuen Medien stellen ein Angebot für Verständigung und Kontaktaufnahme dar.

Transkulturelle Kommunikation ist also ein Handlungsmuster, das es aktiv zu *tun*, selber zu realisieren gilt.[22] Dabei geht es nicht nur um die Zirkulation von Wissenselementen, sondern auch um die Begegnung zwischen Menschen mit ihren Gefühlen. Sie müssen ihre vielfältigen *Lieder* gemeinsam prüfen, ihr Verhältnis zu den verschiedenen Großvätern und Großmüttern sortieren und kooperativ darüber verhandeln, welche historischen Gefühle erhalten und welche überwunden werden müssen. Die Vielfalt der in einem solchen Prozess aufscheinenden Emotionen entspricht der Hybridität der Verhältnisse und ist damit ein Teil der Historie.

Mit Lehramtsstudierenden an einem geschichtsträchtigen Ort

Ich verbringe jedes Jahr ca. drei Monate in Ghana und baue dort Kooperationen auf im Schulunterricht, in Forschung und Lehre, in Dorf und Stadt. In Flensburg bereite ich Lehramtsstudierende auf ihr Schulpraktikum an verschiedenen Einsatzorten in ghanaischen Schulen vor und berate sie bei ihrer Arbeit vor Ort. Betreut wird dieser Einsatz der Studierenden auch von unserer Partneruniversität, der *University of Education Winneba*. Vier bis sechs Wochen lang nehme ich eine Gastprofessur im Fach Geschichte an dieser Hochschule wahr, veranstalte in Zusammenarbeit mit ghanaischen Kolleginnen und Kollegen Tagungen, Workshops und Exkursionen, bereite gemeinsame Forschungen und Publikationen vor.[23]

---

22 Einen kompetenten Umgang mit kulturellen Differenzen *selber zu praktizieren* fordern auch Doris Weidemann, Arne Weidemann und Jürgen Straub von den Lehrenden (Weidemann, Weidemann und Straub 2007, 820); für die Schule wird *interkulturelle Praxis* angeregt in Erll und Gymnich 2010, 160.
23 Der erste Tagungsband erschien Anfang 2013 in englischer Sprache in Berlin (Apoh und Lundt 2013). Ein weiterer Tagungsband soll Ende 2013 herauskommen und ist derzeit in Vorbereitung (Bea Lundt und Ulrich Marzolph (Hg.). *Narrating (Hi)stories. Storytelling in and about West-Africa*). Meine afrikanischen Kontaktpartner sind sehr daran interessiert, dass ihre Forschungen in Europa rezipiert werden.

Was ist das für ein Raum, an dem wir Aufnahme finden und tätig werden? Seit vielen Jahrhunderten fand an der Küste des heutigen Ghana ein Austausch zwischen Vertretern europäischer und afrikanischer Kulturen statt, der sich auf unterschiedliche Weise vollzog. Wir wissen um die Bedeutung des trans-saharischen Handels, der lange vor der Ankunft der Kolonialherren an den Küsten Westafrikas die Kontakte zwischen Asien, Europa und Afrika prägte. Waren wurden auf diesen Wegen transportiert, aber auch religiöse Orientie-rungen, Gedanken, Geschichten und *Lieder*. Timbuktu war während der Zeit, die wir in Europa Mittelalter nennen, ein spirituelles Zentrum der Gelehrsamkeit. Die Region war durch einen besonderen natürlichen Reichtum gesegnet. Der Name *Gold Coast,* den die Kolonialmacht dem Gebiet gab, weist auf ihre Schätze an diesem Edelmetall hin: Viele der Kronen Europas sind aus Ashantigold ge-fertigt.[24] Als erstes Land in Afrika südlich der Sahara erkämpfte sich die britische Kolonie im Jahr 1957 die Unabhängigkeit; Grund genug für jenen besonderen Stolz und das Selbstvertrauen, das die Bewohner auszeichnet. Zwar waren die Grenzen des Landes, das die Engländer beherrschten, in kolonialer Willkür ohne Bezug zu kulturellen Zusammenhängen gezogen worden. Doch gab sich die junge Republik den Namen Ghana, in symbolischer Nachfolge zu einem mit-telalterlichen Reich, das weiter nordwestlich im Inland lag. Mit dieser Umbe-nennung stellte man sich in eine lange eigene historische Kontinuität im west-afrikanischen Raum. Zugleich warnte der erste Staatspräsident Ghanas, Kwame Nkrumah (1909–1972), vor der Fortsetzung kolonialer Herrschaft auf kultu-rellem Gebiet. Die Abhängigkeit von den Weißen, die hier *Obruni* gerufen werden, realisiert sich nicht nur durch die Ketten, die den Sklaven angelegt wurden – Kolonialismus findet in den Köpfen der Menschen statt.

Doch sind auch seine materiellen Formen weithin sichtbar: Die Relikte der europäischen Präsenz in diesem Teil Westafrikas ziehen sich die Küste entlang. Es sind etwa 80 Befestigungen verschiedener Art: Handelszentren, militärische Stützpunkte, Sklavenburgen.[25] Die erste Festung bauten portugiesische Seefah-rer um 1482: Der heute Elmina Castle benannte Stützpunkt war bald Streitobjekt verschiedener europäischer Mächte. Die Kolonialgeschichte ist auch eine der sexuellen Gewalt: Gezeigt wird den Besuchern die Balustrade, von der aus der Gouverneur die Sklavinnen im Hof in Augenschein nahm, um sich, so wird es erzählt, täglich eine neue Sexualpartnerin auszusuchen. Viele der Menschen an der Küste führen ihren Stammbaum auf Europäer zurück und erinnern in Namen und/oder Aussehen an diese kolonialen Großväter. Zu Recht hat die UNESCO alle diese Bauten zum Weltkulturerbe ernannt, und damit anerkannt,

---

24 Lundt 2011b.
25 Anquandah 1999, 20. Die Zahl »about sixty forts« wird für Ghana genannt in St. Clair 2007, Klappentext. Viele der Burgen sind verfallen, einige neu aufgebaut.

dass sie für das kollektive Gedächtnis der gesamten Menschheit von erhaltens-
werter Bedeutung sind: globale Erinnerungsorte, an denen wir den Kanonen
unserer kolonialen Großväter begegnen, aber auch unseren ganz realen Stief-
geschwistern, die sie dort zeugten.

Nicht erst durch die Berliner Kongokonferenz 1884 – 1885 ist die Geschichte
Afrikas auch mit der deutschen Kolonialpolitik verwoben. Seit 1683 ließ der
Große Kurfürst Friedrich Wilhelm I. an der Küste Ghanas die Festung Groß-
Friedrichsburg anlegen.[26] Im Bundesland Brandenburg gibt es seit Jahren Bemühungen, sich vor Ort aktiv um die gemeinsame Verarbeitung der Erinnerung
an die deutsche Kolonialzeit in Ghana zu kümmern; Bürgerinitiativen betreiben
humanitäre Arbeit in Ghana, man ermöglicht Kindern den Schulbesuch. Ein
Begleitband dokumentiert die Aktionen im Gedenkjahr 2008.[27] Für 2013 sind
Aktivitäten in Vorbereitung: eine Ausstellung und eine Tagung in Berlin, die
dem Bild von der Herrschaft der Preußenkönige die wenig beachtete Facette
ihres kolonialen Abenteuers hinzufügen sollen.

Auch in anderen Gebieten Ghanas haben Deutsche regiert. So gehörten Teile
des Ostens Ghanas in der Voltaregion zu der deutschen Kolonie Togoland. Doch
zählen im ghanaischen Bewusstsein ohnehin nicht die offiziellen Machtreviere
der Politik. Auf einer Tagung zum deutschen Kolonialismus, die ich auf Wunsch
meiner afrikanischen Kollegen und in Kooperation mit ihnen im Oktober 2011
an der *University of Education Winneba* veranstaltete[28], spielte und sang uns ein
Teilnehmer Klagelieder über deutsche Soldaten vor, die in den Norden Ghanas
eindrangen; einer von ihnen ist sein Großvater. Bis heute existiert ein Dialog der
Trommeln. Deutlicher als diplomatische Schriften spiegeln solche Zeugnisse die
oral bewahrte kulturelle Erinnerung. Die Kolonialgeschichte denkt in offiziellen
Grenzen: Sie berichtet von der Eroberung von Herrschaftsgebieten, nicht aber
von den tagtäglichen Begegnungen, denn die Weißen verharrten nicht in ihren
Kastellen; sie bewegten sich im Land. *Die alten bösen Lieder, die Träume
schlimm und arg*, erzählen im Gegensatz zu den historiographischen Schriften
davon, welche Kommunikationen zwischen Menschen stattfanden und wie diese
sie deuteten. Historisches Lernen sollte die Kompetenz vermitteln, die Sprache
solcher Lieder zu entziffern.

---

26 Heyden 2001.
27 Klocksin und Prüfer 2008.
28 Lundt 2011a.

Geschichte in Ghana

Wenn die europäischen Geschichtsdarstellungen nicht verlässlich sind, weil sie
die Gefühle der Menschen in den Ländern des Globalen Südens oft nicht berücksichtigen – ist Geschichte in Ghana etwas anderes als in Europa? Es ist
zweifellos eine sehr vielschichtige Mischung aus Traditionen, europäischen
Einflüssen und Institutionalisierungen auf einer Fachebene. Unsere älteren
Kontaktpersonen sind noch während der Kolonialzeit ausgebildet worden. Auf
den Missionsschulen hatte man ihnen gesagt, ihr Land habe keine eigene Geschichte gehabt, bis die Europäer vor ihrer Küste landeten. Diese Generation hat
die Jahre der Loslösung aus den unmittelbaren Machtstrukturen aktiv getragen
und sie ist besonders sensibel und ablehnend gegenüber einer Beeinflussung
durch Fremde aus anderen Kulturen.[29] Gerade aus Ghana aber kommen auch
Anregungen, die Zeit des jahrhundertelangen Sklavenhandels nicht einfach als
Opferdasein zu beklagen, bei dem man hilflos fremden Eroberern ausgesetzt
war. Es geht nicht nur um die Beteiligung und Schuld der fremden Großväter,
sondern auch der afrikanischen Ahnen, die mit den Eindringenden kollaborierten. Akosua Adoma Perbi, Geschichtsprofessorin an der University of Ghana
in Legon bei Accra, erforschte die einheimischen *(indigenous)* Traditionen der
Sklaverei, die in Ghana betrieben wurden; ihr Buch liegt in den Buchhandlungen
des Landes aus.[30] Doch ist ihre diffizile Analyse nicht in die Museumsdidaktik
der Guides eingedrungen, die vor allem afroamerikanische Besucher durch die
slave dungeons führen. »Mögen diejenigen, die zurückkehren, hier ihre Wurzeln
finden«, heißt es auf einer Tafel in der Burg, ein Wunsch, der sich zumeist nicht
erfüllt, weil seit der Zeit der Verschleppung zu viele Einflüsse wirksam wurden,
um diesen Ort als Ursprung wiederzuerkennen.

Die Aufarbeitung von Geschichte in Ghana erfolgt zu Recht auf verschiedenen
Ebenen, entsprechend den Bedürfnissen der daran beteiligten Gruppen. Die
schulische Institutionalisierung des historischen Denkens folgt weitgehend dem
Modell der englischen Kolonialmacht. Als eigenständiges Schulfach wird Geschichte erst in der Oberstufe als Wahlfach angeboten, doch sind historische
Gesichtspunkte Bestandteil eines integrierten Faches *Civic Education* (Grundschule Klasse 1 – 6) sowie *Social Studies* (Sekundarstufe I). Die vier Universitäten
in Kumasi, Legon bei Accra, Cape Coast und Winneba, mit denen uns Part-
nerschaftsabkommen verbinden, verfügen jeweils über eine Professur für Geschichte sowie verschiedene Mitarbeiter. Doch steht in naher Zukunft ein Ge-
nerationenwechsel bevor, der sich als schwierig erweist, denn der im Ausland
ausgebildete Nachwuchs kehrt nicht nach Ghana zurück (Braindrain).

---

29 Vgl. dazu ein älteres Werk, das autobiografische Schriften auswertet: Grohs 1967.
30 Perbi 2004.

Auffallend viele historisch ausgebildete Ghanaer fanden aber bisher eine Stelle im Fachbereich der *African Studies,* aus dem die Studierenden aller Fächer Pflichtveranstaltungen belegen müssen. Auch die Curricula für die Geschichtsstudierenden zeigen: Schon lange nicht mehr sind die Lehrwerke der Missionare maßgeblich für den Wissenskanon über das Vergangene. Geschichte ist ein Modus der afrikanischen Selbstvergewisserung und erfüllt identifikatorische Bedürfnisse in Abgrenzung gegenüber den ehemaligen Kolonialherren. Doch sind die Repräsentanten der Universitäten und Schulen dabei, diese institutionelle Basis für die Ausbildung im Fach Geschichte neu zu durchdenken. Einem solchen neuen Konzept entsprechend wurden Lecturer-Stellen an der Universität Legon im Jahre 2011 international ausgeschrieben. Seit 2012 lehren dort vier amerikanische und ein norwegischer Historiker, ein Beleg dafür, dass der Ort für junge Hochschullehrer aus Übersee sehr attraktiv geworden ist. Es bleibt abzuwarten, welche Folgen ihre Präsenz für die Inhalte der Ausbildung hat.

Ohnehin ist historische Orientierung ein wichtiger, ja allgegenwärtiger Bestandteil der Tradition Westafrikas. So gelten innerhalb der in Ghana dominierenden Akan-Kultur Vergangenheit und Zukunft als eng verbunden. Der Sankofa, ein Vogel, steht symbolisch für das Verständnis von Historie: Die Ikonografie ist genau festgelegt: Indem das Tier seinen Kopf nach hinten wendet und zurückblickt, gelingt es ihm, sein Ei von seinem Rücken zu nehmen und damit zu verhindern, dass es zu Boden fällt. Dieses Ei steht für die nachfolgenden Generationen, die der Fürsorge bedürfen und erst ausgebrütet werden müssen. Erst durch eine aktive Handlung werden die Erkenntnisse aus der Vergangenheit für die Zukunft fruchtbar gemacht. Bei dem gezielten Rückgriff auf Traditionen, so wird die Symbolik erklärt, wird ein Teil des Eigenen bewusst; die kreative Kraft kann weitergegeben werden und das neue Leben sich entfalten.[31]

Alle drei Zeitdimensionen sind also in dieser Figur repräsentiert, die einen harmonischen und in sich geschlossenen Bewegungsablauf vollzieht. Der Sankofa ist äußerst populär: Er findet sich in Abbildungen, als Skulptur und als Schmuck auf Gebrauchsgegenständen (etwa Kämmen). Er begleitet also Menschen als visuelle Mahnung, das Zukünftige zu entfalten, indem man das Alte bewahrt, und dieser Gedanke ist ein fester Bestandteil des Alltagslebens. Mit diesem traditionellen Symbol identifizieren sich aber auch alle Menschen, die offiziell mit Geschichte als Wissenschaft umgehen.

---

31 Artikel: Sankofa. In: Wikipedia (zuletzt geprüft am 31. Januar 2013).

Abb. 1: Der *Sankofa*, Symbol für *Geschichte* in westafrikanischen Kulturen.
© bagaball via Wikimedia Commons

Die afrikanischen Großväter

Geschichte wird in Ghana, auch das zeigt der Sankofa, deutlich über die Ab-
stammung definiert. Eine besondere Rolle spielen die Vorfahren. Mit ihnen wird
ein ständiges Gespräch geführt. Wichtige Treffen beginnen mit der *Libation*,
dem Trankopfer für die Ahnen. Innerhalb dieses Rituales werden sie gerufen, als
Teil der Gemeinschaft begrüßt und über den Anlass der Veranstaltung infor-
miert; ihre Meinung ist gefragt, man konsumiert symbolisch gemeinsam mit
ihnen ein Getränk. Die Grenzen zwischen der Welt des Diesseits und dem Ort der
Toten sind durchlässig und flüssig und können immer wieder verschoben
werden.

Bald nach unserer Ankunft in einem kleinen Ort steht daher ein Besuch bei
dem traditionellen Oberhaupt der Region an: dem *Paramount Chief*. Meine
Studierenden und mich sowie unsere einheimischen Begleiter empfängt er
umgeben von seinem Thronrat, etwa sechs bis acht Männern verschiedenen
Alters. Alle tragen die traditionelle Kleidung: Ein farbiger kunstvoll gewebter
Stoff wird (wie die griechische Toga) um den Körper geschlungen und über eine
Schulter gelegt. Wir bringen eine Flasche Whisky mit. Diese wird geöffnet und

Spritzer über der Türschwelle vergossen; die Ahnen werden sie dort holen, man darf sie daher nicht wegwischen. Dazu wird in der Landessprache mit ihnen über unsere Ankunft gesprochen. Eine bange Sekunde lang fragen wir uns, ob diese sich an die bösen Taten unserer kolonialen Großväter erinnern und uns die Sympathie verwehren werden. Haben wir nicht mit unseren eigenen Großvätern genug zu tun? Aber stets sind uns die afrikanischen Ahnen wohlgesonnen, unter ihrem Schutz können wir am nächsten Tag beruhigt unsere Arbeit beginnen. Ja, oft genug werden wir symbolisch in die Familien aufgenommen; die integrative Kraft der westafrikanischen Kulturen ist groß. *Libation*, so sage ich meinen ob des »heidnischen« Rituales erschrockenen Studierenden, ist eine Weise, die Tür zur Vergangenheit aufzustoßen. Genau das ist auch das Ziel des Faches Geschichte.

Auf besondere Weise sind also unsere Einsatzorte in Ghana durch die Präsenz des Historischen sowie eine lebendige Kommunikation zwischen den Generationen über ihre Erfahrungen geprägt. Die Gefühle sind hybrid wie die Kulturen: Wir werden mit Abwehr und Misstrauen behandelt, aber auch mit Freude willkommen geheißen: Akwaaba!

Nachholbedarf – Transkulturelle Kommunikation im Fach Geschichte

Zwar ist *transkulturelle Kommunikation* eine Schlüsselkompetenz für Lehrerinnen und Lehrer im einundzwanzigsten Jahrhundert,[32] doch gibt es bisher noch wenig gesicherte Erkenntnisse darüber, wie sich Nord-Süd-Kooperationen auf Lehramtsstudierende auswirken. Nur die Pädagogischen Hochschulen in der Schweiz haben 2009 einen Sammelband mit Erfahrungsberichten vorgelegt.[33] Weitgehend fehlten noch alle theoretischen Grundlagen in der erziehungswissenschaftlichen Erforschung der Auswirkungen von Nord-Süd-Partnerschaften auf den Bereich der Lehramtsausbildung, so heißt es dort im Vorwort.[34]

Das gilt in besonderem Maße für das Fach Geschichte. Der Anteil an ausländischen Studierenden, die entsprechende Studiengänge wählen, ist in Deutschland besonders gering. Denn diese Disziplin ist auch inhaltlich deutlich über regionale Schwerpunkte definiert, die gerade außereuropäische Länder aus dem Wissenskanon weitgehend ausschließen. So besteht die nicht ganz unbe-

---

32 Erll und Gymnich 2010.
33 Sieber und Lottenbach 2009.
34 Schertenleib 2009, 13. An der Universität Flensburg wird es eine Evaluation der Schulpraktika unserer Studierenden in Ghana geben, die über einen Zeitraum von einigen Jahren die Auswirkungen dieses Einsatzes untersuchen wird. Eine Publikation der Ergebnisse ist geplant.

rechtigte Vorstellung, es werde die *eigene,* nämlich *deutsche* Geschichte betrieben, die nur durch einige Ausblicke in ebenfalls nationalstaatliche Entwicklungen von Nachbarländern ergänzt werde: etwa durch ein Kapitel zur französischen Revolution. Solange weltgeschichtliche Perspektiven nur eine Dimension der bisher vertrauten Themen darstellen, ist eine angemessene Würdigung außereuropäischer Geschichtsbilder in der Schule nicht zu erwarten. Während die Entwicklung an Hochschule und Schule stagniert, zeugen zahlreiche Anstöße aus der Öffentlichkeit von dem großen Interesse und Bedarf, afrikanische Kulturen in der westlichen Welt gegenwärtiger zu machen.[35]

Auch an den maßgeblichen interdisziplinären Kooperationen war Geschichte bisher nicht beteiligt. So hat keine Vertreterin und kein Vertreter des Faches Geschichte an dem wegweisenden Konzept *Bildung für nachhaltige Entwicklung*[36] mitgearbeitet, das in Zusammenarbeit des Bundesministeriums für wirtschaftliche Zusammenarbeit und Entwicklung und der Kultusministerkonferenz entstand und 2007 ins Netz gestellt wurde. Dabei weist bereits der Begriff *Nachhaltigkeit* deutlich auf die Zeitkomponente und müsste alle historisch geschulten Menschen wachrütteln. Die Dekade, die unter diesem Motto stand, wird 2014 beendet sein, ohne dass sichtbar würde, dass sie für das historische Lernen rezipiert wurde. Wenig zur Kenntnis genommen wurden auch die Ansätze von Jörn Rüsen und anderen, eine *Interkulturelle Geschichtswissenschaft* zu begründen, die auf Gesprächen mit Repräsentanten anderer Kulturen beruht.[37] Versuche, transkulturelle Kompetenzen aus historischer Sicht zu definieren, werden oft theorieverliebt am heimischen Schreibtisch vorgenommen und entbehren häufig jeglicher empirischer Basis. Die Bereitschaft und Fähigkeit, Kontakte mit anderen Kulturen wirklich selber herzustellen, ist bisher wenig ausgeprägt.[38]

Die neuen Studiengänge überwinden die Tradition der regionalen Begrenztheit in der Lehramtsausbildung. Durch vielseitige Werbemaßnahmen versucht man, Studierende zu einem Auslandsaufenthalt zu motivieren. Aber auch dabei stehen andere Fächer im Mittelpunkt, so wird vor allem für Firmenpraktika in wirtschaftswissenschaftlichen Studiengängen geworben.[39]

---

35 Ich erinnere an die Ausstellungen in New York, London und Zürich; Kataloge: Drewal und Schildkrout 2009 und 2010; LaGamma 2012.

36 BMZ und KMK 2007.

37 Rüsen 2007.

38 Kooperationen im außereuropäischen Bereich setzen langfristige persönliche Kontakte voraus. Seit ich in Ghana Projekte aufbaue, versuchen Kollegen, sich kurzfristig an diese anzuhängen, ja die vor Ort geschaffenen Strukturen zu übernehmen. Dabei kommt es zu empfindlichen Störungen in der Kommunikation mit dem Gastland, weil die bisherigen Absprachen mit den Kontaktpartnern nicht eingehalten werden. Vor einem kurzfristigen, naiven und kultursensiblen Agieren in Afrika ist nur zu warnen.

39 So etwa in dem in allen Universitäten ausliegende Magazin *Go Out! Studieren Weltweit*, das

Dahinter steht eine Vorstellung von der Berufspraxis: Handel wird in der ganzen Welt betrieben, daher müssen zukünftige Ökonomen und Diplomaten sich international profilieren. Lehrerinnen und Lehrer bleiben ein Leben lang in ihrer Winkelschule. So reproduziert sich die provinzielle Beschränktheit des Berufes sowie des Bildes von ihm auch weiterhin.

Die fehlende Erfahrung im Fach Geschichte mit Kooperationen in ehemaligen Kolonien steht also deutlich im Zusammenhang mit der Verhaftung des Faches in den Traditionen des Staates im neunzehnten Jahrhundert, als es weitgehend seine Prägung erfuhr und das Schulfach Geschichte definierte. Umso klarer ist, dass Aktivitäten in Ländern des Globalen Südens geeignet sind, nicht nur persönliche Geschichtserfahrungen zu vermitteln, sondern darüber hinaus auch die Grenzen der Fachstruktur aufzubrechen.

Eine Ausnahme – Das ASA-Programm

Bei seinem Besuch in Deutschland 1962 bat John F. Kennedy darum, mit jungen Deutschen zusammenzutreffen, die schon einmal in der »Dritten Welt« gewesen waren. Die Bundesregierung bemühte sich darum, diesen Wunsch zu erfüllen. Doch gab es nur eine Gruppe, die in Frage kam: Teilnehmende am ASA-Programm. Zunächst aus Eigeninitiative waren seit 1960 Studierende einige Monate in Länder des globalen Südens gereist, um dort Projekte durchzuführen; daraus entwickelten sich *Arbeits- und Studienaufenthalte in Asien, Südamerika, Afrika* (ASA).[40] Bis heute haben die meisten deutschen Mitarbeitenden in der Entwicklungszusammenarbeit und in den Internationalen Organisationen ihre ersten Auslandserfahrungen als Studierende bei einem ASA gemacht.

Doch reicht es nicht, einfach in ein außereuropäisches Land zu reisen. Der emotionale Aufruhr, in den man durch die Konfrontation mit anderen Kulturen gerät, ist vor allem in der Ethnologie als *Kulturschock* bekannt. Dieser stellt eine fundamentale Verunsicherung vertrauter Optionen dar. Aus langfristigen Beobachtungen wurde ein Phasenmodell entwickelt, wie sich idealtypisch die Gefühle gegenüber der eigenen und anderen Kultur in der Zeitdimension entwickeln: Einer Anfangsphase der Euphorie und Verbrüderung *(Honeymoon)* folgt zunächst eine der Abwehr und Wut, die erst langsam zu einer Integration beider Kulturen in die Persönlichkeitsstruktur führt. Durch einen relativ kurz-

---

2011 vom Bundesministerium für Bildung und Forschung und dem DAAD herausgegeben wurde.

40 Der Journalist Gerd Meuer (ASA Nigeria 1962) berichtet über seine Begegnung mit Kennedy in ASA-Programm 2010, 39. Ich selber war 1972 mit dem ASA-Programm zum ersten Mal für drei Monate in Ghana; 1973 war ich als Vorbereitungsreferentin für die nächste ausreisende Gruppe tätig.

fristigen Aufenthalt kann es also gerade zum Ausbrechen und zur Festigung bisher latenter Vorurteile kommen. Das ASA-Programm hat im Bewusstsein dieser Problematik ein Konzept entwickelt, das niemanden im schwierigen Stadium alleinlässt: durch die Aufarbeitung der Erfahrungen in Gruppen mit anderen Studierenden, in denen offen diskutiert wird sowie durch langfristige Bindungen der Teilnehmenden an das ASA-Programm. So werden Hilfen im Umgang mit dem Fremden von Jahrgang zu Jahrgang weitergegeben und sind über die Berufspraxis der Ehemaligen (Alt-ASAten) auch weiterhin lebendig.

Bereits in seinen ersten Jahren war das ASA-Programm ein Zentrum für fundierte Gesellschaftskritik und die intellektuelle Durchdringung innovativer Konzepte. ASAten kehrten ernüchtert und kritisch gegenüber ihrem eigenen Land und seinem Selbstverständnis als fortschrittliche Industrienation zurück. Im Jahr 1977 gaben sie mehrheitlich an, sie hätten selber mehr *bekommen* als die Menschen ihrer Gastländer von ihnen hätten lernen können. Entwicklungshilfe verstanden sie als »Kaschieren von Ausbeutung« und hofften demgegenüber auf eine »neue Weltwirtschaftsordnung«.[41] Würden die Kriterien Nachhaltigkeit, Ökologie, Gleichheit und sozial verträgliche Entwicklung angesetzt, sei Deutschland ein Entwicklungsland, so formulieren es immer wieder die aus Ländern des Globalen Südens zurückgekehrten Studierenden. Bereits 1993 gründeten ASAten einen Arbeitskreis, der sich mit der Frage der Umweltverträglichkeit in der Entwicklungszusammenarbeit beschäftigte. Gerade im Sinne einer fächerübergreifenden Integration natur- und kulturwissenschaftlicher Faktoren sind ASAten hervorgetreten. Im Jahr 2000 entstand eine entwicklungspolitische Lernwerkstatt. »ASAt_innen führen Aktionen durch, die das Interesse für globale Zusammenhänge wecken und Wege zu nachhaltigem und sozial bewusstem Handeln aufzeigen«,[42] so heißt es in der Festschrift zum 50. Geburtstag des ASA-Programms 2010. Dort werden biografische Beiträge gesammelt, die unter den Überschriften *Lernen, Erfahren, Bewegen* den Bewusstseinsprozess von Teilnehmenden aus fünf Jahrzehnten dokumentieren. Dieser Dreischritt repräsentiert die besonderen Erfolge und die Qualität des Programmes, das den heutigen Stand der Diskussion um die Lernspirale für interkulturelle Kompetenzen um Jahrzehnte vorausgenommen hat. Denn in der Tat: Die drei Komponenten der »kognitiven«, »affektiven«, und der »pragmatisch-kommunikativen Teilkompetenz«,[43] so wird es in Überblicksdarstellungen 2010 beschrieben, ergänzen sich gegenseitig zu einer interkulturellen Handlungskompetenz im globalen Spektrum dieser Welt. Nur langfristig ist also eine *nachhaltige* Bewusstseinsänderung durch einen Afrikaaufenthalt zu erwarten.

---

41 Ebd. 30.
42 Ebd. 4.
43 Vgl. die Zusammenfassung bei Erll und Gymnich 2010, 149.

Es bedarf der kultursensiblen Vorbereitung, Begleitung und der dauerhaften Betreuung von Gruppen, die dort tätig werden.

Zielperspektiven

Die europäische rationale Historiographie hat sich noch immer nicht ganz aus ihren Anfängen im neunzehnten Jahrhundert befreit. Gerade bei der Ausweitung der traditionellen Raumkonzepte von der Nationalgeschichte zur Historie der globalen Welt zeigen sich die klebrigen Reste einer Verhaftung in den Traditionen eines polaren Denkens, das den Globus von einer überlegen gedachten Nordhalbkugel her deutet.[44] Noch immer lebt diese Welt aus den Gegensätzen von Schwarz und Weiß, konstruiert ein historisches *Wir*, das auf dem Ausschluss des Andersartigen beruht, und verweigert sich anderen Modellen des Umgangs mit der Vergangenheit, die stärker personell und kollektivistisch über einen Ahnenbezug konstruiert sind und eine Durchlässigkeit des Diesseits und Jenseits einschließen. Indem sie über die *Anderen* spricht und nicht mit ihnen lebt, ignoriert sie deren Deutungsbedürfnisse und Emotionen. Gerade Schule und Lehrerberuf sind traditionell provinziell geprägt und kreisen um die Erhaltung der lokalen Eliten und Reproduktion der Hierarchien. Eine Internationalisierung der Lehramtsausbildung ist dringend geboten und sollte durch einen aktiven Dialog gekennzeichnet sein.

Solche Begegnungen im Nord-Süd-Dialog sind freilich nicht einfach und sie fordern vor allem die Verarbeitung von Emotionen heraus. Das Zusammenbrechen der für selbstverständlich gehaltenen Paradigma wird zunächst vor allem als Verlust erfahren: ein Kulturschock. Dabei wird gerade auch das Podium, auf dem Schule und Bildung in der Selbstwahrnehmung zukünftiger Lehrerinnen und Lehrer stehen, wackelig. Dazu gehört auch die Frage, wie das Fach Geschichte zu institutionalisieren sei. Die Kategorien für die Zuordnung der Menschen zu Gruppen mit einer gemeinsamen historischen Tradition werden von der Südhalbkugel her anders wahrgenommen: Zunächst konfrontiert eine solche Reise in den Globalen Süden auf neue Weise mit der Zugehörigkeit zur Welt des Globalen Nordens, die nach Aufhebung des Ost-West-Gegensatzes als zentrale Differenzkategorie die Identität der Menschen in Europa definiert. Wenn es um Kolonialismus und Sklavenhandel geht, wird nicht mehr nach Nationen unterschieden. Zunächst verschärft sich dadurch noch der Schwarz-Weiß-Gegensatz, weil alle Weißen sich als mitverantwortliche Europäer der Aufarbeitung dieses bisher vernachlässigten, aber durchaus zentralen Teils der Historie stellen müssen. »Menschen, die andere versklaven, können wir

---

44 Vgl. dazu auch Lundt 2012a.

nicht als zivilisiert wahrnehmen«, so sagten meine afrikanischen Geschichtsstudierenden. Sie verweigerten also die Anerkennung der europäischen Supre-
matievorstellungen.

Unter dem Blick von *außen* auf die Errungenschaften der europäischen Ge-
schichte bricht das Gerüst der traditionellen Geschichtsdeutung zusammen, wie
sie noch immer in den Schulen vermittelt wird: Die Illusion des kontinuierlichen
Fortschritts der Moderne durch Technisierung und Kontrolle der Natur, die
falsche Hoffnung auf Teilhabe am Wohlstand für alle Bürger, der Mythos von der
Einheitlichkeit des Nationalstaates in seinen festumrissenen Grenzen, die klare
Form der Pyramide der Sozialordnung, die angeblich seit der altägyptischen
Geschichte alle Gesellschaften strukturierte und die den Personen im untersten
Feld ihren Ort als Subalterne zuwies,[45] die völlige Dominanz der christlichen
Religion, die sich eben »durchsetzte«, die »Natürlichkeit« der polaren Ge-
schlechterrollen, die schon immer Frauen an Küche und Wiege band, Männer
aber auf das Podium und ans Gewehr stellte.

Die Begegnung mit der Südhalbkugel hilft also, die Welt des Nordens kritischer zu betrachten. Wenn die Vorstellung von der Überlegenheit der technischen Entwicklung fragwürdig geworden ist, werden auch die sozialen Errungenschaften der westlichen Welt neu bewertet. Die wohl größte Lüge der
Selbstdarstellung der Weißen ist jene von der ewigen Liebe, die uns früh mit
einem andersgeschlechtlichen Partner oder einer Partnerin verbindet und dann
ein Leben lang in einer treuen Ehe hält. Seit Jahrhunderten weiß man in Westafrika um das Sexualleben der Weißen. Die afrikanische Polygamie sei ehrlicher
als die Selbstdarstellung der Europäer, so wird argumentiert.

Bei einem längeren Aufenthalt in Westafrika werden alle diese Kategorien des
Gegensatzes verflüssigt und damit wird auch der eigene feste Standort wegge-
spült: das *Weiß-Sein* löst sich auf, wenn man die vermeintlich Andersartigen
plötzlich als Familienmitglieder integrieren muss oder von ihnen integriert
wird. Gerade angesichts der globalen Kommunikation ist die Unglaubwürdigkeit
der großen Narrationen der westlichen Welt nicht mehr zu verbergen. Deren
Ordnungs- und Entwicklungsmodelle stellen kein Vorbild dar für eine gemeinsame Zukunft und können nur noch entsorgt werden, am besten gemeinsam: *Holt einen großen Sarg.*

In diesen gehören dann auch die Gefühle von Liebe und Schmerz, wie Heine
es rhetorisch vorschlug. Er wusste um deren Konstruktion und Funktion im
neunzehnten Jahrhundert. Liebe basiert auf einer falschen Genealogiekon-
struktion und Verbundenheit, legitimiert die Feigheit der Auseinandersetzung
mit den Sünden der Väter und den Liedern, die davon künden und hat den
Ausschluss der Ungeliebten zur Folge. Und auch Schmerz ist eine Abwehrkon-

---

45 Vgl. Lundt 2012c.

struktion, die entsorgt werden muss: Sie setzt eine Vorstellung vom Heilsein und
Unberührbarkeit von Seele und Körper voraus, die sich gegenüber den vielfältigen Angriffen abschotten müssen, statt sie zuzulassen. Geschichte tut weh und
damit müssen wir leben.

Stattdessen gilt es, neue taugliche Ordnungsbilder zu finden, die einer Welt
gerecht werden, die alle Menschen umfasst, wie Seibt sie sich vergeblich von den
Großvätern des zwanzigsten Jahrhunderts gewünscht hat. Solche Konzepte
können nur in Kooperation mit anderen Kulturen zustande kommen. Aus der
Ablehnung des alten Europa muss also etwas Neues generiert werden.

Es gibt Modelle, die dabei hilfreich sind. Man findet sie dort, wo schon früh
die Grenzen des europäischen Weltbildes wahrgenommen wurden: Heines
Umgang mit den Liedern gehört ebenso dazu wie die Beschreibung der Phasen
des Kulturschockes durch die Ethnologie. Auch hier wird vorausgesetzt, dass
eine neue emotionale Basis gefunden werden muss. Diese aber sollte keine
statische sein, sondern eine verflüssigte historische Identität, die transitorische
Qualität besitzt im Hinblick auf andere Kulturen. Die postkoloniale Theorie geht
davon aus, dass es neben dem Globalen Norden und dem Globalen Süden einen
Dritten Bewusstseinsraum geben kann, in dem sich ein neues Denken und
Fühlen ausdrückt, das aus der Überwindung beider entsteht.[46] Gerade im Modus
der *longue durée* und auf den Spuren der kolonialen Ahnen verblassen die
Differenzen der beiden Erdhalbkugeln und weichen der Einsicht in die Vielfalt
der historischen Beziehungen zwischen den Ländern des Globalen Nordens und
Südens.

Ein Blick in die Deutungsangebote außereuropäischer Länder erfolgt also
nicht mehr von außen, wie es für Heines Zeitgenossen so typisch war. Seine
Weltsicht wurzelte in einer Zugehörigkeitswahrnehmung, die bereits Frankreich
als ungeheuer fremd empfand. Die polaren Bilder von Heimat und Ferne, von
Freund und Feind, von zivilisiert und wild, von Liebe und Hass, die für seine
Generation typisch waren, entsprechen nicht mehr der globalen Realität der sich
vielfältig durchdringenden Phänomene. Bereits Heine überwand diese Einseitigkeiten und entdeckte die Zwischentöne, die für uns heute entscheidend sind:
Liebe zu den Ahnen kann ein hinderliches Gefühl sein, wie auch andere Emotionen irreführen und überwunden werden müssen. Auch gute alte Lieder
können wiedergefunden werden und das Gespräch mit den Großvätern kann
nützlich sein, auch wenn sie schuldig sind. Nicht nur in Europa, auch in Afrika
gibt es zudem böse Großväter, jene Sklavenhändler etwa, die mit den Kolonialherren kollaborierten. Im Sinne einer Verflüssigung der Polarität ist es wichtig,
die Vielfalt der Lieder bewusst zu machen und die Feindbilder zu entzerren.

---

46 Kurz zusammengefasst in Erll und Gymnich 2010, 35.

Zugleich ist aber auch Heines Gedicht selber ein *altes* Lied, das eben doch noch ganz in einer zweidimensional strukturierten Welt des »Eigenen« und »Fremden« wurzelt. Durch seine Texte zieht sich die Sehnsucht, von einem personifiziert gedachten Heimatland geküsst zu werden. Die zentrale Orientierung an einem »Nationalstaat«, in dem die Wiege stand, ist für das neunzehnte und zwanzigste Jahrhundert maßgeblich. Wir wissen aber heute, dass es die Menschen sind, die sich immer wieder neu »beheimaten«. Die Beschwörung einer solchen emotionalen Verbundenheit mit dem verlorenen Heimatland kann auch als eine gewisse verletzte Eitelkeit verstanden werden und hat heute eher historische Bedeutung.

Literatur

Anquandah, Kwesi J. *Castles and Forts of Ghana*. Atalante: Ghana Museums & Monuments Board Accra, 1999.

Apoh, Wazi und Bea Lundt (Hg.). *Germany and Its West African Colonies. ›Excavations‹ of German Colonialism in Post-Colonial Times*. Berlin: LIT, 2013 (Afrikanische Studien 49).

ASA-Programm (Hg.). *50 Jahre ASA. Die entwicklungspolitische Lernwerkstatt*. Berlin: ASA-Eigenverlag, 2010.

Borgolte, Michael und Bernd Schneidmüller (Hg.). *Hybride Kulturen im mittelalterlichen Europa. Vorträge und Workshops einer internationalen Frühlingsschule*. Berlin: Akademie Verlag, 2010 (Europa im Mittelalter 16).

BMZ und KMK (Hg.). »Orientierungsrahmen für den Lernbereich Globale Entwicklung im Rahmen einer Bildung für nachhaltige Entwicklung«. Stand Juni 2007, http://www.bne-portal.de/coremedia/generator/unesco/de/Downloads/Hintergrund-material__national/Orientierungsrahmen_20 f_C3_BCr_20den_20Lernbereich_20Globale_20Entwicklung.pdf (zuletzt geprüft am 31. Januar 2013).

Chakrabarty, Dipesh. *Europa als Provinz. Perspektiven postkolonialer Geschichtsschreibung*. Übersetzt von Robin Cackett. Frankfurt am Main: Campus, 2010.

Demel, Walter u. a. *WBG Weltgeschichte. Eine globale Geschichte von den Anfängen bis ins 21. Jahrhundert in 6 Bänden*. Darmstadt: Wissenschaftliche Buchgesellschaft, 2009 – 2010.

Drewal, Henry John und Enid Schildkrout. Dynasty *and Divinity. Ife Art in Ancient Nigeria*. New York: Museum for African Art, 2009.

Dies. *Kingdom of Ife. Sculptures From West Africa*. London: The British Museum Press, 2010.

Erll, Astrid. *Kollektives Gedächtnis und Erinnerungskulturen. Eine Einführung*. 2., aktualisierte und erweiterte Auflage Stuttgart: J. B. Metzler, 2011.

Erll, Astrid und Marion Gymnich. *Interkulturelle Kompetenzen. Erfolgreich kommunizieren zwischen den Kulturen*. Stuttgart: Klett, 2010.

Grohs, Gerhard. *Stufen afrikanischer Emanzipation. Studien zum Selbstverständnis westafrikanischer Eliten*. Stuttgart u. a.: Kohlhammer, 1967.

Heine, Heinrich. *Buch der Lieder. Lyrisches Intermezzo.* Hamburg: Hoffmann und Campe, 1827.

Ders. *Deutschland. Ein Wintermärchen.* 1843.

Heyden, Ulrich van der. *Rote Adler an Afrikas Küste. Die brandenburgisch-preußische Kolonie Großfriedrichsburg in Westafrika.* 2., veränderte Auflage Berlin: Selignow Verlag, 2001.

Klocksin, Jens und Uwe Prüfer (Hg.). *Die Kolonialmacht Brandenburg. Dokumentation der Tagung Eine ›Brandenburg‹ in Afrika? 325 Jahre brandenburgische Landnahme in Westafrika – was nun!* Potsdam: Klocksin – druckteam-publicata e.V., 2008.

Kocka, Urte. »Bringing Global History to the Classroom«, in: *Yearbook – International Society for the didactics of history* 33 (2012), 99–107.

Kreff, Fernand, Eva-Maria Knoll und André Gingrich (Hg.). *Lexikon der Globalisierung.* Bielefeld: Transcript, 2011.

LaGamma, Alisa. *Helden Afrikas. Ein neuer Blick auf die Kunst.* Zürich: Scheidegger & Spiess, 2012.

Lundt, Bea. »Tagungsbericht German Colonialism in West Africa: Implications for German-West African Partnership in Development. 29.09.2011–01.10.2011, Winneba/Ghana«, in: *H-Soz-u-Kult,* 24.11.2011 http://hsozkult.geschichte.hu-berlin.de /tagungsberichte/id=3904 (zuletzt geprüft am 31. Januar 2013) (=2011a).

Dies.. »Vom europäischen zum globalen Mittelalter – Die Herausforderung des afrikanischen Mittelalters für den Unterricht«, in: Thomas Martin Buck und Nicola Brauch (Hg.), *Das Mittelalter zwischen Vorstellung und Wirklichkeit. Probleme, Perspektiven und Anstöße für die Unterrichtspraxis.* Münster: Waxmann Verlag, 2011, 93–109 (=2011b).

Dies. »National-, Europäische, Weltgeschichte«, in: Michele Barricelli und Martin Lücke (Hg.), *Handbuch Praxis des Geschichtsunterrichts Band 1.* Schwalbach/Taunus: Wochenschau-Verlag, 2012, 405–421 (=2012a).

Dies. »Rezension von A History of the World in 100 Objects. Based on the celebrated BBC Radio 4 series, von Neil MacGregor«, in: *Zeitschrift für Geschichtswissenschaft* 60 (2) (2012), 171–173 (=2012b).

Dies. »Von der Notwendigkeit, die Pyramide im Kopf abzubauen. Das Schaubild von der mittelalterlichen Lehnsorganisation im Schulbuch«, in: Franz Billmayer und Manfred Blohm (Hg.), *Schulbuchbilder. Bildkompetenzerwerb am Beispiel von Schulbüchern.* Flensburg: Flensburg University Press, 2012, 99–114 (Medien – Kunst – Pädagogik 6) (=2012c).

MacGregor, Neil. *Eine Geschichte der Welt in 100 Objekten.* Übersetzt von Waltraud Götting, Andreas Wirthensohn und Annabel Zettel. München: C.H. Beck, 2011.

Marschall, Christoph von. »Ein amerikanischer Traum. Obama soll vom ›ersten schwarzen Sklaven‹ abstammen«, in: *Der Tagesspiegel,* 2. August 2012, 28.

Osterhammel, Jürgen und Niels P. Petersson. *Geschichte der Globalisierung. Dimensionen, Prozesse, Epochen.* 4., durchgesehene Auflage München: Beck, 2007 (bsr – C.H. Beck Wissen 2320).

Perbi, Akosua Adoma. *A History of Indigenous Slavery in Ghana from the 15th to the 19th Century.* Accra: Sub-Saharan Publishers, 2004.

Rüsen, Jörn. »Interkulturelle Geschichtswissenschaft«, in: Jürgen Straub, Arne Weidemann und Doris Weidemann. *Handbuch interkulturelle Kommunikation und Kompetenz*. Stuttgart und Weimar: Metzler, 2007, 211–215.

Schertenleib, Jürg. »Vorwort«, in: Priska Sieber und Samantha Lottenbach (Hg.), *Nord-Süd-Partnerschaftsperspektiven*. Zürich und Berlin: LIT, 2009, 13–14.

Seibt, Ferdinand. *Das alte böse Lied. Rückblicke auf die deutsche Geschichte 1900 bis 1945*. München und Zürich: Piper Taschenbuch, 2001.

Sieber, Priska und Samantha Lottenbach (Hg.). *Nord-Süd-Partnerschaftsperspektiven in der Lehrerinnen- und Lehrerbildung*. Zürich und Berlin: LIT, 2009.

St. Clair, William. *The Door of No Return. The History of Cape Coast Castle and the Atlantic Slave Trade*. New York: Blue Bridge, 2007.

Straub, Jürgen, Arne Weidemann und Doris Weidemann (Hg.). *Handbuch interkulturelle Kommunikation und Kompetenz. Grundbegriffe – Theorien – Anwendungsfelder*. Stuttgart und Weimar: Metzler, 2007.

Weidemann, Doris, Arne Weidemann und Jürgen Straub. »Interkulturell ausgerichtete Studiengänge«, in: Jürgen Straub, Arne Weidemann und Doris Weidemann (Hg.), *Handbuch interkulturelle Kommunikation und Kompetenz*. 2007, 815–825.

Kurzvita Autoren

Prof. Dr. Michele Barricelli ist Professor im Historischen Seminar an der Leibniz Universität Hannover. Seine Forschungsschwerpunkte sind Empirische Lehr-Lern-Forschung im Fach Geschichte, Kompetenzmodelle für das historische Lernen unter besonderer Berücksichtigung der Narrativen Kompetenz, Gender und Interkulturalität im Geschichtsunterricht sowie Zeitgeschichte (Nationalsozialismus, DDR, *World History*) im Geschichtsunterricht.

Alina Bothe, M.A., ist wissenschaftliche Mitarbeiterin am Zentrum Jüdische Studien Berlin-Brandenburg. Ihre Forschungsschwerpunkte sind Jüdische Geschichte, Geschichte der Shoah, *Digital History* und *Literary Studies*.

Dr. Juliane Brauer ist wissenschaftliche Mitarbeiterin am Max-Planck-Institut für Bildungsforschung in Berlin im Forschungsbereich Geschichte der Gefühle. Ihre Forschungsinteressen liegen sowohl im Themenfeld Musik als emotionale Praxis wie auch im Bereich der populären Geschichtskultur.

Univ.-Prof. Dr. Wolfgang Hasberg ist Professor für Mittlere und Neuere Geschichte und Didaktik der Geschichte an der Universität zu Köln. Zu seinen Forschungsschwerpunkten zählen Mittelalterliche Historiographie, Theorie und Didaktik der Geschichte und Wissenschaftsgeschichte.

Dr. Matthias Heyl ist Leiter der Internationalen Jugendbegegnungsstätte Ravensbrück und der Pädagogischen Dienste der Mahn- und Gedenkstätte Ravensbrück in der Stiftung Brandenburgische Gedenkstätten.

Prof. Dr. Alfons Kenkmann ist Professor für Geschichtsdidaktik am Historischen Seminar der Universität Leipzig. Seine Forschungsschwerpunkte umfassen die Didaktik der Geschichte, die Geschichte historischen Lernens, die Geschichte der Jugend, Sozialgeschichte des 20. Jahrhunderts, Museologie und Historisches Marketing.

Univ.-Prof. Dr. Carlos Kölbl ist Professor für Pädagogische Psychologie an der Universität Bayreuth. Seine Forschungsinteressen beinhalten historische Sinnbildungsprozesse im Kindes- und Jugendalter, interkulturelles Lernen, die Psychologie der kulturhistorischen Schule, qualitative Methoden sowie Bolivianistik.

Univ.-Prof. Dr. Martin Lücke ist Professor für Didaktik der Geschichte an der Freien Universität Berlin. Zu seinen Forschungsschwerpunkten zählen: Holocaust und historisches Lernen, *Diversity* und *Intersectionality Studies*, Geschichte von Erziehung und Bildung, Historische Anthropologie und Biografieforschung.

Prof. Dr. Bea Lundt ist Professorin für Mittelalterliche Geschichte und für Didaktik der Geschichte an der Universität Flensburg und seit 2011 Gastprofessorin in Ghana. Ihre Forschungsschwerpunkte umfassen Geschlechtergeschichte von Mittelalter und Früher Neuzeit, Historische Erzählforschung, Geschichte und Kultur Westafrikas, Globalgeschichte.

Dr. Johannes Meyer-Hamme ist abgeordneter Lehrer an der Universität Hamburg, Arbeitsbereich Didaktik der Geschichte. Zu seinen Forschungsschwerpunkten zählen empirische Forschung zum Geschichtsbewusstsein und zum historischen Lernen, Kompetenzen historischen Denkens und interkulturelles Geschichtslernen.

Dr. Vadim Oswalt ist Professor für die Didaktik der Geschichte an der Justus-Liebig-Universität Gießen. Forschungen zu Theorie und Praxis historischen Lernens, Geschichtskartographie und Neuen Medien, u.a. das Projekt im LOEWE-Forschungsverbund »Kulturtechniken und ihre Medialisierung« am Zentrum für Medien und Interaktivität und DFG-Projekt zu »Geschichtsatlanten in Europa«.

Dr. Berit Pleitner war bis 2011 wissenschaftliche Mitarbeiterin für Geschichtsdidaktik an der Universität Oldenburg und arbeitet zurzeit im Schuldienst. Ihre Forschungsschwerpunkte sind Außerschulische Lernorte (insbesondere Museen und *Living History*) sowie Geschichtskultur in Polen.

Prof. Dr. Jörn Rüsen ist Professor emeritus für Allgemeine Geschichte und Geschichtskultur an der Universität Witten/Herdecke, Fakultät für das Studium Fundamentale und Senior Fellow am Kulturwissenschaftlichen Institut in Essen. Seine Forschungsschwerpunkte sind Theorie und Geschichte der Geschichtswissenschaft, Geschichtsbewusstsein und historisches Lernen, Geschichtskultur, interkulturelle Kommunikation sowie Humanismus im Kulturvergleich.

Rolf Sperling, M.Ed., ist Studienreferendar in Berlin. Seine Forschungsschwerpunkte sind die Shoah und historisches Lernen, geschichtsdidaktische Theorie und historische Emotionsforschung.

Prof. Dr. Bärbel Völkel ist Professorin für Geschichte und ihre Didaktik an der Pädagogischen Hochschule in Ludwigsburg. Zu ihren Forschungsschwerpunkten zählen Empirische Forschung im Hinblick auf historische Sinnbildungskonstruktionen, die Bedeutung von Neurobiologie und Kognitionspsychologie für den Umgang mit Geschichte und historischem Lernen, Folgen und Nebenwirkungen eines genetisch-chronologischen Geschichtsunterrichts sowie Hochschuldidaktik.